水利工程概论

主 编 吴 琼 李忠民

·北京·

内 容 提 要

本书是高等职业教育水利类课程思政教材。以现代水利工程基本理论知识为核心，系统介绍水利工程的分类、组成、工作原理、设计要求、安全分析和运行管理等内容，充分挖掘水利类专业课程的思政元素。在阐述专业知识的同时，把无形的思政魂融于有形的专业知识中，以学生喜闻乐见的方式进行呈现，紧扣时代主题，将新时代水利精神自然融入其中。全书共分6章，内容包括水利工程在国民经济中的地位、水文化、水利工程发展、水利工程与生态保护、治河与防洪、水利工程建设与管理等。

本书注重理论与实践相结合，可作为高职高专水利类专业学生的入门教材，也可作为水利工程一线人员的培训教材和参考书。

图书在版编目（CIP）数据

水利工程概论 / 吴琼，李忠民主编. -- 北京 : 中国水利水电出版社，2025.6
ISBN 978-7-5226-2004-6

Ⅰ．①水… Ⅱ．①吴… ②李… Ⅲ．①水利工程－高等职业教育－教材 Ⅳ．①TV

中国国家版本馆CIP数据核字（2024）第001084号

书　名	水利工程概论 SHUILI GONGCHENG GAILUN
作　者	主编　吴　琼　李忠民
出版发行	中国水利水电出版社 （北京市海淀区玉渊潭南路1号D座　100038） 网址：www.waterpub.com.cn E-mail：sales@mwr.gov.cn 电话：（010）68545888（营销中心）
经　售	北京科水图书销售有限公司 电话：（010）68545874、63202643 全国各地新华书店和相关出版物销售网点
排　版	中国水利水电出版社微机排版中心
印　刷	天津嘉恒印务有限公司
规　格	185mm×260mm　16开本　15.5印张　377千字
版　次	2025年6月第1版　2025年6月第1次印刷
印　数	0001—1000册
定　价	**65.00元**

凡购买我社图书，如有缺页、倒页、脱页的，本社营销中心负责调换

版权所有·侵权必究

前言

为贯彻落实《高等学校课程思政建设指导纲要》和《职业教育提质培优行动计划（2020—2023年）》等文件精神，进一步深化"三教"改革，推动课程思政与专业课程深度融合，依据《职业院校教材管理办法》中的相关要求，编写本教材。

党的二十大报告指出，要落实立德树人根本任务，培养德智体美劳全面发展的社会主义建设者和接班人。本教材以此为指引，全面贯彻落实课程思政理念，将思政元素融入课程教学中，做到"章章有思政，润物细无声"，极大地丰富了课程内容和知识体系，为专业课程注入新的精神元素，提高了水利专业知识的理论深度和精神厚度。本教材以典型的水利工程案例作为思政教育基础，将基础知识与精神品质、人物事迹、发展成就与职业道德等充分结合，启发学生对水利专业的分析与思考，不断激发学生的学习热情，培养学生正确的价值观和良好的职业道德，实现全方位、全程、全员育人。

本教材由辽宁生态工程职业学院吴琼、李忠民任主编，辽宁生态工程职业学院李东艳、关春先任副主编。具体分工如下：第一章的第一～三节由辽宁生态工程职业学院吴琼编写，第四节由中国水利水电第六工程局有限公司徐敬年编写；第二章由辽宁生态工程职业学院李东艳编写；第三章由辽宁生态工程职业学院李忠民编写；第四章由辽宁生态工程职业学院赫文秀编写；第五章由辽宁生态工程职业学院佟欣编写；第六章的第一、二节由辽宁生态工程职业学院关春先编写，第三节由辽宁华岩建设有限公司姜厚增编写。全书由李忠民负责统稿。

本教材在编写过程中参考引用了大量规范和专业文献，未在书中一一注明，对相关作者表示诚挚的谢意。由于编者水平有限，书中难免存在不妥之处，恳请广大读者提出宝贵意见。

编者

2023 年 12 月

资 源 索 引

序号	资源号	资源名称	页码
1	1-1	水利工程枢纽建筑	1
2	1-2	我国水资源开发与利用	16
3	1-3	我国水电能源开发与利用	22
4	1-4	水利工程与国民经济建设	40
5	2-1	大河缔造人类文明与中华传统	44
6	2-2	我国主要水系与流域	58
7	2-3	水利工程可持续发展	73
8	3-1	国内外水利工程经验教训	83
9	3-2	国内著名水利工程	92
10	3-3	水利工程施工技术发展	126
11	4-1	水土保持与荒漠化治理	154
12	4-2	水污染与防治	157
13	4-3	水生态与生物多样性	167
14	4-4	生态水利建设	177
15	5-1	堤防与治河建筑物	183
16	5-2	防洪基本知识	197
17	5-3	抗洪抢险措施	203
18	6-1	水利工程建设程序	214
19	6-2	水利工程管理	223
20	6-3	水利信息化技术	234

目 录

前言
资源索引

第一章 水利工程在国民经济中的地位 ... 1
第一节 水利工程枢纽建筑 ... 1
第二节 我国水资源开发与利用 ... 16
第三节 我国水电能源开发与利用 ... 22
第四节 水利工程与国民经济建设 ... 40

第二章 水文化 ... 44
第一节 大河缔造人类文明与中华传统 ... 44
第二节 我国主要水系与流域 ... 58
第三节 水利工程可持续发展 ... 73

第三章 水利工程发展 ... 83
第一节 国内外水利工程经验教训 ... 83
第二节 国内著名水利工程 ... 92
第三节 水利工程施工技术发展 ... 126

第四章 水利工程与生态保护 ... 154
第一节 水土保持与荒漠化治理 ... 154
第二节 水污染与防治 ... 157
第三节 水生态与生物多样性 ... 167
第四节 生态水利建设 ... 177

第五章 治河与防洪 ... 183
第一节 堤防与治河建筑物 ... 183
第二节 防洪基本知识 ... 197
第三节 抗洪抢险措施 ... 203

第六章 水利工程建设与管理 ... 214
第一节 水利工程建设程序 ... 214
第二节 水利工程管理 ... 223
第三节 水利信息化技术 ... 234

第一章

水利工程在国民经济中的地位

【知识目标】
1. 了解水利枢纽与水工建筑物的概念、类型和特点。
2. 了解我国水资源的状况及特点。
3. 了解我国水电能源开发及利用情况。
4. 了解水利工程在国民经济中的地位和作用。

【能力目标】
1. 能够对水利枢纽与水工建筑物分等分级,确定洪水标准。
2. 能够阐述我国水资源特点。
3. 能够阐述我国水电能源开发及利用情况。
4. 能够简要说明水利工程在国民经济中的地位和作用。

【素质目标】
能够积极思考,敢于表达,善于分析和解决问题。

【思政育人目标】
1. 培养学生新时代水利精神和工匠精神。
2. 培养学生民族自豪感和专业自信。

第一节 水利工程枢纽建筑

1-1 水利工程枢纽建筑

一、水利枢纽

水利枢纽是为满足各项水利工程兴利除害的目标,在河流或渠道的适宜地段修建的不同类型水工建筑物的综合体。

水利枢纽按承担任务的不同,可分为防洪枢纽、取水枢纽、水力发电枢纽和航运枢纽等。多数水利枢纽承担多项任务,称为综合性水利枢纽。

(1) 防洪枢纽:为防止或减轻可能的洪水灾害而兴建的水利枢纽。一般是在河流中上游山区、丘陵区选择有利位置修建拦河坝以形成能拦蓄洪峰的水库,同时修建溢洪道等泄水建筑物,以便在洪峰进库后将下游防洪安全容许流量泄放至预定低水位,腾出库容,迎接下一次洪峰,并保护拦河坝不致漫顶冲毁。

(2) 取水枢纽:为从河流、湖泊等地表水源引水而修建在取水地段的水工建筑物综合体，又称引水枢纽或渠首工程。当引水期间取水枢纽处的河水位高于引水要求的水位时，可在天然条件下自流引水。否则，需拦河筑坝或修建水闸，壅高水位，形成自流引水的条件；或在天然水位情况下用水泵抽水。

（3）水力发电枢纽：以发电为主要任务，利用河道中丰富的水量和水库形成的落差，安装水力发电机组，将水能转化为电能的水利枢纽。

（4）航运枢纽：以发展水运为主要目的而兴建的水利枢纽。由拦河闸坝、通航建筑物及其上下游附近的码头、引航道、输水系统等组成。根据国民经济对天然水道或人工运河的通航要求，这种枢纽应起增加航深、降低流速或缩短两地航程等有利于航运的作用。

二、水工建筑物

水利工程中常采用单个或若干个不同作用、不同类型的建筑物来调控水流，以满足不同部门对水资源的需求，这些为兴水利、除水害而修建的建筑物称为水工建筑物。

（一）水工建筑物的分类

1. 按照功能分类

（1）挡水建筑物。如各类水坝、水闸、堤防、施工围堰等，其功能是拦截江河、壅高水位，形成水库或约束水流、阻挡潮汐等。

（2）泄水建筑物。如溢流坝、河岸溢洪道、泄洪洞、排沙洞、放空洞等，其功能是宣泄洪水或多余水量，排泄泥沙、冰凌，以及在紧急事件（如地震、战争等）中放空水库等。泄水建筑物可以和挡水建筑物结合为一体，如具有各类表孔、中孔、深孔的混凝土溢流坝；也可以单独设置于坝外或地下，如各类坝外溢洪道与泄洪洞等。

（3）输水建筑物。如引水明渠、引水隧洞、涵管、渡槽、倒虹吸等，其功能是将水库、河道、湖泊的水流输送到固定地点，以满足灌溉、发电、供水等用途。

（4）取水建筑物。取水建筑物一般是输水建筑物的首部建筑物，如进水闸、进水引渠、水泵站等。

（5）河道整治建筑物。如各类丁坝、顺坝、导流堤、护岸、护底建筑等，其功能是治理河道、改善水流、控制泥沙冲淤过程，以保护堤岸、改善航道与取水条件等。

（6）专门水工建筑物。为满足灌溉、发电、供水、航运、过木、过鱼、环境保护、旅游等专门目标需要修建的专门水工建筑物，如为保证灌溉与供水水质的沉沙池、冲沙闸，为发电用的水电站厂房，为通航而修建的船闸、升船机，为过木、过鱼而设置的复道、鱼道，为旅游、航运而设置的码头等。

2. 按照使用年限分类

（1）永久性建筑物。这种建筑物在运用期长期使用，根据其在整体工程中的重要性又分为主要建筑物和次要建筑物。主要建筑物是指该建筑物失事后将造成下游灾害或严重影响工程效益，如闸、坝、泄水建筑物、输水建筑物及水电站厂房等；次要建筑物是指失事后不至于造成下游灾害和对工程效益影响不大且易于检修的建筑物，如挡土墙、导流墙、工作桥及护岸等。

（2）临时性建筑物。这种建筑物仅在工程施工期间使用，如围堰、导流建筑物等。

有些水工建筑物在枢纽中的作用并不是单一的，如溢流坝既能挡水，又能泄水；水闸既可挡水，又能泄水，还可作取水之用。

（二）水工建筑物的特点

1. 工作条件复杂

由于水的作用，水工建筑物有其特殊的工作条件：挡水建筑物蓄水以后，除承受一般的地震力和风压力等水平推力外，还承受很大的水压力、浪压力、冰压力、地震动水压力等水平推力，对建筑物的稳定性影响极大；通过水工建筑物和地基的渗流，对建筑物和地基产生渗透压力，还可能产生侵蚀和渗透破坏；当水流通过水工建筑物下泄时，高速水流可能引起建筑物的空蚀、振动及对下游河床和两岸的冲刷；对于特定的地质条件，水库蓄水后可能诱发地震，进一步恶化建筑物的工作条件等。

2. 施工条件艰巨

在河道中修建水利工程，第一，需要解决好施工导流，要求施工期间，在保证建筑物安全的前提下，让河水顺利下泄，这是水利工程设计和施工中的一个重要课题；第二，工程进度紧迫，截流、度汛需要抢时间、争进度，否则就要拖延工期；第三，施工技术复杂；第四，地下、水下工程多，施工难度大；第五，交通运输比较困难，特别是高山峡谷地区尤为突出。

3. 对自然环境及社会环境影响大

水利枢纽工程和单项的水工建筑物可以承担防洪、灌溉、发电、航运等任务，同时又可以绿化环境，改良土壤植被，发展旅游，甚至建成优美的城市等。但是，如果处理不当，也可能产生消极的影响。如水库蓄水越多，淹没损失也越大，不仅导致大量移民和迁建，还可能引起库区周围地下水位的变化，直接影响工农业生产，甚至影响生态环境；库尾的泥沙淤积，可能会使航道恶化。

4. 失事后果严重

作为蓄水工程主体的坝或江河的堤防，一旦失事或决口，将会给下游人民的生命财产和国家建设带来巨大的损失。这就要求水利工程技术人员必须广泛深入地掌握科学技术知识，在工程设计中以高度的责任心深入实际、多方借鉴、反复比较、全面论证，才能圆满地做好设计工作。

三、水利枢纽分等和水工建筑物分级

（一）水利枢纽分等

水利工程具有巨大的经济与社会效益，工程建设耗资巨大，一旦出现安全事故将造成国家、社会与人民的生命财产损失，形成灾难性后果，因此保证工程安全运行与合理的经济造价是矛盾的两个方面，必须做到经济与安全的辩证统一。为使工程安全可靠性与造价的经济合理性统一起来，对水利水电枢纽工程及其建筑物进行分等分级。对不同等级的枢纽工程与建筑物，其规划、勘测、设计、施工与管理的要求不同，对防洪标准、抗震标准、建筑物的稳定安全系数要求也相应有所差别。

根据水利部颁布的《水利水电工程等级划分及洪水标准》（SL 252—2017），水利水电工程的等别按其规模、效益及其在国民经济中的重要性共分为五等，见表1-1。按表1-1中分等指标分属几个等别时，整个枢纽工程的等级应按其中指标最高等别为准。

表 1-1 水利水电工程分等指标

工程等别	工程规模	水库总库容 /$10^8 m^3$	防洪			治涝	灌溉	供水		发电
			保护人口 /10^4 人	保护农田面积 /10^4 亩	保护区当量经济规模 /10^4 人	治涝面积 /10^4 亩	灌溉面积 /10^4 亩	供水对象重要性	年引水量 /$10^8 m^3$	发电装机容量 /MW
Ⅰ	大（1）型	≥10	≥150	≥500	≥300	≥200	≥150	特别重要	≥10	≥1200
Ⅱ	大（2）型	<10,≥1.0	<150,≥50	<500,≥100	<300,≥100	<200,≥60	<150,≥50	重要	<10,≥3	<1200,≥300
Ⅲ	中型	<1.0,≥0.10	<50,≥20	<100,≥30	<100,≥40	<60,≥15	<50,≥5	比较重要	<3,≥1	<300,≥50
Ⅳ	小（1）型	<0.1,≥0.01	<20,≥5	<30,≥5	<40,≥10	<15,≥3	<5,≥0.5	一般	<1,≥0.3	<50,≥10
Ⅴ	小（2）型	<0.01,≥0.001	<5	<5	<10	<3	<0.5		<0.3	<10

注 1. 水库总库容指水库最高水位以下的静库容；治涝面积指设计治涝面积；灌溉面积指设计灌溉面积；年引水量指供水工程渠首设计年均引（取）水量。
2. 保护区当量经济规模指标仅限于城市保护区；防洪、供水中的多项指标满足1项即可。
3. 按供水对象的重要性确定工程等别时，该工程应为供水对象的主要水源。

对于拦河水闸，其工程等别按其泄流规模分类，见表 1-2。

表 1-2 拦河水闸工程分等指标

工程等别	Ⅰ	Ⅱ	Ⅲ	Ⅳ	Ⅴ
工程规模	大（1）型	大（2）型	中型	小（1）型	小（2）型
过闸流量/(m^3/s)	≥5000	5000~1000	1000~100	100~20	<20

（二）水工建筑物分级

水利水电枢纽工程中包括了永久性水工建筑物和临时性水工建筑物，永久性水工建筑物又分为主要建筑物与次要建筑物。永久性水工建筑物与临时性水工建筑物的分级指标分别见表 1-3 和表 1-4。

永久性水工建筑物级别确定时，在下列情况下，经过论证并报批，其主要建筑物级别可适当调整。

表 1-3 永久性水工建筑物级别划分

工程等别	永久性建筑物级别		工程等别	永久性建筑物级别	
	主要建筑物	次要建筑物		主要建筑物	次要建筑物
Ⅰ	1	3	Ⅳ	4	5
Ⅱ	2	3	Ⅴ	5	5
Ⅲ	3	4			

表 1-4　　　　　　　　　　临时性水工建筑物级别划分

级别	保护对象	失事后果	使用年限/年	临时水工建筑物规模 高度/m	临时水工建筑物规模 库容/$10^8 m^3$
3	有特殊要求的1级永久性水工建筑物	淹没重要城镇、工矿企业、交通干线或推迟总工期及第一台（批）机组发电，推迟工程发挥效益，造成重大灾害和损失	>3	>50	>1.0
4	1、2级永久性水工建筑物	淹没一般城镇、工矿企业、交通干线或影响总工期及第一台（批）机组发电，造成较大经济损失	3~1.5	50~15	1.0~0.1
5	3、4级永久性水工建筑物	淹没基坑，但对总工期及第一台（批）机组发电影响不大，经济损失较小	<1.5	<15	<0.1

（1）对建筑物失事后损失巨大或影响十分严重的水利水电工程2~5级主要永久性水工建筑物，可提高一级。

（2）对于2、3级永久性水工建筑物，如坝高超过表1-5所示指标，可提高一级。

（3）当建筑物基础的工程地质条件复杂或采用新型结构时，2~5级水工建筑物可提高一级设计。

表 1-5　　水库大坝级别指标

级别	坝　型	坝高/m
2	土石坝	90
2	混凝土坝、浆砌石坝	130
3	土石坝	70
3	混凝土坝、浆砌石坝	100

（4）失事后造成损失不大的1~4级主要永久性水工建筑物，可降低一级。

四、水工建筑物洪水标准

按某种频率或重现期表示的洪水称洪水标准。永久性水工建筑物洪水标准分为设计洪水标准（正常运用）、校核洪水标准（非常运用）两种，根据建筑物的级别和结构类型，并结合风险因素，按山区、丘陵区和平原、滨海区分别确定（表1-6和表1-7）。

表 1-6　　　　　山区、丘陵区永久性水工建筑物洪水标准［重现期（年）］

项目		永久性水工建筑物级别				
		1级	2级	3级	4级	5级
设计		1000~500	500~100	100~50	50~30	30~20
校核洪水标准	土石坝	可能最大洪水（PMF）或10000~5000	5000~2000	2000~1000	1000~300	300~200
校核洪水标准	混凝土坝、浆砌石坝	5000~2000	2000~1000	1000~500	500~200	200~100

五、防洪工程

防洪工程是为控制、防御洪水以减免洪灾损失所修建的工程。主要有堤防工程、河道整治工程、分洪工程和水库等。

表 1-7　　　　　平原区永久性水工建筑物洪水标准［重现期（年）］

项目		永久性水工建筑物级别				
		1级	2级	3级	4级	5级
水库	设计	300～100	100～50	50～20	20～10	10
	校核	2000～1000	1000～300	300～100	100～50	50～20
水闸	设计	100～50	50～30	30～20	20～10	10
	校核	300～200	200～100	100～50	50～30	30～20

（一）堤防工程

堤防工程是指沿河、渠、湖、海岸或行洪区、分洪区、围垦区的边缘修筑的挡水建筑物。筑堤可抵御洪水泛滥，挡潮防浪，保护堤内居民和工农业生产的安全，是世界上最早广为采用的防洪工程措施。

堤防按修筑的位置不同可分为河堤、江堤、湖堤、海堤以及水库、蓄滞洪区低洼地区的围堤等；按功能可分为干堤、支堤、子堤、遥堤、隔堤、行洪堤、防洪堤、围堤（圩垸）、防浪堤等；按建筑材料可分为土堤、石堤、土石混合堤和混凝土防洪墙等。

堤防工程为防洪系统中的一个重要组成部分，不论新建或改建、加固原有堤防系统，都需要进行规划、设计。首先要结合江河综合利用规划，进行堤线、堤顶高程等选择，以及老堤的改线和加高加固的研究，江河堤防还要结合进行堤距的选择。规划的堤线等确定后，再作堤身断面的具体设计。

1. 堤线选择

江河堤防选线时，应注意：①应对堤线附近地区经济、社会状况、土壤地质条件、水文及泥沙特性、河床演变规律等进行调查研究。根据河流的水文、泥沙特性，大致确定洪水的过水断面，并参照河道整治的因势利导原则，标定中、小水河槽的位置，使洪水的行洪水域与中、小水河槽的线路相协调；洪水的主流线与中常水深泓线尽可能一致。②堤线走势应尽可能平顺，避免急弯和局部突出，以适应洪水河势流向。③尽可能避开村庄，少占耕地。④尽量选在地势较高、土质较好之处，以减少筑堤的工程量。⑤堤线离中常水域的距离，应考虑营造防浪林和修堤取土的要求。

2. 堤距和堤高的确定

堤距和堤高是密切相关的。河道通过相同的设计流量时，堤距窄，水位高，则堤顶高；堤距宽则堤顶低。通常考虑洪水河床要有足够的宽度以通过设计洪峰流量，同时又不使当地水位过分地升高并兼顾上下游的水位情况。堤防设计首先要根据防洪、防潮的要求和经济能力，确定防洪标准；根据水文分析与计算，确定设计洪水；根据河道水力、泥沙特性，推算沿程设计水位；根据风浪要素、沉陷和工程等级，确定堤顶超高。然后建立设计流量下堤距与堤高的关系。再根据社会经济能力和技术水平，经过多方案的技术经济比较，选定最佳的堤距与堤高。必要时还可以用河工模型试验，对上述结果加以验证。

3. 堤身横断面设计

根据挡水水头大小、堤基地质情况、堤身材料，来确定堤身横断面的结构。土堤多近于均质，堤身横断面决定于外力和水流的渗透力，可用水力学和土力学方法来核算其稳定性。随着社会经济的发展，对堤防的要求不断提高，为了达到经济、有效的目的，采用了较复杂的堤身结构。在理论上，除了对边坡、渗透、抗震的稳定分析进行深入研究外，还对洪水历时和水位骤降所引起的不恒定渗流，以及堤基土层和堤身材料等，给予重视；在渗流稳定问题上把堤基和堤身视为整体进行综合分析。堤顶宽度往往需要满足料物堆存、防汛抢险、交通运输的要求；堤的边坡在理论分析的基础上，需综合考虑雨水的坡蚀作用、植物生长、机械维修等因素，参照已有稳定坡度的河堤来选定。石堤及防洪墙的断面设计，是根据设计荷载，由建筑的稳定和结构计算确定。海堤、湖堤的规划选线和设计基本原则与江河堤防相似，但其堤顶高程主要决定于潮位、风暴潮（风浪）；分洪区、蓄洪区堤顶高程决定于蓄洪水位。堤防两面临水时取其较高一面的水位值。

（二）河道整治工程

河道整治工程是为稳定河槽、缩小主槽游荡范围、改善河流边界条件及水流流态采取的工程措施。

河道整治分长河段的整治及局部河段的整治。在一般情况下，长河段的河道整治目的主要是为了防洪和航运，而局部河段的河道整治是为了防止河岸坍塌、稳定工农业引水口以及桥渡上下游的工程措施。

河道整治可大大改善长期以来由于河流破坏带来的诸多问题，对于保障两岸人民的正常生产和生活起到重要作用。冲滩塌岸现象将大大减少，有利于稳定滩涂、改善滩区的生产生活条件，提高滩区的土地利用价值，使滩区及高岸的居民安居乐业，可以基本保障河两岸的人民安全定居，有利于改善两岸各种大、中、小型提灌站的引水条件，保障两岸灌区和人民生活用水需求。

1. 主要工程类别

（1）控导工程：约束主流摆动范围、护滩保堤，引导主流沿设计治导线下泄，有利于引水和保护滩地。

（2）护岸工程：防止主流直接顶冲高岸或堤防，防止高岸坍塌，保护高岸、堤防免遭溃决，防止主流改道。

（3）护滩工程：防止塌滩而在滩岸线上建的工程。

2. 河道整治原则

（1）上下游、左右岸统筹兼顾。

（2）依照河势演变规律因势利导，并要抓紧演变过程中的有利时机。

（3）河槽、滩地要综合治理。

（4）根据需要与可能，分清主次，有计划、有重点地布设工程。

（5）对于工程结构和建筑材料，要因地制宜，就地取材，以节省投资。

（三）分洪工程

分洪工程是用分泄河道洪水的办法保障防护区安全的防洪措施。

分洪工程已在世界上大江大河的防洪工程中广泛应用，是很多河流防洪体系的重要组成部分，一般包括进洪设施、分洪道、分（蓄）洪区及其安全避洪设施，以及排洪设施等。

1. 主要类型

根据分洪工程布局的不同，可概括分为两种类型：

（1）以分洪道为主体构成的分洪工程。由进洪设施分泄的洪水，经由分洪道直接分流入海、入湖，或进入其他河流，或绕过防洪保护区在其下游返回原河道，这类分洪工程也称分洪道或减河。如海河近海地区的减河、滁河马汊河分洪道等。

（2）以分（蓄）洪区为主体构成的分洪工程。由进洪设施分泄的洪水直接或经分洪道进入由湖泊或洼地围成的分（蓄）洪区，分（蓄）洪区起蓄洪或滞洪的作用，这类分洪工程有时也称蓄洪工程。如长江中游的荆江分洪工程、汉水下游的杜家台分洪工程、淮河中游的城西湖等分蓄洪工程和黄河下游的东平湖分洪工程等。

2. 工程组成

（1）进洪设施。设于河道的一侧，用以分泄河道洪水进入分洪道或分（蓄）洪区。进洪设施可分为有控制的、半控制的和无控制的三种。

1）有控制的进洪设施，即在拟定的分洪口门处兴建进洪闸（也称分洪闸），当河道流量大于河道安全泄量时，按计划开闸分洪。分洪流量可由进洪闸控制。

2）半控制的进洪设施，是在进洪口门处修建溢流坝或滚水坝，以其顶面高程控制分洪，河道洪水位超过堰顶高程即自然漫溢分洪。分洪流量随洪水位涨落而增减。

3）无控制的进洪设施，包括临时破口分洪，即在计划分洪口门处修建一段自溃堤。采用临时破口进洪措施，一般在计划分洪口门处的堤身内预埋炸药，需要分洪时，临时爆破进洪。为控制分洪流量，防止口门过量扩大，可事先在计划分洪口门两端的堤头和底部用石料裹头和护底。

（2）分洪道。引导超额洪水进入承泄区的工程，只有过洪能力，没有明显调蓄作用。根据泄洪出路，一般有以下几种情况。

1）直接分洪入海，如海河下游近海区的独流减河，分海河水系大清河洪水入渤海。

2）分洪入蓄洪区，如长江支流汉江下游杜家台分洪工程通过分洪道，将汉江超额洪水引入蓄洪区。

3）分洪入临近其他河流，如长江支流滁河的马汊河分洪道，分滁河洪水入长江。

4）绕过保护区回原河道的分洪道，如美国密西西比河的新马德里分洪道。

（3）分（蓄）洪区。利用平原湖泊、洼地滞蓄调节洪水的区域，一般由分洪区围堤和避洪安全设施构成。其范围一般由围堤划定。蓄洪区在世界上大江大河的防洪中广为应用，工程较简单，施工期短，投资相对较省。

（4）排洪设施。主要在分洪时尽快排泄进入分（蓄）洪区内的洪水，使区内群众能恢复生产、重建家园。运用机会多的分（蓄）洪区，可建泄洪闸排洪，反之，可采取破围堤排洪的方式。在不分洪的年份，为排除区内渍水、发展农业生产，往往建有排水设施。排水方式有自排（如排水涵闸）和提排（如电力排水站）两种。

（5）区内避洪安全措施与防御风浪措施。

【思政案例】

荆江分洪工程——保障荆江大堤安全的防洪工程

"万里长江，险在荆江"。中华人民共和国成立前的 300 多年间，荆江大堤溃决过 34 次，1952 年，为消除荆江水患，确保荆江大堤安全，中央批准兴建荆江分洪工程。30 万军民、技术工程人员从全国各地云集荆江，仅用 75 天时间，就建成了万里长江上第一个大型水利工程。

荆江分洪工程位于荆江南岸（右岸）湖北省公安县境内，用来分蓄超过荆江河道安全泄量的超额洪水，是保障荆江大堤安全的防洪工程，也称荆河分洪区。

长江自湖北省枝城至湖南省城陵矶段，全长 337km，流经湖北省荆州地区，称为荆江。荆江大堤是长江河道的重点堤防之一。大堤保护面积广且堤身较高，万一溃决，广大的荆北平原将成泽国，还可能使长江断航，并且威胁武汉市的安全。为减轻大堤防洪负担，1952 年修建了荆江分洪区。

分洪区面积为 920km^2，南北长约 70km，东西宽约 30km，四面环堤，有效容积为 54 亿 m^3。围堤内设有临时安置房、仓库等用于临时避水和保存重要物资，还有黄水套升船机 1 座、灌溉闸 10 余座、电排泵站 3 座。

工程主要有围堤工程、分洪闸、泄洪工程和节制闸等。

(1) 围堤全长 211km，为防风浪冲刷，区内沿堤植柳，南线大堤采用干砌块石护坡，其余植草护坡。

(2) 太平口分洪闸也称北闸，最大设计流量为 8000m^3/s。

(3) 分洪区泄洪工程运行分两种情况：①分洪期间，当分洪区水位达 41m、预报将超过 42m 时，在无量庵扒口泄洪；②当分洪过程结束，分洪区水位不超过 42m 时，待水位下落，首先从无量庵江堤扒口泄入长江，剩余水量由南线大堤上两座泄洪闸泄入虎渡河。

(4) 黄山头节制闸也称南闸。当分洪区水位达到 42m 时，如果分洪区虎渡河东堤下段决口，将增加虎渡河流量，危及黄山头以下两岸圩垸安全，节制闸下泄流量不超过 3800m^3/s。

1954 年长江大水，荆江分洪工程先后开闸 3 次，共分洪 30 天。第 3 次北闸与腊林洲江堤扒口，降低沙市水位约 1.0m。在分洪过程中，向虎渡河及长江泄放了部分洪水，保证了荆江大堤的安全。1954 年以后，分洪区未再使用。随着荆江堤防加培、裁弯等工程措施的实施，分洪区的运用机会比始建期有所减少。上游三峡水库建成并发挥防洪作用后，分洪区运用的频率从 10 年一遇提高到 100 年一遇。

（四）水库

水库是拦洪蓄水和调节水流的水利工程建筑物。水库建成后，可起防洪、蓄水灌溉、供水、发电、养鱼等作用。水库规模通常按库容大小划分，分为小型、中型、大型等。

1. 组成建筑物

水库的组成建筑物中有不同类型的建筑物，包括挡水、泄水、引水或其他专门建筑物等。

2. 主要作用

(1) 防洪作用。水库是我国防洪广泛采用的工程措施之一。在防洪区上游河道适当位置兴建能调蓄洪水的综合利用水库，利用水库库容拦蓄洪水，削减进入下游河道的洪峰流量，达到减免洪水灾害的目的。水库对洪水的调节作用有两种不同方式，一种起滞洪作用，另一种起蓄洪作用。

1) 滞洪作用。滞洪就是使洪水在水库中暂时停留。当水库的溢洪道上无闸门控制，水库蓄水位与溢洪道堰顶高程平齐时，则水库只能起到暂时滞留洪水的作用。

2) 蓄洪作用。在溢洪道未设闸门的情况下，在水库管理运用阶段，如果能在汛期前用水，将水库水位降到水库限制水位，且水库限制水位低于溢洪道堰顶高程，则限制水位至溢洪道堰顶高程之间的库容就能起到蓄洪作用。蓄在水库的一部分洪水可在枯水期有计划地用于兴利需要。当溢洪道设有闸门时，水库就能在更大程度上起到蓄洪作用，水库可以通过改变闸门开启度来调节下泄流量的大小。因为有闸门控制，所以这类水库防洪限制水位可以高出溢洪道堰顶，并在泄洪过程中随时调节闸门开启度来控制下泄流量，具有滞洪和蓄洪双重作用。

(2) 兴利作用。降落在流域地面上的降水（部分渗至地下），由地面及地下按不同途径泄入河槽后的水流，称为河川径流。由于河川径流具有多变性和不重复性，在年与年、季与季以及地区之间来水都不同，且变化很大。大多数用水部门（例如灌溉、发电、供水、航运等）都要求比较固定的用水数量和时间，它们的要求经常不能与天然来水情况完全相适应。人们为了解决径流在时间上和空间上的重新分配问题，充分开发利用水资源，使之适应用水部门的要求，往往在江河上修建一些水库工程。水库的兴利作用就是进行径流调节，蓄洪补枯，使天然来水能在时间上和空间上较好地满足用水部门的要求。

六、农业灌排工程

农业灌排工程是以农业增产为目的的水利工程措施，即通过兴建和运用各种水利工程措施，调节、改善农田水分状况和地区水利条件，提高抵御天灾的能力，促进生态环境的良性循环，使之有利于农作物的生产。

（一）灌溉制度

农作物的灌溉制度是指根据作物需水特性和当地气候、土壤、农业技术及灌水技术等因素制定的灌水方案。主要内容包括灌水次数、灌水时间、灌水定额和灌溉定额。灌水定额是指一次灌水单位灌溉面积上的灌水量，各次灌水定额之和，叫作灌溉定额。灌水定额和灌溉定额常以立方米每亩或毫米表示，它是灌区规划及管理的重要依据。

灌溉制度分充分灌溉制度和非充分灌溉制度。充分灌溉制度（即充分灌溉条件下的灌溉制度），是指灌溉能够充分满足作物各生育阶段的需水量要求而设计制定的灌溉制度；非充分灌溉，是指由于可供灌溉的水资源不足，不能充分满足作物各个生育阶段的需水量要求，而允许作物受一定程度的缺水和减产，但仍可使单位水量获得最大的经济效益的一种灌溉方式。

（二）渠道及渠系建筑物

1. 渠道

渠道是灌溉、发电、航运、给水、排水等水利工程中广为采用的具有自由水面的人工水道。

渠道按用途可分为灌溉渠道、动力渠道（引水发电用）、供水渠道、通航渠道和排水渠道等。在实际工程中常是一渠多用，如发电与通航、供水结合，灌溉与发电结合等。

渠道线路的选择是渠道设计的关键，可结合地形、地质、施工、交通等条件初选几条线路，通过技术经济比较，择优选定。渠道选线的原则是：尽量避开挖方或填方过大的地段，最好能做到挖方和填方基本平衡；避免通过滑坡区、透水性强和沉降量大的地段；在平坦地段，线路应力求短直，受地形条件限制，必须转弯时，其转弯半径不宜小于渠道正常水面宽的5倍；通过山岭可选用隧洞，遇山谷可用渡槽或倒虹吸管穿越，应尽量减少交叉建筑物。

2. 渠系建筑物

输配水渠道一般线路长，受地形、地质条件限制，为了安全合理地输配水量以满足农田灌溉、水力发电、工业及生活用水的需要，在渠道（渠系）上修建的水工建筑物，统称为渠系建筑物。

渠系建筑物按其主要作用可分为以下几种：

（1）控制建筑物。作用在于控制渠道的流量和水位，如进水闸、分水闸、节制闸等。

（2）泄水建筑物。为保护渠道及建筑物安全或进行维修，用以放空渠水的建筑物，如泄水闸、虹吸泄洪道等。

（3）交叉建筑物。渠道穿越河流、沟谷、洼地、道路或排水沟时，需要修建交叉建筑物。常见的交叉建筑物有渡槽、倒虹吸、涵洞和桥梁等。

（4）落差建筑物。当渠道通过地势陡峻或地面坡度较大的地段时，为了保持渠道的设计比降和设计流速，防止渠道冲刷，避免深挖高填，减少渠道工程量，在不影响自流灌溉控制水位的原则下，可修建跌水、陡坡等落差建筑物，也称衔接建筑物。

（5）冲沙和沉沙建筑物。为防止和减少渠道淤积，在渠首或渠系中设置的冲沙和沉沙设施，如冲沙闸、沉沙池等。

（6）量水建筑物。用以计量输配水量的设施，如量水堰、量水管嘴等。

（7）专门建筑物。主要有水力发电专用建筑物，如前池、调压室、压力水管、水电站厂房；港口专用建筑物，如防波堤、码头、船坞、船台；过坝专用建筑物及设施，如船闸、升船机、筏道及鱼道等。

渠系中的建筑物，一般规模不大，但数量多，总的工程量和造价在整个工程中所占比重较大。为此，应尽量简化结构，改进设计和施工，以节约原材料和劳力、降低工程造价。

（三）节水灌溉工程

随着我国人口的增加，城市化进程的加快，工农业生产进一步发展，全国各地的用水量及耗水量持续增加，更显现出我国水资源非常紧缺。我国的水资源人均、亩均占有量少，在地区和时间上分布很不均匀，农业灌溉用水矛盾突出。因此，发展节水灌溉是势在必行和行之有效的节水途径。

常用的节水灌溉工程有低压管道灌溉、喷灌、微灌等。

1. 低压管道灌溉

管道输水灌溉技术是以管道代替明渠输水系统的一种工程形式。灌水时，管道系统工作压力一般不超过 0.2MPa，故称低压管道输水灌溉工程。

管道输水系统由水源与取水工程、输水配水管网系统和田间灌水系统三部分组成。

管道输水工程可按其输配水方式、管网形式、固定方式、输水压力和结构形式等方式进行分类。通常按固定方式可分为固定式、半固定式、移动式三大类。

2. 喷灌

喷灌是借助水泵和管道系统或利用自然水源的落差，把具有一定压力的水喷到空中，散成小水滴或形成弥雾降落到植物上和地面上的灌溉方式。

喷灌系统一般由水源、水泵、动力设备、管网、喷头及田间工程组成。

喷灌系统按水流获得压力的方式可分为机压式、自压式和提水蓄能式；按喷灌设备的形式可分为管道式和机组式；按喷洒方式可分为定喷式和行喷式；按喷灌作业过程中可移动的程度分为固定式、半固定式和移动式。

3. 微灌

微灌是按照作物生长所需的水和养分，利用专门设备或自然水头加压，再通过低压管道系统末级毛管上的孔口或灌水器，将有压水流变成细小的水流或水滴，直接送到作物根区附近，均匀、适量地施于作物根层所在部分土壤的灌水方法。

微灌系统通常由水源工程、首部枢纽、输配水管网和灌水器四部分组成。

微灌常常按选用的灌水器进行分类，可分为滴灌、微喷灌、渗灌、涌灌和雾灌。

【思政案例】

芍陂——古代淮河流域最著名的蓄水灌溉工程

芍陂是由春秋时楚相孙叔敖主持修建的水利工程。1949 年后经过整治，现蓄水约 7300 万 m^3，灌溉面积 4.2 万 hm^2。迄今虽已有 2500 多年，但其一直发挥着不同程度的灌溉效益。

孙叔敖当上了楚国的令尹之后，继续推进楚国的水利建设，发动人民"于楚之境内，下膏泽，兴水利"。在楚庄王十七年（公元前 597 年）左右，主持兴办了中国最早的蓄水灌溉工程——芍陂。芍陂因水流经过芍亭而得名。工程在安丰城（今安徽省寿县境内）附近，位于大别山的北麓余脉，东、南、西三面地势较高，北面地势低洼，向淮河倾斜。每逢夏秋雨季，山洪暴发，形成涝灾；雨少时又常常出现旱灾。

当时这里是楚国北疆的农业区，粮食生产的好坏，对当地的军需民用影响极大。孙叔敖根据当地的地形特点，组织当地人民修建工程，将东面的积石山、东南面龙池山和西面六安龙穴山流下来的溪水汇集于低洼的芍陂之中。修建五个水门，以石质闸门控制水量，"水涨则开门以疏之，水消则闭门以蓄之"，不仅天旱有水灌田，又避免水多洪涝成灾。后来又在西南开了一道子午渠，上通淠河，扩大芍陂的灌溉水源，使芍陂达到"灌田万顷"的规模。芍陂建成后，使安丰一带每年都生产出大量的粮食，并很快成为楚国的经济要地。楚国更加强大起来，打败了当时实力雄厚的晋国军队，楚庄王也一跃成为"春秋五霸"之一。

300 多年后，楚考烈王二十二年（公元前 241 年），楚国被秦国打败，考烈王便把都城迁到这里,并把寿春改名为郢。这固然是出于军事上的需要,也是由于水利奠定了这里的重要经济地位。芍陂经过历代的整治,一直发挥着巨大效益。东晋时因灌区连年丰收,遂改名为"安丰塘"。如今芍陂已经成为淠史杭灌区的重要组成部分,灌溉面积达到60余万亩,并有防洪、除涝、水产、航运等综合效益。

七、水力发电工程

水力发电工程就是把蕴藏在水流中的巨大能量,采用一定的工程措施,通过水轮发电机组,把水能转化为电能,输送到需要用电的地方,为社会生产和生活服务。

(一) 水力发电的基本原理

水力发电的基本原理是利用水位落差,配合水轮发电机产生电力,也就是利用水的位能转化为水轮的机械能,再以机械能推动发电机,而得到电力。

(二) 水能的开发方式

天然河道的流量在时间上分配是不均匀的,河段的落差一般也是分散的。因此,开发河道的水能必须调节其流量和集中落差。

根据调节流量的方法和集中落差等的不同,水能的开发可分为以下方式。

(1) 按调节流量方式,可分为蓄水式和径流式。

(2) 按调节周期,可分为无调节、日调节、月(季)调节、年调节和多年调节。

(3) 按集中落差的不同,可分为坝式、引水式、混合式、潮汐式和抽水蓄能式。

(三) 水电站的类型

1. 坝式水电站

坝式水电站是指由河道上的挡水建筑物壅高水位而集中发电水头的水电站。其主要特点是拦河坝和水电站厂房集中布置于很短的同一河段中,电站的水头基本上全部由坝抬高水位获得。

按照水电站主要建筑物拦河坝与水电站厂房的相对位置,可分为坝后式和河床式两大类。

(1) 坝后式水电站:厂房布置在坝体下游侧,并通过坝体引水发电,厂房本身不承受上游水压力的水电站。坝后式水电站厂房在枢纽总体布置中的位置,可以根据坝址区的地形、地质、坝的形式等条件选定。

(2) 河床式水电站:水电站厂房和坝、溢洪道等建筑物均建造在河床中,厂房本身承受上游水压力,起挡水作用,成为水库挡水建筑物的一部分,从而节省水电站挡水建筑物的总造价。

2. 引水式水电站

引水式水电站是自河流坡降较陡、落差比较集中的河段,以及河湾或相邻两河河床高程相差较大的地方,利用坡降平缓的引水道引水而与天然水面形成符合要求的落差(水头)发电的水电站。

引水式水电站可分为无压引水式水电站和有压引水式水电站。无压引水式水电站的引水道为明渠、无压隧洞、渡槽等。有压引水式水电站的引水道,一般多为压力隧洞、压力管道等。

3. 混合式水电站

混合式水电站是由坝和引水道两种建筑物共同形成发电水头的水电站，可以充分利用河流有利的天然条件，在坡降平缓河段上筑坝形成水库，以利径流调节，在其下游坡降很陡或落差集中的河段采用引水方式得到大的水头。这种水电站通常兼有坝式水电站和引水式水电站的优点和工程特点。

4. 潮汐电站

潮汐电站是利用涨潮和退潮时所形成的潮汐能发电的水电站。一般在海湾或河口筑坝形成水库，用泄水闸控制库水位变化滞后于潮位变化以形成水头，推动水轮发电机组发电。

潮汐电站的类型包括单库单向潮汐电站、单库双向潮汐电站和双库双向潮汐电站三种。

5. 抽水蓄能电站

抽水蓄能电站是利用电力负荷低谷时的电能抽水至上水库，在电力负荷高峰期再放水至下水库发电的水电站，又称蓄能式水电站。它可将电网负荷低时的多余电能，转变为电网高峰时期的高价值电能，适于调频、调相，稳定电力系统的周波和电压，且宜为事故备用，还可提高系统中火电站和核电站的效率。

（四）水电站建筑物

一般比较典型的水电站中，通常具有下列几种建筑物：

(1) 挡水建筑物。多指坝或闸，用来截断河流，集中落差。

(2) 泄水建筑物。用以下泄多余的洪水或降低库水位，即溢洪道、泄洪隧洞。

(3) 过坝建筑物。指为了满足通航或利于鱼的洄游而修筑的建筑物，如船闸、鱼道等。

(4) 引水建筑物。用来把水库的水引入水轮机的输水建筑物。

(5) 进水建筑物。又称进水口或取水口，是水电站水流的进口。

(6) 平水建筑物。当水电站的负荷发生变化时，用以平稳引水建筑物（引水道或尾水管）中的压力和流速变化。如有压引水道中的调压室及无压引水道中的压力前池。

(7) 发电、变电及配电建筑物。又叫发电建筑物，是指安装水轮发电机组及其控制设备的厂房、安装变压器的场地和开关站。

下面主要介绍几种典型的水电站建筑物：

1. 压力前池

压力前池又称压力池或前池，它位于引水渠道或无压引水隧洞的末端，是水电站引水建筑物与水轮机压力水管的连接建筑物，即把无压引水道中的无压流变为压力管道的有压流。

根据功能不同，压力前池由前室、压力管道的进水口及设备、泄水和排沙建筑物组成。前室即池身，其尺寸取决于压力管道的布置和满足调节流量的要求，宽度和深度比渠道大，往往需要在渠道与前室间设扩散段。压力管道进水口采用挡水墙式分割前池宽度，进水口设拦污栅、工作闸门、检修闸门等设备。泄水和排沙建筑物主要用于泄水排沙、排冰等。多采用溢流堰，下接陡槽及消力槽，也可直接泄入山沟或河道。溢流堰顶常不设闸门。

2. 压力管道

压力管道是指从水库、压力前池或调压室将水流在有压状态下引入水轮机的输水管。压力水管基本上集中了水电站全部或大部分水头，它具有坡度陡、承受电站最大水头且受水锤动水压力及靠近厂房的特点。因此，它的安全性和经济性受到特别重视，有不同于一般水工建筑物的特殊要求。

压力管道按布置形式分为明管、地下埋管、混凝土坝身管道三种，按材料可分为钢管或钢筋混凝土管。

明管是压力管道采用分段式铺设，直接暴露在空气中。管身铺设在一系列支墩上，在管道转弯处设有镇墩，两镇墩之间设有伸缩节，以减少温度应力。为了减少伸缩节的内水压力和便于安装，伸缩节一般布置在靠近上镇墩处。

地下埋管是埋藏于地层岩石之中的钢管，又叫压力洞或压力管道。可以是斜的，也可以是垂直的，它是由开挖岩洞，安装，再在各层中钢材之间灌注混凝土做成的。

混凝土坝身管道是依附于混凝土坝身，即埋设在坝体内或固定在坝面上，并与坝体成为一体的压力输水管道。根据布置形式，坝体压力管有坝内埋管、坝上游面管道及坝下游面管道三种。

3. 调压室

水电站机组突丢负荷或突增负荷时，管道内流量的变化引起流速的变化，从而引起水位产生巨大惯性力，管内压力瞬时变化较大，不利压力管道的运行，称为水锤现象。水锤现象会使压力管道内壳和尾水管内部产生很大的水锤压力，还增加管道和蜗壳的壁厚，增加造价，而且给机组带来很大的不利，必须采取一些措施设法减小水锤压力。其中，有效方法之一是设置调压室，调压室实际上是一个具有自由水面的筒式或井式建筑物。根据地形和地质条件划分，调压室设置在地面上的称为调压塔，设置在地面下的称为调节井。

设置调压室后，利用调压室扩大的断面面积和自由水面，水锤就会在调压室反射到下游，相当于把引水系统分为两段，调压室以前的这段引水道，基本上可以避免水锤压力的影响，调压室以后的压力管道，由于缩短了水锤波传递的路程，从而减小了压力管道中的水锤值，改善了机组运行条件及供电质量。调压室的尺寸要通过调压室水位波动的计算来确定。

4. 电站厂房及输变电建筑物

水电站厂房是水电站的主要建筑物之一。厂房中安装水轮机、水轮发电机和各种辅助设备，是将水能转化为电能的综合工程措施。通过能量转换，水轮发电机发出的电能，经变压器开关站等输入电网用户，因此水电站厂房是水、机、电的综合体，同时又是运行人员进行生产活动的场所。电站厂房根据设备布置、运行要求，划分为主厂房、副厂房（属于电站厂房）、主变压器和开关站（输变电建筑物）四部分。

主厂房内布置水电站的主要动力设备（水轮发电机组）和各种辅助设备及组装、检修设备的装配场，是水电站厂房的主要组成部分。副厂房内布置控制设备、电气设备和辅助设备及必要的工作和生活用房，是水电站的运行、控制、监视、通信、试验、管理和运行人员工作的房间。主变压器是装设变压器的地方，电能经过主变压器升高到规定的电压后，引到开关站。开关站（户外高压配电装置）是装设高压开关、高压母线和保护措施等高压电气设备的场所，高压输电线由此将电能输往用户。

（五）水电站厂区枢纽

水电站厂区枢纽通常由主厂房、副厂房、主变压器和开关站等部分组成。

1. 主厂房

主厂房是布置水轮发电机组和各种辅助设备的主机室（主机间）及组装、检修设备的装配场（安装间）的总称，是水电站厂房的主要组成部分。

2. 副厂房

副厂房是指专门布置各种电气控制设备、配电装置、公用辅助设备以及为生产调度、检修、测试等的用房。副厂房应设哪些房间及各种房间的面积大小，主要由水电站的装机规模、在电力系统中位置、自动化水平及所在地区环境条件等决定。

3. 主变压器

主变压器的作用是将电能升高到规定的电压后送到开关站。

4. 开关站

开关站是装设高压开关、高压母线和保护措施等设备的场所，高压输电线由此将电能输送到电网。

【课后拓展】

以熟悉的一个水利枢纽工程为例，确定工程等别以及枢纽中主要、次要和临时性水工建筑物的级别，确定永久性水工建筑物的洪水标准。

第二节 我国水资源开发与利用

1-2 我国水资源开发与利用

一、水资源的概念

水资源是人类长期生存、生活和生产活动中所需的各种水，既包括数量和质量含义，又包括其使用价值和经济价值。水资源概念有广义和狭义之分。狭义上的水资源是指人类在一定的经济技术条件下能够直接使用的淡水。广义上的水资源是指在一定经济技术条件下能够直接或间接使用的各种水和水中物质，在社会生活和生产中具有使用价值和经济价值的水都可称为水资源。

在地球上，人类可直接或间接利用的水，是自然资源的一个重要组成部分。天然水资源包括河川径流、地下水、积雪和冰川、湖泊水、沼泽水、海水。按水质划分为淡水和咸水。随着科学技术的发展，被人类所利用的水增多，例如海水淡化、人工催化降水、南极大陆冰的利用等。由于气候条件变化，各种水资源的时空分布不均，天然水资源量不等于可利用水量，往往采用修筑水库和地下水库来调蓄水源，或采用回收和处理的办法利用工业和生活污水，扩大水资源的利用。与其他自然资源不同，水资源是可再生的资源，可以重复多次使用；并出现年内和年际量的变化，具有一定的周期和规律；储存形式和运动过程受自然地理因素和人类活动所影响。

地球表面的 72% 被水覆盖，陆地上的淡水资源总量只占地球上水体总量的 2.53%，而且大部分为主要分布在南北两极地区的固体冰川。虽然科学家们正在研究冰川的利用方法，但在目前技术条件下还无法大规模利用。除此之外，地下水的淡水储量也很大，但绝大部分是深层地下水，开采利用的也很少。人类目前比较容易利用的淡水资源，主要是河流水、淡水湖泊水以及浅层地下水。这些淡水储量只占全部淡水总量的0.3%，占全球总水量的十万分之七，即全球真正有效利用的淡水资源每年约有9000 km^3。

地球的储水量是很丰富的，共有14.5亿 km^3 之多。地球上的水，尽管数量巨大，但能直接被人们生产和生活利用的却少得可怜。首先，海水又咸又苦，不能饮用，不能浇地，也难以用于工业。其次，地球的淡水资源仅占其总水量的2.5%，而在这极少的淡水资源中，又有70%以上被冻结在南极和北极的冰盖中，加上难以利用的高山冰川和永冻积雪，有87%的淡水资源难以利用。人类真正能够利用的淡水资源是江河湖泊和地下水中的一部分，约占地球总水量的0.26%。全球淡水资源不仅短缺而且地区分布极不平衡。按地区分布，巴西、俄罗斯、加拿大、中国、美国、印度尼西亚、印度、哥伦比亚和刚果等9个国家的淡水资源占了世界淡水资源的60%。

随着世界经济的发展，人口不断增长，城市日渐增多和扩张，各地用水量不断增多。据联合国估计，1900年，全球用水量只有4000亿 m^3，1980年为30000亿 m^3，1985年为39000亿 m^3。到2000年，水量需增加到60000亿 m^3，其中以亚洲用水量最多，达32000亿 m^3，其次为北美洲、欧洲、南美洲等。约占世界人口总数40%的80个国家和地区约15亿人口淡水不足，其中26个国家约3亿人极度缺水。更可怕的是，预计到2025年，世界上将会有30亿人面临缺水，40个国家和地区淡水严重不足。

二、水资源的特点

(一) 资源的循环性

水资源与其他固体资源的本质区别在于，它是在循环中形成的一种动态资源，是环境中最活跃的要素，具有循环性。水循环系统是一个庞大的天然水资源系统，处在不断地开采、补给和消耗、恢复的循环之中，可以不断地供给人类利用和满足生态平衡的需要。

(二) 储量的有限性

水资源处在不断地消耗和补充过程中，具有恢复性强的特征。但实际上全球淡水资源的储量是十分有限的。全球的淡水资源仅占全球总水量的2.5%，大部分储存在极地冰帽和冰川中，真正能够被人类直接利用的淡水资源仅占全球总水量的0.8%。可见，水资源的储量十分有限。

(三) 时空分布的不均匀性

时空分布的不均匀性是水资源的又一特性。全球水资源的分布极不均匀，约65%的淡水资源集中在不到10个国家，约占世界人口总数40%的80个国家和地区严重缺水。

我国水资源在区域上分布极不均匀。总体上表现为东南多，西北少；沿海多，内陆少；山区多，平原少。在同一地区中，不同时间分布差异性很大，一般夏多冬少。

(四) 利用的多样性

水资源不仅广泛应用于农业、工业和生活，还在维持水热平衡、生物平衡、水沙平衡和水盐平衡等生态环境方面发挥重要作用。在各种不同的用途中，消耗性用水与非消耗性用水（或消耗很小的用水）并存。用水目的不同对水质的要求各不相同，使得水资源表现出一水多用的特征。

(五) 利、害的两重性

水资源与其他固体矿产资源相比，最大区别在于，水资源具有既可造福于人类又可危害人类生存的两重性。水资源质量、数量适宜，且时空分布均匀，将为区域经济发展、自然环境的良性循环和人类社会进步作出巨大贡献。水资源开发利用不当，又可制约国民经济发展，破坏人类的生存环境。正是由于水资源的双重性质，在水资源的开发利用过程中尤其强调合理利用、有序开发，以达到兴利除害的目的。

三、我国水资源状况

我国2023年全国水资源总量25782.5亿m^3，比多年平均值多6.6%，比2022年减少4.8%。其中，地表水资源量24633.5亿m^3，地下水资源量7807.1亿m^3。另外，中国属于季风气候，水资源时空分布不均匀，南北自然环境差异大，其中北方9个省（自治区、直辖市），人均水资源不到500m^3，实属水少地区；特别是城市人口剧增，生态环境恶化，工农业用水技术落后，浪费严重，水源污染，更使原本贫乏的水"雪上加霜"，成为国家经济建设发展的瓶颈。全国600多座城市中，已有400多个城市存在供水不足问题，其中比较严重的缺水城市达110个，全国城市缺水总量为60亿m^3。

据监测，当前全国多数城市地下水受到一定程度的点状污染和面状污染，且有逐年加重的趋势。日趋严重的水污染不仅降低了水体的使用功能，进一步加剧了水资源短缺的矛盾，对我国正在实施的可持续发展战略带来了严重影响，而且还严重威胁城市居民的饮水安全和人民群众的健康。

据水利部预测，2030年中国人口将达到16亿人，届时人均水资源量仅有1750m^3。在充分考虑节水情况下，预计用水总量为7000亿～8000亿m^3，要求供水能力比当前增长1300亿～2300亿m^3，全国实际可利用水资源量接近合理利用水量上限，水资源开发难度极大。

我国水资源总量少于巴西、俄罗斯、加拿大、美国和印度尼西亚。若按人均水资源占有量这一指标来衡量，则仅占世界平均水平的1/4，排名在第110名之后。缺水状况在我国普遍存在，而且有不断加剧的趋势。全国约有600多个城市中，一半以上存在着不同程度的缺水现象。其中严重缺水的有110多个。

我国水资源总量虽然较多，但人均量并不丰富。水资源的特点是地区分布不均，水土资源组合不平衡；年内分配集中，年际变化大；连丰连枯年份比较突出；河流的泥沙淤积严重。这些特点造成了中国容易发生水旱灾害，水的供需产生矛盾，这也决定了我国对水资源的开发利用、江河整治的任务十分艰巨。

四、我国水资源开发与利用状况

(一) 水资源开发利用成就

（1）水资源利用率不断提高。我国目前年利用水资源总量约为6000亿m^3，相比于20世纪80年代初，我国水资源利用率显著提升。在此背景下，我国通过加强设施建设和技术配套，推广水资源循环利用等技术手段，使水资源利用率进一步提高。

（2）水利工程建设成果显著。水利工程建设是我国水资源开发利用的主要手段，如三峡工程、南水北调、西电东送等工程大大增加了我国水资源的供给量。同时，我国通过积极推进水库、水闸、引水渠等工程的建设，保障了农业、工业、城镇等领域对水的需求。

这些水利工程的建设，大大增强了我国的水资源调控能力。

（3）水生态环境保护成果显著。我国在保护水生态方面采取了一系列有效的措施，如推进水生态修复工程，加强水环境监测和水资源保护法律法规等方面的完善和落实。这些措施的实施，使得我国水生态环境得到了有效的保护和恢复。

（4）水安全保障能力得到加强。水安全是一个国家的重要安全问题，在此背景下，我国不断推进水资源安全保障体系的建设，完善水资源保障工作体系，提高应对水安全事件的处置能力。例如，我国成立了中央水务工作委员会，制定专项规划，建立了水资源调度中心等机构，大大提高了水资源保障的能力。

（二）水资源开发利用分析

水资源开发利用包括兴利和除害两方面：兴利有发电、灌溉、供水、航运、植树、漂木、水产、旅游和环保等；除害有防洪、除涝、防凌等。

根据水利部 2023 年《中国水资源公报》，2023 年全国总用水量 5906.5 亿 m³，比 2022 年减少 91.7 亿 m³。其中生活用水占 15.4%、工业用水占 16.4%、农业用水占 62.2%，人工生态环境补水占总用水量的 6.0%（表 1-8）。在水资源利用结构中，工业和城市生活用水所占的比例较低，农业用水占比过大，生态环境补水占比较低，但其逐年显著增加。

表 1-8　　　　　　　　　　我国水资源开发利用分析

年份	全国总用水量 /10⁹ m³	生活用水		工业用水		农业用水		人工生态环境补水	
		用水量 /亿 m³	占总用水量比重/%	用水量 /亿 m³	占总用水量比重/%	用水量 /亿 m³	占总用水量比重/%	用水量 /亿 m³	占总用水量比重/%
1997	556.6	52.5	9.4	112.1	20.2	392.0	70.4	/	/
2002	549.7	61.6	11.2	114.3	20.8	373.8	58.0	/	/
2007	581.9	71.0	12.2	140.2	24.1	360.2	61.9	10.5	1.8
2012	613.1	74.2	12.1	138.0	22.5	389.9	63.6	11.0	1.8
2018	601.6	86.0	14.3	126.2	21.0	369.3	61.4	20.1	3.3
2023	590.7	91.0	15.4	97.0	16.4	367.2	62.2	35.4	6.0

1. 农业用水

农业是我国用水大户，占总用水的比例较高。农业用水主要包括农田、林业、木业的灌溉用水及水产养殖业、农村工副业和人畜生活等用水。农田灌溉用水是农业的主要用水和耗水对象，其占农业总用水比例保持在 90% 以上。

2. 工业和生活用水

近 30 年来，我国工业和生活用水量和占总用水量比例均显著增加。我国人均生活日用水量（含公共用水）为 225L，农村居民人均生活日用水量为 89L，城镇居民生活日用水量略有增加。城市规模的差异，城市化水平的不同，区域水资源条件的差别，造成城市居民人均日用水量的差距相当大。

3. 生态用水

生态用水指在特定的时空范围内，维持各类生态系统正常发育与相对稳定所必需消耗的、不作为社会和经济用水的、现存的水资源，包括地表水、地下水和土壤水等。近年来，我国生态用水量呈逐渐增加趋势。

（三）水资源开发利用中存在的主要问题

1. 水资源时空分布不均阻碍社会经济发展

我国水资源在分布上具有时空分布不均衡和水土资源组合不平衡的显著特征，水旱灾害频繁。我国20世纪90年代的年均洪灾损失高达1200亿元，占国民生产总值的2.4%。1991年的江淮大水，1994年的珠江大水，1998年的长江和松花江、嫩江大水都给国家造成了巨大的经济损失。随着经济的发展和气候的变化，全国有1/4的国土面积缺水，1/10地区的水资源仅能满足人类生存的基本需求。全国每年缺水量近400亿 m^3，我国农业特别是北方地区农业干旱缺水状况加重。城市缺水现象始于20世纪70年代，以后逐年扩大，特别是改革开放以来城市缺水越发严重。据统计，全国600多座城市中，有400多个城市供水不足，其中110个严重缺水，年缺水量约100亿 m^3，每年影响工业产值约2000亿元。洪涝与干旱是阻碍我国社会经济发展的突出因素。

2. 水资源供需矛盾严重，利用效率偏低

我国人均用水量仅相当于美国的1/4、世界人均用水量的2/3。全国城乡用水逐年增加，用水结构不断变化，用水地域特征差别明显。城市地区，特别是大中城市的工业和人口相对集中，水资源供需矛盾日趋尖锐。同时，环境污染导致的水质型缺水进一步加重用水负担。在我国南方尤其是沿海经济发达地区，这类缺水问题尤为严重。随着人口增加、经济发展，对用水的要求会更高，缺水的威胁还有可能进一步加剧。在缺水的同时，还存在水资源浪费、水资源利用效率低等不合理现象。

3. 局部超采严重，污染问题突出

局部超采严重。近年，全国21个省（自治区、直辖市）存在不同程度的超采问题，个别地区甚至存在开采深层地下水问题，地下水超采区总面积达28.7万 km^2，年均超采量158亿 m^3，其中华北地区地下水超采问题最为严重。超采导致地下水水位下降、含水层疏干、水源枯竭，引发地面沉降、河湖萎缩、海水入侵、生态退化等问题。

污染问题突出。城镇生活污水和工业废水排放、农业面源污染导致地下水污染。根据《2023年中国生态环境状况公报》，全国监测的1888个国家地下水环境质量考核点位中，Ⅰ～Ⅳ类水质点位占77.8%，Ⅴ类占22.2%。其中，潜水点位1084个，Ⅰ～Ⅳ类水质点位占75.2%；承压水点位804个，Ⅰ～Ⅳ类水质点位占81.2%。主要超标指标为铁、硫酸盐和氯化物。除水文地质化学背景影响外，污染是影响地下水水质的主要原因。地下水更新慢，超采、污染问题治理修复难度大。

（四）水资源的保护

城市人口的增长和工业生产的发展，给许多城市水资源和水环境保护带来压力；农业生产的发展要求灌溉水量增加，对农业节水和农业污染控制与治理提出更高的要求；河湖生态复苏，需要持续的生态用水保障。实现水资源的有序开发利用、保持水环境的良好状态是水资源保护管理的重要内容和首要任务。主要包括以下内容：

（1）改革水资源管理体制并加强能力建设，切实落实与实施水资源的统一管理，实现有效合理分配。

（2）研究开发水资源污染控制与修复有关的现代理论、技术体系，提高水污染控制和污水资源化的水平，保护与水资源有关的生态系统。

（3）实现水资源的可持续利用，消除次生的环境问题，强化气候变化对水资源的影响及其相关的战略性研究，保障生活、工业和农业生产的安全供水，建立安全供水的保障体系。

（4）强化水资源环境监测网络，完善水资源管理体制与法律法规，加大执法力度，实现依法治水、严格管水、合理用水。

【思政案例】

大禹治水精神——中华民族精神的象征

大禹治水（鲧、禹治水）是上古时期的一个神话传说。

鲧、禹都是黄帝的后代。尧、舜时代，黄河泛滥，人类生存面临着严重的威胁，帝尧为了解救百姓于水深火热之中，大力治水。帝尧先委派鲧治水。据《史记·夏本纪》记载，鲧采用"湮""障"之法治理洪水，历时九年，不仅没有治平洪水，反使堤溃坝毁，造成更大的灾难。鲧治水失败后被杀，于是舜命鲧之子禹治水。禹以民为重，公而忘私，抱着"我若不把洪水治平，怎奈天下苍生"的信念，毅然担起了治水重任，开始了长达13年艰苦而又漫长的治水历程。为完成治水任务，禹远离家乡，远离亲人。据《尚书·益稷》记载，禹娶涂山氏的女儿为妻，结婚四天后就告别娇妻，回到治水前线，这一去竟13年，其间曾多次路过家门而没有进去，就连他的儿子启降生时，他也未能回家看望、照料，以致有"启生不见父，昼夜呱呱啼泣"之说。

《史记·夏本纪》记载，为实现治平洪水、拯救百姓的伟大目标，禹以身作则，身先士卒，带头苦干，节衣缩食，吃最差的饭菜，穿最差的衣服，住最差的房子，顶风冒雨，风餐露宿，四处奔波。他白天带领人民开山辟地，战斗在治水第一线，晚上苦苦思索，寻找治理洪水的最好方法。在治水过程中，为了赶时间，禹在陆地上就乘车，水路上就乘船，泥泞之地就乘橇，左手确定平直（左准绳），右手测量长度（右规矩），一年四季，都在为治理洪水而奔波忙碌（开九州，通九道，陂九泽，度九山）。

在漫长的治理洪水岁月里，禹认真吸取了先辈治水的经验，大胆提出了"尊重自然、因势利导"的治水方针——"治水顺水之性，不与水争势，导之入海，高者凿而通之，卑者疏而宣之"（《孟子·告子下》），并把整个中国的山水当作一个整体来治理。禹根据山川地理情况，将当时的中国分为九个州，即冀州、青州、徐州、兖州、扬州、梁州、豫州、雍州、荆州，水土共治，该疏通的疏通，该平整的平整，使得大量的土地变得肥沃。因治水有功，禹被推举为部落联盟首领，人们尊称他为"大禹"。大禹建立军队、制定刑法、修筑城堡、征收贡赋，中华民族逐渐由部落联盟形成国家。

大禹入主中原时，东有夷，南有苗，西有羌，北有大戎等民族，生产、生活方式十分原始落后，他从各民族的特点出发，在尊重各民族生活方式、风俗习惯的前提下，以"敬民、养民、护民、教民"的思想为基础，传授先进的生产技术，传播优秀的文化艺术，帮助各族人民因地制宜，兴修水利，大力发展农业，使各族人民逐渐从原始生产方式进入安居乐业的农耕文明时代。

大禹治水在中华文明发展史上起着重要作用。在治水过程中，大禹依靠"艰苦奋斗、因势利导、科学治水、以人为本"的理念，克服重重困难，终于取得了治水的成功，并由此形成以"公而忘私、民族至上、民为邦本、科学创新"等为内涵的大禹治水精神。舜评价大禹说："能治水成功，行声教之言，成就最大。勤劳于国，尽力沟洫；节俭于家，卑宫菲食；谦恭而不自满，可谓贤才之最；备受赞美而不骄，天下无人敢与之争能；不尚征伐而战绩斐然，天下无人能与之争功。"

大禹治水精神是中华民族精神的源头和象征。

【课后拓展】

查阅相关资料，简要说明所在省份的水资源状况及特点。

第三节 我国水电能源开发与利用

一、水电能源开发利用的特点

（一）能源利用是人类的标志

从动物进化到人，最重要分水岭就是使用火。人类文明不仅从能源开始，而且使用能源的方式，一直是人类文明不同发展阶段的最重要标志。工业化以来，根据有关学者的分类，人类社会文明经历有：第一次工业革命——工业印刷技术和使用煤炭的蒸汽机的结合；第二次工业革命——电信技术和使用燃油的内燃机产生。当前正处在第三次工业革命的前夜，通说认为这场革命将是信息网络和可再生能源结合的产物。

可持续发展需要可再生能源。地球上的化石能源都是几亿年来动植物的躯体积累构成的，它们在漫长的生长过程中吸收了大量的太阳能，逐步形成了化石能源。但是，当人们学会使用化石能源之后，这种能源的消耗速度，就远远大于它的积累速度。煤炭、石油、天然气、页岩气、可燃冰，所有这些能源加起来，相比于人类社会未来的需求，绝对是杯水车薪。

在人类的工业化之前，人们还没有能力大规模开采煤炭、石油。因此，人类活动对地球碳循环的影响是极其有限的。但当人类学会了开采利用煤炭、石油等化石能源之后，大量的化石能源被燃烧，不断排放出二氧化碳和其他温室气体，使得原来沉积在地下的碳元素，大量地被释放到空气中去。这必然会导致地球大气中的二氧化碳等温室气体含量急剧升高，带来强烈的温室效应，最终可能会产生冰山融化、海水上涨、淹没大陆、气候环境变化异常等一系列可怕的后果。当前，过量的温室气体排放，已经成为当前人类社会可持续发展的最大生态难题。

尽可能地开发和利用可再生的能源，不要让几亿年来沉积在地下的化石能源中的碳元素，重新释放到大气层中去，是解决上述生态难题的有效手段。因此，以人类可持续发展为标志的第三次工业革命中的一个重要特点，就是利用可再生能源。

（二）水电是全球替代化能源的第一主力

工业化以来，全球水电的开发应用是减少世界温室气体排放的最大功臣。尽管目前各种媒体所宣传的可再生能源，大都以风能、太阳能和生物质能为主，但是，事实上由于受到技术水平和能量密度的局限,水电仍然是当前最有效率、最起作用的可再生能源。据统计,目前在全球的可再生能源发电领域内水电的比重高达80%,在我国这一比例更是接近85%。水电是当前最成熟、效率最高、最重要的可再生能源,这就是世界的现实。

当然,由于可开发的水电资源总量是有限的,未来随着科技的进步,太阳能的直接利用会逐渐成为最主要的可再生能源形式。但是在目前,全球可以利用的其他所有形式的可再生能源量的总和,恐怕还要与水电的减排作用相差很多。不仅如此,由于具有调节性水库的水电站通常具有很好的可调节性,往往能够很好地解决风能、太阳能发电入网的间歇性矛盾。此外,一些专门修建的抽水蓄能水电站,是目前最高效、最经济的储能调峰手段,因此,可以说水电的开发是人类开发和利用其他可再生能源的基础和保障。按照技术水平和开发顺序,水电、风电、太阳能应该是人类开发利用可再生能源的三部曲。

(三)水电开发的作用并不局限于能源

水电开发的一个重要特点就是往往需要和水资源开发同时完成。自然界中的水资源量总是随着时空不断变化的,然而,人们对水资源的要求则是非常苛刻的,太多了不行(产生洪水泛滥),太少了同样也不行(干旱少雨,甚至危及生命)。

到目前为止,受到人类科技水平的局限,人为大规模蓄水的方式只有建造水库一种,所以,水库的建设就是现代人类社会文明必不可少的内容。在古代,由于社会的人口密度低,同时个体对水资源的需求量也不大,所以,水资源的时空矛盾,没有像现代这么尖锐。但是,进入现代社会以来,天然水资源的时空分布不均,已经成为人类文明发展的最主要矛盾。

因此,水电开发另外一个潜在的、没有被社会舆论充分重视的作用是储水设施(大水库)的建设。进入现代社会以来,由于人口的增长和生活用水量的大幅度增加,天然水资源的时空分布不均,已经成为人类文明发展最主要的矛盾。过去以洪涝为主的自然灾害,已经向洪涝与干旱交替出现转变,近年来由于水资源短缺造成的干旱正在成为威胁人类生存和发展的主要矛盾。为此,特别需要强调和重视在水电开发的同时完成水资源开发的重要性。

(四)社会的文明程度与水资源开发成正比

从2006年起,联合国每三年发布一次的《世界水资源报告》中几乎都要强调"世界的水资源本来是够用的,只不过由于设施不足、管理不善"而造成了水资源的危机。也就是说,水资源的时空分布不均,已经成为人类水资源问题的最主要矛盾之一。而目前人类解决水资源时空分布不均矛盾的手段,除了建设水库大坝(调蓄水资源)之外,还没有别的办法。

根据联合国有关机构的一个调查结论,人类发展指数(一个包括GDP和教育、医疗等方面的综合评价指标)为一介于0和1之间的数,数值越接近1表示人类发展水平越高。对全球50余个国家2007年的人类发展指数与大坝水库发展数据计算结果显示:HDI大于0.9的国家,人均库容为$3184m^3$;HDI为0.7~0.8的国家,人均库容量$541m^3$;HDI为0.5~0.6的国家,人均库容量仅为$125m^3$。可见,储水蓄水能力与可持续发展的关系之密切。

不过,由于水电开发的经济回报往往比水资源开发更容易体现出来,所以,各国几乎都是以水电开发带动大型水库的建设。因此，对于经济落后的发展中国家，由于经济能力的局限不仅水电开发程度不高，而且水资源的调控能力也往往是不足的。

（五）调控水资源的水库建设与水电开发密不可分

为了让世界各国注重水资源开发与水电开发之间的紧密联系，2014年世界水日的主题就是"水与能源"。根据我国的经验，强调这一关系十分重要。例如，三峡不仅是全球最大的水电站，同时还是我国最重要的水资源调控水库。一般来说，一个国家的水电开发与水资源的开发（水库储水能力与水资源量之比）往往是同步的。我国目前的水电开发率是70%，水资源开发率大约是33%。这种紧密关联在三峡工程中体现得淋漓尽致：其393亿 m^3 总库容既承载着年均超1000亿 kWh 的清洁电力生产，更通过221.5亿 m^3 防洪库容构建起长江流域水安全保障。从金沙江梯级水库群的"蓄丰补枯"调度，到黄河小浪底水库的调水调沙，中国通过水库建设将水资源的时空分布与电力需求动态匹配，实现了防洪、发电、航运等功能的系统集成。未来，随着抽水蓄能水库与数字孪生技术的深度融合，这种"以库控水、以水兴业"的模式将为全球水能源协同治理提供更具韧性的中国方案。

水库大坝的建设与水电开发往往是密不可分的。因为大型水库在泄水时，将产生巨大能量。这种能量如果不能有效加以控制、消除，将会对水库大坝的安全构成巨大威胁。与此同时，迫于现代社会对于能源的需求，现代的社会几乎不可能不去利用水库泄水所产生的这一巨大能量发电。所以，目前水电开发往往是一种更科学、更高效的水库大坝建设方式。

二、我国水电能源开发利用状况

（一）我国水电能源状况

我国水能资源丰富，水能资源理论蕴藏量、技术可开发量和经济可开发量均居世界第一。根据2003年全国水力资源复查成果，我国2006年正式颁布的水能资源理论蕴藏年电量6.08万亿 kWh，可装机容量6.94亿 kW；技术可开发年发电量2.47万亿 kWh，装机容量5.42亿 kW；经济可开发年发电量1.75万亿 kWh，装机容量4.02亿 kW。这次资源复查的范围是我国大陆境内河流装机容量1万 kW 及以上的3886条河流，以及单站不小于500kW 的水电站。

此后，水利部门又组织了对小水电资源的普查，可装机资源量略有增加。2012年，根据水利部门对小水电的普查和2007年对雅鲁藏布江下游河段现场考察和初步规划情况，有关部门在正式出版的《中国水电科技发展报告》中，对我国的水能资源蕴藏量进行了部分的修正。修正后的中国水电技术可开发装机容量6.04亿 kW，年发电量2.72万亿 kWh。

（二）我国水电能源开发利用历程

我国水电能源的开发是一个长期的、持续的过程。新中国刚成立时，全国的水电装机容量仅有36万 kW。新中国成立后，政府立即着手对全国的水能资源进行了全面、系统的勘察，并制定了全面的开发规划。水利建设一直是政府工作的重点，在中央政府的每一个五年计划中，政府基本都安排了水电建设项目，并且水利部门很好地执行了计划，基本完成了规划目标。

从自主勘测、设计、施工和制造设备的新安江水电站，到"万里长江第一坝"葛洲坝水利枢纽工程，再到世界上规模最大的水利枢纽工程——三峡工程……历经70余年，我国水电建设取得举世瞩目的成就，为解决电力短缺和洪旱灾害问题提供了巨大支撑，促进了国家经济社会发展。

从新中国成立后一直到1980年，由于我国的工程能力薄弱、水力发电设备的技术水平较低，大量开发难度高的水电项目都没有能力去开发建设，其间我国新增的水电装机容量只有2000万kW左右。1980年后，我国水电项目建设速度显著加快，这是国家整体工业水平提高、工程能力提高、建设资金增加以及用电需求大幅增长等因素共同推动的结果。我国新增的水电装机容量开始快速增长，特别是2000年后我国新增的水电装机容量更是不断创出新高。如图1-1所示。

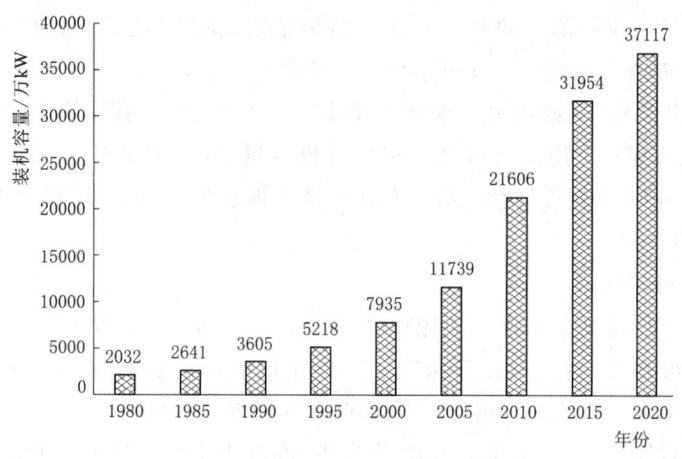

图1-1 我国水电装机容量

以长江上游水电基地、金沙江水电基地为代表的我国13个大型水电基地（表1-9）从20世纪90年代开始陆续进入建设阶段，并在2000年后陆续投产发电。

表1-9　　　　　　　　　　我国十三大水电基地

序号	水电基地名称	河流范围	部分代表性水电站	装机容量/MW	年发电量/亿kWh
1	金沙江水电基地	石鼓—宜宾	溪洛渡、向家坝	62250	2920
2	雅砻江水电基地	两河口—江口	二滩、锦屏	25700	1250
3	大渡河水电基地	下尔呷—铜街子	瀑布沟、深溪沟	24920	1136
4	乌江水电基地	乌江—洪家渡	引子渡、彭水	11220	396
5	长江上游水电基地	宜宾—宜昌、清江	三峡、葛洲坝、水布垭	28840	1280
6	南盘江、红水河水电基地	黄泥河，天生桥—长洲	龙滩、岩滩	14300	635
7	澜沧江水电基地	云南省	大朝山、景洪	25110	1400
8	黄河上游水电基地	黄河茨哈峡—青铜峡	小峡、大峡、乌金峡	20930	750
9	黄河中游水电基地	托克托—潼关	龙门	6430	178
10	湘西水电基地	湘水、资水、沅水、澧水	大洑潭、三江口	10810	378

续表

序号	水电基地名称	河流范围	部分代表性水电站	装机容量/MW	年发电量/亿 kWh
11	闽浙赣水电基地	闽、浙、赣	新安江	12200	315
12	东北水电基地	黑、吉、辽	云峰、渭源	13260	355
13	怒江水电基地	怒江松塔以下至边界	—	21990	1037
合计				277960	12030

1. 金沙江水电基地

金沙江是我国最大的水电基地，是西电东送主力。全长3479km的金沙江，天然落差达5100m，占长江干流总落差的95%，水能资源蕴藏量达1.124亿kW，技术可开发水能资源达8891万kW，年发电量5041亿kWh，富集程度居世界之最。

金沙江流域共规划25级电站，装机总容量7652万kW。其中上游13级电站，规划装机容量1392万kW；中游8级电站，规划装机容量2090万kW；下游4级电站，规划装机容量4170万kW。根据金沙江水电基地最新建设规划，预计2030年投产装机容量达到8200万kW。

2. 雅砻江水电基地

雅砻江地处青藏高原东南部。流域面积约13.6万km^2，天然落差3830m，蕴藏水能资源丰富，技术可开发容量3461万kW。雅砻江水能资源具有水量丰沛、大型电站多、水电开发淹没损失小、整体调节性能好等特点，开发前景较好。

雅砻江流域共规划22座电站，装机总容量2906万kW。其中上游11级电站，规划装机容量280万kW；中游6级电站，规划装机容量1156万kW；下游5级电站，规划装机容量1470万kW。根据雅砻江水电基地最新建设规划，预计2030年投产装机容量达到3500万kW。

3. 大渡河水电基地

大渡河是岷江的最大支流，全长1062km，流域面积77400km^2（不包括青衣江），从河源至河口天然落差4175m，水能资源蕴藏量3132万kW，可开发装机容量2348万kW。大渡河的水能资源主要蕴藏在双江口至铜街子河段，该段河道长593km，天然落差1837m，水能资源蕴藏量1748万kW。

大渡河水量丰沛，径流稳定，干流铜街子水文站多年平均流量1490m^3/s，年水量近470亿m^3。该河地理位置适中，距成都市直线距离仅200km左右，距重庆市400多km，双江口以下均有公路沿河相通，瀑布沟以下兼有铁路通过。所拟梯级坝址地质条件一般较好，单位装机淹没损失均小于或接近全国各大水电基地的平均值，开发目标单一。

大渡河流域共规划27级电站，装机总容量2673万kW。根据大渡河水电基地最新建设规划，预计2030年投产装机容量达到3200万kW。

4. 乌江水电基地

乌江是长江上游右岸最大的一条支流，流域面积87920km^2；有南北两源，从南源至河口全长1037km，天然落差2124m，河口多年平均流量1690m^3/s，年径流量534亿m^3。

全流域水能资源的理论蕴藏量 1043 万 kW，其中干流 580 万 kW。乌江地理位置适中，河川径流丰沛、稳定、含沙量少；河道天然落差集中，坝址地形、地质条件优越；电站规模适当，工程量及水库淹没损失相对较小，前期工作基础较好，便于梯级连续开发。流域内煤、铝、磷、锰、汞等矿产资源极其丰富，中游大乌江以下通航河段已达 447km，因此该河具备综合开发的优越条件。乌江河谷深切，可溶性碳酸盐类岩石广泛分布，经过多年勘测工作，各主要梯级的工程地质问题、岩溶防渗处理和建坝条件初步查明。

1988 年 8 月审查通过的《乌江干流规划报告》拟定了北源洪家渡，南源普定、引子渡，两源汇口以下东风、索风营、乌江渡、构皮滩、思林、沙沱、彭水、大溪口等 11 级开发方案，总装机容量 867.5 万 kW，保证出力 323.74 万 kW，年发电量 418.38 亿 kWh。其中，乌江渡水电站已于 1982 年建成（待上游洪家渡和东风水电站建成后可扩建到 105 万 kW），洪家渡、构皮滩、彭水 3 个水电站被推荐为近期工程。

5. 长江上游水电基地

长江上游宜宾至宜昌段（通称川江），全长 1040km，宜昌以上流域面积约 100 万 km^2，多年平均流量 14300m^3/s，多年平均年径流量 4510 亿 m^3。本河段总落差 220m，设计规划装机容量 3200kW。长江由宜宾至奉节，穿过四川盆地，两岸丘陵与平原台地相间，束窄段和开阔段交替出现，有良好的枢纽坝址，奉节至宜昌为著名的三峡河谷段，两岸峭壁耸立，江面狭窄，有不少可供修建高坝的坝址。该河段的开发，结合下游堤防及分洪等多种防洪措施，可解决长江中下游的洪水灾害，改善川江和中下游的航运，并为南水北调创造条件。

据规划，长江干流宜宾至宜昌段拟分石硼水电站、朱杨溪水电站、小南海水电站、三峡水电站、葛洲坝水电站 5 级开发，装机容量分别为：213 万 kW、300 万 kW、176.4 万 kW、2240 万 kW 和 271.5 万 kW。总装机容量 3200 万 kW，保证出力 743.8 万 kW，年发电量 1275 亿 kWh。其中三峡工程位于湖北省宜昌境内，是本河段的重点工程，按正常蓄水位 175m 方案，装机容量 2240 万 kW，保证出力 499 万 kW，年发电量 1000 亿 kWh，并有防洪和航运效益；水库总库容 393 亿 m^3，淹没耕地 35.69 万亩，人口 72.55 万人。本河段的葛洲坝水利枢纽，装机容量 271.5 万 kW，保证出力 76.8 万 kW，年发电量 157 亿 kWh，还可起航运反调节枢纽作用。小南海水电站由于涉及长江上游特有珍稀鱼类的保护问题，至今搁置未建。

6. 南盘江、红水河水电基地

红水河为珠江水系西江上游干流，其上源南盘江在贵州省蔗香与北盘江汇合后称红水河。红水河干流在广西石龙三江口与柳江汇合后称黔江。南盘江全长 927km，总落差 1854m，流域面积 54900km^2，其中天生桥至纳贡段河长仅 18.4km，集中落差达 184m。红水河全长 659km，落差 254m，流域面积 131000km^2。黔江长 123km，有著名的大藤峡谷，大藤峡以上流域面积 190400km^2，年水量 1300 亿 m^3。

南盘江、红水河规划拟重点开发的兴义至桂平河段，长 1143km，落差 692m，水能蕴藏量约 860 万 kW。该河段水量丰沛、落差集中、地质条件好，是建设条件很优越的一个水电基地。上游由于地形、地质条件好，淹没损失小，宜修建高坝大库，调节径流，为下游梯级开发带来有利条件。中下游段地形开阔，耕地密集，且灰岩分布较广，岩溶发育，宜修建径流式中、低水头电站。

红水河是全国水电"富矿"之一，开发目标以发电为主，主要梯级电站的基本供电范围是华南；电站修建后可改善航运条件，全部梯级建成后，可使中下游河段渠化通航；此外，对防洪、灌溉也有一定的效益。

1981年由国家能源委员会和国家计划委员会主持审查通过的《红水河综合利用规划报告》，提出了全河段按天生桥一级（坝盘高坝）、天生桥二级（坝索低坝）、平班、龙滩、岩滩、大化、百龙滩、恶滩、桥巩和大藤峡10级开发方案，总装机容量1252万kW，保证出力338.82万kW，年发电量504.1亿kWh。

7. 澜沧江水电基地

澜沧江发源于青海省，流经西藏后入云南，在西双版纳州南腊河口处流出国境后称湄公河。澜沧江在我国境内长2000km，落差约5000m，流域面积174000km^2（三者分别占全河的44.4%、90.9%和23.4%），水能资源蕴藏量约3656万kW，其中干流约2545万kW。

澜沧江干流不仅水能资源十分丰富，而且具有地形地质条件优越、水量丰沛稳定、水库淹没损失小、综合利用效益好等特点，特别是中、下游河段条件最为优越，被列为近期重点开发河段。澜沧江干流梯级水电站的开发，除能满足云南全省用电需要外，还可向广东省供电。

澜沧江流域共规划22级电站，装机总容量3198万kW。其中上游13级，规划装机容量1552万kW；中游5级，规划装机容量811万kW；下游4级，规划装机容量835万kW。根据澜沧江水电基地最新建设规划，预计2030年投产装机容量达到3485万kW。

8. 黄河上游水电基地

黄河上游龙羊峡至青铜峡河段，全长1023km，龙羊峡以上和青铜峡以上流域面积分别为131420km^{2}和270510km^2，总落差1465m，规划利用落差1115m。多年平均流量龙羊峡断面为650m^3/s，青铜峡断面为1050m^3/s，水能资源蕴藏量1133万kW。本河段开发的主要目标是发电，为西北地区提供稳定可靠的电源，并计划与华北、西南联网，进行水火电间及不同调节性能水电站间的补偿调节，使三大电网水火电站的潜力得以发挥；同时对黄河上、中游具有灌溉、防洪、防凌、供水等综合利用效益。本河段具有优越的开发条件，主要是：径流稳定，洪水小；地形、地质条件好，不少坝址均可修建高坝；淹没损失小，迁移安置比较简单；施工条件好，交通相对比较方便；发电和综合利用效益大；工程量小，投资也较少；勘测设计前期工作做得较充分。

本河段规划分龙羊峡、拉西瓦、李家峡、公伯峡、积石峡、寺沟峡、刘家峡、盐锅峡、八盘峡、小峡、大峡、乌金峡、小观音、大柳树、沙坡头、青铜峡16个梯级（如取大柳树高坝方案则为15级）开发，总利用水头111.8m，装机容量1415.48万kW，保证出力487.22万kW，年发电量507.93亿kWh。

9. 黄河中游水电基地

黄河中游北干流是指托克托县河口镇至禹门口（龙门）干流河段，通常又称托龙段。北干流全长725km，是黄河干流最长的峡谷段，具有建高坝大库的地形、地质条件，且淹没损失较小。该河段总落差约600m，实测多年平均年径流量约250亿m^3（河口镇）至

320亿 m³（龙门），水能资源比较丰富，初步规划装机容量609.2万 kW，保证出力125.8万 kW，年发电量192.9亿 kWh。黄河中游是黄河洪水泥沙的主要来源，龙门多年平均输沙量10.1亿 t，其中85%以上来自河口镇至龙门区间。河段的开发可为两岸及华北电网提供调峰电源，并为煤电基地供水及引黄灌溉创造条件；同时又可拦截泥沙，减少下游河道淤积，减轻三门峡水库防洪负担。

本河段开发经长期研究和多方案比较，拟采用高坝大库与低水头电站相间的布置方案，自上而下安排万家寨、龙口、天桥、碛口、军渡、三交、龙门、禹门口3组8个梯级，可以较好地适应黄河水沙特性和治理开发的要求。在8个梯级中，天桥水电站已运行20余年；万家寨、碛口和龙门是装机容量最大的3座水电站。

10. 湘西水电基地

湘西水电基地包括湖南省西部沅水、澧水和资水流域。三水的流域面积总计13.7万 km²，其中湖南省境内约10万 km²，水能资源蕴藏量总计1000万 kW，其中湖南省境内有896万 kW。

沅水流域面积9万 km²，全长1050km，湖南省境内干流长539km，落差171m，河口平均流量2400m³/s。沅水有酉水、潕水等7条支流，干支流水能资源蕴藏量达538万 kW，湖南省境内可能开发的部分约460万 kW，年发电量207亿 kWh，其中60%集中在干流，40%在支流（其中酉水所占比重最大）。此外，沅水汛期水量大，常与长江中下游洪水遭遇，对尾闾和洞庭湖区威胁很大，因此，在开发任务中除以发电为主外，还要解决防洪问题，适当提高下游防洪标准，改善通航条件。按初步规划方案，沅水干流拟分托口、洪江、安江、虎皮溪、大洑潭、五强溪、凌津滩7级开发，总装机容量223万 kW，保证出力61.8万 kW，年发电量109.29亿 kWh。支流上装机规模在2.5万 kW以上的水电站共有9处，总装机容量120.53万 kW，保证出力32.95万 kW，年发电量49.65亿 kWh，其中酉水上的凤滩水电站已建成40万 kW。

澧水全长389km，落差1439m，流域面积1.8万 km²，绝大部分位于湖南省境内，主要支流有溇水和澹水。澧水干流拟分凉水口、鱼潭、花岩、木龙滩、宜冲桥、岩泊渡、茶林河、三江口、艳洲9级开发，总装机容量45.42万 kW，保证出力8.22万 kW，年发电量16.71亿 kWh，其中三江口水电站已建成。支流溇水分淋溪河、江垭、关门岩、长潭河4级开发，电站总装机容量129.4万 kW，保证出力30万 kW，年发电量29.19亿 kWh。支流澹水分黄虎港、新街、中军渡、皂市4级开发，电站总装机容量35.1万 kW，保证出力5.01万 kW，年发电量7.45亿 kWh。

资水全长674km，流域面积2.9万 km²，多年平均流量780m³/s，水能资源蕴藏量184万 kW，可开发的大中型水电站总装机容量107万 kW，年发电量53亿 kWh。资水的开发方案是：柘溪（44.75万 kW）以上主要梯级水电站有犬木塘、洞口塘、筱溪3处，总装机容量16.6万 kW，年发电量7.92亿 kWh。柘溪以下有敷溪口、金塘冲、马迹塘、白竹洲、修山等5级水电站，总装机容量46.5万 kW，年发电量22.3亿 kWh。柘溪和马迹塘两水电站已建成。

沅、澧、资三水梯级开发方案，规划总装机容量661.30万 kW，保证出力170.16万 kW，年发电量265.61亿 kWh。

11. 闽浙赣水电基地

闽、浙、赣水电基地包括福建、浙江和江西三省，水能资源理论蕴藏量约 2330 万 kW，可能开发装机容量约 1680 万 kW。各省情况如下：

福建省境内山脉纵横，溪流密布，雨量丰沛，河流坡降大，水能资源理论蕴藏量 1046 万 kW，可开发装机容量 705 万 kW，其中 60% 以上集中在闽江水系，其次是韩江、九龙江及交溪等水系。闽江是本省最大的河流，干流全长 577km，流域面积 6 万多 km^2，约占全省土地面积的一半，水能资源可开发装机容量 463 万 kW，其中干流及支流建溪、沙溪、大樟溪、尤溪等水能资源的开发条件均较好。此外，韩江上游的汀江以及交溪支流穆阳溪的水能资源开发条件也十分有利。按初步开发方案，福建省可开发大中型水电站 59 座，总装机容量 616 万 kW。其中：已建成的主要水电站有古田溪 4 个梯级、安砂、池潭、沙溪口、范盾、水口、良浅、万安、水东等。

浙江省全省水能资源理论蕴藏量 606 万 kW，可开发装机容量 466 万 kW。境内水系以钱塘江为最大，干流全长 424km，流域面积 $42000km^2$，全流域水能资源可开发装机容量 193 万 kW；其次是瓯江，干流全长 376km，流域面积 $18000km^2$，中上游河段多峡谷，落差大，水量丰沛，水能资源可开发装机容量 167 万 kW，开发条件较好。发源于浙、闽交界洞宫山的飞云江，水能资源可开发装机容量约 40 万 kW，开发条件也比较优越。按初步开发方案，浙江省可开发大中型水电站 22 座，装机容量 431 万 kW。其中已建成的主要水电站有新安江、富春江、湖南镇、黄坛口、紧水滩、石塘和枫树岭。

江西省境内能源比较缺乏，但山多河多，水能资源理论蕴藏量约 682 万 kW，可开发装机容量 511 万 kW。赣江纵贯本省中部，河长 769km，流域面积 8.35 万 km^2，水能资源可开发装机容量 220 万 kW，是本省水能资源最丰富的河流。其次如修水、章水支流上犹江、抚河也有一些较好的水力坝址。按初步开发方案，江西省可开发大中型水电站 37 座，装机容量 370 万 kW。其中已建成的主要水电站有柘林、上犹江和万安。

12. 东北水电基地

东北水电基地包括黑龙江干流界河段、牡丹江干流、第二松花江上游、鸭绿江流域（含浑江干流）和嫩江流域，规划总装机容量 1131.55 万 kW，年发电量 308.68 亿 kWh。各河段或流域简况如下：

黑龙江干流界河段。黑龙江干流全长 2890km，天然落差 313m，水能资源蕴藏量 (640/2) 万 kW。黑龙江上、中游为中俄两国界河段，全长 1890km。中游有太平沟峡谷，峡谷出口处太平沟以上控制流域面积 86.6 万 km^2，多年平均流量 $4720m^3/s$。上游自洛古村至结雅河口，全长 895km，多为山地，集中了黑龙江的大部分落差，工程地质和地形条件较好，可供选择的坝段较多。本界河段的大多数电站坝址均在上游。中游从结雅河口至抚远（乌苏里江口）全长 995km，河道比降平均约 0.09%，因两岸地形开阔平坦，并受淹没影响控制，适合开发的坝段较少，只在太平沟峡谷出口附近的太平沟具有修建水电站的有利条件。本界河段的主要优点是水量丰沛，地质条件好，建筑材料充足，交通条件一般，可乘船到达各坝址。黑龙江的开发目标是发电、防洪和航运，以发电为主。经过中、俄两国多次接触，双方对开发的主要目标虽各有侧重，但对共同开发黑龙江干流则是积极的，在商谈中对不少问题已取得一致或基本一致的意见。中方就黑龙江上、中游具有开发条件的 8 个坝段,组成了 9 个梯级开发比较方案,进行分析比较,初步规划的总装机容量为(820/2)万 kW,保证出力(187.4/2)万 kW,年发电量(270.88/2)亿 kWh。黑龙江梯级开发尚处于规划阶段。

牡丹江干流。牡丹江为松花江下游右岸一大支流,控制流域面积 39038km^2,全长 705km,天然落差 869m,水能资源蕴藏量 51.68 万 kW,可开发水能资源总装机容量 107.1 万 kW,现已开发 13.2 万 kW(其中包括镜泊湖水电站 9.6 万 kW,另有几座小型水电站)。牡丹江下游柴河至长江屯之间,水能资源丰富,两岸山体高峻连绵,河谷狭窄,有修建水电站的良好条件,规划推荐莲花、二道沟、长江屯三级开发方案,莲花为第一期工程。这三座水电站总装机容量 82 万 kW,占待开发资源 93.9 万 kW 的 87%。牡丹江流域地处黑龙江省东部电网的中部,靠近用电负荷中心,交通网纵贯全区,交通运输十分方便。各主要坝段地形条件良好,坝址附近土石料充足;不利条件是水库淹没损失较大。牡丹江开发目标是,以发电为主,兼顾防洪和灌溉等。

第二松花江上游。第二松花江河道总长 803km,天然落差 1556m,其中可利用落差 613.7m;流域面积 74345km^2,其中丰满水电站以上控制的流域面积占 58%;河口处多年平均流量 538m^3/s。流域的水能资源理论蕴藏量为 138.16 万 kW,可开发的水电站站点有 58 个,装机容量 381.24 万 kW,年发电量 70.93 亿 kWh;现已开发水电站 13 座,装机容量 246.33 万 kW,占可开发装机的 65%。其中规模较大的有第二松花江干流上的丰满、红石、白山 3 座水电站,共装机 242.4 万 kW(含丰满扩机 17 万 kW),占已开发装机容量的 98%。

鸭绿江流域(含浑江干流)。鸭绿江干流为中、朝两国界河,全长 800 余 km,从长白县至入海口落差约 680m,流域面积共 59143km^2,中国侧占 32000km^2。干流地区属大陆性气候,流域内雨量丰沛,多年平均年降雨量为 871mm,自上游向下游递增。鸭绿江大部分处于山区,河道弯曲,比降较陡,干流水能资源蕴藏量约(212.5/2)万 kW。干流从长白县至入海口,经中、朝双方共同规划,共有 12 个梯级,即南尖头、上崴子、十三道沟、十二道湾、九道沟、临江、云峰、黄柏、渭源、水丰、太平湾、义州,电站总装机容量(253.3/2)万 kW,年发电量(100/2)亿 kWh。其中已建成的大中型水电站有云峰、渭源、太平湾、水丰 4 座;进行初步设计的有临江和义州 2 座水电站,6 座水电站总计装机(228/2)万 kW,年发电量(91.2/2)亿 kWh。

嫩江流域。嫩江为松花江的上源,从发源地至三岔河口全长 1106km,流域面积 260665km^2。流域属大陆性气候,夏季炎热多雨,冬季严寒干燥,年降雨量一般在 500mm 左右,6—9 月降雨量占 70%～80%。嫩江流域水能资源主要分布在干流及其右侧支流(甘河、诺敏河、绰尔河、洮儿河),据初步规划,可开发 3 万～25 万 kW 的梯级水电站 15 座,总装机容量 126.6 万 kW,保证出力 26.45 万 kW,年发电量 34.28 亿 kWh。

13. 怒江水电基地

怒江发源于西藏唐古拉山南麓,经我国西藏和云南后进入缅甸。我国境时流域面积 13.8 万 km^2,干流天然落差 4848m,水量丰沛稳定,水电开发的地形地质条件好,移民较少。

怒江流域共规划 25 级电站,装机总容量 3639 万 kW。其中上游 12 级,规划装机容量

1464 万 kW；中游 9 级，规划装机容量 1843 万 kW；下游 4 级，规划装机容 332 万 kW。根据怒江水电基地最新建设规划，预计 2030 年投产装机容量达到 200 万～300 万 kW。

正是由于这些大型水电项目的建成投产，我国的水电装机容量在 2000 年后快速增长。"十一五"时期（2006—2010）和"十二五"时期（2011—2015）是我国水电装机容量增长最快的时期。这两个五年计划期间新增的水电装机容量都在 1 亿 kW 左右，使我国的水电装机容量从 2005 年的 1.2 亿 kW 快速增长到 2015 年的 3.2 亿 kW。

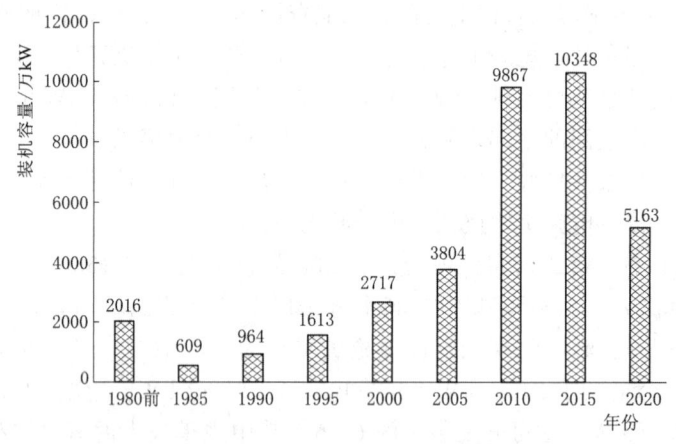

图 1-2 我国水电装机容量增量

2020 年，我国的水电装机容量达到 3.7 亿 kW，全球第一；水电发电量达到 1.3 万亿 kWh 占全球水电发电总量的 30%，也是全球第一。

在我国经济的高速发展过程中，我国的水电发电量保持了同样的快速增长，为保障能源供应做出了应有的贡献。经过多年发展，我国水电装机容量和年发电量已突破 3 亿 kW 和 1 万亿 kWh，分别占全国的 20.9% 和 19.4%，水电工程技术居世界先进水平，形成了规划、设计、施工、装备制造、运行维护等全产业链整合能力。

我国水能资源总量、投产装机容量和年发电量均居世界首位，并开始逐步走出国门，与 80 多个国家建立了水电规划、建设和投资的长期合作关系，是推动世界水电发展的主要力量。

（三）我国水电建设成就

（1）大量的工程实践，使得我国多项水电技术领先。我国在水电建设的设计、施工和机组制造等很多方面，都走在了世界的前列。

在水电站的泄洪消能技术方面，我国取得了多项的创新和发展。泄洪消能工的坝体型有：窄缝式消能工、宽尾墩消能工、宽尾墩+挑流/底流/戽流溢流面台阶消能工、高低坎碰撞消能、洞内消能工、水平旋流消能、竖井旋流消能等。这使得我国水电站的泄洪流量，从每秒数千提高至数万立方米。泄洪的高速水流从 20m/s、30m/s、40m/s，逐渐提高到 50m/s。与此同时，掺气减蚀和耐磨材料技术的研究及其应用，也使得我国的水电站泄洪消能水平得到了极大提高。无论是理论科研还是工程实践，都处于世界绝对领先的地位。

在复杂地质环境的地下工程技术方面，我国的高边墙大跨度地下洞室技术、深埋大断面长隧洞工程技术、高压钢筋混凝土岔管技术和高水头气垫式调压井技术都实现了巨大的突破。例如，在水电站高边坡的安全处理方面，我国的龙滩水电站左岸进水口高边坡，高度达 435m。锦屏一级水电站左岸坝肩边坡，高度 530m，而小湾水电站左岸坝前堆积体高边坡，高度已经达 700m。

在大型机组制造安装技术方面，不仅世界上的单机容量 70 万 kW 的巨型机组，绝大多数都安装在中国，而且我国的向家坝水电站首次研发和使用了单机容量 80 万 kW 的水电机组，我国白鹤滩水电站的单机 100 万 kW 的巨型机组也已经并网运行。

总之，由于我国的水电站设计、施工、建设以及设备制造和安装方面技术的全面领先，当前很多世界级的水电工程难题，只有中国有能力、有经验解决。因此，目前在国际水利水电建设的市场上，中国已经占有绝对优势。我国的水电承包商遍布世界各地，中国企业目前至少在 80 多个国家承担了 300 多个海外水电和大坝建设项目。中国的先进水电技术，正在为全球的水利水电开发和节能减排做贡献。

（2）我国水电建设举世瞩目，创造了多项世界之最。世界上最大装机的水电站是装机 2250 万 kW 的长江三峡水电站；世界上最长、最大引水隧洞的水电站，是我国雅砻江上的锦屏二级水电站，该电站的引水隧洞长度达到 17km；世界上最高混凝土双曲拱坝，是我国 305m 的锦屏一级大坝；世界上最高的碾压混凝土坝，是我国红水河上的广西龙滩水电站；世界上最高的面板堆石坝是我国湖北清江上 233m 高的水布垭水电站。这些水电和大坝建设方面的世界纪录都是近些年由中国水电工作者刷新的。支撑这些世界之最的是我国在水电设计、施工、建设方面大量的科研投入和工程实践。

（四）我国水电能源开发利用的特点

1. 水电是我国能源中最大的资源优势

首先，我国各种能源资源储量往往绝对数量较大，但由于人口基数大，人均能源资源相对不足。一般仅为世界平均水平的 1/2。其次，水能是我国能源的重要组成部分。人均占有量为世界的平均水平的 81%，是我国各类能源中最接近世界平均水平的资源。水能资源丰富是中国能源的最大优势。非常幸运的是，水能资源是一种可再生的能源，只要有效加以开发利用，将会永不枯竭。然而，水能可再生资源的另一个显著特点就是，不能保存。如不开发利用，将随着时间流逝。总之，水能资源的特点是开发利用则无穷无尽，不开发利用就等于没有。

今后随着世界化石能源资源的日益减少，我国能源紧缺的局面将会越来越严峻，而解决这一矛盾的根本出路，就在于更多地应用可再生能源。在目前的科技水平下，开发利用水电是目前最现实、最可行、最主要的一个解决方式。

此外，水电的可调节性（包括抽水蓄能电站）还可以为其他可再生能源的大规模开发利用提供支撑和保障。只有尽可能多地利用各种可再生能源，才能够把尽可能多的不可再生能源留给后代，实现可持续发展。

上述这些特点，使得水电的开发利用不仅在中国能源的构成，而且在结构调整中都处于举足轻重的关键地位。

2. 巨大建设成就掩盖下的开发程度不高

由于有世界第三极（青藏高原）的存在，所以同样的河流、同样的水量，在中国能得到高于国外几倍的水能。毫无疑问，这是我国一个巨大的优势，正是因为这个原因，才使得我国的水能资源储量全球第一，资源量的比重高达全球的 15%。但这种优势也在某种程度上掩盖了中国目前水电资源开发程度还不高，以及相应的水资源调控能力还不够强的弱点。

截至 2023 年年底，中国水电总装机容量约 4.2 亿 kW，年发电量约 13500 亿 kWh。这个数字大约已经占到了全球已开发水电总量的 30%，与其他国家相比，我国的水电装机容量和发电量，大约是排在全球第二位的国家的 3 倍。但是要说到水电的开发程度，我国与世界上的发达国家却还有较大的差距。目前发达国家的水电开发程度，普遍都在 60%～95% 之间。而我国到 2023 年年底水电的开发程度仅为技术可开发（发电量）的 20.5%。

3. 水电开发程度不高影响了水资源的开发

我国河流坡降大的特点，导致我国水电开发总量虽然已经很大，但是开发程度却还不高的现状，同时也影响着我国水资源的开发程度。我国水资源专家中国工程院王浩院士介绍说"表示一个国家水库蓄水能力与河流径流量之比的库容系数，欧洲国家通常是 0.9 以上，美国是 0.66，而我们中国目前还不足 0.3。"

这种情况几乎是很多人想象不到的，因为很多人都知道我国已建的各种大坝有 9 万多座，是当之无愧的世界第一。按照一般的理解，水库大坝建设得多，拦蓄水资源的能力当然也应该更强。但是，由于我国的河流的坡降普遍很大，所以，我国水库所能拦蓄的水量普遍相对较少。因此，迄今为止，我国的水库蓄水量与社会发展的正常需要还有着巨大的差距。库容系数低的直接后果就是调控水资源时空分布矛盾的能力不足，导致水多、水少的矛盾同时存在，洪涝和干旱灾害经常交替出现。

我国的国土面积和水资源总量都与美国相近，但我国的水库蓄水能力，尤其是水库的总有效库容，还不足美国的一半。相对于我国的人口基数，我国与美国的人均水库库容更是差距巨大。相比之下，美国自然灾害少，很大程度上就是由于他们的库容大，可以吸纳更多的洪水，抵御更大的干旱。我国生态环境上的巨大差距，恰恰体现在水库的蓄水能力上。例如：美国胡佛水坝基本上不泄洪，我国三峡每年都要泄洪多次。泄洪的根本原因就是水库库容不够，如果不泄，随后到来的洪水很可能会形成灾害。水库库容大了之后，洪水就是资源、是财富；但如果水库库容不够，洪水就是危险，是灾害。与此同时，也只有水库的库容大了，抗旱的能力才会增强。

由于水库蓄水能力上的差距，同样的洪水在美国则能够被存在水库中，而到了中国则需要疲于奔命地排到海里，稍有不慎就会造成洪涝灾害。作为减灾存在水库中的洪水，到了枯水季节就变成了宝贵的水资源。事实上，我国目前所谓的水资源短缺，在很大程度上并不是真正的短缺，而是水库的调蓄能力的不足。

这也是联合国的《世界水资源报告》中经常要强调"世界的水资源本来是够用的，只不过由于设施不足、管理不善，而造成了水资源的危机"的重要理由。

4. 用发展的眼光看待中国水电的潜力

目前很多人都喜欢用可装机容量与已装机容量之比来计算中国的水电开发程度。按照可装机容量计算，我国的水电开发程度已经近 50%，似乎已经没有多大的发展潜力了。

但是，如果按照国际通用的发电量之比来计算，我国的水电开发程度还不到40%，还有较大的开发潜力。国外之所以都不采用可装机容量这个概念，就是因为这个概念有时候难以反映出真实状况。特别是我国今后还有大量龙头水库需要建设，每个龙头水库在建成之后，将大幅度地增加下游已建成的梯级电站的补偿发电能力。据测算，如能按照规划达到国外发达国家的平均程度，我国的水电发电量，至少还能比目前增加一倍以上。

与此同时，今后随着我国水电开发程度的提高，具有龙头水库的电站的建成和投产，我国水电应对季节性峰枯矛盾的能力大幅度增加。目前欧洲一些国家之所以能够较大规模地应用风能、太阳能发电，就是因为他们的水电开发程度非常高，因此，水电的电能质量非常好，水电成为他们调节和吸纳间歇性的可再生能源的重要保障。

（五）我国水电能源开发利用面临的形势

1. 水电建设任务更加艰巨

水电在实现非化石能源发展目标中起着举足轻重的作用，根据《"十四五"可再生能源发展规划》，要实现2025年非化石能源占一次能源消费比重20%的目标，常规水电发展目标要达到3.9亿kW，相应"十二五""十三五"常规水电新增规模分别达到0.67亿kW、0.9亿kW。"十二五"期间我国水电开工规模为1.2亿kW，年均开工2400万kW，是我国水电发展5年规划历史上开工规模最大、开工数量最多的5年。由于水电建设周期长，加之受前期工作滞后、建设难度加大等影响，开发建设存在诸多不确定因素，水电建设时间紧、任务艰巨。

2. 移民安置工作难度增大

移民工作是目前水电建设的最大难点，面临一系列问题，推进十分困难。随着西南水电的逐步开发，新建水电站主要集中在金沙江、雅砻江、大渡河、澜沧江和黄河上游地区。这些地区山高坡陡、耕地匮乏、生态脆弱、安置容量有限，加之少数民族移民比重大，移民安置难度增加，移民安置方式亟待创新和规范。同时，随着经济社会的发展，移民群众搬迁安置和地方发展期望值不断提高，国务院第471号令《大中型水利水电工程建设征地补偿和移民安置条例》确定的"三原"原则等时有突破，复杂利益格局导致部分库区存在抢修抢建现象，对移民工作也提出了新的要求，做好移民工作已成为水电建设最重要的任务。

3. 生态保护制约明显

保护流域生态是建设生态文明的重要内容，目前水电开发进一步强化了环境保护的理念，在规划、设计、施工、运行各环节，政府部门、项目业主、工程设计施工单位等都十分重视环境保护，水电开发做到与生态环境和谐共融。此外，水电作为清洁可再生能源，可在一定程度上替代煤炭、石油等化石燃料使用，对于减少二氧化碳及污染物排放、改善全国范围内的雾霾天气等都有着重要作用，环保效益巨大。

随着我国环境友好型社会的建设，水电开发生态环境保护要求越来越高，同时，受国际环境影响，以及个别极端环保组织误导，水电的局部环境影响被片面夸大，水电的形象被部分舆论"妖魔化"，一定程度上误导了公众认识。加之缺乏科学系统的评判体系，近年来水电开发争议不断，已严重影响了河流水电规划和环境影响评价等前期工作及项目建设，环境保护问题已成为国家水电发展战略目标能否如期实现的重要制约因素。

4. 建设成本快速攀升

随着水电开发逐渐向西部推进,新建水电工程地理位置偏远,自然条件恶劣,地质条件复杂,基础设施落后,对外交通条件困难,工程勘察、施工难度加大,水电工程直接建设成本将不断增加。同时随着社会经济发展和人们生活水平的提高,耕地占用税等税费标准提升,征地移民投资大幅增加,生态环保投入不断加大,物价不断上涨等因素,水电开发成本急剧增加,将在一定程度上影响水电的竞争力。

5. 体制机制亟待完善

完善的体制机制是水电行业健康发展的基本保障,随着经济体制和投资体制改革的不断深化,水电开发经历了从计划经济到市场经济、从政府投资到企业投资、从单主体到多元主体的变革,外部环境发生了深刻变化。在水电快速发展过程中,现行水电建设管理体制机制难以完全适应水电健康发展的要求,行业管理相对薄弱,不同行政管理部门之间缺乏统一协调。诸如:部分交通、国土、自然保护区等专项规划与水电规划未能实现统筹;水电站发电、防洪航运、生态等调度主管部门缺乏协调机制;项目核准过程各种行政审批事项过多,行业主管部门协调难度大;同时,水电设计施工企业一体化重组对行业技术管理的独立性和公正性产生潜在影响。为此,需要进一步完善行政管理体制、深化体制改革,为水电进一步发展提供机制保障。

6. 法规建设有待加强

完善的政策法规体系是水电健康可持续发展的有力保障。我国当前水电法规体系基本建成,但某些法规和标准规程仍然难以适应水电快速发展的要求,亟需出台综合性的水电开发管理条例对水电发展进行宏观指导。现行的移民安置法规还需进一步出台相关配套政策。环保工作实践中提出的诸如支流保护、保护区建设等需配套相关政策法规,明确各方权责。国土、林地等审批程序有待结合水电特点进一步完善。随着部分超现行规范的世界级水电工程的建设,相关技术标准和规程规范需要扩充和完善。

(六) 我国水电能源开发利用展望

1. 水电开发程度将显著提升

按照我国水电"三步走"发展战略,到2030年,我国常规水电装机容量将达4.3亿kW,年发电量18530亿kWh。其中东部地区3550万kW,约占全国的8%;中部地区6800万kW,约占全国的16%;西部地区总规模为3.26亿kW,约占全国的76%,其开发程度达到69%,四川、云南、青海的水电开发基本结束,西藏水电还有较大开发潜力。到2050年,我国常规水电装机容量将达5.1亿kW,年发电量140502亿kWh,其中东部地区3550万kW,约占全国的7%;中部地区7000万kW,约占全国的14%;西部地区总规模为4.06亿kW,约占全国的79%,其开发程度达到86%,新增水电主要集中在西藏自治区,西藏东部、南部地区河流干流水力开发基本完毕。水能资源开发利用程度由近30%提高到2050年的90%以上,水电开发程度显著提高,对保障我国能源安全,优化能源结构将发挥更重要作用。

2. 生态文明建设作用凸显

建设生态文明是中华民族永续发展的千年大计,必须树立和践行绿水青山就是金山银山的理念，坚持节约资源和保护环境的基本国策，像对待生命一样对待生态环境，统筹山水林田湖草系统治理，实行最严格的生态环境保护制度，形成绿色发展方式和生活方式，坚定走生产发展、生活富裕、生态良好的文明发展道路，建设美丽中国，为人民创造良好生产生活环境，为全球生态安全作出贡献。

水电是我国仅次于煤炭的第二大常规能源资源，开发水电可节约煤炭资源，减少温室气体和各种污染物的排放，水电作为清洁可再生能源具有显著的环境效益，对生态文明建设作用巨大。我国政府把水能资源作为能源战略和能源安全的积极发展领域，强调在贯彻"全面协调、统筹兼顾、保护生态、发挥综合效益"原则的基础上，实现人与自然和谐相处，促进经济社会可持续发展。国家《国民经济和社会发展第十四个五年规划纲要》强调：在生态优先前提下有序开发水电，重点推进雅鲁藏布江下游等清洁能源基地建设。2023年我国水电发电量13500亿kWh，相当于年可节约原煤6.3亿t，减少二氧化碳排放量约11.8亿t。如按重复使用100年计算，我国经济可开发的水力资源量约为650亿t标准煤，约占全国常规能源资源剩余可采量的42%，全部开发后每年可减排二氧化碳约14.2亿t，将在优化能源结构、减排温室气体、防洪减灾、实现节能减排目标、促进可持续发展等方面均发挥重要作用。

3. "西电东送"规模不断扩大

未来30余年，我国将深入推进水电"西电东送"战略，重点推进长江上游、金沙江、雅砻江、大渡河、澜沧江、黄河上游、南盘江、红水河、怒江、雅鲁藏布江等大型水电基地建设。通过加强北部、中部、南部输电通道建设，不断扩大水电"西电东送"规模，完善"西电东送"格局，强化通道互连，实现资源更大范围的优化配置。北部通道主要依托黄河上游水电基地，将西北电力输送华北地区，中部通道主要将长江上游、金沙江下游、雅砻江、大渡河等水电基地的电力送往华东和华中地区。南部通道主要将金沙江中游、澜沧江、红水河、乌江和怒江等水电基地的电力送往两广地区。同时，根据南北区域能源资源分布特点和电力负荷特性，跨流域互济通道建设取得重大进展。2017年水电"西电东送"规模达8452万kW，2020年达到11792万kW。这些大型水电能源基地水库调节性能好、补偿效益显著、装机规模大、电能质量高，为受电区将提供持续、稳定、优质、清洁的电力输出。一方面加快可再生能源对不可再生能源的替代可减少化石能源消耗，优化受电区能源结构，使其能源供需更加合理；另一方面增强受电区能源尤其是电力资源的供给能力，在一定程度上可满足经济快速发展对电力资源的需求，保障电力安全供应。另外，"西电东送"将使供电区的能源潜力得到更充分的开发，增强了整个国家电力资源自给自足的能力，相应地减少了对国外一次能源的依赖，能源资源得到优化配置，提高了国家的能源安全。

4. 政策法规体系趋于完善

水电开发管理、资源配置、项目核准等政策法规体系进一步完善，水电前期工作有序推进。移民安置政策法规体系建设取得重大突破，移民安置社会保障、城市化安置、"先移民、后建设"等水电移民政策措施体系逐步形成，地方政府、项目法人、设计院（公司）、监理公司和移民群体在移民安置工作中的责任、权利和义务更加明确；移民专项工程建设管理、移民社会管理、移民工作监督管理等政策措施进一步完善；主要流域生态安全监控、环保综合措施体系逐步形成；水电建设环境保护技术标准与综合监管体系进一步完善；科学系统的环境影响评价体系初步建立。流域梯级统一调度体系建设取得重大进展，梯级水库调度、电站运行的技术规程进一步健全，流域梯级电站实现统一调度、集中控制、优化运行。适应水电行业发展的水电设备管理、大坝安全管理、水电施工技术规范等行业技术标准体系不断完善，水电建设运行规范化管理取得明显进展。

5. 管理体制机制更加健全

水电行业管理显著加强，以项目核准制为核心的投资管理制度进一步完善，企业的自主决策和政府的宏观调控作用进一步增强；国家、地方、企业等有关各方共同参与、责任明晰的建设管理体制更加健全；以市场配置资源、供需形成价格为核心的电力体制改革进一步深化，开发建设市场秩序全面规范，水电管理体制和电价形成机制改革取得明显进展。

水电开发需统筹处理好与相关行业、地方的协同关系，推动水电开发与水资源综合利用（如防洪、灌溉、供水等）、生态保护、移民安置、地区经济社会发展的深度协调。同时，需健全符合水电开发客观规律的管理机制，形成水电开发综合监管与行业监管有机结合的治理体系，以适应新时代能源高质量发展的管理要求。

水电开发与移民群众、地方政府的利益共享机制，地方和移民参与移民工作的机制逐步建立，移民安置工作的科学化、民主化水平明显提升，移民的合法权益得到切实保障，重点水库移民遗留问题基本解决，移民社会管理工作明显加强，库区社会更加和谐稳定。

6. 科学技术水平持续提升

依托大型水电工程项目的建设及已建流域水电管理运行，我国水电工程建设技术水平将不断提高，机电设备制造能力不断增强，水电行业管理水平不断提升。通过坚持技术创新与工程应用相结合，解决高坝筑坝、大型地下洞室施工、高水头大流量泄洪消能、超高坝建筑材料等技术重大难题，水电建设坝工技术水平持续提升，复杂地质条件、高地震烈度及300m级高坝等筑坝关键技术取得重大突破；通过自主创新与引进消化吸收相结合，机组设备制造能力不断增强，国内已能够自主设计、制造百万千瓦大型水轮机组，7万kW以上贯流式水轮机组制造水平不断提升；通过建设与运行管理并重，项目开发与人才培养相结合，水电行业勘测、设计、施工、运行管理水平全面提升，依托相关大型水电工程项目建设，将培养一批专业水平领先、科技创新能力突出的水电建设人才和团队，依托国内成熟的流域梯级水电运行管理，培养大批水电优化调度管理人才，提高水库运行管理水平。

7. 抽水蓄能电站不断发展

我国抽水蓄能电站建设自20世纪60年代后期开始起步且建设规模较小，到80年代随着在广东、华东、华北等东部地区一批大型抽水蓄能的建设，将我国抽水蓄能发展推向新的高度，截至2023年，我国抽水蓄能电站装机容量稳居世界第一，在运规模5006万kW，在建规模达1.62亿kW。

我国已建和在建抽水蓄能电站主要分布在华南、华中、华北、华东等以火电为主的地区，以解决电网的调峰问题，而内陆省份则分布较少。由于我国能源资源分布与经济发展的不均衡性，规划和建设抽水蓄能除应考虑经济发展和电源结构因素外，还需考虑跨区域、大规模、长距离电力输送、电源结构优化及智能电网发展的需要以及风电、核电等新能源及可再生能源的大规模开发等因素。按照国家"十四五"能源发展规划要求,"十四五"期间新开工抽水蓄能规模约1.2亿kW,到2025年达到6200万kW以上。

8. 流域公司不断发展壮大

改革开放以来,我国水电投资与建设管理体制朝着市场化的方向发生了深刻变化,全面实施以项目法人为主体的法人责任制、招标投标制、建设监理制、合同管理制,水电产业发展步入了市场化、法制化轨道,为水电产业更深层次的改革与向更高层次发展奠定了基础。

目前我国大型流域开发公司正努力实现着几代水电人的大流域开发梦想,按照"边运行、边建设、边准备"的发展轨迹朝着规模化方向发展,实力越来越大,竞争力越来越强。可以预见,我国水电产业领域将出现一批大型流域水电开发企业,其项目构成我国电力骨干网架的源头与支撑点,电力产品的价格、质量、市场份额等都具有强大的竞争力,成为电力市场的重要电源基础与价值尺度。

随着我国流域梯级水电的不断开发,可开发资源量减少,未来流域公司还将通过开发与并购等多种方式进行拓展,甚至会涉足火电、核电、新能源、节能减排等领域,成为综合性的能源产业公司。同时,流域公司也将加快我国水电技术、水电标准、水电设备"走出去"步伐,通过投资合作、工程承包等方式参与境外水电开发,不断拓展国际合作领域,深化与亚洲、非洲、拉丁美洲等国家合作,促进非洲、东南亚等国家水电产业共同发展,提升我国水电的国际影响力和竞争力,为国家倡导的"一带一路"战略贡献中国水电应有的力量。

我国水电企业、金融机构、科研院所,要共同打造"走出去"航母,形成规划设计、科学研究、建设施工、装备制造、运营管理等水电工程建设全产业链集成服务能力,实现价值创造最大化。在"一带一路"沿线国家的水电开发市场中,中国规划设计、建设运行、投资融资、信用保险等企业组成联合舰队,编队出海,可充分体现中国企业的综合实力,打造"中国水电"国际品牌。

【思政案例】

新安江水电站——中国首座自行勘测、设计、施工的大型水电站

新安江水电站位于浙江省杭州市境内钱塘江支流新安江上,距杭州市区170km。电站主要担负华东电网调峰、调频和事故备用任务,并且有防洪、灌溉、航运和养殖等综合效益。

工程由混凝土宽缝重力坝、坝后溢流式厂房和开关站等组成。

新安江水电站是中国第一座自己勘测、设计、施工和制造设备的大型水电站,反映了20世纪50年代中国水电建设的水平。工程于1957年4月开工,1960年4月第1台机组发电。1973年,河海大学(原华东水利学院)赵人俊教授等在对新安江水库作入库流量预报工作中,提出了降雨径流流域模型(简称新安江模型),在1989年被誉为"新中国成

立40年来100项重大科研成果之一",后通过不断的研究和完善,形成了完整的蓄满产流洪水预报理论,现已成为我国应用最广、效果最好的流域水文模型,不仅很好地服务于科研生产,而且极大地丰富了教学内容。该成果已经被一些欧美国家编入了教科书,并且已被应用于美国国家河流洪水预报系统。

新安江水库也被称为"千岛湖",与杭州、黄山等旅游胜景连成一线,成为沪杭地区著名的旅游胜地。坝址控制流域面积 10480km²,年径流量 113 亿 m³。水库总库容 220 亿 m³,调节库容 102.7 亿 m³,具有多年调节性能。

拦河大坝采用混凝土宽缝重力坝,最大坝高 105m,坝线全长 465.4m。大坝按 1000 年一遇洪水设计,按 10000 年一遇洪水校核。河床坝段布置 9 个溢流表孔,每孔宽 13m,设计中因地制宜采用厂房顶溢流方式,下泄水流通过厂房顶经末端差动式鼻坎挑向下游。

电站总装机容量 662.5MW,保证出力 178MW,多年平均年发电量 18.6 亿 kWh。坝后式厂房顶部与大坝溢流面衔接,用钢筋混凝土拉板结构与坝体简支连接,下部则与坝体分离。

经新安江水库调节,下游建德、桐庐和富阳 3 市(县)2 万余 hm² 农田免受洪水灾害。截至 2020 年,水库累计拦蓄大于 10000m³/s 的洪水 30 余次,避免下游直接经济损失超 10 亿元。水库上游形成深水航道,船舶可由大坝直达安徽省歙县,水库下游在枯水期增加了流量,航道得以改善。水库水面宽广,水产丰盛,2020 年后,鱼产量稳定在 5000t 左右。

【课后拓展】

查阅相关资料,简要阐述我国改革开放前后水电能源开发利用情况。

第四节 水利工程与国民经济建设

1-4 水利工程与国民经济建设

水利工程是国民经济基础设施的重要组成部分,在防洪安全、水资源合理利用、生态环境保护、推动国民经济发展等方面具有不可替代的重要作用。水利工程是我国国民经济和社会发展的重要物质基础。长期以来,水利工程在防洪、排涝、防灾、减灾等方面对国民经济的发展做出了重大的贡献,同时在工业生产、农业灌溉、居民生活、生态环境等生产经营管理中发挥了巨大的作用。

一、水利工程建设为社会提供安全保障

水利工程的一个重要作用就是可以防洪,减少水患的发生。依据以往的资料记载,我国的洪水主要是发生在长江、黄河、松花江、珠江以及淮河等河流的中下游平原地区,水灾的发生不仅影响了社会经济的健康发展,同时对人民群众的安全也会造成一定的影响。通过在河流的上游兴建水库,在河流的下游扩大排洪,这使得这些河流的防洪能力得到了很好的提升。目前,城市的防洪规划已经被纳入城市建设的总体规划中,城市防洪已经成为了城市建设中不可或缺的重要构成部分。

二、水利工程建设促进农业生产

我国是一个农业大国,农业发展关乎整个国计民生。而在当前形势下,我国正处在一个人多地少、水资源稀缺的情况下,降水地区分布的不均匀导致不同地区水资源的不相匹

配，在农田种植和生产的过程中经常会出现旱涝灾害，从而也影响了农业生产的正常进行。为了对这些灾害予以全面控制，国家也开始大力兴修水利，这样也就可以起到稳定农田的作用。近些年，我国的农村水利建设已经有了很大的进展，极大地促进了我国农村经济的健康发展。

首先从农业生产的角度看，农村的水利建设为农业高效的发展，以及粮食生产的安全提供了非常好的保障和条件。水利工程建设在农业发展的过程中一直都是一个非常关键的环节。当前我国的灌区占全国耕地面积的54％左右，其所生产出的是我国近80％的粮食，在这些粮食当中，八成以上都是商品粮，九成以上都是经济作物，但是我国的人口数量也呈现出明显的增多趋势，我国粮食生产的压力也越来越大，在我国一些农业水利建设相对较为完善的地方，粮食生产的水平一直都处于稳定状态，有些地区甚至生产水平还有较为明显的提升。

其次是从农民的生活角度看，农村的水利建设对确保农村居民的饮水安全和农村居民的生活质量有着十分重要的积极意义。因此从某种意义上来说，加强水利工程的建设工作也是确保农民根本利益的一个重要措施。同时它还直接影响到人民群众的安全，对一些相对较为贫穷的地区来说，加快水利建设也是让他们摆脱贫困的一个重要途径。

再次是从农村生态环境的角度上看，农村的水利建设工作可以对农村生态环境的改进产生非常积极的影响，同时在这一过程中还要更加积极地去探索人和自然和谐相处的有效途径，为社会经济的健康发展创造了非常坚实的基础。我国当前的发展中，城市和乡村的发展水平差距较大，发展呈现出一种较为明显的不平衡状态，环境建设中难度和困境也越来越大，之所以会出现这些问题，和资源的不合理利用，尤其是水资源的不合理利用有着十分密切的关联，因此在水利工程建设工作中，一定要保证其质量，营造并维护好正常的环境和氛围，只有这样，我国的经济发展才能有一个更加健康和谐的大环境。

三、水利工程建设促进国民经济和社会健康发展

水力发电已经成为了我国电力系统十分重要的组成部分。新中国成立后，一大批大中型水利工程的建设为生产和生活提供大量的电力资源，极大地方便了人民群众的生产生活，也在一定程度上改变了我国过度依赖火力发电的局面，这也有利于环境的改善。水电事业的快速发展为国民经济和社会发展做出了重要的贡献，同时还带动了我国电力装备制造业的繁荣。小水电设计、施工、设备制造也已经达到国际领先水平，使我国成为小水电行业技术输出国之一。目前，我国不管是水电装机的容量还是水利工程的发电量，都处在世界前列。特别是农村小水电的建设有力推动了农村地区乡镇企业的发展，为进行农产品的深加工、农田灌溉等做出了巨大的贡献。三峡、小浪底、二滩等一大批有着世界影响力的水利枢纽工程的建设，预示着我国水力发电的建设已经进入了一个十分重要的阶段。进入21世纪，国家从经济快速发展、能源的可持续供应、环境保护，以及西部大开发等方面考虑，制定了优先开发水电的方针，水电建设迎来了前所未有的发展机遇。

四、水利工程建设对其他社会经济发展的促进作用

（一）旅游

水利工程在建成之后，库区的风景区使得山色、瀑布、森林以及人文等紧密融合在一起，呈现出一派山水林岛的和谐画面，是绝佳的旅游胜地。如举世瞩目的三峡工程

在建设之后,也成了一个十分著名的旅游景点,吸引了大量的游客前往参观,感受三峡工程的魅力,这在很大程度上促进了旅游收益的提升,增加了当地群众的经济收入。

(二)供水

水利工程通过进行水库的建设,向城乡提供了清洁的水源,有效推动了社会经济的健康发展,保障了人民群众的生活质量,也在一定程度上促进了经济和社会的健康发展。如兴凯湖饮水工程竣工之后,为黑龙江省鸡西市直接供水,解决了几百万人口的饮水问题,为鸡西市的经济发展和旅游城市创建奠定了很好的基础。

(三)航运

内河运输的一个十分重要的特点就是成本较低,通过进行水运可以增加运输量,降低运输成本,满足交通发展需要,同时促进经济的快速发展。水利工程的兴建使得内河运输得到了发展,长江的"黄金水道"正是在水利工程的不断完善和兴建的基础之上得到发展和壮大的。

水利工程建设有利于促进社会经济的发展,有利于社会稳定和人民的安居乐业,在国民经济的建设中发挥着十分重要的作用。目前,我国水利工程的建设还有很多需要不断完善和发展的地方,水利事业的建设者要在实践中不断进行总结,才能使得水利工程能够为促进社会经济的健康发展做出更大的贡献。

【思政案例】

新时代水利精神——"忠诚、干净、担当,科学、求实、创新"

在中华民族悠久治水史中,孕育了大禹精神、都江堰精神、红旗渠精神、九八抗洪精神等优秀治水传统和宝贵精神财富。党的十八大以来,在习近平总书记治水重要论述指引下的生动实践中,催生了具有新时代特征的水利精神品质。五千年精神传承、新时代实践创新,彰显了水利人"忠诚、干净、担当"的可贵品质,厚植了水利行业"科学、求实、创新"的价值取向。在治水矛盾发生深刻变化、治水思路需要相应调整转变的新形势下,迫切需要进一步传承和弘扬"忠诚、干净、担当,科学、求实、创新"的新时代水利精神,为不断把中国特色水利现代化事业推向前进提供精神支撑。

新时代水利精神在做人层面倡导"忠诚、干净、担当"。

忠诚——水利人的政治品格。水利关系国计民生。在新时代,倡导水利人忠于党、忠于祖国、忠于人民、忠于水利事业,胸怀天下、情系民生,致力于人民对优质水资源、健康水生态、宜居水环境的美好生活向往,承担起新时代水利事业的光荣使命。

干净——水利人的道德底线。上善若水。在新时代,倡导水利人追求至清的品质,从小事做起,从自身做起,自觉抵制各种不正之风,不逾越党纪国法底线,始终保持清白做人、干净做事的形象。

担当——水利人的职责所系。水利是艰苦行业,坚守与担当是水利人特有的品质。在新时代,倡导水利人积极投身水利改革发展主战场,立足本职岗位,履职尽责,攻坚克难,在平凡的岗位上创造不平凡的业绩。

新时代水利精神在做事层面倡导"科学、求实、创新"。

科学——水利事业发展的本质特征。水利是一门古老的科学，治水要有科学的态度。在新时代，倡导水利工作坚持一切从实际出发，尊重经济规律、自然规律、生态规律，坚持按规律办事，不断提高水利工作的科学化、现代化水平。

求实——水利事业发展的作风要求。水利事业不是空谈出来的，是实实在在干出来的。在新时代，倡导水利工作求水利实际之真、务破解难题之实，发扬脚踏实地、真抓实干的作风，察实情、办实事、求实效，以抓铁有痕、踏石留印的韧劲抓落实，一步一个脚印把水利事业推向前进。

创新——水利事业发展的动力源泉。水利实践无止境，水利创新无止境。在新时代，倡导水利工作解放思想、开拓进取，全面推进理念思路创新、体制机制创新、内容形式创新，统筹解决好水灾害频发、水资源短缺、水生态损害、水环境污染的问题，走出一条有中国特色的水利现代化道路。

【课后拓展】

查阅相关资料，简要说明水利工程在国民经济中的地位和作用。

【学习评价】

评价范围	评价标准	自我评价（10分制）	小组评价（10分制）	教师评价（10分制）
专业知识	了解水利枢纽与水工建筑物的概念、类型和特点			
	了解我国水资源的状况及特点			
	了解我国水电能源开发及利用情况			
	了解水利工程在国民经济中的地位和作用			
专业能力	能够对水利枢纽与水工建筑物分等分级，确定洪水标准			
	能够阐述我国水资源特点			
	能够阐述我国水电能源开发及利用情况			
	能够简要说明水利工程在国民经济中的地位和作用			
专业素养	积极思考			
	敢于表达			
	分析、解决问题			
思政成效	新时代水利精神和工匠精神			
	民族自豪感和专业自信			

第二章

水 文 化

【知识目标】
1. 了解国内外大河流域与文明的缔造和发展关系。
2. 了解中国主要水系与流域的水利事业发展情况。
3. 了解水利工程的技术创新与可持续发展。

【能力目标】
1. 能够阐述国内外大河文明的发展概况。
2. 能够阐述中国主要水系与流域的水利事业发展历程。
3. 能够阐述水利工程的技术创新和可持续发展情况。

【素质目标】
1. 能够积极思考，敢于表达，善于分析和解决问题。

【思政育人目标】
1. 培养学生的民族自豪感和专业自信。
2. 深化可持续发展理念，增强社会责任感。

第一节 大河缔造人类文明与中华传统

2-1 大河缔造人类文明与中华传统

水是文明的载体，与文明的缔造和发展息息相关。有水的地方就有生机、就有灵性，有河流的地方就具备了文明发生的客观条件，如西亚的两河流域、非洲的尼罗河流域、印度的恒河与印度河流域、中国的黄河与长江流域，以及希腊、罗马的地中海区域，相应地形成了西亚文明、南亚文明、东亚文明和欧洲古典文明。

江河湖海等水的因素总是与文明的命运紧密联系在一起。据《汉书·西域传》记载，当时西域地区分布着三十余国，故有"西域三十六国"之说。然而自 11 世纪起，由于气候的剧烈变化，原本繁盛的西域文明逐渐衰落。距今约 1600 年前，西域古国楼兰在辉煌了近 500 年后竟神秘消亡。当它再次出现在人们面前时，已化成了沉寂于沙漠中的"庞贝古城"。楼兰古国消亡的主要原因就是河流改道与罗布泊的迁移。

根据水文和河谷地形特征，河流通常可以分为上游、中游和下游三段。上游多深山峡谷，比降大，流速快；中游在比降和流速都有所减小的同时，河面展宽，流量加大；下游比降平缓，流速较小，流量大增。河流还有河源和河口，就是河流的端点与终点。河源是指河流的源泉或发源地，每条河都有自己的源头，情况不尽相同，可能为冰川、高山泉水、湖泊或沼泽等。在大江、大河的入海口，往往会形成以浅滩或沙洲为特征的三角洲（冲积平原）。世界上重要的三角洲，如尼罗河三角洲、密西西比河三角洲、多瑙河三角洲、恒河三角洲、长江三角洲等，不仅是当地经济、文化发展最早最活跃的地区之一，也是地质变迁与文明演进的历史见证者。

纵观人类文明史，河流作为客观的资源环境，与人类社会的关系十分密切。不同的历史时期，人们对河流的认识以及对与其关系的处理也不尽相同。前工业社会时期，生产力水平低下，科学不发达，许多民族"逐水草而居"。在这样的天然环境中，人类受制于经济社会发展水平，虽然初步学会了对河流的开发利用，但总体上对河流仍心存敬畏、依附并崇拜河流，因而与河流维持着不自觉的和谐关系。进入工业文明时代，对自然界已失去敬畏之心的人们，借助强大的科技力量，不计后果地对河流进行掠夺式开发。人与自然界的和谐关系一旦被打破，河流的生态危机和人类的灾难也就接踵而至。未雨绸缪，寻求新的、更合理的发展之路，与河流、环境的和谐相处已经成为人类的必然选择。

一、长江

长江是中国和亚洲第一长河、世界第三长河，长约 6380km，与南美的亚马逊河、北非的尼罗河、北美的密西西比河一起，并称为世界著名的四大河流。它发源于青海省，自西向东，横贯中国中部地区，飘逸豪放地奔向太平洋。它以其丰沛的水量、绵长的流程，与黄河一起哺育了悠久灿烂的中华文明，同样被誉为中华民族的"母亲河"。长江文明，特别是其中的"稻作文明"，给东亚乃至整个世界带来了极大的影响。

（一）长江万里源远流长

在古代汉语中，长江单用一个"江"字称呼，如同单用一个"河"字称呼黄河一样。后来，长江又叫作"大江"。隋朝时，江苏省扬州、镇江附近及以下的江段，因有扬子津渡口，得名"扬子江"。从明朝起，扬子江有时被写作"洋子江"，这个名字是来华的西方传教士和商人最先听到的对长江的称呼，所以近代以来，外国把整个长江统称为 Yangtze River。

从江源到江口，长江可分为许多河段，每一段都有自己的名字。从江源至当曲口，称沱沱河；从当曲口至青海省玉树县巴塘河口，称通天河。通天河上起囊极巴陇，与长江正源沱沱河相接，下至玉树藏族自治县附近的巴塘河口，同金沙江相连。巴塘河口至四川省宜宾市岷江口，称金沙江。长江上游的"金沙江"一段，古称丽水，与怒江、澜沧江相邻，平行南流，相互间最近处距离仅 70 多 km。金沙江全长 2300km，穿越横断山脉，到云南石鼓附近折向东北入四川盆地，在宜宾与岷江汇合。而岷江口至长江入海口，则通称长江。其中，宜宾至湖北省宜昌市的河段因流经四川盆地俗称"川江"，四川省奉节县白帝城至宜昌市南津关的三峡河段俗称"峡江"，湖北省枝城到湖南省岳阳市城陵矶的河段俗称"荆江"，江西省九江市附近河段俗称"浔阳江"，江苏省镇江市附近河段俗称"京江"。

长江发源于素有"世界屋脊"之称的青藏高原腹地，从格拉丹东雪山西南侧起步，奔流而下，汇入太平洋。长江江源地区西界乌兰乌拉山和祖尔肯乌兰乌拉山，东到巴颜喀拉山，北界昆仑山，南到唐古拉山，自西而东长约500km。从江源到入海口，万里长江自西向东，横贯全国，主干流经青海、西藏、四川、云南、重庆、湖北、湖南、江西、安徽、江苏和上海等11个省（自治区、直辖市），长江的支流众多，纵横流经贵州、甘肃、陕西、河南、广西、广东、浙江、福建等8个省（自治区）的部分地区，流域覆盖19个省级行政区，总面积达到180万km²，约占我国陆地面积的1/5。

关于长江的源头，历来有南北两源之说。20世纪70年代的科学考察后，目前已经得到确认的是南源当曲、北源楚玛尔河和正源沱沱河。在这三个源头中，沱沱河长375km。按照"河源唯远"的原则，它应为长江的正源。沱沱河上游的江源河段，有东西两支，东支源于唐古拉山脉主峰格拉丹冬西南侧姜根迪如雪山冰川，西支源于孕恰迪如岗雪山西侧，东支比西支略长，应是长江的最初源头。出唐古拉山区后，沱沱河继续朝北流去，到囊极巴陇时与当曲、布曲、朵尔曲汇合，形成长813km的通天河。

除正源沱沱河外，江源地区还有楚玛尔河、孕曲、布曲、冬曲和当曲等几条较大的河流。当曲位于拉萨市当雄县境内，长352km，发源于唐古拉山脉东段山麓，为万里长江的南源。当曲，亦称"达木楚""当雄河"，意为"挑选河"，而藏语意为"沼泽河"。当曲源地下水源丰富，到处是连片的沼泽和泉群，形成了世界上海拔最高的沼泽地。与当曲源头一山之隔就是澜沧江水系的上源，再向南则是发源于唐古拉山南麓的怒江。

楚玛尔河，又称曲麻莱河、曲玛河，长515km，发源于昆仑山南支的可可西里山黑脊山南麓，横贯江源地区北部，其上游地区属于可可西里的一部分，为万里长江的北源。先后流经石头湖（又称叶鲁苏湖）及青藏公路，在当曲河口下游200多km处汇入通天河。

（二）长江巨龙九曲回肠

长江形成距今已有大约1.4亿年之久。随着复杂的地理运动，长江经历了漫长的形成过程。

从江源到入海口，长江像一条九曲回肠的巨龙，奔腾流淌，游走于中华南方大地。上游从源头青海格拉丹东到湖北宜昌，长4504km，中游从宜昌到江西省湖口县，长955km。湖口是"江西水上北大门"，素有"江湖锁钥，三省通衢"之称。下游起于湖口，止于上海市的长江入海口，长938km。除了这种三分法外，长江还有一种划分方法，就是上游在宜宾以上，约长3500km，中游位于宜宾到宜昌之间，约长1000km，下游始于宜昌以下，约长1850km。其中，上游的通天河河道较宽，水流舒缓。中游地区，从宜宾到重庆一段，河道曲折，自白帝山到南津关一段，江水穿过四川与湖北边境山区的三峡地段，滩多流急，落差很大，自古称为天险。下游江段落差甚小，江面宽阔，一般在2km以上，最窄处也有650m，因而水流舒缓。荆江河段由于河道曲折，流速缓慢，泥沙淤积较多，因此汛期来临时极易造成溃堤，故有"万里长江，险在荆江"之说。

长江水系发达，由数以千计的大小支流组成，就流域面积而论，1000km²以上的支流就有437条，1万km²以上的达到49条，而8万km²以上的也有8条，10万km²以上的是雅砻江、岷江、嘉陵江和汉江。从年径流量来看，岷江、嘉陵江、乌江、沅江、湘江、汉江和赣江等主要支流均分别超过黄河。其中，嘉陵江发源于秦岭，自北向南纵贯四川盆地中部，在重庆市注入长江，长1120km，流域面积最大，达到近16万km²；岷江发源于岷山南淹,经乐山接纳大渡河,在宜宾汇入长江,长793km,年径流量最大,约900亿 m^3;汉江发源于陕西省西南部宁强县北的米仓山,流经陕西南部、湖北西部和中部,在武汉市流入长江,长1532km,是长江的最大支流。

长江中下游是中国淡水湖分布最集中的地区,洞庭湖、鄱阳湖、巢湖、太湖等淡水湖因长江而串联成一个整体,也大大丰富了长江水系。洞庭湖作为长江的天然水库,位于荆江南岸,地跨湘、鄂两省,天然湖面2740km^2,湖区面积18780km^2,仅次于青海湖、鄱阳湖,是中国的第三大湖,也是中国的第二大淡水湖;鄱阳湖地处江西省北部,长江中下游南岸,它是中国第一大淡水湖,也是中国第二大湖,仅次于青海湖,汇集赣江、修水、鄱江、信江、抚江等支流,经湖口注入长江;巢湖位于安徽省中部,水域面积约750km^2,为安徽境内最大的湖泊,也是我国的五大淡水湖之一;太湖位于江苏省南部、浙江省北部,处于富饶的上海、南京、杭州三角地中心,湖泊面积2428km^2,流域面积36500km^2,是中国的第三大淡水湖。整个太湖水系包容了180多个星罗棋布的大小湖泊。

长江从江苏省扬州以下至入海口的河段,江阔水深,受潮汐影响较大。江水进入江苏境后,因受山势所阻,向东北绕过宁镇山地。自镇江以下折向苏南,流入地势平坦、水网交织的三角洲河段。其中,江阴以下的河口地带,江面不断扩张成喇叭状,及至南通附近,江面十分开阔,宽约18km。而长江口,即从北面的启东嘴,到南面的南汇嘴,宽度达到91km,呈现江海相连的壮观景色。长江口因泥沙长年淤积,形成了许多沙洲,如崇明岛和长兴、横沙等岛。

长江在入海之前,接纳了最后一条支流黄浦江。这是上海市最大的河流,其下游将上海市区分为浦西与浦东两大部分。黄浦江发源于太湖,是历史上最早人工开凿疏浚的河流之一,至吴淞口入长江,宽约400m,全长114km。吴淞口是长江的门户,也是黄浦江与长江的入海口。

长江蕴含着极为丰富的水力资源,流域灌溉面积1467万 hm^2,占全国耕地面积的63.3%,占全国灌溉面积的30%,每年注入东海的江水约为1万 m^3,相当于黄河水量的20倍。长江水能蕴藏量多达2亿6000万 kW,约占全国水能蕴藏量的40%,约为美国、加拿大和日本三国水能蕴藏量的总和。目前,长江可开发的水能资源约1.97亿 kW,年发电量1万亿 kWh,仅次于巴西,位居世界第二。葛洲坝水利枢纽装机容量271.5万 kW,三峡水利枢纽工程装机1820万 kW,居世界之首。

自古以来,长江干支流就是南方地区横贯东西、连接南北的水上交通大动脉。在中国的内河运输中,这是一条著名的"黄金水道",江轮可从上海直达重庆。在庞大的长江水系中,有3600余条河道通航,干支流航道总长8万多 km,其运输量占全国内河水运量的80%以上。可通行的船舶,重庆以下为1500t级,宜昌以下为3000t级,汉口以下为5000t级,南京以下为万吨级。

辽阔的长江流域,资源极为丰富,可谓是物华天宝,得天独厚。由于流程长,流域广,土地肥沃,灌溉便利,这里有3.7亿亩肥沃的耕地,占全国总耕地面积的1/4,粮食产量约占全国总产量的40%,棉花产量占全国产量的1/3。多少世纪以来,人们一直赞誉四川盆地是"天府之国",两湖地区是"鱼米之乡",太湖流域是"人间天堂"。位于长江流域的成都平原、江汉平原和洞庭湖地区、鄱阳湖地区、太湖地区,都是中国的富庶之地。沿江有185座城市，其中，重庆、成都、昆明、贵阳、长沙、武汉、南昌、杭州、上海、南京等中心城市的非农业人口，至少都在100万人以上，对全国的经济发展起着重要的支撑和辐射作用。

（三）长江流域文明的演进

长江同黄河一起，成为中华民族的摇篮和中华文明的发祥地。据史书记载，周武王消灭殷商后，周朝统治范围南达长江。从此，黄河流域和长江流域都成为中国历史文化的重心所在。在地域上，长江连接着青藏、巴蜀、荆楚、吴越等地；在民族上，长江流域包容了中华56个民族的绝大部分，在文化上，长江作为中华文化代代传承的载体，融合了儒、佛、道、法、墨等百家学说。

长江流域同非洲大陆一样，也是人类的重要发源地。距今1400万年的开远腊玛古猿、800万年的禄丰腊玛古猿、300万～400万年的元谋腊玛古猿、250万年的东方人、204万年的巫山人等古猿化石，以及共生的哺乳动物化石，都是有力的考古实物证据。1965年5月，中国地质科学院在云南省元谋县上那蚌村附近发现元谋猿人化石，这是迄今所发现的最早的属于"猿人"阶段的人类化石。元谋猿人距今已有170万年，是中国境内年代最早的直立人，又称为"元谋直立人"。它的发现有力地证明，旧石器时代早期，我们的祖先就已经在长江流域劳作生息。另外，长江流域还发现了属于旧石器时代中晚期的云南丽江人、四川资阳人、湖北长阳人的化石和石器等距今十几万年至一万多年的人类遗迹。

新石器时代，长江流域依次形成了三个文明起源中心地区：长江上游形成了以成都平原宝墩村为代表的系列城址文化、三星堆文化和巴蜀文化。巴蜀属于长江上游流域，巴蜀文化指的是以成都的蜀和重庆的巴所代表的文化。距今4800～2000年左右，即从新石器时代晚期至西汉中期，巴蜀地区已经出现了极富特色的青铜文明，如青铜人像、青铜鸟形器物、船棺葬和悬棺葬等。三星堆遗址属于古蜀文化遗址（图2-1），它的发掘是中国20世纪重大考古发现之一，有力地证明了三四千年前古蜀国的存在和中华文明起源的多元性。

长江中游是目前所知的稻作农业最早发生的地区。江西的万年仙人洞文化遗迹距今1.4万年，其中出土的栽培稻和陶器吊桶环分别是现今已知的世界上年代最早的栽培稻遗存和原始陶器之一。1993年和1995年在湖南省道县寿雁镇玉蟾岩遗址中先后两次发现稻谷遗存，刷新了人类最早栽培水稻的历史纪录。后来的湖南澧县的彭头山文化、湖北枝城的城背溪文化、四川巫山的大溪文化湖北京山的屈家岭文化、湖北天门的石家河文化表明，中国的稻作农业已达到了相当发达的程度。

下游从马家浜文化、崧泽文化到良渚文化，展现了长江流域先民们在河流的滋润下繁衍生息的历程。马家浜文化属于新石器文化，距今约7000～6000年，得名于浙江省嘉兴市马家浜遗址，当时的居民主要从事稻作农业。崧泽文化属新石器时期母系社会向父系社会过渡阶段，上承马家浜文化，下接良渚文化，距今约6000～5300年。崧泽人是上海最早的人类祖先，其生产方式由极为原始的渔猎采摘转为以畜牧和农业为主，已能人工培植粳稻、籼稻。良渚文化属于铜石并用文化（图2-2），是太湖流域一支重要的古文明，得名于浙江省余杭市良渚镇，距今约5250～4150年。

图 2-1　三星堆青铜纵目人面像　　　图 2-2　良渚文化玉龙

春秋战国时期，楚地是长江流域青铜文化最发达的地方，在青铜铸造、纺织刺绣、漆器生产和木器加工等方面，形成了可与中原文化媲美的楚文化。楚国位于长江中游地区，以江汉平原为中心。湖北随州曾侯乙墓出土的成套青铜编钟共计 64 个，其数量众多、结构完整、规模宏大，是世界上已知的最早具备 12 个半音音阶的特大型乐器，充分体现了长江中游青铜文化的发达。除了物质文化外，楚地的精神文化也极为发达，以老子和庄子为主要代表的道家学派与黄河流域的儒家学派相呼应，以庄周的《庄子》和屈原的《离骚》为代表的"庄骚"文学，开创了南方文化浪漫主义的先河，并对后世产生了深远的影响。继楚文化之后，吴越人已具有从粗犷中追求精雅的审美心理和实践创造力，他们以太湖地区和宁镇地区为中心创造出的吴越文化，虽然没有先前楚文化的辉煌，也缺乏黄河流域像《尚书》《周易》和《诗经》那样气势恢宏的作品，却形成了兼容并蓄、灵动睿智和经世致用的鲜明特色。

由于秦统一中国，长江文明进一步和其他区域文明相融合，逐渐产生了中华文明。秦汉时期，长江上游受到黄河流域中原先进文化的辐射，发展成为整个长江流域经济文化最发达的地区。三国时代，成都平原已有了"天府之国"的美誉，蜀地文化发展之快堪与黄河流域的齐鲁文化媲美，长江流域还出现了扬雄、司马相如、王充等一流的文化名人。魏晋南北朝时期，北方黄河流域的战乱与动荡，客观上加速了长江流域的开发。

中国历史上最辉煌的时期出现于唐朝。盛唐时期，长江上游在全国政治经济文化中的地位总体上有所下降，但成都却成为与扬州并驾齐驱的著名大都市，其时就有"扬一益二"之称。唐朝末年，"安史之乱"和藩镇割据造成黄河流域人口的大量南迁，客观上促进了长江下游的经济发展，尤其是江南的丝织业、茶业、盐业、渔业以及文化生活，出现了前所未有的繁盛局面。当时，苏州、扬州、湖州、常州、润州等，都是走在全国前列的工商业城市。宋朝，黄河流域战火连绵，中国的政治中心开始向南发展，大量的人口和先进的生产技术不断向南迁移，长江流域获得了加速发展的强大动力。从文化上看，唐朝末年的长江流域大有超越黄河流域之势，开始朝着中华文明核心区域的方向发展。尤其在南宋时期，南方本土文化气息日益浓厚，出现了王安石、陆九渊、朱熹、黄庭坚等一流的文化大家。

明清时代，长江流域的优势地位得到进一步巩固。中游成为主要的粮食生产基地，江南地区凭借着更为优越的自然条件和更为丰盛的物产资源，率先孕育出资本主义萌芽。与优越的自然条件、物质条件相对应，明清之际的江浙一带，不仅经济发展领先，而且文化教育繁荣。在我国的四大古典名著中，《西游记》和《水浒传》均出自江南才子之手。此外，《儒林外史》的作者吴敬梓、《三言二拍》的作者冯梦龙也都来自江南地区。明代自成化至万历之初的百余年间，形成了以"明四家"（沈周、文征明、唐寅、仇英）为代表的吴门画派。这是中国绘画史上影响最大的流派，其绘画技艺独领风骚，冠绝天下。上海人徐光启的综合性农书《农政全书》、江西奉新人宋应星的百科全书式科技著作《天工开物》、江苏江阴人徐弘祖的地理名著《徐霞客游记》，都充分展示了中国古代的科学技术成就。

二、黄河

黄河发源于青藏高原巴颜喀拉山北麓，落差极大，自西向东，一泻千里，奔流入海。在千余年前的盛唐时期，"诗仙"李白就以狂放的浪漫情怀，称颂了黄河那势不可挡的壮观景象："君不见黄河之水天上来，奔流到海不复还。"黄河是中华民族的生命之源，人们世世代代依偎着它，繁衍生息，创造文明。

（一）源远流长的黄河水

青藏高原是中国最大的高原，面积达到 240 万 km^2，平均海拔 4000～5000m，有"世界屋脊"和"第三极"之称。中华民族的母亲河——黄河，就发源于青藏高原巴颜喀拉山麓的约古宗列盆地。巴颜喀拉山为昆仑山脉的东延部分、主峰海拔高度 5267m，是黄河与长江河源段的分水岭。约古宗列是一个东西长 40km、南北宽约 60km 的椭圆形盆地，周围环绕着山岭，盆地内有 100 多个小水泊。黄河自约古宗列盆地流出后，以汉字"几"字形游走，流经位于青藏高原的青海、四川、甘肃，位于黄土高原和鄂尔多斯高原的宁夏、内蒙古、陕西、山西，以及位于华北平原的河南、山东，共计 9 个省（自治区），从现今渤海与莱州湾交汇处的山东省东营市垦利县注入渤海。

黄河是中国的第二大河，干流河道长 5464km，仅次于长江。它自西向东流，横贯全国，流域东西长 1900km，南北宽 1100km，流域总面积 752443km^2。

黄河上游从源头至内蒙古的托克托县河口镇，长 3472km，流域面积 38.6 万 km^2，约占全流域面积的 51.3%。由于受阿尼玛卿山、西倾山、青海南山的控制，上游河流呈 S 形曲折，山挟水转，水绕山行。根据河道的特性，黄河上游又可分为河源段、峡谷段和冲积平原三部分。贵德的龙羊峡以上为河源段，地处青海腹地，有扎曲、约古宗列曲和卡日曲三源。扎曲一年之中大部分时间是干涸的，约古宗列曲仅有一个泉眼，卡日曲最长、流域面积最大，为黄河的正源。峡谷段从龙羊峡到宁夏的青铜峡，川峡相间，流经有黄河水力资源的"富矿区"一说。冲积平原段从青铜峡到内蒙古托克托县河口镇，所经区域大都为荒漠和荒漠草原，河床平缓，水流缓慢，两岸有银川平原与河套平原。

黄河中游从河口镇至河南郑州桃花峪，长 1206km，流域面积 34.4 万 km^2，占全流域面积的 45.7%。有清水河、汾河、洛河、泾河、渭河、伊洛河、沁河等 30 条较大的支流汇入，增加的水量占总水量的 42.5%。其间流经黄土高原，裹挟了大量的泥沙，增加的沙量占总沙量的 92%，从而使黄河成为世界上含沙量最多的河流。渭水是黄河最大的支流，发源于甘肃，经陕西注入黄河，泾水又是渭河的支流，发源于宁夏，泾渭二水在西安市高陵县崇皇乡船张村汇合。

河口镇至山西省河津市西北的禹门口，是黄河干流上最长的晋陕大峡谷，全长725km，其间有两个著名的地方，一是壶口，二是龙门。

壶口瀑布位于山西省吉县西部南村坡下，是黄河中游流经晋陕大峡谷时形成的一个天然瀑布。壶口是地壳断裂的产物，两岸石壁峭立，河口骤然变窄，黄河水奔腾而来，跃入30～50m宽的深槽，咆哮而去，似雷霆万钧，气势蔚为壮观。

黄河自高山大川发源后，九曲十八弯，跌宕下行。一路上，集千流，汇万溪，大声呼啸着，穿峡谷，越深沟，直流到龙门山下。大禹治水和鱼跃龙门都是中国古老的传说，表达了人们通过艰苦努力实现理想境界的美好愿望。

黄河下游从郑州桃花峪至山东垦利县，长786km，流域面积2.3万 km^2，仅占全流域面积的3%。黄河在此段由西向东流经华北平原，河道坡降小，水流平缓，加之河道宽浅散乱，泥沙淤积严重，河床逐渐升高，两岸几乎全靠大堤作为屏障。总落差93.6m，平均比降0.12‰，主要有大汶河、伊、洛河汇入，其间增加的水量占黄河水量的3.5%。大汶河是黄河在山东的唯一支流，也是泰安市最大的河流。它发源于泰莱山区，全长208km，流域面积$8536km^2$。伊发源于熊耳山南麓的栾川县，全长368km，流域面积6100多 km^2。到了冬季，黄河下游北部河段先行结冰，形成俗称的"冰排"（凌汛）。有时，冰凌可以聚集成冰塞或冰坝，造成水位大幅度抬高，最终漫滩或决堤。

黄河河口位于渤海海湾和莱州岛的交汇处。由于河口区每年都要接纳大约10亿t的泥沙，淤积延伸速度很快，三角洲面积不断扩大，入海线路也不稳定，于是改道现象时有发生。现今的黄河三角洲在山东省利津县以下，而1938年前是以垦利县宁海为顶点，北起徒骇河口，南至支脉沟口的扇形地区，面积约$6000km^2$，海岸线长180余km，称"近代黄河三角洲"。1949年后，由于人工控制入海流路，顶点下移至垦利县渔洼附近，北起洮河，南至宋春荣沟，扇形面积约$2600km^2$，三角洲地域辽阔，土地肥沃，石油、天然气、盐卤等地下资源丰富。

（二）含沙量丰富的黄河水

黄河本不叫"黄河"，而称为"河"或"大河"。但是后来黄河流域的生态环境遭到严重破坏，造成水土流失，泥沙量急剧增加，所以才有"黄河"的称呼。至少在公元前5世纪时，黄河水已经浑浊了。战国时期，人们开始用"浊河""浊流"来称呼黄河，这种说法的最早文字记录可能见于《汉书》。

由于科技不发达，古人的认识能力有限，只能凭直觉来观察黄河水质。从公元1世纪起，人们开始对黄河水含沙量进行定量分析。西汉元始四年（公元4年），安汉公王莽召集群臣征求治河意见，长安人张戎（字仲功）时任大司马史，他从水流、泥沙角度分析河患成因，提出了以水刷沙的治理主张。特别是"河水重浊，号为一石水而六斗泥"这句名言，被人们视为迄今为止世界上最早对河流泥沙所作的量化估计，对后世黄河治理具有重大的指导意义。

随着科技的发展，人们对于黄河泥沙量的测量技术不断进步。明朝浙江乌程（今湖州市）人潘季驯（1521—1595年）先后四次总管河道事务，主持黄河、淮河、运河的治理工作近十年。任职期间，他提出了"以河治河，以水攻沙"的方略，全面整修和完善了郑州以下的两岸堤防，使黄河下游初步形成了防洪工程体系。作为河工专家，他的治河经验对后世治河产生了深远的影响。

黄河的"黄"与它所流经的黄土高原地区密切相关。黄土高原东临华北平原，北接内蒙古高原，西与青藏高原毗邻，是世界上面积最大（约40万km^2）、覆盖最厚的黄土高原。距今240万年以前，黄土堆积现象就已出现，这里是黄河泥沙的主要来源地。千百年来，黄河和许多其他发源或流经黄土高原的河流一起，夹带着大量的黄土，造就了广阔的大平原。高原的大部分为深厚的黄土所覆盖，厚度通常在50～80m之间，在陕北的白于山以南、子午岭至吕梁山以西，黄土厚度在100～200m之间，而在甘肃通渭华家岭至定西马杰山一线以北至兰州附近，厚度可达200～300m。在穿越河口镇至潼关的这一段黄土高原行程中，随着众多支流的汇入，黄河自然也就变成了黄色。

从含沙量的角度看，黄河位于世界大江大河之首。根据20世纪50年代的统计资料，多年以来黄河年平均输沙量达到16亿t，平均含沙量约$37.8kg/m^3$，高的时候达到$590kg/m^3$，甚至在$900kg/m^3$以上。

（三）沧桑变幻的黄河水

公元前3000—前2000年，黄河流域的地理环境比较适宜植被生长与人类生产生活。这一时期，中下游地区有雷夏泽、大野泽等大量的湖泊存在，因而孟子盛赞黄河流域"草木畅茂，禽兽繁殖"。

自古以来，黄河之于农业发展的意义是不言而喻的。在我国重要的地理文献中，都有关于黄河的记载。根据古典文献记载，在孟津（河南省西北部）以上，黄河河道被夹束于山谷之间，基本上没有什么大的变化；而在孟津以下，黄河接纳洛水等支流，经今河南北部流入河北，然后再分为几支，由东北方向注入大海。黄河中下游流域是泛称的中原地区，这里既是华夏文明的发祥之地，也是中国古代政治、经济和文化的核心地带。

黄河流域的黄土，土层结构特殊，质地疏松，且多孔隙，渗水性和湿陷性都很强，而抗水蚀和风蚀能力却很差。在河谷开阔、比降平缓的中下游地区，黄河堆积了大量的泥沙，河床不断抬高，水位相应上升。为了防止水患灾害的发生，两岸大堤随之不断加高，年长日久，河床一般高出两岸地面约2～5m，有的地方甚至高达10m，形成了世界上最著名的"地上悬河"。

在新中国成立以前的3000年间，黄河下游泛滥极为频繁。据史料记载，决口达到1500次以上，约每两年一次，有30次较大的改道，达到平均每个世纪一次，其中最大的改道有6次。

公元前4世纪，黄河下游开始修建大堤坝，长期以来频繁的改道状况得到控制。这是黄河第一次人工改道，也是六次大规模改道的起始。但是，黄河决口泛滥现象依然频发，尤其是西汉武帝元光三年（公元前132年），黄河第一次夺淮入海。由于没有及时堵住决口，洪水泛滥成灾，前后历时长达20年。王莽始建国三年（11年），黄河发生第二次大改道，水灾延续60年之久。东汉明帝永平十二年（69年），在固定一条新河道后，中游的黄沙量才明显减少。经过这次大规模的治理，此后600年间黄河一直比较平稳。但从7世纪起，下游又经常溃坝，尤其在10世纪初到11世纪40年代，洪水的威胁更为严重。

黄河的第三～五次改道发生于宋金时期。北宋仁宗庆历八年（1048年），黄河决口，向北流经今天津市入海，这是宋代黄河北流由渤海湾入海的起始。第三次大改道后，黄河水系变得更加紊乱，加上政治、经济上的动荡，人口数量和分布区域的不均衡，黄河无法得到有效的治理。第四次改道发生于南宋高宗建炎二年（1128年），当时宋朝为阻止金兵南下，在李固渡以西决开河堤，使黄河水注入泗水，再由泗水侵入淮河。这次夺泗入海的人工改道并没能挽回北宋灭亡的命运，却改变了黄河流向的历史，从此，黄河离开了春秋战国以来的故道。南宋绍定五年（1232年）、金天兴元年（1232年），当蒙古人围攻金朝归德府（今河南商丘县南）时，希望以水代兵，便在凤池口掘堤，以水淹金军，结果河水夺濉河而入泗水。1234年宋兵入开封后，蒙古人又在开封城北20余里的寸金淀决河，再以水淹宋军。结果，河水由此南流，侵入淮河支流涡河。这是黄河第一次夺道涡河。到南宋度宗咸淳八年（1272年），黄河水分三股，分流扫荡华北平原。这是黄河第五次大改道。

清朝咸丰五年（1855年），黄河发生第六次改道，在兰阳（现今兰考）铜瓦厢决口，夺大清河北上，结束了夺淮入海的700多年的历史，终于回归由渤海湾入海的轨迹。1938年侵华日军向中原开封、郑州发动进攻，蒋介石国民党部队为阻止日军南下，炸开黄河花园口大堤，洪水向东南方向迅猛推进，在黄淮平原形成了跨越豫皖苏3省44个县的"黄泛区"，大量浑浊的河水向南奔流，沿着贾鲁河、颍河、涡河涌入淮河。1947年堵复花园口后，黄河回归北道，自山东垦利县入海。新中国成立后，经过不断治理，黄河虽然还时有险情，但改道现象再也没有发生。

（四）黄河流域的史前文明

黄河流域是华夏文明的摇篮和中华民族的母亲河，适宜人类生存发展的环境决定了黄河在中华文明发展进程中的地位和作用。作为华夏文明的发祥地，黄河维系着炎黄子孙的血脉与文化，是中华民族精神与情感的纽带。由于黄土颗粒细、土质松，富含矿物质养分，利于耕作，黄河流域的盆地和河谷地区就成为中国古代农耕文化的摇篮。

黄河流域是中国考古发掘最重要的地区。最初，黄河流经地区地势适中，气候温和，降雨稳定，水源充足，植被良好。这一切有利的自然条件可以保证原始状态下人的基本生存需求，因而早期文明就在这里发生了。其实，由黄河文明可以推断出当时的黄河流域是东亚文明最发达的地区。如果没有黄河，就不会有灿烂的华夏历史与文化。中华民族的诞生得益于黄河水的滋润，黄河哺育了广袤的华夏大地，在此基础上产生的农业文明向外辐射，带动了整个华夏民族的形成。所以，黄河文明充分展示了其巨大的凝聚力和创造力，像滔滔的黄河一样，奔流不息。

三、尼罗河

尼罗河（Nile）发源于赤道非洲，它的干流自卡盖拉河源头至地中海入海口，全长6670km，号称世界第一长河。尼罗河自南向北穿越撒哈拉沙漠，流贯非洲东北部，注入地中海。以白尼罗河源头算起，全长6671km。干支流流经布隆迪、卢旺达、坦桑尼亚、肯尼亚、乌干达、刚果（金）、南苏丹、苏丹、埃塞俄比亚和埃及等国，是世界上流经国家最多的国际性河流之一。流域面积287.5万km^2，占非洲大陆面积的1/9以上。正是由于尼罗河大水的缘故，非洲大陆才有了勃勃生机。

（一）尼罗河的起源

尼罗河是埃及人神圣的母亲河。其上游分为东源青尼罗河和西源白尼罗河，两源在苏丹中部的喀土穆（Khartoum）汇合。

（二）南北走向的大河

尼罗河位于非洲东北部，从赤道南部东非高原的布隆迪高地出发，干流流经布隆迪、卢旺达、坦桑尼亚、乌干达、苏丹和埃及等国，支流还流经肯尼亚、埃塞俄比亚和刚果（金）、厄立特里亚等国的部分地区，成为流经国家最多的国际性河流之一。

世界上著名的大河多为东西流向，尼罗河是唯一的一条南北走向的大河。尼罗河由非洲东北部沙漠一直延伸到苏丹境内，在入海口冲积而成的三角洲，面积约 2.4 万 km^2。尼罗河的三面为沙漠，即西面的利比亚沙漠、东面的阿拉伯沙漠、南面的努比亚沙漠和飞流直泻的大瀑布，而北面则是没有港湾的三角洲地带。

尼罗河最上游是发源于布隆迪境内的卡盖拉河，它是维多利亚湖的最大支流和尼罗河最远的源头河，下游注入维多利亚湖。从源头到苏丹和乌干达接壤处的尼穆莱（Nimule），尼罗河流经热带雨林和热带草原气候区，水量丰富、季节变化小，山区河流的特征非常显著。

从尼穆莱至苏丹喀土穆，是大众熟知的"白尼罗河"（White Nile River）。它也是尼罗河最长的支流，在与"青尼罗河"（Blue Nile River）汇合后，统称为尼罗河。

青尼罗河是尼罗河的最大支流，发源于海拔 2000m 的"非洲屋脊"——埃塞俄比亚高原戈贾姆（Gojam）高地，全长 680km。由于上游流经地区多岩石，湍急的河水冲刷着岩层，溶解了大量含硫物质，使水呈青蓝色，故称"青尼罗河"。

从青尼罗河和白尼罗河汇合的地方起，到地中海入海口为止，尼罗河流经典型的沙漠气候区，全长约 3000km。下游河段从喀土穆至阿斯旺（Aswan）是峡谷段，其中有著名的"尼罗河六瀑布"，还有建在今阿斯旺以南约 13km 第一瀑布处（北纬 23.97°，东经 32.88°）的阿斯旺大坝，从阿斯旺至开罗是绿色走廊段，穿越撒哈拉大沙漠；开罗以北是三角洲段，又分为东、西两支注入地中海。

白尼罗河上游地处赤道两侧，降水充沛而稳定，季节分配均匀，加上众多支流和湖泊的调节，所以水量变化不大，是尼罗河稳定的水量来源。相比之下，青尼罗河和阿特巴拉河（Atbara River）才是尼罗河定期泛滥的根源。80%以上的尼罗河水是由埃塞俄比亚高原提供的，而这两条河的水源均来自埃塞俄比亚高原，高原上季节性暴雨集中，造成了洪水期和枯水期河水流量的巨大差异。尤其青尼罗河主要流经热带草原气候区，每年 6—10 月，由于气压带、风带向北移动，埃塞俄比亚高原受赤道低气压控制，形成了降水丰富的汛期。如果说白尼罗河提供了枯水期超过 4/5 水量的话，那么，青尼罗河提供了洪水期 2/3 的水量。正是由于青尼罗河水量的季节性变化，特别是夏季水量的猛增，才导致了整个尼罗河的定期泛滥。

尼罗河泛滥时，会淹没两岸的农田和大地上的一切，而洪水退后，广阔的田野上又会留下一层厚厚的河泥，形成肥沃的沉积层，土壤中蕴含着大量的矿物质和有机物，为农作物的生长创造了极佳的物质条件。自喀土穆向北至阿斯旺，尼罗河干流在沙漠中穿行，使沿河两岸形成狭长的植被带；在土壤条件许可的地方，河岸邻近的土地依靠河水耕作、浇灌。即使是穿越了闻名于世的死亡之地——撒哈拉沙漠，尼罗河依然能在沙漠中曲折行进，形成了一道漫长"绿色长廊"，使无垠的戈壁充满生机。田园沃野与黄色沙漠形成的鲜明对比正是尼罗河创造出的伟大的生命奇迹。

（三）尼罗河赠礼——古埃及文明

尼罗河流域是人类文明的发祥地之一。远古时代，由于气候发生重大变化，北非大部分地区都成了不毛之地，人们逐渐聚集到尼罗河流域，依托河水泛滥的平原和沼泽地，过着渔猎、采集的粗放生活。约公元前18000年，随着弓的使用，埃及进入旧石器时代末期，原初居民生活在西南部地区，沙漠的扩展迫使他们移居到尼罗河谷地和三角洲地带。此时，一些西亚的游牧部落也迁徙到这里，与土著人逐渐融合，并共同创造了这里的古代文化。公元前6000年左右，埃及进入新石器时代，尼罗河三角洲成为世界上最早的农业地区之一。由于农业始终是最主要的生产部门，古埃及的社会基础相对单一，在得天独厚的自然环境的作用下，形成了清晰而简单的经济生活史。其间，虽然经历过内乱和短暂的外族入侵，但总的来说，埃及的政治状况比较稳定。

埃及因其古老而独特的文明，同中国、古巴比伦和古印度一道被称为"四大文明古国"。古埃及人的活动范围南起尼罗河第一瀑布，沿河由南向北到尼罗河三角洲地中海入海口，全长1200多km。在自然地理上，尼罗河天然地把埃及划分为两部分，古都孟菲斯以南是狭长的河谷地区，称"上埃及"；孟菲斯以北则为地势平坦、开阔的三角洲，称"下埃及"。公元前3500年左右，埃及出现最初的国家spt（斯帕特），希腊人称为nomos（诺姆），汉译为"州"，都指的是小国寡民的城邦。最多时，古埃及有40个城邦，它们彼此独立，并经常发生战争。上、下埃及诸王国的统治者也都野心勃勃，企图吞并对方。后来，上埃及的美尼斯（Menes）征服了三角洲地区，统一了埃及，由此建立起古埃及第一王朝（公元前3100—前2770年）。统一使尼罗河成为加强埃及南北交流的纽带，也有利于更大规模地利用尼罗河、发展灌溉农业，促进埃及经济、文化的发展。无论是古埃及的宗教、文化、艺术、建筑、医学和生物学等方面，都对当今世界产生了深远的影响。

四、幼发拉底河

（一）幼发拉底河的地理位置和特点

幼发拉底河位于亚洲西部，是中东地区最长的河流之一。它发源于土耳其境内的阿尔萨斯山脉，全长约1800km，流经土耳其、叙利亚和伊拉克三国，最终在伊拉克流入波斯湾。幼发拉底河流域的范围涉及这三个国家的广大地区，其流域总面积约为78万km^2，其中土耳其约占20%、叙利亚约占10%、伊拉克约占70%。

幼发拉底河的河道特点和水文情况受到流域内气候、地貌等多种因素的影响。该河流域大部分地区属于半干旱气候，河水来自雨水和融雪，流量受季节和年际降水变化的影响较大。

幼发拉底河流域地势复杂，地形起伏较大，其中河道在流经土耳其和叙利亚地区时经历了峡谷、峡谷平原、盆地等不同地形。在伊拉克地区，幼发拉底河流域属于大型平原区域，河道缓慢流淌，经常发生洪水。由于该地区水资源短缺，幼发拉底河的流量一直是该地区经济和社会发展的关键因素之一。

（二）幼发拉底河流域的气候和地貌特征

幼发拉底河流域的气候和地貌特征对于该地区的文明和发展产生了重要影响。气候方面，幼发拉底河流域属于典型的亚热带干旱气候区，气候干燥，降水稀少，夏季温度高，冬季温度低。这种气候条件对于该地区的农业和居住环境都带来了一定的限制和挑战。地貌方面,幼发拉底河流域包括了伊拉克、叙利亚、土耳其和伊朗等国家,地形复杂多样,包括山地、高原、沙漠和平原等。其中以两河流域地区最为重要,这个区域受到了幼发拉底河和底格里斯河的灌溉,形成了肥沃的农业土地和人口集聚地。同时,这里也是世界上最早的城市文明之一所在地。

总体来说,幼发拉底河流域的气候和地貌特征虽给当地的人们带来了一些不便,但同时也激发了人们的创造力和适应性,促进了该地区的发展和繁荣。

(三)幼发拉底河流域的环境与资源

幼发拉底河流域的植被和动物资源主要受气候和地形的影响。由于气候干燥,多为荒漠和半荒漠地区,植被相对稀少,以草原为主。河流两岸生长着柳树、枣树等树木,还有一些沙漠植物。动物资源主要有骆驼、马、羊、狗等。此外,该地区还有一些珍稀动物,如狮子、猞猁、豹子等。

幼发拉底河流域的矿产和能源资源丰富,尤其以石油和天然气最为突出。据统计,幼发拉底河流域的石油储量占全球总储量的 1/5 以上,而天然气储量更是占全球总储量的 1/3 以上。此外,该地区还有铜、铝、锌、铁、钴、锰、硫、钾等矿产资源,以及太阳能、风能等可再生能源资源。

幼发拉底河流域的农业和渔业资源相对匮乏。由于气候干燥,大多数地区都不能进行有效的农业生产。但在河流两岸和一些绿洲地带,人们通过灌溉种植了一些农作物,如小麦、大麦、棉花、瓜果等。渔业资源也比较稀少,只有少量的淡水鱼类。

(四)幼发拉底河在历史中的地位和意义

幼发拉底河文明是人类历史上最古老的文明之一,其发展历程可以追溯到公元前4000年左右。在幼发拉底河流域,先后出现了苏美尔、阿卡德、巴比伦、亚述、新巴比伦等一系列强大的古代王国和帝国。这些王国和帝国在政治、军事、经济、文化等方面都取得了辉煌的成就,为人类文明史上的发展做出了杰出的贡献。

幼发拉底河流域地处亚洲中部,是古代中东地区的重要地理位置,因其丰富的资源和便利的交通条件,一直是各个文明和帝国的争夺对象。

在古代,幼发拉底河流域地区的居民主要是苏美尔人、阿卡德人、巴比伦人、亚述人等一系列民族,这些民族的兴衰和交替也构成了幼发拉底河文明的历史进程。

在地缘政治方面,幼发拉底河流域地区的重要性在于其地理位置,这里连接了亚洲的中部和西部,是东西方交通的必经之地,因此一直是各个政治势力争夺的焦点。

苏美尔、阿卡德、巴比伦、亚述等各个政治实体都在这里建立了自己的王朝和帝国,并且进行了不断的扩张和征战。其中,巴比伦王国最为强大,曾统一了整个中东地区,成为世界上第一个中央集权国家,巴比伦城也成了中东地区的政治、经济和文化中心。

在经济方面,幼发拉底河流域的肥沃土壤和良好的水利条件为农业、渔业和贸易提供了良好的发展条件。古代巴比伦王国就以农业和贸易为主要经济支柱,成为了当时中东地区的经济中心。

同时,幼发拉底河流域地区也富含各种矿产资源,如金、银、铜、锡、铅、锌等金属矿产和石油、天然气等能源资源,这些资源的开发也对当地的经济发展产生了积极的作用。

幼发拉底河流域地区在古代中东地区的地缘政治和经济地位十分重要，其资源丰富、交通便利等特点为各个政治实体的兴起和文明的繁荣提供了重要条件。

（五）幼发拉底河文明的孕育、发展与衰落

幼发拉底河文明是人类历史上重要的文明之一，对人类文化和文明的贡献具有深远的影响。

首先，幼发拉底河文明的出现，标志着人类从狩猎采集阶段进入了农业文明阶段。人类开始在幼发拉底河流域种植小麦、大麦、豆类、葡萄等农作物，同时饲养羊、牛等家畜，从而逐渐形成了定居的农业社会。这种农业文明的兴起，为人类的社会发展奠定了基础，使得人类不再依赖于采集和狩猎，进一步加强了社会的分工和交流。

其次，幼发拉底河文明是世界上最早的城市文明之一。在幼发拉底河流域出现了许多著名的古代城市，如乌鲁克、埃里都、巴比伦等。这些城市都建有城墙和宫殿，拥有完善的市政设施和商业交流网络。城市文明的兴起，促进了经济、政治和文化的发展，同时也为人类社会的进步提供了更多的可能。

此外，幼发拉底河文明在宗教、艺术和科学技术等方面也取得了重大的成就。在宗教方面，幼发拉底河流域是古代美索不达米亚神话和宗教信仰的重要发源地。

在艺术方面，幼发拉底河流域出现了许多著名的艺术作品，如吉尔伯特王像、瓦尔特夫人像等。在科学技术方面，幼发拉底河文明的人民创造了许多具有划时代意义的技术和发明，如发明了用来测量时间的日晷、发明了用来记录交易和事件的文字，等等。

在历史的发展过程中，幼发拉底河流域先后经历了许多政治、经济和文化的变迁。最初的苏美尔文明在公元前2000年左右衰落，阿卡德帝国在公元前24世纪末期崛起，并在公元前22世纪末期灭亡。

巴比伦帝国在公元前18世纪崛起，成为幼发拉底河流域的强国，但在公元前16世纪被哈姆穆拉比王国所征服。亚述帝国和新巴比伦帝国也在随后的历史中相继兴起和崩溃。这些政治变革对幼发拉底河文明的发展产生了深远的影响，也标志着幼发拉底河文明的历史走向。

在发展趋势方面，幼发拉底河文明在古代中东地区的地位不断上升。它成为了一个重要的商业和文化中心，通过幼发拉底河和波斯湾等交通枢纽，向周边地区输出了大量的物资和文化产品。另外，幼发拉底河文明也创造了许多重要的科技和文化成就，如发明了楔形文字、建造了宏伟的神庙和金字塔、发展了农业和手工业等。

尽管幼发拉底河文明在古代中东地区的地位逐渐衰落，但它对人类文明的发展产生了深远的影响。许多文化和文明元素，如法律、宗教、艺术、建筑等，都得到了幼发拉底河文明的传承和发展。因此，幼发拉底河文明被视为人类文明史上不可或缺的重要组成部分。

【思政案例】

大禹精神的内涵

大禹精神经久不衰与其蕴含的丰富文化内涵密切相关，主要体现为以下五方面。

1. 舍己为民、公而忘私的奉献精神

远古时期，洪水泛滥，百姓深受水灾影响，为了治理水患，部落联盟首领尧要求大禹之父鲧治水。鲧治水九年，洪水丝毫未退，于是被处死。大禹在危难之际，不顾父亡的仇恨，毅然接过父亲的衣钵，担当起了治水安民的重任。在治水期间，大禹娶涂山氏为妻，结婚仅四日便离家带领民众治水，据《史记·夏本纪》记载：大禹"劳身焦思，居外十三年，过家门不敢入。"居外期间大禹的儿子启出生了，难能可贵的是大禹路过家门为了治水都没有时间去看望妻儿，这种"舍小家为大家""三过家门而不入"的高尚品质深受民众的拥戴，充分体现了大禹公而忘私的奉献精神。

2. 自强不息、艰苦奋斗的创业精神

大禹为了根治水患，身先士卒，率先垂范，奋战在治洪一线。"陆行乘车，水行乘舟，泥行乘橇，山行乘梮""劳身焦思，手足胼胝，面目黧黑""菲饮食、恶衣服、卑宫室"。大禹为了治水，不畏洪水肆虐以及身心疲惫带来的艰难困苦，百折不挠，为了民众的利益以身作则，坚忍不拔，是艰苦创业精神的典范。

3. 因势利导、顺应自然的科学精神

面对洪水泛滥，鲧采取的是筑堤堵截的方法，治水多年依然没有解决水患。大禹在总结鲧治水失败的教训基础上，实地调查研究，"左准绳，右规矩"，根据水流的自然规律，顺应水势，创造性地提出了"疏川导滞"的排洪策略，采用疏导方法引流入海。《孟子·离娄》记载"禹之行水也，行其所无事也。"大禹治水并不是通过设置障碍"征服自然"，而是因势利导"顺应自然"，与自然和谐相处，体现了与自然和谐相处的科学精神。

4. 民族团结、九州一家的和谐精神

大禹作为古代羌族部落首领，在带领人民治理水患的艰苦历程中，以民众的根本利益为出发点，推动了民族团结的进程，他认为"民可近不可下，民惟邦本，本固邦宁。"他治水的足迹遍及中华各地，促进了各民族间的交流融合。尊重不同民族的风俗习惯和生活方式，在不同民族间传播先进的生产技术，提高生产力，改善民众的生活面貌，使各民族之间相互影响、渗透、融合，增进了华夏各族民众间的信任和团结，促成了夏朝的建立，奠定了中华民族持续发展的基础。

5. 严肃法纪、秉公执法的法治精神

大禹通过科学的方法治水成功，并在治水中表现出了高尚的道德品质，深受民众爱戴和拥护，于是舜将部落联盟首领之位禅让于禹，奉其为禹王统领各部落。大禹治理政事不倚仗权势，而是法治和德治兼顾，十分重视法治的地位，因此大禹"为纲纪作禹刑"。大禹认为美酒虽好，但是浪费粮食，"后世必有以酒亡其国者"，于是颁布了中国历史上最早的禁酒令成文法《酒诰》，要求酒只有在祭祀才可以喝，饮酒时要注意道德约束不能喝醉，减少酗酒，爱护粮食，对于违反禁令人的将处以极刑。

【课后拓展】

查阅相关资料，探讨其他著名河流与人类文明发展的关系。

第二节　我国主要水系与流域

2-2 我国主要水系与流域

中国是世界上河流最多的国家之一，有许多源远流长的大江大河。其中流域面积超过 1000km² 的河流有 1500 余条，流域面积超过 100km² 的河流达 5

万余条。如果把中国的天然河流连接起来，总长度可达 43 万 km，可绕地球赤道 10.5 圈。其中流域面积在 $100km^2$ 以上的河流有 5 万多条；流域面积在 $1000km^2$ 以上的河流 1580 条，流域面积大于 1 万 km^2 的河流有 79 条。河流年径流量达 27000 亿 m^3，仅次于巴西、俄罗斯，居世界第三位。由于主要河流多发源于青藏高原，从河源到河口，落差很大，因此，中国的水力资源非常丰富，水力资源蕴藏量达 6.8 亿 kW，居世界第一位。

一、长江水系

长江是中国第一大河，在世界上居第三位，仅次于亚马逊河及尼罗河，干流全长 6380km。它发源于青藏高原海拔 6621m 的格拉丹东雪山西南侧的冰川，干流横穿青海、西藏、云南、四川、重庆、湖北、湖南、江西、安徽、江苏、上海等 11 个省（自治区、直辖市），注入东海。先后汇集 700 多条大小支流，流域面积 180.7 万 km^2，其中支流流域面积 1 万 km^2 以上的支流有 49 条，主要有嘉陵江、汉水、岷江、湘江、乌江、赣江等，流域内有丰富的自然资源。长江水道本身又是一条有重要航运价值的交通线，长江支干流通航里程总计达 8 万余 km，素有"黄金水运"之称。

（一）长江水利发展历程

长江是中华民族的母亲河，也是中华民族发展的重要支撑。长江流域水资源丰沛，"优"于水的同时也"忧"于水。自古以来，长江水患就是中华民族的心腹之患，长江两岸人民与洪水的斗争持续了数千年。新中国成立后，党中央把除害兴利、治水安邦放在十分重要的地位，领导人民治江事业取得了举世瞩目的辉煌成就。

1. 起步阶段（1949—1957 年）

新中国成立初，长江流域相继遭受了 1949 年大水，1952 年、1953 年连续干旱，以及 1954 年特大洪水。长江流域各省大力恢复整修和加高加固全江堤防，使长江中下游干支流河道堤防高程达到当地 1949 年或 1931 年实测最高洪水位超高 1m 的标准；恢复整修和重点兴办小型排灌工程，仅四川、湖北、湖南三省修建塘堰等小型水利设施 300 多万处。同时，开始兴建大型水利枢纽。以灌溉为主要任务的有 1954 年兴建的湖北钟祥石门水库，1956 年兴建的湖北随州黑屋湾水库；以发电为主要任务的有 1954 年兴建的四川龙溪河梯级的狮子滩水电站，1955 年兴建的江西上犹江水电站。

1950 年成立长江水利委员会，设立各省（自治区、直辖市）水利水电厅（局）。长江水利委员会成立后，随即组建水文、勘测、设计、科研机构，开展基本资料的收集，进行治江方案的研究，并提出以防洪为主的治江战略计划。1950 年兴建大通湖蓄洪垦殖区，1952 年兴建荆江分洪工程，1956 年兴建汉江杜家台分洪工程，对干支流堤防也进行了部分加固。1953 年长江水利委员会成立长江汉江流域轮廓规划委员会，进行长江中游防洪排渍规划、汉江流域规划；同时进行三峡工程和南水北调工程的研究。1955 年，开始编制长江流域规划。20 世纪 50 年代初即开始了长江河道整治工作。

2. 曲折发展阶段（1958—1976 年）

1958 年中央政治局会议通过了《中共中央关于三峡水利枢纽和长江流域规划的意见》，确定了长江流域规划的指导方针和工作原则。1959 年编制提出的《长江流域综合利用规划要点报告》，确定以长江中下游防洪为首要任务，提出以三峡水利枢纽工程为主体的五大开发计划，合理安排了江河治理和水资源综合利用、水土资源保持内容，注意协调了干支流和其他方面的关系，指导了一个时期长江水利建设，构想三峡工程、南水北调等远景规划，谋划长江治理宏伟蓝图。这一阶段长江流域开工兴建了大量的水利水电工程，包括大、中、小型水库 4 万余座。其中大型水库 106 座。这些大型水利枢纽大都具有防洪、灌溉、发电等综合利用效益。还大规模兴建了防洪排涝工程、灌溉工程，进行了长江中下游护岸崩岸治理，实施了下荆江裁弯，提高了航运效益。丹江口水利枢纽（图 2-3）是汉江流域规划和南水北调中线方案的关键性工程，于 1958 年动工兴建，1973 年建成；葛洲坝水利枢纽（图 2-4）1970 年开工兴建，1988 年竣工。

图 2-3　丹江口水利枢纽

图 2-4　葛洲坝水利枢纽

3. 改革与提升阶段（1977—2011 年）

这一阶段初期，长江水利建设的重点从以大规模兴建工程为主，转向以巩固提高已有工程的效益为主。1980 年长江中下游防洪座谈会后，加强了荆江大堤、南线大堤、武汉市堤、无为大堤、黄广大堤、同马大堤，及洞庭湖、鄱阳湖重点堤垸等重要堤防建设，建成了五强溪、隔河岩、凤滩、乌江渡等水利水电工程，开展了长江中下游干流河道治理，成功抗御 1998 年长江流域特大洪水。1998 年大洪水后，遵照党中央、国务院"封山植树、退耕还林；平垸行洪、退田还湖；以工代赈、移民建镇；加固干堤、疏浚河湖"的战略部署，完成了长江中下游干流堤防及汉江遥堤、赣抚大堤的全线达标建设，开展了长江中下游干流河道整治、城陵矶附近分洪 100 亿 m^3 蓄滞洪区、洞庭湖和鄱阳湖治理、重要支流堤防、平垸行洪退田还湖等建设，并实施了病险水库除险加固、中小河流治理、山洪灾害防治等，防洪能力显著提高。

1994 年长江防洪的关键工程——三峡工程开工建设，2008 年进入试验性蓄水期，具备按正常蓄水位 175m 运用条件，极大地改善了长江中下游防洪形势，同时发挥了发电、航运、供水等综合效益。2002 年南水北调工程开工建设，2013 年东线一期工程通水，2014 年中线一期工程通水。一批关乎民生、对经济社会发展有重大影响的骨干工程加快建设，葛洲坝、二滩、瀑布沟、紫坪铺、构皮滩、水布垭、江垭、皂市等水利枢纽建成投产，开展了长江中下游航道建设和长江口深水航道治理。

同时，针对流域经济快速发展和人口不断增加产生的水污染、生态退化、水土流失等突出问题，我国的生态环境保护力度逐步加强，实施了三峡库区及其上游水污染防治规划、长江中下游水污染防治规划、天然林资源保护、长江防护林体系建设和退耕还林还草、退田还湖还湿、水土保持连片重点治理等措施，初步建立了基于水功能区管理的水资源保护和水污染防治体系，建立了长江上游珍稀特有鱼类、东洞庭湖、鄱阳湖、崇明东滩等多个国家级自然保护区。

4. **高质量发展与保护阶段（2012年后）**

党的十八大以来，习近平总书记提出了"节水优先、空间均衡、系统治理、两手发力"治水思路，作出了推进长江经济带发展的战略部署，强调长江共抓大保护、不搞大开发；生态优先、绿色发展。

《长江流域综合规划（2012—2030年）》获国务院批复，《长江经济带发展水利专项规划》《长江经济带沿江取水口排污口及应急水源布局规划》《长江经济带生态环境保护规划》《长江岸线保护和开发利用总体规划》等规划先后出台，开展了重要支流（湖泊）综合规划。

溪洛渡、向家坝、锦屏一级、亭子口等骨干水利水电工程投入运行，组织开展了长江中下游干流河道治理、洞庭湖鄱阳湖综合治理、蓄滞洪区建设，以及中小河流治理、山洪灾害防治、重点易涝区治理、小型病险水库加固等防洪薄弱环节建设，加快防汛抗旱指挥系统建设，完善水文监测站网体系。

引汉济渭、滇中引水、引江济淮、鄂北水资源配置及四川李家岩、贵州夹岩等一大批节水供水重大水利工程开工建设，加强了西南五省骨干水源工程建设，开展了大中型灌区续建配套与节水改造；完成了长江口深水航道治理三期工程，12.5m深水航道上延至南京。

水资源与水生态保护不断加强，开展了取水口排污口专项核查、最小下泄流量监管、丹江口水库水流产权确权试点工作；全面建立河（湖）长制，开展了河湖清"四乱"、长江干流岸线利用项目清理整顿、非法采砂专项整治等系列专项行动；在继续实施三峡库区、丹江口水库等重点区域水污染防治规划和天然林保护、长防林建设、水土流失重点治理等基础上，加强了主要城镇集中供水水源地的保护与建设、重要城市入河排污口优化布局与整治，强化了自然保护区等环境敏感区的建设与管理，实施了禁渔制度、过鱼设施建设、鱼类增殖放流等措施，开展了河湖健康评估试点、重要河湖生态水量调查评估、重要水源地安全保障达标评估、长江流域水生态及重点水域富营养化状况调查与评价、三峡水库生态调度试验、丹江口库区水土流失与面源污染生态阻控示范等。控制性水利水电工程综合调度及相关研究不断加强，长江上中游水库群联合调度已增至107座水库。

（二）新中国长江治理的主要成就

1. **防洪减灾体系全面建成**

长江流域已构建世界领先的防洪工程体系。长江上游形成以干支流水库群（如三峡、溪洛渡、向家坝）、河道整治、堤防护岸为主的防洪体系。长江中下游建成以堤防为基础（总长6.4万km）、三峡工程为核心（防洪库容221.5亿m^3），结合蓄滞洪区、退田还湖（累计恢复水域面积3500km^2）的综合防洪工程系统。建成了三峡水库、丹江口水库等一大批流域控制性水利工程，长江流域建成的各类水利工程数量，远超此前的总和。全流域已建成水库5.2万座，总库容约4140亿m^3，其中，大型水库300余座，总防洪库容超800亿m^3。长江流域建成覆盖全流域的智能水文气象监测预警系统，为防洪减灾提供了良好的技术支撑。与新中国成立时相比，长江流域年均受灾面积和受灾人口分别减少72%和33%。

2. 水资源综合利用成效显著

形成以大中型骨干水库、引水、提水、调水工程为主体的水资源配置体系，供水安全保障程度全面提高。2023年，全流域供用水量突破2000亿 m^3，流域水电装机容量达2.5亿 kW。南水北调中线东线一期工程建成并向北方供水，南水北调中线一期工程目前已累计供水超500亿 m^3，惠及京津冀豫1.2亿人口。长江航运快速发展，航运条件得到显著改善，截至2023年，长江水系内河航道通航里程约9.65万 km，长江干线货物运输量达35亿 t。

3. 水生态保护实现历史性突破

建立了以水功能区管理为基础的水资源保护管理体系，基本建成了流域水环境监测网络，加强了水污染综合治理。2023年干支流水质符合或优于Ⅲ类水河长占98.6%，水质总体上保持良好状态。水生态环境治理修复工作成效显著，连续12年开展三峡水库生态调度试验，2023年宜都江段产卵量超过80亿粒。2022年水土流失面积较20世纪80年代减少45.8%（28.5万 km^2），森林覆盖率达41.7%。

4. 流域管理能力现代化跨越发展

流域法治建设不断推进，《中华人民共和国长江保护法》全面实施，流域管理与区域管理相结合的水资源管理体制逐步完善，水资源统一管理和调度水平不断提升，2023年纳入联合调度的水利工程数量增至111座。建成"水利一张图"数字平台，实现全流域智能化管理。水利规划体系不断完善，水行政审批制度改革不断深入，水行政执法监督逐步强化，涉水事务管理能力明显加强。

二、黄河水系

黄河是中国第二大河，干流全长5464km，黄河发源于青海巴颜喀拉山北麓的各姿各雅山，流经青海、四川、甘肃、宁夏、内蒙古、陕西、山西、河南及山东9个省份，成"几"字形，向东注入渤海。上游为河源至内蒙古托克托县河口镇，中游为河口镇至河南孟津，孟津以下为下游。沿途汇集了30多条主要支流和无数溪川，主要支流有湟水、白河、黑河、洮河、清水河、大黑河、窟野河、汾河、无定河、泾河、渭河、洛河、沁河、金堤河、大汶河等，流域面积达75万多 km^2。中游段流经黄土高原地区，许多支流夹带着大量泥沙汇入，使黄河成为世界上含沙量最高的河流。

（一）黄河水利发展历程

1. "根治水害、开发利用"阶段

新中国成立后，党中央高度重视治黄事业，1952年毛泽东主席在郑州视察黄河时发出"要把黄河的事情办好"的伟大号召，黄河治理从此被列入治国理政的重要日程。黄河水少沙多，水沙不平衡，治黄的关键在治沙，这一时期，我国把治黄重点放在了治理黄河泥沙问题上，通过水利工程建设起到拦截泥沙、控制洪水、发电灌溉的综合效果。1955年，一届全国人大二次会议通过了根治黄河水害、开发黄河水利的综合规划，部署开展黄河水土保持和黄河水利工程建设。从1957年开始，我国在黄河干流上开始新建大型水利枢纽和水电站，陆续开工建设了三门峡、青铜峡、刘家峡、盐锅峡、三盛公、八盘峡水利枢纽，20世纪70年代又新建了天桥、龙羊峡水利枢纽，与此同时，一批干支流水库、分滞洪区、引黄涵闸等水利工程也相继投入使用，人民胜利渠、盐环定、景泰川等引黄灌溉

工程的修建，极大地开发利用了黄河的水利资源，在防洪、发电、灌溉等方面发挥了重要作用。这一时期黄河的治理和开发取得了显著成效，防洪能力和泥沙综合处理能力明显提升，在协调水沙关系的实践上实现了突破，为之后治黄事业的开展奠定了宝贵基础。

2. "科学调度、节约用水"阶段

黄河流域水资源相对匮乏，多年平均河川径流量仅为长江的5%，流域人均水资源占有量不足全国平均水平的三成，属于极度缺水地区。20世纪70—90年代，受全球气候变化的影响，黄河流域气温升高、降水量减少、蒸发量加大，生态流量严重不足。面对黄河水资源紧缺和污染日益加重等问题，党中央开始在治理和开发之外，更加注重对黄河的保护工作，提出了"维持黄河健康生命"的治黄新理念。这一时期，黄土高原的水土流失治理出现了"千家万户治理千沟万壑"的局面，水土流失治理的重点转向生态建设。在水利工程建设方面，小浪底水利枢纽工程既可以较好地控制黄河洪水，又可利用其淤沙库容拦截泥沙、减缓黄河下游河道淤积，还可以通过调节径流、为下游工农业用水增加可利用水源。在堤防建设方面，21世纪初，黄河中下游地区开始投入建设标准化堤防，以期建成集防洪保障线、抢险交通线和生态景观线于一体的标准化堤防体系。在政策保障方面，针对黄河水资源浪费与污染问题，通过发展集约型农业，加强农村、城市、工业基地等用水节约宣传，出台系列规章制度等举措，实现了卓有成效的水资源节约与保护。这一时期，追求人与自然的可持续发展成为社会广泛共识和行动自觉。

1987年，国务院批准《黄河可供水量分配方案》，方案以1980年沿黄相关省市实际用水量为基础，综合考虑灌溉规模、工业和城市用水增长等因素，对黄河水权进行高度集中的行政性分配。1998年，《黄河水量调度管理办法》印发实施，黄河水量开始实行统一调度、总量控制、以供定需，结束无序用水的历史。2006年，《黄河水量调度条例》由国务院颁布实施，使黄河用水进一步制度化、规范化。通过精心调度、严格管理，1999年至今，黄河干流连续22年无断流，河道萎缩态势初步遏制，为国内外解决大江大河断流问题提供了重要经验。

3. "生态优先、系统治理"的绿色高质量发展新阶段

党的十八大以来，以习近平同志为核心的党中央把生态文明建设纳入中国特色社会主义事业总体布局，明确了"节水优先、空间均衡、系统治理、两手发力"的治水思路，黄河流域生态保护与高质量发展全面驶入"快车道"。黄河保护治理的一系列政策、机制、制度得以确立，生态环境保护和水资源管理制度逐步建立健全；"河长制"全面推行，并逐步由虚向实，为流域管理与区域管理协同发展提供了更有力的抓手；黄河河道整治和滩区安全建设基本形成了"上拦下排、两岸分滞"的下游防洪工程体系，初步形成了"拦、调、排、放、挖"的综合处理泥沙体系，彻底扭转了历史上黄河下游频繁决口的险恶局面。进入新时代以来的治黄实践充分展现出中国共产党坚定不移走生态优先、绿色发展的现代化道路，为黄河流域高质量发展注入了新的经济增长点，极大地提高了流域内群众的生活水平。

（二）新中国黄河治理的主要成效

1. 共抓大保护取得新成效

通过完善生态保护立法，建立生态补偿机制，打造沿黄生态廊道，构建以国家公园为

主体的自然保护地体系，推进山水林田湖草沙系统保护修复，共抓大保护取得了明显成效。

一是国家公园建设成效显著。三江源国家公园植被生态质量整体改善，固碳释氧量增加，扎陵湖和鄂陵湖水体面积增大；祁连山国家公园荒漠化土地面积进一步减少；若尔盖国家公园和黄河口国家公园的申报创建工作正积极稳步推进。

二是黄河生态廊道建设有序推开。截至2021年4月已建成沿黄河生态廊道400km，占总任务的56.34%，2023年宣布基本实现全线贯通，绿化面积超10万亩；山东省以黄河滩区、东平湖、南四湖、黄河三角洲等区域及黄河沿线为重点，大力实施生态保护修复、生态补水、生态廊道建设等工程，黄河下游河畅堤固、岸绿景美的景象更为普遍。

三是流域横向生态补偿机制逐步建立。财政部、生态环境部、水利部和国家林草局联合印发《支持引导黄河全流域建立横向生态补偿机制试点实施方案》，明确了试点范围期限、主要措施和组织保障。

四是黄河立法积极推进。2023年4月1日，《中华人民共和国黄河保护法》正式施行，黄河禁渔期制度实施顺利，黄河渔业资源出现好转迹象。

2. 协同大治理取得新突破

一是统筹水中和岸上，一体推进水沙关系调节和水土保持治理，水土流失明显好转，黄河泥沙量大幅减少。陕西省加快淤地坝建设，有效调节水沙关系，年入黄泥沙量减至2.7亿t左右，治理水土流失面积2160km^2；甘肃省完成防沙治沙综合治理588万亩，470余处风沙口得到巩固治理；宁夏回族自治区全区水土流失实现了总体逆转，治理率达到58%；《山西省黄河流域淤地坝和坡耕地水土流失综合治理"十四五"实施方案》得到进一步推进，在黄河多沙粗沙区28个县的新建淤地坝工作稳步开展，在34个县实施的坡耕地水土流失综合治理项目也在持续发力。二是加强干支流污染治理，黄河水质明显好转。

3. 水资源节约集约利用取得新提升

沿黄省（自治区）坚持"以水定城、以水定地、以水定人、以水定产"，强化农业节水，推进非常规水利用，水资源节约集约利用取得新提升。

一是推动农业节水增效。2024年，山西省农业厅、水利厅联合印发《全省推进农业节水增效行动方案（2024—2027年）》，方案明确提出到2025年，全省总灌溉面积要达到2356万亩，农业用水总量控制在43亿m^{3}之内，农田灌溉有效利用系数提升到0.58；宁夏回族自治区在农业节水方面成果斐然，2024年，全区农业取水量56.86m^3，相较十年前减少了6.27亿m^3，同时，农业灌溉面积达到1079万亩，较十年前增加260.89万亩。

二是强化工业节水减排。甘肃省全力推动工业企业开展节水技术改造，2024年，又有一批企业通过技术升级，实现了用水效率的大幅提升，持续强化高耗水产业市场准入管理，严格控制高耗水行业用水增量，规模以上工业用水重复利用率稳固保持在90%以上；宁夏回族自治区持续深化工业节水行动，2024年，全区工业水重复利用率达到97.3%，处于全国领先水平；内蒙古自治区自2018年起，持续加大对工业违规用水问题的整治力度，通过一系列举措，工业生产用地下水持续减少，为黄河流域地下水生态保护作出了积极贡献。

三是促进城镇节水降损。宁夏回族自治区持续推进节水型城市建设，全方位加强公共领域节水工作，截至2024年年底，节水型机关占比进一步提升，公共机构的节水示范引领作用更加突出；甘肃省开展县域节水型社会达标建设，至 2023 年年底，52 个县被水利部命名为县域节水型社会达标县，6 个城市达到国家节水型城市标准，9 个城市达到省级节水型城市标准，累计创建各类节水示范载体 5218 个，基本覆盖了灌区、工业企业、行政机关、事业单位、中小学校、医院、宾馆、居民小区等各类用水户。

4. 绿色高质量发展迈上新台阶

沿黄省（自治区）统筹传统产业转型升级和新兴产业培育，积极探索以点带面的区域高质量发展方式。

一是保障国家粮食安全、能源安全，推动产业提质增效。2023 年，沿黄九省（自治区）粮食总产量达 2.43 亿 t，占全国的 35.3%，较 2021 年增长 2.1%，连续 5 年占比提升。

二是壮大绿色经济、数字经济、文化旅游等新动能。围绕绿色经济，落实国家"双碳"目标，积极发展清洁能源。

三是强化中心城市带动作用，提升增长极支撑功能。强化兰西、黄河几字湾及西安、郑州、山东半岛等中心城市和城市群的辐射能力，宁夏黄河流域生态保护和高质量发展先行区、济南新旧动能转换起步区建设开局良好，积极探索以点带面、协调联动的区域高质量发展方式。

四是发挥流域经济纵深优势，推动内外开放合作。深化黄河流域同"一带一路"的有机融合，积极推动晋陕豫黄河金三角、晋陕蒙等区域合作。

三、云贵川的水利事业

新中国成立以来，西南地区水利事业得到了很大发展。截至 2023 年，共修建水利工程 245 万余处，年总供水量达 1150 亿 m^3（占可利用水资源量的 31%），占全国总供水量的 18%。建成大中小型水库 3.8 万座，总库容 1250 亿 m^3，占全国水库总库容的 15%。兴建了一批大中型灌区，全区有效灌溉面积达 1.2 亿亩，灌溉用水量达 480 亿 m^3。累计解决了 1.2 亿农村人口的饮水困难。修建堤防 3.2 万 km，保护人口 3500 万人、耕地面积 5800 万亩，防洪减灾能力显著提高。全区已建和在建的大中小型水电站 1.8 万座，总装机容量 1.5 亿 kW，其中水利系统装机容量达 2000 万 kW，年发电量 5200 亿 kWh。水利基础设施建设为工农业生产的发展和城乡人民生活水平的提高提供了基本保障。

（一）云南水利事业发展状况

云南境内河流众多，径流面积 100 km^2 以上的河流有 1002 条，分属长江、珠江、红河、澜沧江、怒江和伊洛瓦底江六大水系。全省水资源总量 2141 亿 m^3，居全国第三位，人均水资源量 4535 m^3。全省水面面积大于 1 km^2 的湖泊有 30 个，滇池、洱海、抚仙湖、星云湖、程海、泸沽湖、异龙湖、杞麓湖、阳宗海等是云南著名的"九大高原湖泊"。"降水多、存水难，水系多、用水难，洪水多、保安难，湖泊多、治水难"是云南的基本水情。水资源时空分布极不均匀，局部地区生态环境问题突出，全省水土流失面积占国土面积的 25.2%，九大高原湖泊、六大水系保护治理任务艰巨。

新中国成立以来，云南省水利发展成效显著，滇中引水工程全面开工，百年梦想扬帆起航；脱贫攻坚饮水安全任务全面完成，农村水利基础设施进一步夯实；重点骨干水源工程建设全面推进，供给侧结构不断优化；中小河流治理建设提速，水旱灾害防御能力不断提升；水资源节约约束性指标超额完成，节水型社会建设全面推进；洱海等高原湖泊保护治理成效明显，水生态文明建设扎实推进；农田水利改革试点经验全国推广，水利重点领域改革不断深化。

截至 2023 年年底，阿岗水库、柴石滩水库灌区等 9 件列入国家 172 项重大节水供水工程全部建成投运，牛栏江——滇池补水工程建成投产，红石岩堰塞湖整治工程下闸蓄水。全省灌溉面积达到 2280 千 hm^2，其中耕地灌溉面积 2150 千 hm^2；全省供水水库达到 7210 座，总库容 158 亿 m^3，全省供水能力 238 亿 m^3，全省累计已建成堤防 13850km、达标堤防 9200km，堤防保护人口 1480 万人、保护耕地面积 720 千 hm^2。水利防灾减灾能力和水环境治理能力有了极大提升，各族群众生产生活用水条件显著改善。

（二）贵州水利事业发展状况

贵州地处云贵高原东斜坡过渡地带，属亚热带季风性湿润气候，雨水充沛，多年平均年降雨量 1179mm，人均占有水资源量 2800m^3，高于全国平均水平，是丰水省份。但贵州境内岩溶发达，地形切割较深，山地和丘陵占 92.5%，山高坡陡，有水难留，加上水利基础设施薄弱，水资源利用率低，又是典型的工程性缺水省份。

贵州先后实施水利建设"三大会战"、小康水行动计划、水利建设"三年行动计划"等一系列水利行动，水利投入突破 3000 亿元，累计开工建设骨干水源工程 498 座。全省共建成各类水利工程 8.7 万处，水库 2000 余座，其中大中型水库 60 座，总库容（含发电水库）65 亿 m^3。灌溉渠道 10 万 km。20 世纪 70 年代后，坝工技术有了突出发展，主要表现于拱坝建设。全省建成或基本建成各种型式拱坝近 300 座，最大坝高 168m。绝大部分为砌石拱坝。在岩溶地区筑坝建库，通过长期实践，总结出"避、堵、截、灌、铺、围、导、观"的成功经验。建成"三小工程"（小山塘、小水池、小水窖）35 万处，分散解决了干旱地区的灌溉和饮水困难。2023 年向农业供水 55 亿 m^3，灌溉面积 75 万 hm^2，其中节水灌溉 25.1 万 hm^2。

贵州首个大型水利工程——黔中水利枢纽工程于 2009 年 10 月正式破土动工，2015 年 4 月下闸蓄水，2018 年 1 月 28 日，黔中水利枢纽工程（图 2-5）实现向贵阳市通水。

图 2-5　黔中水利枢纽

贵州一号水利工程——夹岩水利枢纽及黔西北供水工程2021年12月28日下闸蓄水。马岭大型水库已备具供水条件。黄家湾大型水库已开始发电运行。一大批中小型水库、引提水工程建成并发挥效益，累计新增年供水能力40亿m^3，供水保障和防洪减灾能力大幅提升，工程性缺水瓶颈初步破解。

在农村供水方面，贵州通过实施农村饮水安全巩固提升工程、脱贫攻坚农村饮水安全挂牌督战等行动，累计投入农村饮水安全保障省级以上资金113.42亿元，解决和巩固740万农村居民饮水安全问题，农村自来水普及率升至90%。

此外，贵州还全面推进农田水利基础设施建设，累计投入资金16.34亿元，先后实施10个大型灌区和72个中型灌区续建配套与节水改造工程，完成新增、恢复、改善灌溉面积149.2万亩，不仅提高了供水保障能力、改善了耕地生产条件，还满足产业发展用水需求，并保障粮食安全。

贵州在水生态保护修复方面，成效明显。这十年，贵州主动扛起上游责任担当，系统推进水生态修复治理，治理水土流失2.67万km^2，任务完成率达109%。河湖"清四乱"也成果显著，全域实现"零网箱·生态鱼"，河湖面貌明显改善，主要河流出境断面水质优良率达100%。

（三）四川水利事业发展状况

四川是我国西南内陆省份，位于长江上游，素有"天府之国"美誉。四川位于我国第一和第三阶梯过渡带，地貌东西差异显著，高低悬殊，地势整体呈西高东低之态。同时四川境内河流众多，不仅有长江干流之金沙江穿梭于川藏滇边界，境内更有长江众多支流如雅砻江、岷江、沱江、嘉陵江等。结合四川地势，众多河流从第一阶梯奔向第二阶梯形成显著的天然落差，水能资源蕴藏量极其丰富。

凭借这样的水能优势，四川如今已成我国第一水电大省，水力发电占全省超八成，占全国水电发电近四成，2021年末，四川水力发电装机容量达8947.0万kW，接近4个三峡水电站总装机容量。

1. 白鹤滩水库

白鹤滩水库（图2-6）是目前四川最大的水库，水库总库容为206亿m^3，是金沙江干流上的大（1）型水库。该水库坝址位于四川省凉山州宁南县和云南省昭通市巧家县交界处的金沙江干热河谷上，其所在的水利枢纽工程以发电为主，是金沙江下游梯级水电开发的第二极，总装机容量达到1600万kW。2022年年底，白鹤滩水电站16台发电机组全部投入使用，正式成为仅次三峡水电站的我国第二大水电站，更是超越南美洲的伊泰普水电站成为世界第二大水电站，是"西电东送"的骨干电源点之一。

作为世界级水利枢纽工程，白鹤滩水库所在的水利枢纽工程拥有多项世界纪录：其水电站安装有全世界首台单机容量百万千瓦的水轮发电机组，是目前世界上单机容量最大的水电站；其拦河大坝采用的是双曲拱坝，顶部的弧线长度达到了709m，最大坝高达到了289m，将近一栋百层楼高度，其高度在拱坝里排名世界第三；其拦河大坝是低热水泥混凝土使用量最大的大坝，用量达800多万m^3，相当于3个三座胡夫金字塔的体量；其拦河大坝是抗震参数最高的大坝，其混凝土结构抗裂安全系数超过2.0，是300m级拱坝里抗震参数排名世界第一；其拥有世界上规模最大的地下厂房，长438m，宽34m，高

图 2-6　白鹤滩水利枢纽

88.7m，如此大容积的厂房还要是 2 个，其厂房之大装下一艘航空母舰也不足为奇；其拥有世界上规模最大的地下洞室群，总长度更是超过 200km，开挖量达 2500 万 m³；还拥有 3 条世界上规模最大的无压泄洪洞，作为泄洪"高速公路"，3 条泄洪洞同时开启可在 15 分钟把一个西湖灌满，让白鹤滩水利枢纽即使遭遇万年一遇特大洪水也能保证安全。

2. 溪洛渡水库

溪洛渡水库（图 2-7）总库容 126.7 亿 m³，是金沙江干流上的大（1）型水库。水库大坝位于四川省凉山州雷波县和云南省昭通市永善县交界的金沙江干热河谷上，溪洛渡水库所在的水利枢纽工程以发电为主，为金沙江下游梯级水电开发的第三极，位于白鹤滩水电站下游，安装有 18 台 77 万 kW 的水轮发电机组，总装机容量为 1386 万 kW，在白鹤滩水电站建成前它曾是中国第二大水电站，世界第三大水电站，目前为我国第三大、世界第四大水电站，同样也是"西电东送"的骨干电源点之一。

图 2-7　溪洛渡水利枢纽

3. 乌东德水库

乌东德水库位于云南省禄劝县和四川省会东县交界的金沙江干流上，是实施"西电东送"的国家重大工程，是金沙江下游四个梯级电站（乌东德、白鹤滩、溪洛渡、向家坝）的最上游一级，是跨入千万千瓦级行列的巨型水电站。水库总库容 76 亿 m³，是金沙江干流上的大（1）型水库。

乌东德水库（图 2-8）所在的水利枢纽工程以发电为主，为金沙江下游梯级水电开发的第一极，位于白鹤滩水电站上游，安装有 12 台 85 万 kW 的水轮发电机组，总装机容量为 1020 万 kW，目前为我国第四大、世界第七大水电站，同样也是"西电东送"的骨干电源点之一。乌东德水利枢纽拦河大坝是世界首座全坝使用低热水泥混凝土的特高拱坝，其大坝更是以 0.19 的厚高比成为世界上 300m 级特高拱坝中最薄的一座。

图 2-8 乌东德水利枢纽

4. 向家坝水库

向家坝水库（图 2-9）位于四川省宜宾市叙州区和云南昭通市水富市交界的金沙江干流上，所在的水利枢纽工程同样以发电为主，为金沙江下游梯级水电开发的最后一极，是金沙江下游梯级水电开发的第一个项目。上距溪洛渡水电站坝址 157km，下距水富城区 1.5km、宜宾市区 33km。向家坝加上 1386 万 kW 的溪洛渡水电站，其总发电量约大于三峡水电站。安装有 8 台 80 万 kW 和 3 台 45 万 kW 的水轮发电机组，总装机容量为 775 万 kW，

图 2-9 向家坝水利枢纽

单机 80 万 kW 水轮发电机组为世界最大，装机规模仅次于三峡、溪洛渡水电站。

5. 双河口水库

双河口水库，位于甘孜州雅江县境内，水库总库容 108 亿 m^3，是金沙江支流雅砻江干流上的大（1）型水库。

双河口水库的拦河大坝是世界级的土石坝，坝高达到 295m，换作楼房也是一幢百层高的高楼大厦，它是目前我国最高的土石坝，仅次于塔吉克斯坦坝高 300m 的努列克大坝，为世界第二高的土石坝。不过这个纪录也很快被在建中的双江口大坝打破，双江口大坝坝高达 312m，建成后将成为世界上最高的水坝。

6. 锦屏一级水库

锦屏一级水库（图 2-10）位于四川省凉山州盐源县和木里县之间，水库总库容 77.6 亿 m^3，略胜于乌东德水库，目前为四川第四大水库，是金沙江支流雅砻江干流上的大（1）型水库，仅次于同在雅砻江的两河口水库，是雅砻江干流下游的控制性水库。因雅砻江下游谷狭坡陡，该水库的拦河大坝为混凝土双曲拱坝，坝高达到惊人的 305m，比白鹤滩大坝还要高出 15m。

图 2-10 锦屏一级水库

四、辽宁省的水利事业

（一）辽宁省河流水系

辽宁省流域水系划分为三大流域七大水系。三大流域分别为辽河流域、黑龙江流域和海河流域。七大水系分别为辽河水系、辽东湾西部沿渤海诸河水系、辽东湾东部沿渤海诸河水系、辽东沿黄海诸河水系、鸭绿江水系、松花江水系、滦河及冀东沿海诸河水系。

按地理位置划分，东、南部地区主要为鸭绿江水系、辽东湾东部沿渤海诸河水系及辽东沿黄海诸河水系，主要分布河流有鸭绿江、浑江、富尔江、爱河、大洋河、碧流河、英那河、复州河、大清河等；中部地区为辽河水系，主要分布河流有辽河、浑河、太子河、绕阳河等；西部地区主要为辽东湾西部沿渤海诸河水系，主要分布河流有大凌河、小凌河、六股河、兴城河等。

辽宁省流域面积 $50km^2$ 以上的河流共有 845 条。按河流类型划分：山地河流 787 条，平原水网河流 57 条（平原河流不计算流域面积），混合河流 1 条（蒲河）。在山地及混合河流中：流域面积在 5000km² 以上大型河流 16 条，在 1000～5000km² 的中型河流 32 条（其中 3000～5000km² 的河流 4 条，1000～3000km² 的河流 28 条），在 50～1000km² 的小型河流 740 条（其中 100～1000km² 的河流 384 条，50～100km² 的河流 356 条），详见表 2-1。

表 2-1　　　　　　　　　　　辽宁省河流水系情况表

流域面积/km²		河流数量/条								
		辽河流域						黑龙江流域	海河流域	合计
		辽河水系			辽东湾西部沿渤海诸河	辽东湾东部沿渤海诸河	辽东沿黄海诸河水系	鸭绿江水系	松花江水系	滦河及冀东沿海诸河水系	
		辽河	浑河	合计							
大型河流	>5000	6	2	8	2		1	3	1	1	16
中型河流	3000～5000	1		1	3						4
	1000～3000	9	6	15	4	2	2	5			28
小型河流	100～1000	114	63	177	100	17	46	36	3	5	384
	50～100	72	65	137	93	25	40	51	1	9	356
平原水网河流		24	33	57							57
合计		226	169	395	202	44	89	95	5	15	845

（二）辽宁省水利发展现状

1. 防洪抗旱减灾

长期以来我省不断加强防洪抗旱减灾工作，提高抵御自然灾害和灾后恢复建设能力。

（1）防洪工程体系。辽宁省始终把河流防洪能力和城市防洪能力建设作为重点。陆续开展了辽河、浑河、太子河、绕阳河、大凌河、小凌河、六股河、鸭绿江、爱河等主要江河重点河段的整治工作。目前全省建成河道堤防总长 2.1 万 km，其中 10 年一遇以上防洪标准堤防总长 1.25 万 km，达标 1.02 万 km，其中 50 年一遇以上防洪标准堤防总长 0.26 万 km，达标 0.24 万 km。结合已建成的控制性水库工程，以水库调蓄和堤防共同抵御一即库堤结合的防洪工程骨干体系基本形成。保护人口 3700 万人，耕地 5450 万亩。目前沈阳城市浑河右岸主城区防洪标准达到 300 年一遇、左岸浑南区防洪标准达到 200 年一遇，鞍山、抚顺、辽阳、本溪、盘锦 5 市城市主城区防洪标准达到 200 年一遇，营口、铁岭、阜新、朝阳、锦州、葫芦岛、丹东 7 市城市防洪标准达到 100 年一遇，新民等 31 个县级城市防洪标准均达到 50 年一遇。辽河干流石佛寺水库以下农村段防洪标准达到 100 年一遇，石佛寺水库以上农村段防洪标准基本达到 50 年一遇；太子河辽阳以下、浑河谟家堡闸以下、大辽河、绕阳河沈山铁路桥以下农村段堤防基本达到 100 年一遇；东、西辽河我省境内堤段达到 30 年一遇；鸭绿江农村段达到 30～50 年一遇。重要支流、中小河流重点河段防洪标准达到 10～20 年一遇以上。

（2）海堤工程。为提高沿海地区防御台风和温带风暴潮的能力，保驾护航辽宁沿海经济带的稳步快速发展，近年来逐步完善丹东、大连、盘锦、营口、锦州、葫芦岛等市海堤工程建设。编制完成辽宁沿海地区海堤规划，建成海堤工程总长435km，其中320km海堤防洪标准基本达到20年一遇以上，重点段达到50～100年一遇。通过实施重点部位的海堤建设，进一步完善沿海城市的防洪、防潮工程体系，促进了沿海经济区的快速发展和滩涂资源开发利用。

（3）病险水库、水闸除险加固工程。从1999年开始开展病险水库除险加固工作，其中大中型112座（大型24座，中型88座）；小型水库780座。

按国家要求，从2009年以来开展大中型病险水闸除险加固规划编制工作，我省纳入《全国大中型病险水闸除险加固总体方案》的水闸138座，其中大型水闸42座，中型水闸96座。

（4）山洪灾害防治工程。积极响应国家对山洪灾害防治要求，开展了山洪灾害防治非工程措施建设和部分山洪沟治理工程。全省已建立防汛抗旱指挥系统配套设施建设，实施了山洪灾害预警设施及63个县（自治区、直辖市）山洪灾害防治非工程措施建设和27条山洪沟治理，提高了抗旱减灾决策与管理能力，这些措施在实际减灾和防灾中起到了重要作用。

2. 水资源开发利用与水资源配置

（1）水资源开发利用现状。目前全省建有水库832座（不包含国电管理的水丰等水库和双岭水利枢纽），总库容196.8亿m^3。其中大型水库32座，总库容163.5亿m^3，全部归属水利部门管理。省水利厅直属大伙房、观音阁等9座大型水库，地处辽河、浑河、太子河、大凌河流域，总库容80.2亿m^3，控制全省总流域面积的40%以上。

多年来，先后建成富尔江引水、引兰入汤、平山引水、引细入汤、引白济阜一期、大伙房重点输水工程、大伙房重点输水（二期）一步工程、大伙房水库输水应急入连、长海县跨海引水等输水工程；在建的三湾、猴山（二期）等大型水利枢纽工程和省重点输水工程。这些重点水资源开发利用工程为全省经济社会的稳定发展提供安全可靠的供用水体系保障。

全省2023年总供水量148.3亿m^3，其中地表水供水86.4亿m^3，地下水供水56.2亿m^3，非常规水源供水5.7亿m^3。分析水资源开发利用率平均为44.1%。

（2）水资源总体配置。结合水资源和工程建设条件，相应规划并逐步实施北中南三线"东水济辽"水资源总体配置。北线以省重点输水工程为骨干，通过工程与天然河道连通桓仁等16座大中型水库，主要解决辽西北地区6市缺水问题；中线以大伙房重点输水工程、大伙房重点输水（二期）一步工程等为骨干，通过工程与天然河道连通大伙房等12座大中型水库，主要解决辽宁中南部7市缺水问题；南线以"东水济辽"南线工程为骨干，通过工程与天然河道连通碧流河等11座大中型水库，主要解决南部地区城市缺水问题。三线工程建成后，新增城市供水能力约40亿m^3，全省将形成由7条主要江河和3项调水骨干工程构建而成的网状大供水体系。

3. 民生水利

（1）农村饮水安全。全省累计建成农村饮水工程2.48万处，根据地区特点，分别建设方塘、大口井、集水井等不同类型饮水工程，至今已累计解决农村群众和农村学校师生

2400万人，农村集中供水率达88%以上，虽然早期建设的饮水工程存在建设标准偏低、配套设施不足等问题，总体上可满足现有农村饮水安全需求。

（2）农田水利设施。全省现有农田有效灌溉面积2250万亩，实灌面积1900万亩，节水灌溉面积1200万亩。全省现有万亩以上灌区85处，有效灌溉面积750万亩。其中30万亩以上大型灌区12处，有效灌溉面积510万亩。

全省易涝耕地划分为20个涝区，易涝耕地总面积1500万亩。全省现有排水泵站1000座，灌排结合泵站250座。

（3）农村水电工程。全省建成农村水电195座，总装机58万kW，约占技术可开发量的60%，年设计发电量15亿kWh。全省陆续开展实施水电新农村电气化县建设，目前已覆盖桓仁、本溪、清原、宽甸、凤城、新宾、喀左、铁岭、凌源、灯塔、抚顺、岫岩等12个县。

4. 水资源节约与保护

随着最严格水资源管理制度的逐步实施，全省水资源节约与保护工作取得新进展。加强水资源开发利用控制红线管理，严格依法执行水资源论证和取水许可制度，全省用水总量得到有效控制，2023年全省用水总量145.2亿m^3，严格控制在国家下达的148亿m^3红线以内。加强用水效率控制红线管理，实施了重点大中型灌区续建配套与节水改造、高效节水灌溉工程建设；结合节能减排，以火电、石化、冶金、化工等高用水行业为重点，加大工业节水技术改造，全省用水效率得到明显提高。加强水功能区限制纳污红线管理，开展了重要水功能区和主要饮用水水源水质监测，开展了大连、丹东、铁岭市全国水生态文明城市试点工作，启动了重要饮用水水源地安全保障达标建设。

5. 水土保持与生态建设

根据全国水利普查成果，2023年全省水土流失面积5120万亩，占全省总面积的23.1%，比2011年的6890万亩减少了1770万亩。全省多年来以小流域治理为依托，选择水土流失面积大、侵蚀级别高的分区分片，进行山、水、林、田、路、村综合治理，取得明显效果。

系统开展了辽河干流和大小凌河流域的生态恢复治理，累计退耕还林120万亩，建设生态示范段60处，生态林带9处，形成河流两岸生态林带1200km、滩地草原600km^2。实施了辽河支流、浑太河流域及浑江重点河段的河道生态治理，采取围栏封育、排污口治理等综合措施，累计治理河道生态面积450万亩，退耕还滩8万亩；集中开展了河道垃圾清理专项行动，清理垃圾1500万m^3；启动实施了大伙房水源地保护区内河流生态治理与保护工作，治理上游河流25条，有效改善了全省河流的生态环境。

【课后拓展】

查阅相关资料，列举我国其他水系与流域水利事业发展情况。

第三节　水利工程可持续发展

水是人类赖以生存的无可替代的宝贵资源，是社会经济发展的物质基础。经济发展和人类的生活离不开水的供给和保障。水利是国民经济和社会发展第

2-3 水利工程可持续发展

一位的基础设施和基础产业。但是，目前我国在水资源的利用方面存在诸多问题，主要表现为：第一，人均水资源占有量低，时空分布不均匀，利用粗放；第二，洪涝、干旱灾害频繁；第三，耕地中有效灌溉面积少，灌溉技术落后，管理粗放，水的利用率较低；第四，我国现有水利工程有相当一部分工程质量不高，设计标准偏低，一些水利工程设施老化失修严重，大中型灌区工程配套不齐，致使工程效益衰减，有的工程甚至报废；第五，水污染十分严重，水环境问题突出。因此，只有确保水利工程的可持续发展，才能保障经济、人口、资源、环境的协调发展。

一、黄金水道

河流对于人类来讲，具有综合的利用价值，在提供水资源、水能开发、航运开发、旅游开发、养殖开发、军事防御、改善小气候等方面都有重要作用。河流的航运开发是河流利用的重要方面，利用水的自然浮力，通过船只来装运货物，在古代是一种高效的交通运输方式，所以自古以来内河航运就是人类重要的交通运输方式。

年径流量大且稳定、地势平坦、流速缓慢的河流适宜航运开发，所以一般来说河流的中下游河段更适宜发展航运，而中上游河段更适宜水能开发。此外，如果河流水系庞大、支流众多、冬季无结冰期、流经地区人口密集经济发达，则更适宜进行航运开发。因此，按照这个标准我国的长江中下游地区是十分适宜内河航运开发的，长江及其众多支流组成了一个庞大的内河航运网络，被称为"黄金水道"。

长江沿岸的港口城市包括上海、南通、镇江、南京、芜湖、九江、武汉、岳阳、重庆、泸州等。此外，在长江下游通过京杭大运河与淮河水系相连，组成四通八达的内河航运网络。在现代交通运输中内河航运是重要的组成部分，美国密西西比河和五大湖流域、欧洲西部地区以及我国东部地区是世界三大内河航运发达地区。根据交通运输部资料，截至2024年1月，南京以下可通航5万吨级海轮、武汉以下可通航5000吨级船舶、重庆以下可通航3000吨级船舶、宜宾以下可通航2000吨级船舶。长江干线货船平均吨位由2016年的1490t提升至2023年的2200t，其中2023年三峡过闸船舶平均吨位达4800t，反映出长江黄金水道通过能力持续提升。长江航运发展迅猛，已经成为目前世界上运量最大、航运最繁忙的通航河流。

作为全球最大的内河水运通道，长江沿线的七省二市经济总量占全国经济总量的40%以上，而长江水道也承担了沿江地区85%的煤炭、铁矿石以及中上游地区90%的外贸货运量。数据显示，长江经济带经济总量占全国的比重从2015年的42.3%提高到2020年的46.6%，2023年已接近47%。2023年，长江干线货物通过量达35.2亿t，同比增长5%，其中三峡枢纽通过量超1.6亿t，再创历史新高。

水运具有低成本、少能耗、运能大等绿色可持续发展优势，发展水运对于降低物流成本，支撑国内国际双循环、促进经济高质量发展都具有重要作用。因此，我国一直十分重视提升长江"黄金水道"功能、构建长江经济带综合立体交通网络。2021年2月，中共中央、国务院印发的《国家综合立体交通网规划纲要》明确提出，要建设东西畅通、南北辐射、有效覆盖、立体互联的长江经济带现代综合立体交通走廊。2021年3月1日，《中华人民共和国长江保护法》正式施行，守护母亲河从此有专法可依。这是我国首部以国家法律形式为特定流域制定的法律，为长江流域综合治理提供新遵循，为长江经济带生态优先、绿色发展立"规矩",为长江经济带高质量发展提供新动力。

二、节水灌溉与沙漠农业

虽然地球是表面超过71%的面积都被水覆盖,但是人类真正能够利用的水资源是十分有限,人类能够直接利用的水资源主要是河流水、湖泊水(包括水库)和浅层地下水,仅占全球淡水总量的0.4%。水资源的利用主要方向包括生活和生产两方面,其中农业用水是比较主要的组成部分。发展"节水农业"可以节约水资源,提高水资源的利用率,主要是改变农业用水的灌溉方式,改传统的灌溉方式为滴灌、喷灌等方式,从而达到节约用水的目的。

(一)节水灌溉——滴灌技术的应用

滴灌技术是通过干管、支管和毛管上的滴头,在低压下向土壤经常缓慢地滴水;是直接向土壤供应已过滤的水分、肥料或其他化学剂等的一种灌溉系统。滴灌系统由水源工程、首部枢纽(包括水泵、动力机、过滤器、肥液注入装置、测量、控制仪表等)、各级输配水管道和灌水器四部分组成,其中滴水器是滴灌系统的核心。水通过滴水器,以一个恒定的低流量滴出或渗出

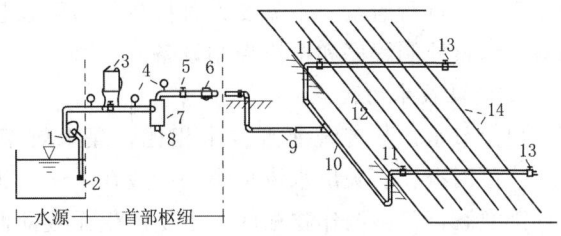

图 2-11 滴灌系统示意图
1—水泵;2—蓄水池;3—施肥罐;4—压力表;5—控制阀;
6—水表;7—过滤器;8—排砂阀;9—干管;10—分干管;
11—球阀;12—毛管;13—放空阀;14—滴头

后,在土壤中以非饱和流的形式在滴头下向四周扩散。它没有喷水或沟渠流水,只让水慢慢滴出,并在重力和毛细管的作用下进入土壤。滴入作物根部附近的水,使作物主要根区的土壤经常保持最优含水状况。这是一种先进的灌溉方法。

1. 滴灌系统分类

(1)根据不同的作物和种植类型,滴灌系统可分为固定式和半固定式两类。

1)固定式滴灌系统是指全部管网安装好后不再移动,适用于果树、葡萄、瓜果、蔬菜等作物。此种方式根据布置方式又可分为地面固定与地下固定,地面固定顾名思义即将毛管安装布置在地面上,目前绝大多数采用这种方式,具有安装、维护方便,便于检查土壤湿润和测量流量变化情况等优点,缺点是毛管和灌水器易于损坏和老化。地下固定即将毛管和灌水器(主要是滴头)全部埋入地下,应用面积不多,与地面固定式相比优点是免除了毛管在作物种植和收获前后安装和拆卸的工作,不影响田间耕作,延长了设备的使用寿命;缺点是不能检查土壤湿润和测量滴头流量变化的情况,发生问题维修也很困难。

2)半固定式滴灌系统干、支管道为固定,其余田间的毛管管道可移动,灌溉时移动毛管管道实现单行作物的灌溉,可提高设备的利用率,降低设备投资成本,但管理运行较麻烦,适用于宽行蔬菜与瓜果等作物。

(2)根据自动化程度与控制分类,滴灌系统控制方式可分为手动控制、自动控制、智能控制等。

1)手动控制,顾名思义,即系统的所有操作均由人工完成,需亲到现场管理,如水泵、阀门的开启、关闭,灌溉时间的长短,何时灌溉等。这类系统的优点是成本较低,控

制部分技术含量不高，便于使用和维护，不足之处是使用的方便性较差，不适宜控制大面积的灌溉。

2）自动控制，系统中在灌溉区域没有安装传感器，灌水时间、灌水量和灌溉周期等均是根据预先编制的程序，而不是根据作物和土壤水分及气象资料的反馈信息来控制的。这类系统的自动化程度不等，有的是一部分实行自动控制，有的是几部分进行自动控制。

3）智能控制，通过部署控制器、自动阀、传感器（土壤水分传感器、温度传感器、压力传感器、水位传感器和雨量传感器等）等系统，实时采集灌溉环境数据，与预先编制好的控制程序和根据反映作物需水的某些参数对比，长时间地自动启闭水泵和自动按一定的轮灌顺序进行灌溉，不需要人直接参与，可以起到智能决策、智能灌溉的目的，人的作用只是调整控制程序和检修控制设备。

2. 滴灌技术的优点

（1）节水。与传统灌溉技术相比，灌水效率可提高40%~50%，即可节水40%~50%。原因有：滴头出水流量小，一般在1~8L/h，不易产生深层渗漏及地面径流；滴灌为局部灌溉，只湿润作物根区，不易产生无效灌溉；采用滴灌技术很容易实施频繁灌溉，很容易控制过量灌溉；很容易实施灌溉自动化，实施智能灌溉、精准灌溉；与喷灌比，不受风的影响，无漂移损失；蒸发损失小。

（2）节肥。通过滴灌系统施肥，称作灌溉施肥。滴灌施肥的肥料必须是全溶性的。滴灌水的利用率高，则施肥的利用率也高。氮肥利用率可高达70%，比传统施肥方法高30%~70%。

（3）节能。滴头工作压力在1kg左右即可，而喷灌的工作压力常常在2kg以上。因此，同样灌溉面积下，滴灌系统的首部工作压力常常比喷灌系统低；滴灌用水量小，总用电量比喷灌少。

（4）节工。同样灌溉面积下，滴灌系统需要的灌溉管理人员比传统灌溉系统需要的人少得多。

（5）省力。手动阀门或自动阀门控制，操作省力，简单。

（6）节地。通过管道输水，管道常常埋在地下，不占用耕地。

（7）节约劳务成本。管理人员少，大大减少劳务成本。

（8）容易控制杂草生长。局部面积湿润，干燥区域，杂草生长少。

（9）环保。不易产生深层渗漏，化肥对地下水的污染少；采用滴灌后，土壤湿度小，保护地栽培时棚内湿度低，病虫害滋生少，农药用量少。

（二）沙漠农业的奇迹——以色列

以色列国位于亚洲西部，人口730万人，其中农业人口占5%。面积2.2万km^2，其中3/4的土地是沙漠。气候夏季炎热干燥，冬季温和湿润，年降雨量220~920mm。以色列可耕地面积只有42.7万hm^2，其中水浇地占48%，主要农作物有小麦、玉米、棉花、柑橘、葡萄、蔬菜和花卉等。

以色列耕地极少，水源宝贵，为了有效地利用有限的水资源，早在20世纪60年代，以色列就已建成全世界最早的现代滴灌系统。与传统的灌溉方式相比较，滴灌技术可节水35%~50%，水肥利用率高达90%。得益于滴灌技术的推广，以色列耕地面积从16.5

亿 m^2 增加到 44 亿 m^2，全国农业用水总量 30 年来一直稳定在每年 13 亿 m^3 左右，农业产出却翻了 5 倍，跻身于世界农业最发达国家之列。目前，以色列 60% 以上的农田、100% 的果园，绿化区和蔬菜种植均采用滴灌技术进行灌溉，水资源的利用率达到 95% 以上。

滴灌技术推广 30 多年来，在保持农业用水总量基本稳定的条件下，以色列全国灌溉面积和耕地面积不断增加，农业产出翻了几番，同时，农业人口在总人口中的比重不断降低，已从原来的 60% 下降到目前只有 3%。可以说，正是由于滴灌这一关键的节水灌溉技术，以色列才有可能在河谷地区建立起发达的农业，使沙漠有了片片绿洲。

滴灌非常适用于精细种植，它拥有其他灌溉方式无法比拟的优点，可利用沙漠含盐的地下咸水或处理后的回用污水进行滴灌，解决了水中所含盐分在作物根围附近停留积聚等问题，使得微咸水灌溉成为可能。目前，以色列每年都在推出新的滴灌技术与设备，并从滴灌技术中派生出埋藏式灌溉、喷洒式灌溉、散布式灌溉等。

(1) 埋藏式灌溉技术。埋藏式灌溉方式是将管线埋藏铺设于距地表 50cm 深处的地方，既可以始终保持地表土壤干燥，也不会影响到田间作业。此外，当停止灌溉，水阀被关掉的同时，该系统会自动打开气门，让空气布满整个管线，防止外来尘土被吸进滴灌头，避免造成堵塞。

(2) 喷洒式灌溉技术。某些植物需要特殊抚育和管护时，以色列有关农业部门就会为每个植物配上一种独立的喷洒器，这种技术被称为喷洒式灌溉技术，这种技术可使水利用率达到 85%。

(3) 散布式灌溉技术。传统开放式的灌溉技术对水的利用率较低，只有约 40%，造成了水资源的极大浪费。针对田间作物灌溉设计的散布器可使水的利用率达到 70%～80%，这种散布式的灌溉方式适用于大区域灌溉。

三、都江堰水利工程

(一) 修建背景

号称"天府之国"的成都平原，在古代是一个水旱灾害十分严重的地方。李白在《蜀道难》这篇著名的诗歌中"蚕丛及鱼凫，开国何茫然""人或为鱼鳖"的感叹和惨状，就是那个时代的真实写照。这种状况是由岷江和成都平原"恶劣"的自然条件造成的。岷江是长江上游水量最大的一条支流，都江堰以上为上游，以漂木、水力发电为主；都江堰市至乐山段为中游，流经成都平原地区，与沱江水系及众多人工河网一起组成都江堰灌区；乐山以下为下游，以航运为主。岷江有大小支流 90 余条，上游有黑水河、杂谷脑河；中游有都江堰灌区的黑石河、金马河、江安河、走马河、柏条河、蒲阳河等；下游有青衣江、大渡河、马边河、越溪河等。主要水源来自山势险峻的右岸，大的支流都是由右岸山间岭隙溢出，雨量主要集中在雨季，所以岷江之水涨落迅猛，水势湍急。

岷江出岷山山脉，从成都平原西侧向南流去，对整个成都平原是地道的地上悬江，而且悬得十分厉害。成都平原的整个地势从岷江出山口玉垒山，向东南倾斜，坡度很大，都江堰距成都 50km，而落差竟达 273m。在古代每当岷江洪水泛滥，成都平原就是一片汪洋；一遇旱灾，又是赤地千里，颗粒无收。岷江水患长期祸及西川，鲸吞良田，侵扰民

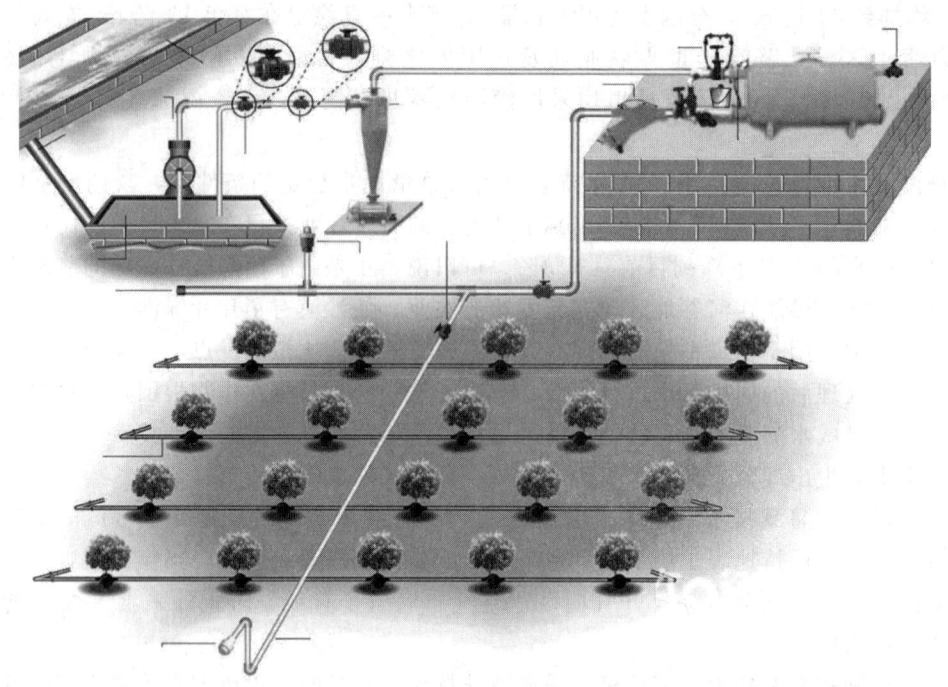

图 2-12 以色列滴灌技术

生,成为古蜀国生存发展的一大障碍。

(二) 修建环境

都江堰位于岷江由山谷河道进入冲积平原的地方,它灌溉着灌县以东成都平原上的万顷农田。原来岷江上游流经地势陡峻的万山丛中,一到成都平原,水速突然减慢,因而挟带的大量泥沙和岩石随即沉积下来,淤塞了河道。每年雨季到来时,岷江和其他支流水势骤涨,往往泛滥成灾;雨水不足时,又会造成干旱。远在都江堰修成之前的二三百年,古蜀国杜宇王以开明为相,在岷江出山处开一条人工河流,分岷江水流入沱江,以除水害。

(三) 修建过程

秦昭襄王五十一年(公元前 256 年),秦国蜀郡太守李冰和他的儿子,吸取前人的治水经验,率领当地人民,主持修建了著名的都江堰水利工程。都江堰的整体规划是将岷江水流分成两条,其中一条水流引入成都平原,这样既可以分洪减灾,又可以引水灌田、变害为利。主体工程包括鱼嘴分水堤、飞沙堰溢洪道和宝瓶口进水口。

1. 宝瓶口的修建过程

首先,李冰父子邀集了许多有治水经验的农民,对地形和水情进行了实地勘察,决心凿穿玉垒山引水。由于当时还未发明火药,李冰便以火烧石,使岩石爆裂,终于在玉垒山凿出了一个宽 20 公尺,高 40 公尺,长 80 公尺的山口。因其形状酷似瓶口,故取名"宝瓶口",把开凿玉垒山分离的石堆叫"离堆"。之所以要修宝瓶口,是因为只有打通玉垒山,使岷江水能够畅通流向东边,才可以减少西边的江水的流量,使西边的江水不再泛

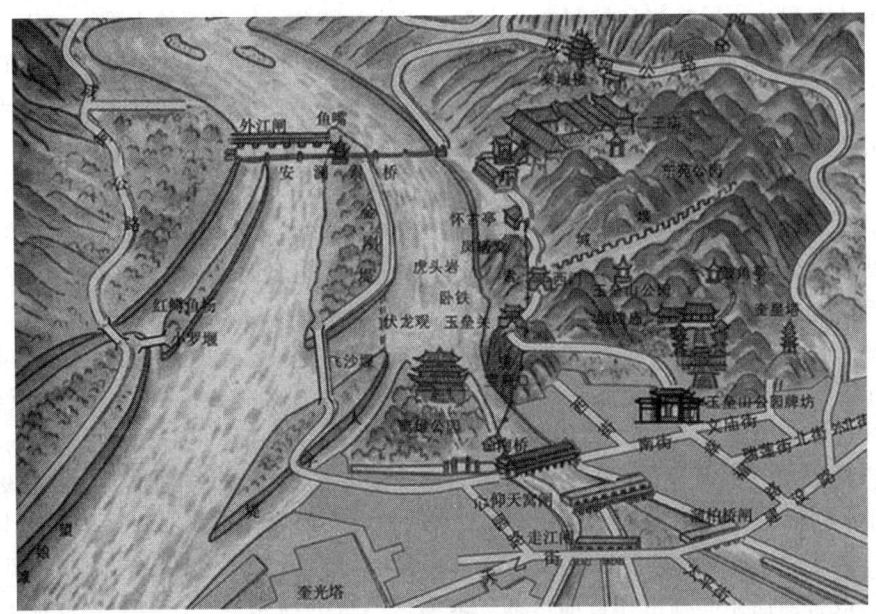

图2-13 都江堰水利工程

滥，同时也能解除东边地区的干旱，使滔滔江水流入旱区，灌溉那里的良田。这是治水患的关键环节，也是都江堰工程的第一步。

2. 分水鱼嘴的修建过程

宝瓶口引水工程完成后，虽然起到了分流和灌溉的作用，但因江东地势较高，江水难以流入宝瓶口，为了使岷江水能够顺利东流且保持一定的流量，并充分发挥宝瓶口的分洪和灌溉作用，修建者李冰在开凿完宝瓶口以后，又决定在岷江中修筑分水堰，将江水分为两支：一支顺江而下，另一支被迫流入宝瓶口。由于分水堰前端的形状好像一条鱼的头部，所以被称为"鱼嘴"。鱼嘴的建成将上游奔流的江水一分为二：西边称为外江，它沿岷江河顺流而下；东边称为内江，它流入宝瓶口。由于内江窄而深，外江宽而浅，这样枯水季节水位较低，则60%的江水流入河床低的内江，保证了成都平原的生产生活用水；而当洪水来临，由于水位较高，于是大部分江水从江面较宽的外江排走，这种自动分配内外江水量的设计就是所谓的"四六分水"。

3. 飞沙堰的修建过程

为了进一步控制流入宝瓶口的水量，起到分洪和减灾的作用，防止灌溉区的水量忽大忽小、不能保持稳定的情况，李冰又在鱼嘴分水堤的尾部，靠着宝瓶口的地方，修建了分洪用的平水槽和"飞沙堰"溢洪道，以保证内江无灾害，溢洪道前修有弯道，江水形成环流，江水超过堰顶时洪水中夹带的泥石便流入到外江，这样便不会淤塞内江和宝瓶口水道，故取名"飞沙堰"。

飞沙堰采用竹笼装卵石的办法堆筑，堰顶做到比较合适的高度，起一种调节水量的作用。当内江水位过高的时候，洪水就经由平水槽漫过飞沙堰流入外江，使得进入宝瓶口的水量不致太大，保障内江灌溉区免遭水灾；同时，漫过飞沙堰流入外江的水流产生了漩涡，由于离心作用，泥沙甚至是巨石都会被抛过飞沙堰，因此还可以有效地减少泥沙在宝瓶口周围的沉积。为了观测和控制内江水量，李冰又雕刻了三个石桩人像，放于水中，以"枯水不淹足，洪水不过肩"来确定水位。还凿制石马置于江心，以此作为每年最小水量时淘滩的标准。在李冰的组织带领下，人们克服重重困难，经过八年的努力，终于建成了这一历史工程——都江堰。

（四）都江堰日新月异的发展

新中国成立后，都江堰迎来了日新月异的发展。20世纪50年代初，实施了渠首加固改造、渠系调整优化和闸群配套建设，为灌区扩建打下了坚实基础。50年代中期至60年代，先后兴建人民渠、东风渠、三合堰总干渠及配套渠系，灌区范围覆盖成都平原全境，灌溉面积达600余万亩。60年代末期至70年代，都江碧水三穿龙泉山脉，使龙泉山以东丘陵区近400万亩土地得以灌溉。80年代以后，都江堰先后建设了一、二期扩改建工程，1993年实灌面积突破1000万亩，居全国之冠。

21世纪以来，特别是党的十八大以来，都江堰不断续写新的辉煌。通过建设水源工程紫坪铺水利枢纽，实施灌区续建配套与节水改造，人民渠、东风渠两大"高速水道"基本形成，北、中、南三大扩灌区陆续建成，高标准的骨干工程水网初具规模，新增灌面80万亩，改善灌面480万亩。目前，都江堰灌区已成为横跨岷、沱、涪三江流域，灌溉面积达到1089万亩，造福成都、德阳、绵阳、遂宁、资阳、乐山、眉山7市37县（市、区）的特大型灌区。灌区功能也从防洪、航运、灌溉发展成兼具防洪减灾和保障生活用水、生产用水、生态环境用水等多目标的综合服务。

（五）都江堰的综合效益

1. 防洪效益显著

都江堰建成前成都平原饱受洪水肆虐，建堰后妥善解决了引水、泄洪、排沙问题，此后成都平原极少发生全域性的大洪水，杜甫称颂为"蜀人矜夸一千载，泛滥不近张仪楼"。

2. 灌溉效益巨大

都江堰为成都平原提供了充足的灌溉水源，使成都平原的农业生产迅速发展，在极短时间内就成了闻名天下的巨大粮仓。唐代时成都已有"扬一益二"的地位，"军国所资，邮驿所给，商旅莫不取给于蜀"。这种情形一直延续到清朝，直至20世纪抗日战争时期，四川成为重要的抗战大后方。

3. 交通效益彰显

除灌溉外，都江堰还有舟楫之利，成都一度成为重要的水上交通枢纽，货通天下，船行四海，锦江更成了南丝绸之路的起点，意大利旅行家马可·波罗这样描写成都的水上运输："河中船舶舟楫如蚁，运载着大宗的商品，来往于这个城市。"

4. 经济效益突出

环境的安定、农业的发展和水运的发达，奠定了成都平原在西南的政治经济文化中心地位。目前，灌区以占四川省约1/20的土地，提供了四川省1/4的有效灌溉和粮食产能，养育了四川省1/3的人口，集中了四川省近一半的国内生产总值，构成了省内经济总量最大、经济活力最好的成都"主干"和环成都经济圈，为四川粮食安全、经济发展和社会稳定发挥了极为重要的作用，也使都江堰灌区成为四川省经济社会最繁荣发达的腹心区域，近年全省经济十强县中有九个位于都江堰灌区。

5. 生态效益明显

都江堰的建成从根本上改善了成都平原的城乡生态环境。在都江堰的润泽下，成都平原林竹修茂、水系纵横、湖泊星罗、堰塘棋布，呈现出"水绿天青不起尘，风光和暖胜三秦"的美丽景象。

图 2-14 都江堰水利工程实景

【思政导引】

都江堰水利枢纽，始建至今已逾 2000 余年。2000 多年来，遵循"道法自然、因势利导"的治水理念，都江堰持续发展、历久弥新，至今仍"砥柱巍然"，润泽和造福着天府人民，这不仅是我国水利史、科技史上的一座丰碑，也是人类文明史上的一大奇迹。世界遗产委员会赞誉都江堰为"全世界迄今为止，年代最久、唯一留存、以无坝引水为特征的宏大水利工程"。

2018 年 5 月 18 日召开的全国生态环境保护大会上，习近平总书记指出："始建于战国时期的都江堰，距今已有 2000 多年历史，就是根据岷江的洪涝规律和成都平原悬江的地势特点，因势利导建设的大型生态水利工程，不仅造福当时，而且泽被后世。"习近平总书记的重要讲话，高度凝练了都江堰的特点、效益和价值，明确提出了"都江堰是生态水利工程"的重要论断。

（1）都江堰水利工程蕴含的科学原理：小水傍岸，大水取直；正面取水，侧面排沙；壅水泄洪沉沙。

（2）都江堰水利工程对现代水利工程建设的启示：因势利导，实现自然与社会的和谐发展。

（3）都江堰文化：都江堰工程是弘扬中华文明的光辉典范，都江堰水文化的丰富内涵，反映在工程修建、维修、管理和发展的全过程，是人类社会发展的重要遗产。都江堰与当地的自然景观及人文景观融为一体，成为人们观光游览的胜地，为弘扬中华文明发挥了积极的典范作用。

（4）都江堰对现代水利工程管理的启示：建设要遵循自然规律、顺应自然规律，进行科学的设计。三峡工程的设计使用年限是 300 年，估计可以使用 500 年，这已经是现代水利工程运行较久的工程，但比起都江堰工程几千年的运行时间，三峡工程的几百年也显得望尘莫及。水利工程不是一时之建筑，而是千秋万代之事业。水利工程建造时，不仅要保证工程质量使用安全的功能，更要保证工程可持续发展的能力，将今后的水利工程建设成"功在当代，利在千秋"的伟大工程。水利工程建设要承担社会责任与历史责任。

【课后拓展】

查阅相关资料，探讨水利工程建设与国民经济、生态环境可持续发展的关系。

【学习评价】

评价范围	评 价 标 准	自我评价（10分制）	小组评价（10分制）	教师评价（10分制）
专业知识	了解国内外大河流域与文明的缔造和发展关系			
	了解中国主要水系与流域的水利事业发展情况			
	了解水利工程的技术创新与可持续发展			
专业能力	能够阐述国内外大河文明的发展概况			
	能够阐述中国主要水系与流域的水利事业发展历程			
	能够阐述水利工程技术创新和可持续发展情况			
专业素养	积极思考			
	敢于表达			
	分析、解决问题			
思政成效	民族自豪感和专业自信			
	可持续发展理念和社会责任感			

第三章 水利工程发展

【知识目标】
1. 了解国内外著名水利工程。
2. 了解水利工程建设成就与发展趋势。
3. 了解水利工程施工技术的特点和内容。

【能力目标】
1. 能够阐述国内外著名水利工程。
2. 能够阐述水利工程发展历程。
3. 能够阐述水利工程施工技术的特点和内容。

【素质目标】
1. 能够积极思考,敢于表达,善于分析和解决问题。

【思政育人目标】
1. 培养学生民族自豪感和专业自信。
2. 增强学生质量意识和社会责任感。

第一节 国内外水利工程经验教训

3-1 国内外水利工程经验教训

水利工程的发展与人类文明有着密切的关系。中国的水利工程发展史源远流长;古埃及、古巴比伦和古印度的水利工程发展史可上溯到公元前四五千年;美洲的玛雅文明和印加文明的水利遗迹距今也有两三千年以上;古埃及和古巴比伦的水利技术以后传播到古希腊和古罗马;文艺复兴以后传遍欧美各国;公元前3世纪阿基米德对水的浮力理论和文艺复兴时期达·芬奇对水流的理论都对水利工程的发展作出了贡献;1824年,英国人J.阿斯普丁发明了硅酸盐水泥,从而带动了混凝土结构的发展;19世纪下半叶出现了钢筋混凝土,进一步推动了轻型混凝土建筑物的发展;19世纪70年代,出现了水电站。进入20世纪以后,许多新兴科学技术已开始在水利工程中得到广泛应用,第二次世界大战后,世界科学技术发展突飞猛进,随着工农业生产的快速发展,以及为满足日益增长的人口的需要,世界上许多国家投入大量资金发展水利,在整治河道、提高防洪能力、扩大灌溉面积、建设大水库和大水电站、改善航运条件、跨流域引水、防治水污染、保护水源以及结合水利工程发展旅游等方面,都取得了较大成就,使水资源的开发、利用和保护达到了较高水平。在漫长的水利工程发展历程中，人们攻坚克难，努力探索，总结经验，反思不足，不断提高水利工程建设水平。

一、阿斯旺大坝

阿斯旺大坝（Aswan High Dam）（图 3-1）位于埃及境内的尼罗河干流上，在首都开罗以南约 800km 的阿斯旺城附近，是一座大型综合利用水利枢纽工程，具有灌溉、发电、防洪、航运、旅游、水产等多种效益。大坝将尼罗河拦腰截断，从而使河水向上回流 500km，形成蓄水量达 1640 亿 m^3 的人工湖——纳赛尔湖。它可以平定洪水，储存足够用几年的富余水量。20 世纪 80 年代尼罗河流域曾发生严重干旱，苏丹及埃塞俄比亚发生饥荒，但埃及却因有此大坝而幸免于难。

阿斯旺大坝由主坝、溢洪道和发电站三部分组成。主坝全长 3600m，坝基宽 980m，坝顶宽 40m，坝高 111m，所使用的建筑材料约 4300 万 m^3，其体积相当于开罗西郊胡夫大金字塔的 17 倍，堪称世界七大水坝之一。

图 3-1 阿斯旺大坝枢纽布置

（一）设想和兴建

早在 20 世纪初就有一些专家建议，埃及可以在尼罗河上游修建高坝，从而调节河水流量，并扩大灌溉面积。20 世纪 50 年代，当时的埃及（阿联）政府制定了雄心勃勃的经济发展计划。埃及人口增长很快，年增长率达到 3%，但可利用的自然资源却非常有限，于是，埃及政府就希望通过修建尼罗河高坝，开发新的资源以推动经济发展。

当时的埃及政府和水利专家们认为修建尼罗河高坝是一箭数雕的高明之举。首先，高坝既可以控制河水泛滥，又能够存储河水，以便在枯水季节用于灌溉及其他用途。埃及的可耕地主要位于尼罗河两岸以及尼罗河三角洲的洪泛区，建成高坝后可以大幅度扩大可灌溉的耕地面积，以适应迅速增长的人口。其次，大坝建成后可以产生巨大的发电能力，为工业化提供充裕而廉价的能源。再次，修建大坝所形成的巨大水库可以发展淡水养殖及内河航运。

埃及政府在苏联的资金和技术援助下，于 1959 年完成了阿斯旺大坝工程设计，1960

年破土动工，5 年后大坝合龙，1967 年阿斯旺大坝工程正式完工。到 1970 年，坝内安装的 12 台水电发电机组全部投入运转。

大坝水库的巨大容量不仅调节了下游流量，防止了洪水泛滥，还利用蓄积的水量扩大了灌溉面积，因此，近 100 万 hm² 的沙漠得以被开垦成可耕地。同时，大坝电站每年发电 80 亿 kWh，解决了埃及的能源短缺问题。可以说，当时埃及政府修建阿斯旺大坝的预期目标，都一一实现了。

然而，由于当时人们认识上的局限，低估了水库库区淤积的严重性，因而对大坝工程可能的效益过于乐观。兴建大坝时形成的巨大的纳赛尔湖，由于泥沙的自然淤积，水库的有效库容逐渐缩小，因而导致水库的储水量下降。

大坝工程的设计者未能准确地估计库区泥沙淤积的速度和过程。根据阿斯旺大坝水利工程设计，水库 26% 的库容是死库容，而每年尼罗河水从上游挟带大约 6000～18000t 的泥沙入库，设计者按照尼罗河水含沙量计算，结论是 500 年后泥沙才会淤满死库容，以为淤积问题对水库的效益影响不大。可是大坝建成后的实际情况是，泥沙并非在水库的死库容区均匀地淤积，而是在水库上游的水流缓慢处迅速淤积。结果，水库上游淤积的大量泥沙在水库入口处形成了三角洲。这样，水库兴建后不久，其有效库容就明显下降，工程效益大大降低。此外，浩大的水库水面蒸发量很大，每年的蒸发损失就相当于库容水量的 11%，这也降低了预计的工程效益。

更为严重的是，埃及政府和工程设计者在建造如此宏伟的大坝时，还忽视了大坝对生态和环境的影响，既没有对此作出认真评估，也未曾慎重考虑生态和环境受破坏后的应对措施。

（二）负面影响

阿斯旺大坝对生态环境确有一些正面作用。比如，大坝建成前，随着每年干湿季节的交替，沿河两岸的植被呈周期性的枯荣。水库建成后，水库周围 5300～7800km 的沙漠沿湖带出现了常年繁盛的植被区，这不仅吸引了许多野生动物，而且有利于稳固湖岸、保持水土，对这个沙漠环绕的水库起了一定的保护作用。

但是，大坝建成后 20 多年，工程的负面作用就逐渐显现出来，并且随着时间的推移，大坝对生态环境的破坏也日益严重。这些当初未预见的后果不仅使沿岸流域的生态环境持续恶化，而且给全国的经济社会发展带来了负面影响。

（1）大坝工程造成了沿河流域可耕地的土质肥力持续下降。大坝建成前，尼罗河下游地区的农业得益于河水的季节性变化，每年雨季来临时泛滥的河水在耕地上覆盖了大量肥沃的泥沙，周期性地为土壤补充肥力和水分。可是，在大坝建成后，虽然通过引水灌溉可以保证农作物不受干旱威胁。但由于泥沙被阻于库区上游，下游灌区的土地得不到营养补充。所以土地肥力不断下降，致使农业减产。

（2）修建大坝后沿尼罗河两岸出现了土壤盐碱化。这是由于河水不再泛滥，也就不再有雨季的大量河水带走土壤中的盐分，而不断的灌溉又使地下水位上升，把深层土壤内的盐分带到地表，再加上灌溉水中的盐分和各种化学残留物的高含量，导致了土壤盐碱化。

（3）库区及水库下游的尼罗河水水质恶化，以河水为生活水源的居民的健康受到危害。大坝完工后水库的水质及物理性质与原来的尼罗河水相比明显变差。一是由于库区水的大量蒸发导致水质变化；二是由于土地肥力下降迫使农民不得不大量使用化肥，化肥的残留部分随灌溉水又回流尼罗河，使河水的氮、磷含量增加，导致河水富营养化，下游河水中植物性浮游生物的平均密度增加，由 160mg/L 上升到 250mg/L；三是由于土壤盐碱化导致土壤中的盐分及化学残留物大大增加，既使地下水受到污染，也提高了尼罗河水的含盐量。这些变化不仅对河水中生物的生存和流域的耕地灌溉有明显的影响，而且毒化尼罗河下游居民的饮用水。

（4）河水性质的改变使水生植物及藻类到处蔓延，不仅蒸发掉大量河水，还堵塞河道灌渠等。由于河水流量受到调节，河水浑浊度降低，水质发生变化，导致水生植物大量繁衍。这些水生植物不仅遍布灌溉渠道，还侵入了主河道。它们阻碍了灌渠的有效运行，需要经常性地采用机械或化学方法清理。这样，又增加了灌溉系统的维护开支。同时，水生植物还大量蒸腾水分，据埃及灌溉部估计，每年由于水生杂草的蒸腾所损失的水量就达到可灌溉用水的 40%。

（5）尼罗河下游的河床遭受严重侵蚀，尼罗河出海口处海岸线内退。大坝建成后，尼罗河下游河水的含沙量骤减，水中固态悬浮物由 1.6‰ 降至 0.05‰，浑浊度由 30～300mg/L 下降为 15～40mg/L。河水中泥沙量减少，导致尼罗河下游河床受到侵蚀。大坝建成后的 12 年中，从阿斯旺到开罗，河床每年平均被侵蚀掉 2cm，预计尼罗河道还会继续变化，大概要再经过一个多世纪才能形成一个新的稳定的河道。河水下游泥沙含量减少，再加上地中海环流把河口沉积的泥沙冲走，导致尼罗河三角洲的海岸线不断后退。一位原埃及士兵说，他曾站过岗的灯塔如今已陷入海中，距离海岸竟然有 1～2km 之遥。

（6）因水坝而建的纳赛尔湖相当壮阔，但却严重威胁到岸边的古迹神殿，有不少沉入湖中。联合国教科文组织为此发起了一连串救援活动，虽然抢救回部分古迹，但仍有非常珍贵的文化遗产惨遭灭顶之灾。

（三）工程警示

由于大坝设计的时候对环境保护的认识不足，大坝建成后在对埃及的经济起了巨大推动作用的同时也对生态环境造成了一定的破坏。

（1）大坝使泥沙滞留于库区，使下游丧失了大量富有养料的泥沙沃土。由于失去了泥沙沃土，尼罗河河谷和三角洲的土地开始盐碱化，肥力也丧失殆尽，三角洲受到海水入侵，海岸线后退。如今，埃及是世界上最依赖化肥的国家之一。具有讽刺意味的是，化肥厂正是阿斯旺水电站最大的用户之一。

（2）水坝严重扰乱了尼罗河的水文。原先富有营养的泥沙沃土沿着尼罗河冲进地中海，养活了在尼罗河入海处产卵的沙丁鱼。如今沙丁鱼已经绝迹了。这对此后一些国家和地区的大型水坝建设工作起到了警示作用。

二、胡佛大坝

胡佛大坝是美国现代土木工程七大建筑之一，位于科罗拉多河的内华达州与亚利桑那州之间的黑色峡谷之中。它是美国西南地区最大的水利枢纽工程，具有防洪、灌溉、发电、航运、供水等综合效益。大坝工程于 1931 年动工，1935 年建成，1936 年 10 月第一台机组正式发电。

工程主要建筑物有拦河坝、导流隧洞、泄洪隧洞和电站厂房。拦河坝为混凝土重力拱

图 3-2 胡佛大坝全貌

坝,坝高 221.4m,坝顶长 379m,坝顶宽 13.6m,坝底最大宽度 202m,坝顶半径 152m,中心角 138 度,坝体混凝土浇筑量为 248.5 万 m^3。

左右岸各有 2 条直径为 15.25m 的导流隧洞,总长 4860m,导流流量为 5670m^3/s,左岸两条隧洞于 1932 年 11 月先建成过水。

左右岸各设置 1 条泄洪隧洞,进水口各由 4 扇 4.9m×30.5m 的弧形闸门控制。泄洪隧洞系导流隧洞后半段改建而成,直径为 15.2m,用混凝土衬砌,长 671m,最大流速 53.4m^3/s,溢洪道总泄流能力可达 11400m^3/s。

另外两条导流洞改建为发电引水隧洞,兼作辅助泄洪隧洞用。辅助泄洪隧洞是在引水隧洞末端设 6 根 3.96m 的钢管,其总泄量为 2577m^3/s。

左右岸各设一座岸边地面式厂房,各长 198m,厂房顶高出正常尾水位 45.7m。左右岸各 2 条发电引水隧洞(各有 1 条由导流洞改成)分成 8 条压力钢管,其中一条又分成两条,共 17 条压力钢管,向 17 台水轮机供水。电站装机已达 208 万 kW,其中 13 台 13 万 kW,2 台 12.7 万 kW,1 台 6.85 万 kW,1 台 6.15 万 kW。

(一)建造过程

胡佛大坝在 1931 年 3 月 11 日动工,首席工程师是法兰克·高尔(Frank Crowe),水坝经费由政府资助,因此他必须在政府限定时间之内完工,否则他的公司将会面临每天 3000 美元的巨额罚款。在他们建造水坝前,必须先开辟一条通往峡谷的道路,以运送物资。由于当时正处于经济大萧条时期,失业人数大增,因此为水坝的建造提供了一群数量可观的廉价劳工。

在建造水坝之前,必须先把科罗拉多河分流,但河流两旁满布悬崖,因此唯一方法是在峡谷两边钻挖爆破,开辟四条分流隧道。然而开辟分流隧道的工人生活和工作环境每况愈下,令许多工人对高尔越来越不满,甚至策划罢工。8 月 7 日,工人正式罢工,当时仍有大量有资格取代他们的失业人士,因此工人是冒一个很大的风险,甚至有可能失去工作。高尔选择镇压罢工的工人,开除他们,然后重新招聘。1932 年,河内首次流入隧道,分流工程成功，能够正式建造水坝。余下的工程只是利用混凝土去建设水坝，政府给予的限期为4年半，时间虽多，但高尔欲提早完工，以获得大笔奖金。1933年，总共倾注了一百万立方码的混凝土，1935年，水坝提早了两年完工，而高尔亦获得一笔奖金。胡佛水坝令112名工人失去性命。

(二) 工程效益

(1) 灌溉。美国境内有上百万亩土地、墨西哥境内约有50万亩土地得到灌溉，为当地的经济发展，提供有力的保障。

(2) 供水。为拉斯维加斯、洛杉矶、圣地亚哥、凤凰城、吐桑和其他西南部地区的城镇居民与商业供水，以及为亚利桑那州、内华达州和加利福尼亚州内的印第安人社区的居民与商业提供用水。

(3) 电力。为内华达、亚利桑那和加利福尼亚等州提供电力。单是胡佛水电厂，每年发电量为40亿kWh，可供150万居民用电。

(4) 旅游。胡佛大坝形成的米德湖水库是美国最受欢迎的休闲地之一。自从1935年大坝对外开放以来，已经有超过3500万的游客来此观光。

(三) 工程反思

(1) 工程决策。胡佛大坝是人类第一次在酷热和荒无人烟的气候和地理环境下，运用自己的智慧与大自然斗争的产物，集中体现了人类改变自然的勇气、无穷的创造力以及在技术、管理方面的聪明才智。同时，作为人类建筑史上第一次全部用混凝土浇筑的如此规模的大坝，其牢不可破的工程质量也令人惊叹。胡佛大坝成了那个时代永久性的纪念碑。在胡佛大坝建设中，非政府组织提出的修建全美大运河方案被否决，不仅是由于大运河方案本身的弊病，更体现了以垦务局为代表的美国联邦政府在河流开发权上的坚定。也就是说，胡佛大坝的决策和建设是在当时具体的历史背景下，自然条件、经济发展需求、社会背景和技术水平各种因素综合作用的结果，具有一定的必然性。

(2) 管理模式。胡佛大坝工程当时的管理模式，今天来看，仍具有较强的借鉴意义。它由隶属美国内政部的垦务局主持兴建，后期开工建设则采用开发商竞标，后决定由私人集团组成的"六公司"承建。这种工程管理模式可谓开辟了大坝工程现代管理方法的先河。类似胡佛大坝这样大规模的水电工程需要耗费巨额资金、大量人力财力，更牵扯到多方面的复杂的利益关系，大坝工程的效益发挥具有一定的社会公益性，因此由联邦政府的内政部及下属的垦务局进行工程项目的前期调研、立项和决策是合理的。美国的垦务局、陆军工程师兵团、田纳西流域管理局这三家水电开发巨头均为政府性质，并一直延续至今。

(3) 生态评价和社会评价。大坝工程一旦建成，即成为重要的社会基础设施，利用水能发电所形成的社会财富也应由全社会的人共同拥有。同时，大坝工程的建设和运行通过改变河流水流的流向和水资源分布，进而打破了流域内自然资源的分布和利用状况，不仅影响了河流生态环境，还导致社会利益分配在时空分布上的失衡。这正是大坝工程不断引发争论的重要和深层次的社会原因。近些年来，随着人们生态保护意识的提高，工程的环境影响评价已逐步被纳入法律层次，得到了有效贯彻。但工程的社会影响评价还有一定距离。工程的社会影响是关系到"工程的社会正义"的重要理论问题，不仅关系到工程本身的前途，更关系到和谐社会的发展。

三、三门峡

三门峡水库（图3-3），黄河上的第一个大型水利枢纽工程。1957年4月13日，三门峡水利枢纽正式投入使用。三门峡水利枢纽是治黄工程体系最重要的组成部分，担负着黄河下游防洪、防凌的重任，保护着冀、豫、鲁、皖、苏5省25万km^2范围内1.7亿人口的生命财产安全。该枢纽运营48年来，已经形成了独特的生态系统和自然环境。

图3-3 三门峡水库

在没有高科技辅助，没有大型机器设备的20世纪50年代，全国的水利精英齐聚在三门峡，大家集思广益，秉着"民为邦本、民族至上"的精神排除万难，使三门峡大坝的主体工程用不到四年的时间就基本竣工，成功现世。结束了黄河"三年两决口"的局面，使两岸人民安居乐业。在三门峡大坝的建设中，"心往一处想，智往一处谋，劲往一处使"的优秀品质被我国水利精英完美地展现出来。

1. 工程决策

1954年4月，国家计委决定成立黄河规划委员会，在苏联专家的指导下，编制黄河流域规划，中央决定将三门峡枢纽大坝和水电站委托苏联设计。苏联专家参与设计的三门峡枢纽大坝和水电站的规划报告，于同年底出台，仅用了8个月的时间。1955年，水利部召集专家学者讨论这一计划。7月，全国人大一届二次会议全票通过了《关于根治黄河水害和开发黄河水利的综合规划的报告》。1956年4月，苏联专家进一步完成了《三门峡工程设计要点》，建议水库的正常水位360m，比规划报告中的350m高出10m。这意味着必须淹没农田333万亩，移民90万人，远远超过350m规划中的60万人移民。此时，学识渊博、治学严谨的黄万里郑重地向黄河流域规划委员会提出《对于黄河三门峡水库现行规划方法的意见》，要点为：一是水库的规划违背了水流必然趋向挟带一定泥沙的自然原理。即使上游水土保持良好，清水在各级支流里仍将冲刷河床而变成浑水，最后仍将泥沙淤积在水库的上游边缘。在坝下游，出库的清水又会加大冲刷河岸的力度，使下游的防护发生困难。因此，黄河的水不可能变清，也没有必要变清。二是筑坝的有利方面是调节水流,有害方面是破坏河沙的自然运行。在库上游边缘附近,由于泥沙淤淀下来而不前进,那里的洪水水位将提高。可以想见,无须等到水库淤满,今日下游的洪水他年必将在上游出现。三是河流坡面上的水土应设法尽量保持在原地,但对已经流入河槽里的泥沙却相反地应该要督促它们继续顺水流下去。这才是人们了解了自然规律而去限制利用它,却不是改变它的正确措施。认识了必须让河槽内泥沙向下运行的自然规律,如果修了水库,设法刷沙出库就必然成为河沙问题的研究方向。而无论采取什么措施刷沙出库,均要求在坝底留有容量相当大的泄水洞,以免他年觉悟到需要刷沙时重新在坝底开洞。

1957年6月10—24日,由周恩来总理主持,水利部召集70名学者和工程师在北京饭店召开"三门峡水利枢纽讨论会",给苏联专家的方案提意见,谈看法;给两个月前正式开工的三门峡工程出主意,想办法。准确地说,参加这次会议的所有专家学者,除了温善章提出改修低坝水库和滞洪排沙的方案外,大部分人不说话,其余的人异口同声地认为三门峡大坝建成后,黄河就要清水长流了。黄万里自感人微言轻,认为"一定要修,请别将河底的施工排水洞堵死,以便他年觉悟到需要冲刷泥沙时,也好重新在这里开洞。"最后这一条与会者全都同意了,也得到了国务院的批准,但现场主持施工的"水利专家"仍按苏联专家原设计将6个施工泄水洞全部堵死。

2. 工程施工

1958年11月25日,三门峡工程完成对黄河的截流。1960年6月,大坝筑到了340m,已能够拦洪。同年9月,实现关闸蓄水拦沙。1961年2月9日,当坝前水位达332.58m(尚未到设计高度)的时候,泥沙淤积就迅速发展;同时,原来设想的比较简单乐观的移民也遇到了困难,工程实际上已无法按原设想进展。4月,大坝筑到了计划高程353m。1961年下半年,15亿t泥沙全部铺在了从潼关到三门峡的河道里,潼关的河道抬高,渭水河口形成拦门沙,渭河航运窒息,渭河平原地下水位上升,弄得从无水患的渭河两岸也不得不修起了防洪堤。而关中平原的地下水无法排泄,田地迅速出现盐碱化甚至沼泽化,粮食因此减产。这一年,潼关以上的黄河、渭河大淤成灾。

1962年3月,水库内的淤积已经开始迅速发展,潼关河床在一年半的时间内暴涨4.5m,成了名副其实的"悬河"。最糟糕的问题是,河床的"翘尾巴"——泥沙淤积向上游延伸,严重危害着关中平原的安全,已威胁到以西安为中心的工业基地。水电部不得不在郑州召开会议,将美妙的"黄河清"暂时放在一边,而把三门峡水库的运用方式由当初定的"拦蓄上游全部来沙"改为"滞洪排沙"。水位不得不降低。由于失去了大水头,第一台15万kW的发电机组披红挂彩地发电不足一个月,便丧失了用武之地,只好改装为5万kW小机组。同时耗费惊人的人力、物力、财力打通排水洞,以泄泥沙。如此一折腾,不下百亿元投进水库"打水漂"。运用方式作了180°大转弯之后,淤积有所减缓,但因泄水底洞底槛高,泄流量还是太小,"翘尾巴"淤积继续向上游发展,造成渭河、洛河、黄河淤积连锁反应。1966年,库内淤积泥沙已达34亿m³,占库容的44.4%。三门峡水库已成"死库"。

3. 工程改建

1968年,第一期改建刚刚结束,第二次改建就于1969年接踵而至,所有的争论至此已经变得毫无意义,"防止下游千年一遇的洪水"不再提,变成了"确保西安,确保下游",气魄不那么雄伟的"合理防洪、排沙放淤、径流发电"得到确认,只能将当年黄万里主张保留以备将来排沙却在施工时被堵死的施工导流底孔打开,从1号孔到8号孔,每一个耗资1000万元,又将1~5号机组进水口高度由300m降到287m,泄洪排沙。此时的三门峡水利枢纽,距离当初激情规划的巨大综合效益,已经大打折扣:由于水位的一再调低,发电效益已由最初设计的90万kW机组年发电46亿kWh下降到二期改建后的25万kW机组年发电不足10亿kWh;灌溉能力也随之减弱;为下游拦蓄泥沙实现黄河清与地下河的设想,也随着大坝上的孔洞接连开通而作废;发展下游航运,更是因为黄河遭遇长年枯水而无法实现。第二次改建花了两年半的时间,以坝身百孔千疮外加旁边还有两条导管的代价,暂时解决了三门峡大坝的泄流排沙能力问题。按照一些水利专家的看法,原指望带来黄河清水长流的三门峡工程,已经水库不是水库,电站不像电站,成了个"四不像"。

4. 工程影响

三门峡工程的直接结果,是对黄河河流生态环境,特别是中下游流域生态环境的严重破坏:黄河三门峡至潼关的淤积泥沙至今没有解决;关中平原50多万亩农田的盐碱化;水库淹没了大量的农田;水库毁掉了文化发祥地的珍贵文化古迹;黄河航运的中断;29万多农民从渭河谷地被迫向宁夏缺水地区移民,其中15万人来回十几次迁移,给他们造成了人生中难以想象的惨剧。三门峡工程直接的经济损失为:高坝当低坝用,工程本身就浪费了大量人力、物力、财力;发电机装机能力只有原来的1/5,发电目标没有达到;高坝低用,防洪目标无法实现;两次改建费用,以及增加的常年运行费用等。据最保守的估计,这些直接经济损失已经超过三门峡工程的总造价,整个三门峡造成的损失有人估算不下百亿元。

5. 工程反思

苏联境内很少有泥沙量大的河流,他们的专家缺少泥沙河流治理经验,所以他们的整体思路就是蓄水拦沙,认为水土保持能很快生效,进入三门峡的泥沙能很快减少,因此可用三门峡的高坝大库全部拦蓄泥沙,使三门峡下泄清水来刷深黄河下游的河床,从而把黄河一劳永逸地变成地下河。事实证明,这一方案是脱离黄河实际情况的。

大凡错误的决策,劳民伤财,贻害无穷。而通过严谨的科学论证形成的正确决策,则产生福祉,利国利民,它来源于科学知识、科学精神、科学方法和科学的思维方式,而这些正是三门峡工程的决策过程中所严重缺乏的。人们轻信甚至盲从无治沙经验的苏联专家的说法,先入为主地论证工程的可行性,工程存在缺陷后又缺乏有力度的纠正。更要命的是,对反对者的忠告置若罔闻,缺乏实事求是的态度和宽容反对意见的胸怀,造成了权力对科学的排斥和压制。

中外科学史的许多事例都反复证明:科学的真理具有独立于个人或集团利益之外的属性,它往往掌握在少数人手里。黄万里的遭遇再一次印证了这个判断,这就提醒执政者和社会各界必须重视少数人特别是专家学者的"异见","另类"的声音或许提供了更广阔的视角或对更多可能性的预见。在这种声音面前审时度势慎重行事只有好处,没有坏处,人为地回避、忽略乃至压制这种声音只有坏处,没有好处。正是黄万里们出于爱国热忱,提出一条条在相关领域有相当分量的反对意见,才能为决策者们提供宏大的视角和多维的思路。

【思政导引】

三门峡水库的建设给我们的启示是工程建设中要遵循自然规律，充分考虑当地的地理条件。虽然历史上三门峡水库工程经常作为反面案例出现，但是它现今仍然有很大的意义，比如在黄河多个水库联合进行的"调水调沙"中就发挥了重要作用。这也证明对自然事物的认识有一个过程，要用发展的眼光看待自然万物。

【课后拓展】

查阅相关资料，列举国内外典型的水利工程，总结工程经验教训。

第二节 国内著名水利工程

3-2 国内著名水利工程

新中国成立以来，特别是改革开放以后，党中央高度重视水利建设，国家大量投入资金、人力及物力，积极建设水利工程。经过几代水利建设者的不懈奋斗，建成了以三峡水利枢纽工程、小浪底水利枢纽工程和南水北调工程等为标志的一大批关系国计民生和经济发展的重点水利工程。

一、三峡水利枢纽工程

长江三峡水利枢纽工程，又称三峡工程（图3-4），是中国有史以来建设的最大型的工程项目，位于湖北省宜昌市三斗坪、长江干流西陵峡中，距三峡出口南津关38km，其下游40km处为葛洲坝水利枢纽。三峡工程具有防洪、发电、航运等综合效益，其中，防洪被认为是三峡工程最核心的效益。三峡工程于1992年获得中国全国人民代表大会批准建设，1994年12月14日正式动工兴建，工程静态投资1352.66亿元，动态投资2485.37亿元。

图3-4 三峡工程全景

三峡水电站是世界上规模最大的水力发电站和清洁能源生产基地，于2003年6月1日下午开始蓄水发电，于2012年全部完工。三峡水电站安装32台单机容量为70万kW

的水电机组，其中坝后式厂房左岸电站安装 14 台，右岸电站安装 12 台，右岸地下电站安装 6 台，另外还有 2 台 5 万 kW 的电源机组，总装机容量为 2250 万 kW，远超位居世界第二的巴西伊泰普水电站。

(一) 工程设想

中国对兴建三峡水利工程的设想和探索由来已久。早在 20 世纪初，孙中山先生曾提出开发三峡水力资源的设想。1944 年，中国资源委员会与美国垦务局的萨凡奇、L.L. 博士等协作进行了建坝方案的研究，提出了在南津关建坝的扬子江三峡计划初步报告。新中国成立后，开展了三峡工程建设的前期工作，水利部长江水利委员会做了大量的勘测、科研和规划设计工作。1986 年，原水利电力部组织各方面专家对三峡工程的可行性进行论证，认为三峡工程对长江中游防洪的作用不可代替，发电、航运效益巨大，移民及环境问题可以妥善解决，应早日兴建。根据论证成果，长江水利委员会于 1989 年提出三峡工程可行性研究报告，经国务院审查后，于 1992 年 4 月 3 日在第 7 届全国人大第 5 次会议上审议通过，将兴建长江三峡水利枢纽列入国民经济和社会发展十年规划。经过多种方案比较研究，确定采用"一级开发、一次建成、分期蓄水、连续移民"的实施方案。

(二) 工程建设

三峡工程计划全部工期 17 年，分三个阶段完成。第一阶段 (1993—1997 年) 为施工准备及一期工程，以实现大江截流为标志；第二阶段 (1998—2003 年) 为二期工程，以实现水库初期蓄水、第一批机组发电和永久船闸通航为标志；第三阶段 (2004—2009 年) 为三期工程，以实现全部机组发电和枢纽工程全部完建为标志。2006 年 5 月 20 日，最后一仓混凝土浇筑完毕，标志着三峡大坝全线建成。

(三) 枢纽布置及大坝工程

三峡大坝为混凝土重力坝，大坝长 2335m，底部宽 115m，顶部宽 40m，高程 185m，正常蓄水位 175m。大坝坝体可抵御 10000 年一遇的特大洪水，最大下泄流量可达 10 万 m^3/s。整个工程的土石方挖填量约 1.34 亿 m^3，混凝土浇筑量约 2800 万 m^3，耗用钢材 59.3 万 t。水库全长 600 余 km，水面平均宽度 1.1km，总面积 $1084km^2$，总库容 393 亿 m^3，其中防洪库容 221.5 亿 m^3，调节能力为季调节型。

枢纽主要建筑物由大坝、水电站、通航建筑物等三大部分组成。主要建筑物的形式及总体布置，经对各种可行性方案的多年比较和研究，并通过水力学、结构材料和泥沙等模型试验研究验证确定。枢纽总体布置方案为：泄洪坝段位于河床中部，即原主河槽部位长 483m，在泄洪坝段底部，均匀分布有 22 孔导流底孔弧形门，底坎高度为 56m，弧门宽 6m，高 8.5m，22 孔弧门分别由 22 台液压启闭机启闭，两侧为电站坝段和非溢流坝段。水电站厂房位于两侧电站坝段后，另在右岸还有地下电站厂房，永久通航建筑物均布置于左岸。如图 3-5 所示。

(四) 电站建筑物的布置

三峡水电站坝址河谷地形开阔，河床及漫滩部分满足泄洪坝段、厂房坝段及坝后式厂房布置需要，各建筑物基岩坚硬完整，自然条件十分优越。从枢纽建筑物布置的协调性、泄洪安全性、分期建设条件、厂房结构复杂程度、施工难度、运行条件、施工工期及工程投资等方面进行综合技术经济比较，采用两岸坝后厂房＋右岸地下厂房的布置方案。

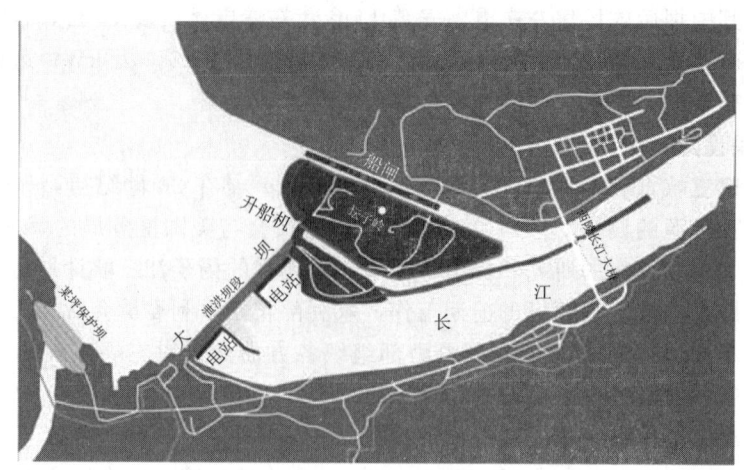

图3-5 三峡工程枢纽布置示意图

左、右岸电站建筑物由坝式进水口、引水压力管道、主厂房、上下游副厂房、尾水渠及厂前区等组成。左岸电站安装14台机组,主厂房尺寸为643.7m×68m（上部39m）×94.3m（长×宽×高,下同）,右岸电站安装12台机组,主厂房尺寸为567.1m×68m（上部39m）×94.3m,为世界上规模最大的电站厂房。引水压力管道为单机单管布置,直径12.4m,并采用浅埋坝后背管布置形式。

三峡地下电站位于右岸白岩尖山体中,与右岸坝后电站相毗邻,共安装6台机组。三峡地下电站建筑物主要由引水渠及进水塔、引水隧洞、排沙洞、地下厂房、母线洞（井）、变顶高尾水洞、尾水平台及尾水渠、进厂交通洞、通风及管道洞、管线及交通廊道、地面500kV升压站和厂外排水系统等组成。引水隧洞直径为13.5m,主厂房尺寸为311.30m×32.60m（下部31m）×87.3m,采用岩锚吊车梁,尾水隧洞尺寸为15m×25m（宽×高）,采用新型变顶高尾水洞形式,其厂房及尾水洞规模为国内外同期最大。

（五）电站水轮发电机组构成

三峡左岸电站有14台发电机组,4~6号和10~14号机组一共8台由阿尔斯通（Alstom）负责水轮机,瑞士ABB负责发电机,另外1~3号和7~9号机组共6台由德国伏伊特（Voith）、通用电气（GE）与西门子（Siemens）组成的VGS联合体制造,这几家国际巨头在签订供货协议时,都已承诺将相关技术无偿转让给中国国内的电机制造企业。右岸电站有12台机组,哈电、东方电机和阿尔斯通各负责4台。右岸地下电站6台机组中,哈电、东方电机和阿尔斯通又各承建2台。机组功率均为70万kW,其中水轮机额定出力77万kW。

（六）通航建筑物

长江三峡永久通航建筑物是指位于宜昌三斗坪地区长江水利枢纽工程的四大工程项目之一。长江三峡拦河大坝坝顶高185m,大坝高175m,蓄水后库区水位与下游水位形成124m水位差。通航建筑物的功能就是帮助船舶通过这一巨大水位差的大坝航段。三峡永久通航建筑物包括永久船闸和升船机。

永久船闸为双线五级连续梯级船闸（图3-6）,规模举世无双,是世界上第二大的船闸，单级闸室有效尺寸为280m×34m×5m，可通过万吨级船队，设计通过船闸时间为2.5h。它全长6.4km，其中船闸主体部分1.6km，引航道4.8km。三峡大坝坝前正常蓄水位为海拔175m高程，而坝下通航最低水位62m高程，这就是说，船闸上下落差达113m，船舶通过船闸要翻越40层楼房的高度。2003年大坝蓄水至135m高程后，6月船闸下游3个闸室成功进行了试通航，随即投入正式运行。

图3-6 三峡工程双线五级船闸

升船机为单线一级垂直提升式，全线总长约5000m，船厢室段塔柱建筑高度146m，最大提升高度为113m、最大提升重量超过1.55万t，承船厢长132m、宽23.4m、高10m，可提升3000吨级的船舶过坝。三峡升船机是世界上规模最大、技术难度最高的升船机工程（图3-7）。

【思政导引】

1. 科学民主、振兴中华

兴建三峡工程，根治长江水患，寄托着中国人民振兴中华的伟大梦想。三峡工程从提出设想、考察规划到决策论证、开工建设，集聚了几代党和国家领导人、数以万计专家和工程建设者们的智慧、心血和奉献，整个过程自始至终发扬民主，讲求科学。

三峡工程设想最早由革命先驱孙中山先生于1918年提出。几代党和国家领导人高度重视三峡工程的建设。毛泽东同志从防洪的角度出发，提出修建三峡工程的宏伟蓝图，为三峡工程提出"积极准备，充分可靠，有利无弊"的建设方针，于1970年批准兴建葛洲坝工程，为三峡工程的建设积累了实战经验。邓小平同志反复权衡利弊，果断拍板修建三峡工程。后因社会各界对三峡工程的不同意见，党中央、国务院对三峡工程进行重新论证。从1986年6月开始，历时2年8个月，三峡工程论证领导小组和全国各行各业的412位专家，组成14个专家组，分为10个专题对三峡工程进行重新论证，最后得出"建比不建好、早建比晚建有利"的结论。江泽民同志经过实地考察和国务院常务会议、中央政治局常委会讨论通过，终于在1992年4月3日，由第七届全国人民代表大会第五次会议通

图 3-7 三峡工程升船机

过了《关于兴建长江三峡工程的决议》。至此,三峡工程终于以全国人大决议的最高权威拉开了蓝图变现实、方案到实施的盛大序幕。

三峡工程经过反复论证和考察,到最终决策、开工建设,历经半个多世纪,决策的过程长,讨论的范围、涉及的学科广,参与的人数多,党和国家领导人还有各界专家学者都奉献着个人的智慧,体现了工程决策与建设的科学民主。在充分发扬民主的基础上进行适时集中,在集中的过程中进行科学决策,真正做到了既不失决策的科学性,又不失决策的民主性。这种科学性与民主性的有机结合甚至完美统一,正是"三峡精神"的生动体现。

2. 自强不息、求实创新

作为当今世界上最大的水利水电工程,三峡工程的建设和运行面临着前所未有的困难和问题。但三峡工程建设者们自强不息、迎难而上,坚持以求实创新驱动科学发展,用追求卓越的责任担当抒写着大国重器的时代华章。三峡工程取得了 200 多项科技成果、700 余项专利,打破了 100 多项世界纪录,有 20 多项经济技术指标名列"世界之最"。它就是一座"科技博物馆"、世界级难题"题库"。这背后要啃下无数"硬骨头",挑战诸多"极限值",没有规范可参照,没有经验可遵循。只有通过脚踏实地、求实创新、自强不息的坚持和魄力,才筑造了伟大的三峡工程!

三峡工程设计安装的水轮发电机组,单机容量是 70 万 kW,其设计和制造难度居当时世界之最。但因当时我国技术有限,不得已采取国际公开招投标的方式,从国外进口先进设备和关键核心技术,进行消化吸收、再创新,这个过程仅用了 7 年时间,就实现了特大型水轮发电机组国产化的宏伟目标。现在，我们可以骄傲地说：中国水电是什么水平，世界水电就是什么水平！如在金沙江流域四座梯级电站，均已投入使用，即乌东德、白鹤滩、溪洛渡和向家坝，他们的单机容量分别有85万kW、100万kW、77万kW和80万kW大型水电机组，都是中国自主制造的。从跟跑者到世界引领者的飞跃，这一华丽变身无不凸显着"自强不息、求实创新"的精神力量。

3. 团结协作、爱国奉献

三峡工程是无数中华儿女团结协作、齐手绘就的宏伟时代画卷，彰显的爱国奉献精神熠熠生辉。当时，数万三峡工程建设者置身其中，数百家单位提供材料、机电设备和金属制造，涉及的总人数达数十万至数百万人。大家爱国奉献，团结一心，排除万难，分工协作，最终建成了壮丽的三峡工程。三峡移民工程涉及范围广、安置任务重、难度系数大。为此，全国有20个省（自治区、直辖市）、10个大中城市、中央40多个部（委、局）等承担了对口支援任务，交出了社会主义团结协作的时代答卷。

三峡水库淹没涉及湖北省的4个县和重庆市的16个区（县、市）的2座城市、10座县城、114座集镇，淹没陆域面积$632km^2$，动态移民人数达130多万人，意味着每千个中国人中就有一个三峡移民，这在世界水库移民史上绝无仅有。广大三峡移民顾大局、识大体，毅然决然抛舍家业、离别故土，主动让出自己世世代代居住的家园，体现了他们以国家大义为重的宽广胸襟、舍家为国的爱国情怀；广大基层移民干部坚持"以移民为先、以移民为重""宁可苦自己、绝不负移民"，舍己为人的奉献精神展露无遗。"团结协作、爱国奉献"成为"三峡精神"浓墨重彩的一笔，并使"三峡精神"更加丰满。

伟大民族精神是中华民族几千年来取之不尽的前进动力，是我们国家绝处逢生的强大支撑，也必然是新时代实现中华民族伟大复兴新征程中，最基本、最深厚、最持久的力量。三峡精神是中华民族历史上一座伟大的精神丰碑。今天，三峡已成为一个标志，一种象征，它树立了科学民主的时代榜样，诠释了众志成城的爱国情怀，展现了自强不息的奋斗姿态。它代表着使命、责任与担当，它彰显着胸怀、气魄与力量，它昭示着品格、境界与理想。三峡精神，是时代的标杆，时代的音符，奏响了我们今天强国建设和民族复兴的最强音。我们重温三峡故事，感悟三峡精神，并在新时代更好地传承、弘扬和践行这种伟大精神，凝聚起"建设新三峡、共圆中国梦"的强大前行力量！

二、葛洲坝水利枢纽工程

葛洲坝水利枢纽工程（图3-8）位于湖北省宜昌市境内的长江三峡末端河段上，距离长江三峡出口南津关下游2.3km，具有发电、改善航道等综合效益。它是长江上第一座大型水电站，也是世界上最大的低水头大流量、径流式水电站。1971年5月开工兴建，1972年12月停工，1974年10月复工，1988年12月全部竣工。电站总装机容量271.5万kW，其中二江水电站安装2台17万kW和5台12.5万kW机组；大江水电站安装14台12.5万kW机组。年均发电量140亿kWh。首台17万kW机组于1981年7月30日投入运行。

葛洲坝水利枢纽工程是我国万里长江上建设的第一个大坝，是长江三峡水利枢纽的重要组成部分，在世界上也是屈指可数的巨大水利枢纽工程之一。水利枢纽的设计水平和施工技术，都体现了我国当前水电建设的最新成就，是我国水电建设史上的里程碑。

图 3-8 葛洲坝水利枢纽工程全景

(一) 工程背景

葛洲坝工程的研究始于 20 世纪 50 年代后期。1970 年 12 月 26 日,毛泽东同志在兴建葛洲坝工程的报告上批示"赞成兴建此坝",工程于当月 30 日正式动工。1972 年 11 月 21 日,周恩来同志对工程技术委员会说:"修葛洲坝要成为三峡大坝的试验坝""搞好了葛洲坝就是大成功"。1980 年 7 月 12 日,邓小平同志来到葛洲坝,寄厚望于建设者,希望这支队伍建好葛洲坝,进军大三峡。

(二) 工程建设

葛洲坝工程整个工期耗时 18 年,分为两期:第一期工程 1981 年完工,实现了大江截流、蓄水、通航和二江电站第一台机组发电;第二期工程 1982 年开始,1988 年底整个葛洲坝水利枢纽工程建成。1991 年 11 月 27 日,第二期工程通过国家验收,葛洲坝工程宣告全部竣工。

(三) 枢纽建筑物及电厂布置

葛洲坝水利枢纽工程(图 3-9)由船闸、电站厂房、泄水闸、冲沙闸及挡水建筑物组成。枢纽建筑物自左岸至右岸为:左岸土石坝、3 号船闸、三江冲沙闸、混凝土非溢流坝、2 号船闸、混凝土挡水坝、二江电站、二江泄水闸、大江电站、1 号船闸、大江泄水冲沙闸、右岸混凝土拦水坝、右岸土石坝。大坝全长 2606.5m,最大坝高 47m。其中主要建筑物按 1 级建筑物设计,电站最大水头 27m,设计水头 18.6m,最小水头 8.3m。

葛洲坝二江电站厂房为葛洲坝枢纽建设的第一期工程,位于二江左侧,紧邻黄草坝。电站左侧为非溢流坝段,右侧厂闸导墙与二江泄水闸相接。电站建筑物包括:厂房,机组段总长 259m;安装场,在主厂房左端,总长 69.5m;厂外副厂房,包括操作管理楼(紧靠安装场)、空气压缩机房、厂外油库及机修厂等;上游进水渠,包括导沙坎等;下游尾水渠,包括左侧护岸等;220kV 开关站,位于主厂房左侧黄草坝上;330kV 联络变压器开关站,在大江电站投入运行前,作为临时过渡的变电站,它位于上游进水渠左侧的防淤堤上;排漂孔与浮式拦污栅,前者在右侧厂闸导墙内,后者在进水渠口;电站对外接铁路

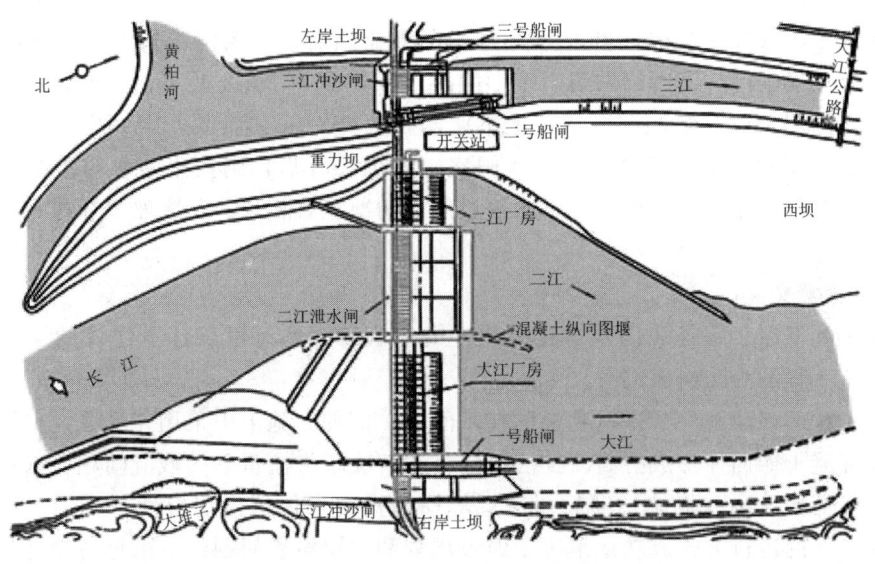

图 3-9 葛洲坝工程枢纽布置图

和公路,与联系坝顶的下坝铁路相连接;量测系统,包括内外部观测及水位观测等。

电站布置 2 台 17 万 kW 机组(转轮直径 11.3m,大机组)和 5 台 12.5 万 kW 机组(转轮直径 10.2m,小机组),机组编号从左至右岸为 1～7 号。机组段长度前者为 40.2m;后者为 35.3m。两者尺寸均较大,故采用一机一缝布置。尾水管采用整体式底板的结构形式,能够较好地适应软弱基岩。弯管段底板的厚度为:大机组 6.8m,小机组 6.2m。

厂房顺流向分为进水口段、主机室段和尾水段三部分。进水口段平台布置有铁路、公路、人行道、电站外部观测廊道、闸门槽、门机等。结合整个枢纽的坝顶统一布置考虑,平台顶部宽度 43.3m,基础部分宽度 39.6m。尾水段平台上布置有母线出线室、主变压器、公路及尾水门机等。根据尾水管长度及闸门槽布置要求,基础部分宽度为 37.4m,平台宽度为 39.55m。主机室段根据机组设备及结构布置要求,宽度为 33m。整个机组段顺水流向基础部分总宽度为 110m。

葛洲坝大江电站位于南津关弯道下游凸岸,装机 14 台,单机容量 12.5 万 kW,总装机容量 175 万 kW,机组编号从左至右岸为 8～21 号。厂房形式采用有两个排沙底孔的河床式厂房,单机组段长度为 35.3m,挡水前缘总长 582.2m。

(四)泄洪排沙建筑物

二江泄洪闸是葛洲坝工程的主要泄洪排沙建筑物,共有 27 孔,最大泄洪量 83900m³/s,采用开敞式平底闸,闸室净宽 12m,高 24m,设上、下两扇闸门,尺寸均为 12m×12m,上扇为平板门,下扇为弧形门,闸下消能防冲设一级平底消力池,长 18m。大江冲沙闸为开敞式平底闸,共 9 孔,每孔净宽 12m,采用弧形钢闸门,尺寸为 12m×19.5m,最大排泄量 20000m³/s。三江冲沙闸共有 6 孔采用弧形钢闸门,最大泄量 10500m³/s。

(五) 通航建筑物

三座船闸中,大江 1 号船闸和三江 2 号船闸为亚洲之最。船闸各长 280m、高 34m,闸室的两端有 2 扇闸门,下闸门两扇人字形闸高 34m,宽 9.7m,重 600t。逆水而上的船到达船闸时上闸门关闭,下闸门开启,上下游水位落差 20m,船驶入闸室内,下闸门关闭,设在闸室底部的输水阀打开,水进入闸室,约 15min 后,闸室里的水与上游水位相平时,上闸门打开,船只驶出船闸,下水船过闸的情况正好相反。每次船只通过葛洲坝大约需要 45min。

(六) 工程意义

葛洲坝水利枢纽工程是我国水电建设史上的里程碑,是万里长江上建设的第一座大坝,属于三峡工程的一个组成部分。

葛洲坝工程的兴建解决了一些复杂的技术问题。例如,施工中采用"先在龙口段抛投钢架石笼和混凝土四面体形成拦石坎护底"的方法解决了大流量下的截流问题;采用设防渗板和抽排降低扬压力、齿墙切断软弱夹层等措施提高坝体抗滑稳定性;采用"静水通航、动水冲沙"的运行方式成功地解决了河势规划和航道淤积问题;中国自行设计、制造的单机容量 17 万 kW 的水轮机组,是 20 世纪世界上大型低水头转桨式水轮机之一。

葛洲坝工程的兴建在一定程度上缓解了长江水患,具有发电、改善峡江航道等功能,可发挥巨大的经济和社会效益。同时,它提高了我国水电建设的科学技术水平,培养和锻炼了一支高素质的水电建设队伍,为三峡水利枢纽工程建设积累了宝贵的经验。

三、小浪底水利枢纽工程

小浪底水利枢纽(图 3-10)位于河南省洛阳市孟津区与济源市之间,三门峡水利枢纽下游 130km、河南省洛阳市以北 40km 的黄河干流上,控制流域面积 69.4 万 km²,占黄河流域面积的 92.3%。坝址所在地南岸为洛阳市孟津区小浪底村,北岸为济源市蓼坞村,是黄河中游最后一段峡谷的出口,是黄河干流三门峡以下唯一能取得较大库容的控制性工程。

图 3-10 小浪底水利枢纽工程全景

黄河小浪底水利枢纽工程是黄河干流上的一座集减淤、防洪、防凌、供水灌溉、发电等为一体的大型综合性水利工程，是治理开发黄河的关键性工程。

坝址控制流域面积69.42万 km²，多年平均流量1342m³/s，多年平均输沙量13.51亿 t。水库正常蓄水位为275m，相应库容126.5亿 m³，其中淤沙库容75.5亿 m³。主要水工建筑物设计洪水标准为1000年一遇，校核洪水标准为10000年一遇。水电站装机1800MW，多年平均年发电量51亿 kWh。

（一）工程建设

1991年9月12日，小浪底水利枢纽工程开始进行前期准备工程施工，1994年9月1日主体工程正式开工，1997年10月28日截流，2000年初第一台机组投产发电，2001年底主体工程全部完工，取得了工期提前、投资节约、质量优良的好成绩。工程建设可以划分为准备工程施工、国际招标、主体工程施工、尾工四个阶段。

（二）枢纽建筑物

枢纽主要包括挡水、泄洪排沙和引水发电三大部分。

枢纽大坝为黏土斜心墙堆石坝，最大坝高154m，是中国已建成的体积最大、基础覆盖层最深的土质防渗体当地材料坝。总填筑量5185万 m³，坝基混凝土防渗墙厚1.2m，最大深度81.0m，顶部插入斜心墙12m。上游围堰是主坝的一部分，斜墙下设塑性混凝土防渗墙和旋喷灌浆相结合的防渗措施，坝体防渗由主坝斜心墙、上爬式内铺盖、上游围堰斜墙与坝前淤积体组成完整的防渗体系。

由于地形、地质条件的限制和进水口防淤堵等运用要求，泄洪、排沙、引水发电建筑物均布置在左岸，形成进水口、洞室群、出水口消力塘集中布置的特点。在面积约1km²的单薄山体中集中布置了各类洞室100多条。9条泄洪排水洞、6条引水发电洞和1条灌溉洞的进水口组合成一字形排列的10座进水塔，其上游面在同一竖直面内，前缘总宽276.4m，最大高度113m。各洞进口错开布置，形成高水泄洪排污、低水泄洪排沙、中间引水发电的总体布局，可防止进水口淤堵、降低洞内流速、减轻流道磨蚀、提高闸门运用的可靠性。其中6条引水发电洞和3条排沙洞进口共组成3座发电进水塔，每座塔布置2条发电洞进口，其下部中间为一条排水洞进口，高差15～20m，可使粗沙经排沙洞下泄，减少对水轮机的磨蚀。9条泄洪排沙洞由3条导流隧洞改建的3条孔板洞、3条明流洞、3条排沙洞组成，与1条溢洪道在平面上平行布置，其出口处设总宽356m、总长210m、最大深度28m的2级消力塘，对以上10股水流集中消能，经泄水渠与下游黄河连接。进水塔和消力塘开挖形成的进出口高边坡最高达120m。为保证高边坡稳定，采用了减载、排水及1100多根预应力锚索支护、竖直抗滑桩加固的综合治理措施，取得了良好的效果。

引水发电系统由发电进水塔、引水洞、压力钢管、地下厂房、主变室、尾闸室、尾水洞、尾水渠和防淤闸等组成。地下厂房上覆岩体厚70～110m，其中有4层泥化夹层，采用了325根长25m、重1500kN的预应力锚索支护，厂房内还采用了预应力锚固岩壁吊车梁。厂房中安装6台300MW水轮发电机组，尾水渠末端设防淤闸，防止停机时浑水回淤尾水洞。水轮机运用水头变幅大，具有良好的水力特性和抗磨损性能，且设置筒形阀，可适应多泥沙和调峰运用条件，还可在不吊出转子和转轮的情况下，进行导水机构和转轮过流表面的维修。

（三）工程地位与作用

小浪底工程是三门峡以下唯一能够取得较大库容的控制性工程，处在控制黄河下游水沙的关键部位，也是唯一能够担负下游防洪、防凌、兼顾工农业供水、发电的综合水利枢纽，具有优越的自然条件和重要的战略地位。

小浪底工程的设计充分汲取了三门峡工程的经验教训。三门峡工程的负面影响主要表现在：大坝抬高水位后降低了流速，加速上游淤积，从而加剧了上游渭河地区的水灾。其在泥沙问题上的最大教训是对上游水土保持拦沙作用的估计以及水库的作用过分乐观，而预计的入库泥沙量偏小；第二个教训是在泥沙比率高的河流建了水库之后，不能采用高水位的蓄水运行方式，而应该采用"蓄清排浑"的方式，在汛期低水位时，建筑物要有足够的泄洪排沙能力。

小浪底水库区为峡谷河段，有利于保持较大的长期有效库容，可以长期发挥调水调沙、兴利除害的效益，防洪运用比较可靠，不仅可以拦蓄特大洪水，还可以根据下游防洪需要适当控制中小型洪水。这是其他工程措施所不能比拟的。小浪底水库拦调泥沙能够减缓黄河下游河道淤积，还可以通过人造洪峰、调水调沙等运用方式，长期发挥较大的减淤作用，与其他减淤措施相比，在减淤效果、减淤单位投资、影响人口等方面，小浪底工程都明显比三门峡水利工程优胜。

小浪底水利枢纽在保证下游防洪、满足下游减淤的前提下，还可以调节径流，为下游工农业用水增加可利用的水源，发电调峰可以改善电力系统的运行条件。综合各方面因素，小浪底水利枢纽是黄河下游防洪减淤工程中的最佳方案。

四、溪洛渡水电站

溪洛渡水电站（图3-11）是国家"西电东送"骨干工程，位于四川和云南交界的金沙江上，是金沙江下游干流河段梯级开发的第三梯级（金沙江下游四个电站梯级分别为乌东德水电站、白鹤滩水电站、溪洛渡水电站和向家坝水电站）。工程以发电为主，兼有防洪、拦沙和改善上游航运条件等综合效益，并可为下游电站进行梯级补偿。电站主要供电华东、华中地区，兼顾川、滇两省用电需要，是金沙江"西电东送"距离最近的骨干电源之一，也是金沙江上最大的一座水电站。

溪洛渡水电站的左、右两岸各布置一座地下厂房，各安装9台单机容量77万kW的巨型水轮发电机组，总装机1386万kW，截至2022年，是中国第三、世界第四大水电站，仅次于三峡水电站、巴西伊泰普水电站和白鹤滩水电站。溪洛渡水电站2005年年底开工，2007年实现截流，2009年3月大坝主体工程混凝土浇筑开工，2013年首批机组发电。2014年6月30日，溪洛渡左岸1号机组结束72h试运行，进入投产运行状态，至此，溪洛渡水电站所有机组全部投产。

溪洛渡水电站建成后，多年平均发电量达640亿kWh，通过国家电网和南方电网两大电网送出电力，为实现我国大范围的区域资源优化配置创造了有利条件。溪洛渡水电站电力除主送华东、华中电网外，尚留有10%（约120万kW）分送四川和云南两省，发挥了巨大的联网效益。溪洛渡水电站装机规模大，单机容量大，在全国能源平衡的总体格局中占有一定地位。

图 3-11 溪洛渡水电站

(一) 电站建筑物总体布置

溪洛渡水电站主要由拦河大坝、引水发电建筑物、泄洪消能建筑物组成。拦河坝为混凝土双曲拱坝,最大坝高 285.5m,坝顶中心线弧长 698.09m,拱冠顶厚 14m,拱冠底厚 69m。坝身布置 7 个泄洪表孔、8 个深孔,左右岸各设 2 条泄洪洞,采取"分散泄洪、分区消能"的布置原则,坝后设水垫塘消能。大坝泄洪按 1000 年一遇设计、10000 年一遇校核,总泄洪量为 49923m³/s,泄洪功率近 1 亿 kW,居世界高拱坝之冠。

发电厂房为首部地下式,分设在左、右两岸山体内,各装 9 台 77 万 kW 的水轮发电机组。地下厂房为左、右岸对称布置,引水、尾水建筑物主要由进水口、压力管道、尾水调压室、尾水洞及出口等组成。引水按"单机单管"、尾水采用"三机共用一个调压室及一条尾水洞"的布置格局。

溪洛渡水电站引水发电系统主体工程洞挖 720.8 万 m³,加上施工支洞,洞挖工程总量约 877 万 m³,远超 20 世纪世界最大人工隧道——英吉利海峡隧道(英吉利海峡隧道洞挖工程总量 750 万 m³),截至工程竣工,为资料可查的世界上规模最大的地下洞室群。

(二) 地下引水发电系统布置

电站进水口布置在坝线上游 200~500m 的顺河两岸。该段地形在立面上陡缓相间,岩体完整、强度高、稳定性较好。结合地形、地质条件,采用岸塔式进水口。岸塔式进口能充分利用天然地形,布置紧凑,施工简单,运行方便,塔体建筑整体性及稳定性均较好。

采用单机单洞布置。引水洞由上水平段、上弯段、竖井段、下弯段及下水平段组成。单机引用流量 466m³/s。

首部式地下厂房的主厂房位于拱坝上游山体内,紧靠进水口。主厂房轴线及位置选择遵循主厂房纵轴线与主要结构面走向的夹角宜大、与最大地应力方向夹角宜小的原则,并照顾主厂房、导流洞、泄洪洞的协调布置，以及尾水洞与导流洞的结合利用等因素综合确定。

主厂房、主变室、尾水调压室是首部式地下厂房洞室群的三大洞室。三大洞室平行布置，尾水调压室顶拱中心线与厂房机组中心线间距为149m，主变室顶拱中心线与厂房机组中心线间距为76m。主、副厂房按"一"字形布置，安装间设在厂房的上游端，副厂房设在主厂房的下游端。主厂房最大跨度为31.9m（仅次于向家坝水电站地下厂房的跨度，列世界第二位）、高度75.1m，主副厂房、安装间、空调机房共计长约440m。主变室跨度为19.8m，高32.8m，总长度为349.29~352.89m。尾水调压室采用阻抗式，两岸均采用长条形布置，与主厂房纵轴线平行。调压室最大跨度26.5m，高度约95.0m（溪洛渡左右岸尾水调压室高度为世界最高），总长300m，由隔墙分为3个室，三机尾水连接一条尾水洞。主变室底板与发电机层同高，每台机组各设一条母线洞。主变室长309.0m，宽17.0m，高31.6m，分两层布置。

尾水系统由尾水连接洞、尾水支洞和尾水主洞组成。尾水连接洞连接尾水管和尾调室，垂直厂房纵轴线，中心间距34.0m，洞长90.0m，断面由15.9m×12.0m渐变为12.0m×15.5m的方圆洞；每条尾水主洞与对应机组的尾水连接洞和尾水支洞相连，尾水主洞断面尺寸18.0m×20.0m，支洞断面尺寸12.0m×12.0m。

左、右岸开关站均设在主变室顶部谷肩的宽缓台地上，开关站与主变室之间每岸各由2条电缆竖井相连，电缆竖井直径8.6m。两岸厂房、主变室的进、排风竖井，分别设在厂房和主变室顶上，洞径8.0m。

（三）工程意义

溪洛渡水电站是国家"西电东送"战略的骨干电源，对实现我国能源合理配置、改善电源、改善生态环境等方面有重要作用。溪洛渡水电站大量的优质电能代替火电，每年减少燃煤4100万t，减少二氧化碳排放量1.5亿t，减少二氧化排放量近48万t，减少二氧化硫排放量近85万t。而且，配合库区生态环境和水土保持措施的落实，将有助于提高区域整体环境水平。溪洛渡水电站输送电力电量容易被电网吸收，可全部输送给华中和华东地区。

从2013年7月开始，溪洛渡水电站一个月内投产4台，6个月内投产12台，12个月内投产18台，巨型机组的投产速度和强度在世界上遥遥领先，所有投产超过一百天的机组均实现了"首稳百日"，所有机组从投产至今均做到了"零非停"，巨型机组的投产质量达世界一流水平。18台巨型机组在三峡机组的基础上传承创新，全部由国内厂家（东方电机、哈尔滨电机、上海福伊特）设计制造，国产化范围不断扩大，重大铸锻件、关键材料均实现了国产化，77万kW巨型机组群的成功投产更为我国下一步制造过100万kW的更大机组进行了扎实的技术储备。

2016年，溪洛渡水电站荣获"菲迪克工程项目杰出奖"，成为当年21个获奖项目中唯一的水电项目。

五、白鹤滩水电站

白鹤滩水电站（图3-12）是金沙江下游干流河段梯级开发的四个电站中的第二梯级，是四个水电站中总装机规模最大的电站，也是全球首个单机容量达百万千瓦的水电站。白鹤滩水电站以发电为主，兼有防洪、拦沙、改善下游航运条件和发展库区通航等综合效益。

图 3-12 白鹤滩水电站

2013年电站主体工程正式开工，2021年首批机组发电，2022年工程完工。电站装机总容量1600万kW，年平均发电量624.43亿kWh，是仅次于三峡水电站的中国第二大水电站。

白鹤滩水电站首批机组于2021年投产发电，送电至华东、华中和华南等地区，成为中国"西电东送"的重要电源点。

（一）电站建筑物总体布置

白鹤滩水电站枢纽工程主要由混凝土双曲拱坝、二道坝及水垫塘、泄洪洞、引水发电系统等建筑物组成。混凝土双曲拱坝坝顶高程834.0m，最大坝高289.0m，水库正常蓄水位高程825.0m，相应库容206亿m^3，坝身布置有6孔泄洪表孔和7孔泄洪深孔，泄洪洞共3条，均布置在左岸。

白鹤滩水电站地下厂房采用首部开发方案布置，左右岸呈基本对称布置。引水发电系统由发电进水口、压力管道、主副厂房洞、主变洞、尾水调压室及尾水管检修闸门室、尾水隧洞、尾水隧洞检修闸门室、尾水出口等建筑物组成。引水建筑物和尾水建筑物分别采用"单机单洞"和"两机一洞"的布置形式，左岸3条尾水隧洞结合导流洞布置，右岸2条尾水隧洞结合导流洞布置。

白鹤滩水电站的地下工程规模惊人，与大多数建设在地面上的电厂不同，白鹤滩水电站的机组厂房建在地下，厂房、输水系统、泄洪系统、交通网络等工事在金沙江两岸的大山内部纵横交错，规模庞大。白鹤滩水电站地下洞室的开挖量达到2500万m^3，相当于10000个标准泳池的体积，地下工程里程数达到217km，均为世界之最。

（二）地下引水发电系统布置

左、右岸电站进水口均采用岸塔式。两岸各设8个进水口，各自在平面上呈"一"字形分布。进水口按分层取水设计，拦污栅和闸门井集中布置。进水口前缘总宽度为265.6m，单个塔体宽度33.2m，顺水流向方向长33.6m，依次布置拦污栅段、通仓段、喇叭口段及闸门井段。进水口塔体最大高度105.0m。

压力管道按单机单管竖井式布置，两岸各8条。由进口渐变段、上平段、渐缩段、上弯段、竖井段、下弯段、下平段组成，其中上平段采用钢筋混凝土衬砌，其余采用钢衬。钢筋混凝土衬砌段衬后洞径为11.0m，钢衬段衬后洞径为10.2m。压力管道长度为394.77～406.89m，其中钢衬段长228.74m。

主副厂房洞长438.0m，高88.7m，岩梁以下宽为31.0m，以上宽为34.0m。地下厂房采用"一"字形布置，从南到北依次布置副厂房、辅助安装场、机组段和安装场。机组间距38.0m，机组段长304.0m，安装场长79.5m，辅助安装场长22.5m，副厂房长32.0m。

主变洞平行布置在主副厂房洞下游侧，主变洞长368.0m，宽21.0m，高39.5m。主变洞与主副厂房洞净间距60.65m。

尾水检修闸门室布置于主变洞与尾水调压室之间，闸门室跨度12.1～15.0m，长374.5m，直墙高30.5～31.5m。尾水调压室两机共用一室，采用圆筒阻抗式。

尾水隧洞采用"两机一洞"的布置格局，4条尾水隧洞平面上呈近平行布置，中心线间距60m。尾水隧洞为城门洞型，采用钢筋混凝土衬砌，衬砌厚度1.1～2.0m。尾水隧洞总长左岸1105.5～1695.8m，右岸997.6～1744.9m。

尾水出口采用地下竖井式，检修闸门室通长布置。

（三）百万千瓦级水轮发电机组

电站总装机容量1600万kW，左、右岸地下厂房各布置8台单机容量100万kW的水轮发电机组，全部为国产机组。其中，电站左岸8台由东方电气集团东方电机有限公司负责研制，右岸8台由哈尔滨电机厂有限责任公司负责研制。

百万千瓦巨型水轮发电机组是世界水电行业的"珠穆朗玛峰"，可谓世界水电的巅峰之作。其中，单台百万机组有50多米高、8000多吨重，相当于法国埃菲尔铁塔的重量。而转轮作为水电机组的"心脏"是整个机组中研发难度最大，制造难题最多的部件，也是整个机组中最核心的部件，整个转轮由15块叶片组成，每片重达11t。白鹤滩百万千瓦巨型水轮发电机组是世界上单机容量最大、电压最高的全空冷水轮发电机组，属于超巨型混流式水轮机组，其研制难度远大于世界上在建和投运的任何机组，是世界水电机组"新标杆"。

（四）工程意义

白鹤滩水电站的建设、开发将给库区社会经济发展带来良好的契机，库区交通、基础设施建设等都将得到极大的改善，带动相关产业的发展，对地区社会经济发展必将起到积极的带动作用。同时，工程的建设对促进西部开发，实现"西电东送"，促进西部资源和东部、中部经济的优势互补和西部地区经济发展都具有深远的意义。

白鹤滩水电站开创了水电站建设的多个世界第一：地下洞室群规模世界第一，单机容量100万kW世界第一，300m级高坝抗震参数世界第一，全坝使用低热水泥混凝土世界第一，圆筒式尾水调压井规模世界第一，无压泄洪洞规模世界第一。

2019年1月12日，全球首台白鹤滩百万机组精品转轮正式完工，实现了由"中国制造"向"中国创造"的转变，大幅度提升了我国水力发电设备在国际发电设备市场的竞争实力和市场开拓能力，俨然成为中国水电"新名片"。这个高3.92m、直径8.62m、重达

350t世界水电"巨无霸"的诞生，标志着我国发电设备企业率先掌握了百万千瓦等级巨型水轮发电机组的核心技术。

六、二滩水电站

二滩水电站（图3-13）地处中国四川省西南边陲攀枝花市盐边与米易两县交界处，处于雅砻江下游，坝址距雅砻江与金沙江的交汇口33km，距攀枝花市区46km，系雅砻江水电基地梯级开发的第一个水电站，上游为官地水电站，下游为桐子林水电站。

图3-13 二滩水电站

水电站最大坝高240m，水库正常蓄水位海拔1200m，总库容5.8km³，调节库容3.37km³，装机总容量3300MW，保证出力1000MW，多年平均发电量170亿kWh，投资286亿元。工程以发电为主，兼有其他等综合利用效益。

（一）设备结构

该电站水力枢纽由混凝土双曲拱坝、左岸地下厂房系统，右岸泄洪隧洞，及左岸过木机道组成。整个枢纽布置在自上游金龙沟至下游三滩沟之间2km范围的狭窄河谷内。枢纽为一等工程，主要水工建筑物混凝土双曲拱坝、泄水建筑物、引水道、厂房、主变室和开关站为一级建筑物，原木纵向过木机系统和二道坝为三级建筑物。电站采用五回500kV出线，经地面开关站进入四川电网。

（二）装机容量

为满足人防、大坝检修及基础补强时降低水库水位要求，在坝体表孔左、右边墩下部1060高程设置2个5m×6m（宽×高）的放空底孔，在库水位1140m时开启使用。地下厂房位于左岸地下洞室群内。由进水口、压力钢管、主厂房、主变压器、尾水调压室及尾水洞等洞室组成。主厂房、变压器室、调压室三大洞室平行布置，净距分别为35m和30m。洞室围岩主要为正长岩、蚀变玄武岩。岩体新鲜完整、结构均一，构造破坏微弱，具有修建大跨度、高边墙地下厂房的良好地质条件。主厂房洞室长280.29m，宽25.5m，高65.38m。厂房内布置6台单机容量550MW的水轮发电机组。

（三）建设总量

核定的总工程量为：主体工程及导流工程土石方明挖814.72万m³，石方洞挖

336.83万m³,土石方填筑量140万m³,混凝土量为598万m³。金属结构安装1.9万t。施工导流分两期进行。一期采用隧洞导流,河床围堰一次断流,全年施工,导流标准为30年一遇,洪水流量13500m³/s。二期采用大坝底孔导流,标准为11月10日至翌年4月时段10年一遇洪水,流量1500m³/s。两条导流隧洞分设于两岸,断面面积17.5m×23m,左、右导流隧洞长度分别为1089.75m和1167.08m,进口高程均为1010m。

(四)工程意义

二滩工程的成功,标志着中国水电建设水平迈上了一个新台阶,川渝两地因此告别了多年的电力紧张局面,为下世纪的经济发展奠定了基础。

七、锦屏一级水电站

锦屏一级水电站(图3-14)位于四川省凉山彝族自治州盐源县和木里藏族自治县境内,是雅砻江干流下游河段(卡拉至江口河段)的控制性水库梯级电站,下距河口约358km。坝址以上流域面积10.3万km²,占雅砻江流域面积的75.4%。坝址处多年平均流量为1220m³/s,多年平均年径流量385亿m³/s。

图3-14 锦屏一级水电站

锦屏一级水电站于2005年9月获国家核准并于11月12日正式开工,2006年12月4日提前两年成功实现大江截流,2009年10月23日开始大坝浇筑,主体工程建设已全面展开。大坝于2013年12月底封顶。

(一)建设规模

锦屏一级水电站大坝设计坝高305m,为世界上已建、在建和设计中最高的双曲薄拱坝,其施工难度为世界施工界罕见。由四川雅砻江水电开发有限公司负责开发,中国水电工程顾问集团成都勘测设计研究院设计,主要任务是发电。水库正常蓄水位1880m,死水位1800m,正常蓄水位以下库容77.65亿m³,调节库容49.1亿m³,属年调节水库。电站装机6台,单机容量600MW。

主要由混凝土双曲拱坝(包括水垫塘和二道坝)、右岸泄洪洞、右岸引水发电系统及开关站等组成,左岸现有建筑物为导流洞及其施工支洞。工程等级为Ⅰ等工程,主要水工建筑物为1级。

雅砻江卡拉至江口河段长 412km，天然落差 930m，干流可开发水电装机容量约 12000MW，占雅砻江干流可开发容量的 50%，水能资源富集，开发条件良好，是四川省水电重点开发河段。锦屏一级水电站是该河段的龙头梯级。

（二）工程功能

锦屏一级水电站以发电为主，兼有防洪、拦沙等作用。工程总投资约 246 亿元。工程于 2005 年 11 月 12 日正式开工。

坝址控制流域面积 102560km^2，占雅砻江全流域面积的 75.3%，多年平均流量 1200m^3/s。水库正常蓄水位 1880m，总库容 77.6 亿 m^3，调节库容 49.1 亿 m^3，为年调节水库。水库淹没耕地 7628 亩，淹没搬迁人口 3641 人。电站装机容量 360 万 kW，装机年利用小时数 4836h，年发电量 174.10kWh。

锦屏一级水电站规模巨大，开发河段内河谷深切、滩多流急、不通航，沿江人烟稀少、耕地分散，无重要城镇和工矿企业，工程的开发任务主要是发电，结合汛期蓄水兼有减轻长江中下游防洪负担的作用。

锦屏一级电站除发电外尚有重大的综合效益，其水库可拦截坝址处 82.6% 的悬移质和 100% 的推移质，从而减少下游三峡水库的泥沙淤积。由于水库的调节作用，还可减少下游的洪灾损失。锦屏一级水电站对长江上游生态屏障建设将起到积极的作用。

（三）工程投产

2014 年 11 月 29 日，拥有世界最高拱坝和世界最大规模水工隧洞群的四川省巨型水电站锦屏水电站全面建成投产仪式在凉山锦屏举行，锦屏水电站 14 台 60 万 kW 机组全面建成投产，四川省水电装机也由此突破 6000 万 kW，占总电源装机容量超过 80%，数量和质量均稳居全国第一。

八、水布垭水电站

水布垭水电站（图 3-15）坝址位于清江中游的湖北省恩施土家族苗族自治州巴东县水布垭镇，上距恩施 117km，下距隔河岩 92km，距清江入长江口 153km，是清江梯级开

图 3-15 水布垭水电站

发的龙头枢纽。水库正常蓄水位400m，相应库容43.12亿m³，总库容45.8亿m³，装机容量1840MW，是以发电为主，并兼顾防洪、航运等的水利枢纽工程。

（一）主要建筑物

水电站主要建筑物由河床混凝土面板堆石坝、左岸河岸式溢洪道、右岸地下式电站厂房和放空洞等组成。

1. 混凝土面板堆石坝

混凝土面板堆石坝最大坝高233m，为目前世界上最高的面板坝，坝顶高程409m，坝轴线长660m，坝顶宽度12m。坝顶设钢筋混凝土防浪墙，墙顶高程410.2m，墙高5.2m。大坝上游坝坡1：1.4，下游坝面设置"之"字形马道，马道宽4.5m，下游综合坝坡1：1.4。

2. 溢洪道

（1）引水渠。引水渠底高程350.0m，底宽90.0m，轴线长890.32m。引水渠横断面为复式，覆盖层1：1.5，上部龙潭组页岩为1：1.0，每15m高设一级宽3.0m的马道；下部茅口组灰岩为直立式，每15m高设一级宽4.5m的马道。

（2）控制段。控制段由6个溢流坝段和4个非溢流坝段组成，坝轴线全长163.0m，坝顶高程407.0m。溢流坝段设5个孔口尺寸为14.0m×21.8m的表孔，堰顶高程378.2m。每个表孔均设有平板检修闸门槽和弧形工作门各一道，平板检修门由坝顶门机操作，弧形工作门由设在闸墩下游侧的液压启闭机操作。溢流坝段从上游至下游分别布置有：防浪墙、人行道、坝顶公路、门机轨道、电缆廊道、启闭机房等。为满足溢流坝段（3～8号）坝基131号剪切带深层抗滑稳定要求，每个坝段坝基下均设两个3.0m×3.5m的阻滑桩，阻滑桩深26m。

（3）泄槽段。泄槽段轴线呈直线，泄槽底板纵坡由一坡度$i=0.1584$的斜坡段，上接溢流坝的反弧段，下接$y=0.1584x+0.0046x^2$的抛物线段，再接1：1.2的陡坡段组成。泄槽总宽度92m，由纵向隔墙将泄槽分为5个区，即5个表孔各成一区，总泄洪宽度80m，隔墙宽3m。挑流鼻坎采用阶梯式窄缝挑坎，鼻坎长度即收缩段长度30m，收缩比为0.25～0.20。反弧段半径$R=35.0$m，挑角−10°。泄槽设3道跌坎式掺气槽。

（4）下游防冲段。下游防冲段采用防淘墙加混凝土护岸的结构型式。防淘墙墙底最低高程160m，顶高程200m，最大墙高40m，高程200m以上为混凝土护坡。防淘墙采用钢筋混凝土结构，墙厚3m，混凝土标号采用R90300号，二级配，在墙体正面和背面均布有纵横向钢筋。为确保墙体自身的稳定，墙后在高程178m、186m、196m设置三排预应力锚索，锚索间距为3.0m，平均长度40m，单索设计吨位2000kN。

3. 电站厂房

右岸地下电站为引水式。电站建筑物包括：引水渠、进水口、引水隧洞、主厂房、安装场、母线洞、尾水洞、尾水平台、尾水渠、500kV变电所、交通洞、通风洞和厂外排水洞等。引水隧洞采用一机一洞，平均洞长387.9m，圆形断面内径为8.5～6.9m；地下厂房尺寸为165.5m×21.5m×51.47m（长×宽×高），安装高程189.0m；尾水洞亦采用一机一洞，平均洞长313.18m，圆形断面内径为11.5m。

4. 放空洞

放空洞布置在右岸地下电站的右侧，主要作用有水库放空，中、后期导流和施工期向下游供水等。由引水渠、有压洞（含喇叭口）、事故检修闸门井、工作闸门室、无压洞、交通洞、通气洞及出口段（含挑流鼻坎）等组成。有压洞长 530.24m，洞径 11.0m，有压洞底板为平底，底高程 250.0m。工作闸门室长 25.86m，洞室开挖宽度为 22.3～26.16m，长 14.3m，高 52.96m，闸室内设一扇孔口尺寸为 6.0m×7.0m 的偏心铰式弧形工作门。无压洞段长 532.63m，底板坡度为 $i=0.2\sim0.042$，洞室净空尺寸为 7.2m×12.0m，为城门洞形。

（二）工程意义

水布垭水电站投产后，显著增加了清江下游已建隔河岩和高坝洲两座电站的调峰调频能力，清江流域的 3 座电站（水布垭、隔河岩、高坝洲）可承担华中电网 10% 左右的调峰任务，清江流域成为华中电网清洁、可靠的调峰调频电源基地。其水库是长江中下游防洪体系的重要组成部分，水布垭水库预留的 5 亿 m^3 防洪库容与隔河岩水库已预留的 5 亿 m^3 防洪库容联合调度运行，可有效减轻荆江河段的防洪压力，提高长江中下游地区的防洪标准。

九、隔河岩水电站

隔河岩水电站（图 3-16）位于中国湖北长阳土家族自治县长江支流的清江干流上，下距清江河口 62km，距长阳县城 9km，混凝土重力拱坝，最大坝高 151m。水电站于 1987 年 1 月开工，1993 年 6 月第一台机组发电，1995 年竣工。水库总库容 31.2 亿 m^3。水电站装机容量 120 万 kW，保证出力 18.7 万 kW。年发电量 30.4 亿 kWh。工程主要是发电，兼有防洪、航运等效益。水库留有 5 亿 m^3 的防洪库容，既可以削减清江下游洪峰，也可错开与长江洪峰的遭遇，减少荆江分洪工程的使用机会和推迟分洪时间。

图 3-16 隔河岩水电站

（一）枢纽布置

隔河岩水电站枢纽建筑物由河床混凝土重力拱坝、泄水建筑物、右岸岸边式厂房、左岸垂直升船机组成。

大坝坝顶高程 206m，坝顶全长 665.45m，坝型为"上重下拱"的重力拱坝，其封拱高程左岸为 150m，河床为 180m，右岸为 160m，上游坝面采用铅直圆弧面，外半径为

312m。下游坝坡：上部重力坝为1：0.7；下部重力拱坝为1：0.5，其间用铅直线联结。拱圈平面内弧采用三心圆，靠近拱冠部位采用定圆心大半径等厚圆拱，拱端部位采用变圆心小半径贴角加厚，坝坡随之渐变为1：0.75。顶拱中心角80°。

溢流段位于坝的中部，溢流前缘长度为188m。共设7个表孔，4个深孔和2个放空兼导流底孔。表孔堰顶高程181.8m，尺寸为12m×18.2m。深孔孔底高程134m，尺寸为4.5m×6.5m。底孔孔底高程95m，尺寸为4.5m×6.5m。各孔口均用弧形闸门控制操作，并在其上游设检修平板闸门。表孔在设计和校核条件下的泄洪能力分别为17060m³/s和19000m³/s。

电站厂房位于右岸河滩阶地上，采用隧洞引水。进水口设在大坝上游右岸山体边坡上，底部高程142.5m。4条直径9.5m的隧洞接直径8m的压力钢管，单机单洞，分别接至4台30万kW水轮发电机组。引水道总长4×599m，电站主厂房全长142m，基础宽38.6m。水轮机为混流式，转轮直径5.74m，设计水头103m，最大水头121.5m，最小水头80.7m，额定出力31万kW，最高效率95.3%，单机最大引用流量328m³/s。发电机为立轴三相同步半伞式，额定功率因数0.9，额定电压18kV。副厂房紧靠主厂房上游侧，4台主变压器布置在厂房上游侧高程100m的平台上。

300t级垂直升船机位于左岸岸边，总升程124m分为2级，年通过能力为340万t。第一级与左岸重力坝相交叉，成为大坝挡水前缘的一部分，升程42m，可适合库水位变幅40m的要求。第二级位于左岸下游河滩，升程82m，衔接中间错船渠和下游河道。中间错船渠长400m，宽30m。升船机采用全平衡钢丝卷扬系统，承船厢有效尺寸为42m×10.2m×1.7m，带水总重量1400t。

（二）工程施工

高边坡处理隔河岩水电站主体建筑物工程量：挖填土石方567万m³，浇筑混凝土328万m³（其中大坝混凝土265万m³），金属结构总重25300t。

采取隧洞结合过水围堰方式导流。设计导流流量3000m³/s，可保证枯水期连续6个月的基坑施工期。导流隧洞位于左岸，长695m，断面尺寸13m×16m，喷锚钢筋混凝土衬砌，洞内流速达15～20m/s。上游碾压混凝土围堰最大高度40m，体积近13万m³，过水标准为12000m³/s。下游土石过水围堰，顶面用10m×15m×1.5m混凝土护面，最大过堰流量7360m³/s，隧洞在一年内打通，碾压混凝土围堰在87天内完成，实现了当年开工，当年截流的快速施工。

隔河岩水电站布置高、低辐射式缆机各2台浇筑大坝混凝土，缆机固定端设在右岸，移动端设在左岸。低缆机月设计生产能力每台2.5万m³，高缆机月设计生产能力每台3.5万m³。206m高程以上的混凝土浇筑则用10t塔机或门机进行。由右岸高、低2个砂石系统和混凝土系统供应混凝土，2个系统的生产能力均为360m³/h。

在土石方开挖中，大量使用光面预裂爆破，特别是在厂房软弱夹层和大坝底部、拱座等开挖部位，改进了工艺，取得了良好效果。在引水隧洞施工中，使用了针梁模板全断面混凝土衬砌，并在衬砌中成功地施加环向预应力。

十、广州抽水蓄能电站

广州抽水蓄能电站（图3-17），世界第二大装机容量的抽水蓄能电站，位于广州市从化区吕田镇深山大谷中，距广州市 90km。它是大亚湾核电站的配套工程，为保证大亚湾电站的安全经济运行和满足广东电网填谷调峰的需要而兴建。

图 3-17 广州抽水蓄能电站

上水库位于召大水上游的陈禾洞小溪上，下水库位于九曲水上游的小杉盆地，均属流溪河水系。电站分两期建设，各装机 120 万 kW，其中一期工程 4 台 30 万 kW 机组于 1994 年 3 月全部建成发电；二期工程 1998 年 12 月第一台机组并网运行，在 2000 年已全部投产。除机电设备进口外，电站的设计、施工都是我国自行完成的，它标志着我国大型抽水蓄能电站的设计施工水平已跨入国际先进行列。

(一) 设备构造

电站枢纽由上、下水水库的拦河坝、引水系统和地下厂房等组成。总装机容量 240 万 kW，装备 8 台 30 万 kW 具有水泵和发电双向调节能力的机组，在同类型电站中也是世界上规模最大的。

上水库坝为混凝土面板堆石坝，最大坝高 68m，溢洪道为岸边侧槽式。下水库坝为碾压混凝土重力坝，最大坝高 43.3m，溢流坝段设 2 孔宽 9m 的溢流孔。

引水系统包括上下库进出水口、引水隧洞、上游调压井、高压隧洞、尾水隧洞及下游调压井等。一期工程引水洞线总长 3751m，其中上平段长 925.77m，洞径 9m，与上调压井连接；高压隧洞段长 1066.22m，洞径 8.5m；下弯段后为"卜"形钢筋混凝土岔管，用 4 条直径 8.5~3.5m 的支管进入厂房与水轮机连接。尾水隧洞洞径 9m，长 1521.013m，设 2 个调压井。二期工程引水洞总长 4438.34m，其中上平段长 883.5m，洞径 9m，与上游调压井连接；高压隧洞采用二级斜井布置，上下斜井总长 694.2m，中平洞长 207.8m，洞径 8.5m；下斜井后接水平洞，洞径由 8.5m 变至 8.0m，后接岔管段，岔管段主管直径 8.0m 渐变至 3.5m，4 条支管洞径为 3.5m；尾水洞长 2190.34m，洞径 9m。设 2 个尾水调压井。

一期工程的地下厂房长 146.5m，宽 21m，高 44.54m。二期工程地下厂房尺寸为

146.5m×21m×47.64m，厂房内各安装 4 台单机容量为 30 万 kW 的竖轴单级可逆混流式水泵水轮发电机组。

（二）工程施工

枢纽工程的主要工程量为：土石方明挖 226.12 万 m^3，石方洞挖 180.72 万 m^3，土石方填筑 64.24 万 m^3，混凝土浇筑 44.9 万 m^3，淹没耕地 89hm^2，人口迁移 1004 人，工程静态总投资 3.885 亿元。

（三）设备功能

上下水库间引水距离约 3km，水位落差 500m，电站装机 240 万 kW，分两期建设。一期工程装机 120 万 kW，年发电量 23.8 亿 kWh；二期工程装机 120 万 kW，年发电量 25.089 亿 kWh。广州抽水蓄能电站配合大亚湾核电站运行，以解决华南电力系统调峰填谷的需要。一期工程于 1988 年 9 月开工，1993 年 8 月第一台机组发电，1994 年 4 台机组全部建成发电；二期工程于 1994 年 9 月主体工程开工，1998 年 12 月第一台机组并网发电。

上水库坝址以上集水面积 5km^2，多年平均流量为 0.209m^3/s，正常蓄水位 816.8m，相应库容 2575 万 m^3，死水位 797.0m，相应库容 1684 万 m^3。上库坝按 1000 年一遇洪水设计，按 10000 年一遇洪水校核，相应流量分别为 252m^3/s 和 308m^3/s。

下水库坝址以上集水面积 13km^2，多年平均流量 0.544m^3/s，正常蓄水位 287.4m，相应库容 2832 万 m^3，死水位 275m，相应库容 1711 万 m^3。大坝按千年一遇洪水设计，按 10000 年一遇洪水校核，相应流量分别为 723m^3/s 和 881m^3/s。

上库坝址河谷狭窄，两岸山体雄厚，基岩为花岗岩，岩性单一，断裂构造规模不大，地质条件优越。下库基岩也为花岗岩，河床冲积层薄，两岸山坡风化带不深，断裂虽较发育，但仍具有良好的建坝条件。引水系统基岩主要为中粗粒黑云母花岗岩，夹有少量煌斑岩脉及细粒花岗岩脉。工程地区地震基本烈度为 6 度。

（四）工程成就

广州抽水蓄能电站有两个水库，海拔 800 多 m 的上水库和 4.2km 外的山脚下的下水库。电站总投资 65 亿元人民币，分布在 27km^2 范围，主要由上下水库，两个地下厂房和 30km 的地下各种通道构成。枢纽工程十分宏伟壮观。地下厂房装有引进法国、德国的 8 台单机容量为 30 万 kW 的可逆式水泵水轮发电机组，总装机容量 240 万 kW。电站枢纽用智能型计算机监控系统，厂房实现无人值班，机组开关可在广州、香港两地遥控。全厂职工 144 人，是国内万千瓦平均用人量的百分之三，高科技、现代化程度达世界一流水平。电站于 1989 年 5 月动工兴建，2000 年 3 月全面竣工，2004 年通过南非 NOSA 安全管理系统评定为国内唯一的一家五星级企业。从 1988 年 7 月 10 日施工准备开始至 2000 年 3 月 14 日 8 号机投产，整个电站建设总工期为 142 个月。上库的召大水和下库的九曲水同属流溪河上游牛栏河的支流，水质非常好，电站就是利用上下两库通过电能——势能——电能的循环转化来抽水蓄能的。电厂由广东省水利电力勘测设计研究院设计，主体工程由中国水利水电第十四工程局施工。电站一流的建设，一流的管理，具有高科技的神秘气息、现代化企业的宏伟气魄，是改革开放的伟大成果，也是中华民族智慧的结晶。

十一、东平湖分洪工程

东平湖分洪工程（图3-18）位于黄河、汶河交汇处，跨山东省东平、梁山、汶上3县，它滞蓄黄、汶河洪水，控制黄河艾山站下泄流量不超过设计值，确保南市、津浦铁路、胜利油田和黄河下游堤防安全，是黄河下游防洪体系的重要组成部分。

图3-18 东平湖分洪工程

（一）历史沿革

东平湖是古代大野泽的遗留水域，也是汶河、济水尾闾汇水的天然湖泊。从民国年间始称东平湖分洪区。它以梁山为主要标志。1855年黄河改道夺大清河入海后，东平湖便与黄河连通，成为河湖不分的黄河自然滞洪区。1949年、1954年、1958年黄河大洪水时，曾起到了很好的自然调蓄作用。1958年汛后修建位山水利枢纽，将原滞洪区治理成平原水库（可反调节），纳入枢纽组成部分。1960年汛前基本建成。其功能以防洪为主，兼有灌溉、发电、水运、养殖等综合效益。后因位山枢纽以上河道溯源淤积严重，1963年位山枢纽破坝报废，保留东平湖水库，遂成为单一分滞洪水的工程。

（二）工程组成

工程包括分洪区、分洪闸、泄洪（退水）闸、围堤（含二级湖堤）4部分。

1. 分洪区

总面积627km²。为减少分洪时的淹没损失，在原运河堤的基础上加修二级湖堤，划分为新湖与老湖分洪区，其中老湖面积209km²，新湖区418km²。东平湖分洪工程在1958年建设时，按水库要求进行，设计水位46.0m，总库容40亿m³。改为分洪工程后，由于围堤加固尚未完成，近期运用水位为44.5m，相应容积为30.4亿m³，其中老湖区为21.6亿m³。扣除底水以及考虑与汶河洪水遭遇，尚有16亿~18亿m³的容积可用来调蓄黄河洪水。分洪闸和泄洪闸：在临黄堤上建有石洼、林辛、十里铺、徐庄、耿山口等五座分洪闸，设计分洪流量为11340m³/s，由于闸上下游淤积，20世纪80年代有效分洪流量为8500m³/s。在大清河陈山口附近建有陈山口、清河门两座泄洪闸，设计泄洪流量2500m³/s，退水回黄河。由于黄河河道淤积抬高，湖区退水日益困难，围堤上还建有码头、流长河、司垓排水闸，退水经京杭运河梁济段入南四湖。围堤：分洪区东北以泰山山脉为界，北为临黄大堤，再沿湖修堤与大清河相衔接，全长107.88km，其中临黄大堤段长10.47km，山口隔堤19.6km。围堤一般高8~10m，顶宽10m，修有戗堤，临水坡有干砌石护坡防浪。二级湖堤为新湖与老湖区之间隔堤，长26.7km，堤高5~8m，堤顶宽6m，为防风浪，临水坡修有干砌石护坡。

2. 分洪闸

有分洪闸3座（新湖1座、老湖2座），总设计分洪流量8500m³/s，建于河湖两用堤上，侧向分洪。

（1）石洼分洪闸，向新湖分洪，设计分洪流量5000m³/s，49孔，每孔净宽6m，高4m，开敞式宽顶堰闸，钢筋混凝土平板直升闸门，固定式启闭机，混凝土灌注桩基。1967年3月—1969年6月始建，1976年10月—1979年6月改建，未曾运用过。

（2）林辛分洪闸，向老湖分洪，设计分洪流量1500m³/s，15孔，每孔净宽6m，高4m，其他结构与石洼闸同，兴建及改建时间与石洼闸同。1982年8月曾分洪运用，最大分洪流量1350m³/s，运行正常。

（3）十里堡分洪闸，向老湖分洪，设计分洪流量2000m³/s，10孔，每孔净宽9.7m，高4m。混凝土灌注桩基，开敞式结构，平板钢闸门，1960年建成，1979—1981年改建，于1960年、1982年先后两次运用，最大分洪流量为1340m³/s。

（4）徐庄、耿山口两进湖闸，于1960年建成，因老化失修，引河淤塞，于2000年报废。

3. 泄洪（退水）闸

建有泄洪闸3座，总设计流量3500m³/s。

（1）陈山口泄洪闸，为老湖向黄河退水之用，设计泄水流量1200m³/s，7孔，闸孔净宽10m，高5.5m，钢平板闸门，1960年建成，1998年改建。

（2）清河门（退水）闸，设计泄洪流量1300m³/s，15孔，每孔净宽6m，高5.5m，混凝土灌注桩基，开敞式混凝土平板直升闸门。1968年建成，1997年改建。该闸与陈山口闸联合运用，但因黄河河道淤积，泄水日益困难。

（3）司垓泄水闸，为保证围堤安全及分洪调度的需要，紧急向南四湖泄水之用，设计流量1000m³/s，9孔（其中1低孔），闸孔净宽8m，高3.6m，开敞式混凝土灌注桩基。钢筋混凝土平板直升闸门，于1987年10月—1989年10月建成。此外，围堤还有流长河、码头闸等小型排灌闸，供农业生产用。

4. 围堤（围坝）

湖东北部为山岭，其他为平原。围堤自西部徐庄至国那里10.47km河湖两用堤，再向东南折向东北与大清河南堤于武家漫相接，长77.83km；西北部山岭间有3段河湖两用堤和3段山口隔堤，长11.78km，围堤共长100.08km。围堤一般高8~10m，顶宽10m，临水坡1：3，有防浪干砌石护坡，背水坡1：2.5，有后戗（顶宽4m，边坡1：5）。围堤土质东北部多为黏土，但地基未进行处理，有多条古河道横贯，粉砂、粉质砂壤土混杂。其他堤段为亚沙土和沙土，透水性强，加之施工质量差，工段接头多，因此，1960年蓄水时发生严重渗水、管涌、堤身坍塌裂缝等险情，被迫排水加固。先后采用大堤翻筑、压力灌浆、填塘盖重、减压井及黏土混凝土截渗墙等措施加固堤身及地基。

5. 二级湖堤

全长 26.73km，为充分发挥老湖调蓄能力，20 世纪末按坝高 48.0m 进行加高加固，顶宽 6m，临老湖侧边坡 1∶2.5，防浪石护坡已加固加高。临新湖侧边坡 1∶2.5，根据各段不同情况修有 1 级或 2 级后戗，可将老湖蓄水水位提高至 46.0m。

(三) 分洪区运用

原则是控制分洪区以下河道不超过安全泄流量。黄河陶城埠以下防洪标准为 10000m³/s。当花园口发生不超过 15000m³/s 洪水时，视黄河洪水量和汶河来水大小决定是否分洪。若需分洪，可运用老湖区分洪。当花园口发生 15000～22000m³/s 洪水时，经分析计算，如老湖区不能解决问题时，则用新湖区；如新老湖区都需运用时，则先开放石洼闸分洪进新湖区；再自上而下顺序使用分洪闸进老湖区。分洪后，根据黄河洪水情况，运用陈山口和清河门泄洪闸将湖区分蓄的洪水退入黄河；在不与梁济运河、南四湖洪涝水遭遇时，也可相机排水入南四湖。

分洪区建成后，利用老湖蓄汶河水每年 1 次，最高水位 43.72m（1994 年）。分蓄黄河水 2 次：①1960 年 7 月，开启十里堡、徐庄、耿山口 3 闸全湖蓄水，最大分水流量 1250m³/s，蓄水 24.5 亿 m³，最高蓄水位 43.5m，因围坝险情丛生，只得排水加固，并由此带来大量移民问题；②1982 年 8 月花园口站发生 15300m³/s 的大洪水，用十里堡、林辛两闸向老湖分洪，最大分洪流量 2400m³/s，洪量 4 亿 m³，减轻了下游防洪负担，但也造成分洪闸后土地沙化。

十二、黄河大堤

黄河大堤（图 3－19）是春秋中期形成，位于河南省和山东省内河交界，是河南省、山东省境内河道两岸修筑的束范河水的堤防。黄河下游堤防工程，远在春秋中期已初步形成，到了战国时期已具有相当规模。明代堤防工程的施工、管理和防守技术都达到了较高的水平。把堤防分为遥堤、缕堤、格堤、月堤四类，按照各堤的特点，因地制宜地修建。现行黄河大堤河南省兰考县东坝头和封丘县鹅湾以上是在明清时代的老堤基础上加修起来的，有 500 多年的历史；以下是 1855 年黄河铜瓦厢决口改道以后，在民埝基础上陆续修筑的，也有 130 多年的历史。

图 3－19　黄河大堤

(一) 建设历程

黄河下游的堤防工程，远在春秋中期就已经逐步形成。当时诸侯各霸一方，所修堤防线路极不合理。到战国时期黄河下游堤防已经具有相当规模。《管子·度地篇》中曾指出：修堤的时间以春天的三月最好，因为这时土料较干，易于坚实。而其他季节，夏季农忙劳力紧；秋季多雨土料湿；冬季土料冻结修堤不实。秦汉时期黄河下游堤防逐渐完备。北宋五代时期则已经有了双重堤防，并按险要与否分为"向著""退背"两类，每类又分三等。到明代，堤防工程的施工、管理和防守技术都达到了相当高的水平，把堤防分为遥堤、缕堤、格堤、月堤四种，按照各自的作用，因地制宜修建。明刘天和在《问水集》中曾提出筑堤必须选择能坚实的好土，不能用混有泥沙的土，土的干湿应该恰到好处，如果土太干则筑堤时应该在每层都洒适量的水；关于取土的地点则必须在离堤身数十步外平取，不能挖出深坑，否则会影响耕种，更不能在堤附近形成沟。到清代，修堤技术又进一步发展，特别强调"五宜两忌"。"五宜"分别是：一审势时，宜选择高地修堤，以节省土方，且堤线要顺直；二取土宜远，要在临河距堤二十丈以外取土，土塘之间要留土格，以防止汛期堤根行溜；三"坯头宜薄"，坯头薄了易于硪实；四"硪工宜密"；五验水宜严，硪实以后以铁锥穿孔，依据灌水的多少来确定是否合格。"两忌"是：隆冬施工和盛夏施工。

从明代隆庆到清代乾隆前期的 200 年间，是黄河下游堤防建设的一个高潮。这一时期，传统的河工理论日益完备，传统河工技术高度成熟和普及。潘季驯和靳辅，就是这一时期黄河治理的典型代表人物。其中潘季驯治理黄河的总方略是"以河治河，以水攻沙。"他试图利用水沙关系的自然规律，利用水流本身的力量来刷深河槽，减少淤积，增大河床的容蓄能力，从而达到防洪保运的目的。基本办法是"束水攻沙"，同时还有"蓄清刷浑"和"淤滩固堤"。而实现这一切的主要实践措施就是坚筑堤防，固定河槽。

新中国成立后 60 年来，黄河大堤经过不断改造，加高加固，巨石砌成的堤坝普遍加高到 8～9m。除加固了两岸的临黄堤外，还新修缮加固了南北全堤、展宽区围堤、东平湖围堤、沁河堤和河口地区防洪堤等。加上干支流防洪水库的配合，大大提高了黄河防洪的能力。1982 年，洪水持续九昼夜，在黄河堤防的控制下，没有一处发生决口。

(二) 技术应用

堤坝防渗是加固黄河下游堤防的关键。遵照国家防汛抗旱总指挥部的意见和黄河水利委员会的安排，由黄河水利委员会副总工胡一三主持，河南河务局成立专门的领导班子和工作组，于 3 月 1 日开始由福建省水利水电科学研究所在郑州南月堤 14＋500～15＋800 堤段开展射水法防渗墙施工。预计 4 月 30 日前完成造墙延长 350m，并结合此工程进行试验研究工作。射水法防渗墙由福建省水科所 1982 年开始研制并获实用新型专利。该项技术已在福建的闽江、九龙江、长江湖北黄石段等 16 项工程中得到了应用。

(三) 堤线长度

黄河下游计有各类，其中临黄堤 1371.227km。

1. 右岸临黄堤

右岸临黄堤计长 624.248km，自上而下为：①孟津堤，自孟津牛庄至和家庙，长 7.600km；②自河南郑州市的邙山脚下，经河南中牟、开封、兰考及山东东明、菏泽、鄄城、郓城至梁山国那里，长 340.183km；③东平湖河段梁山国那里至东平青龙山的 10 段河湖两用堤及山口隔堤，计长 19.325km；④从济南市郊区宋家庄经历城、章丘、邹平、高青、博兴至垦利县二十一户，长 257.140km。

2. 左岸临黄堤

左岸临黄堤计长 746.979km，自上而下为：①自河南孟州中曹坡，经温县、武陟、原阳至封丘鹅湾，长 171.051km；②贯孟堤，自封丘鹅湾至吴堂，长 9.320km；③太行堤，自长垣大车集至苏东庄，长 22.000km；④自河南长垣县大车集经濮阳、范县至台前张庄，长 194.485km；⑤自山东阳谷陶城铺经东阿、齐河、济阳、惠民、滨州至利津四段，长 350.123km。

十三、淠史杭灌区

淠史杭灌区（图 3-20），位于安徽省中西部大别山余脉的丘陵地带，总设计灌溉面积 1198 万亩，其中安徽省 1100 万亩，河南省 98 万亩。是新中国成立后兴建的全国最大灌区（截至 21 世纪初），是全国三个特大型灌区之一。灌区骨干工程多建于 20 世纪 60—70 年代，80—90 年代又陆续进行了部分续建配套建设。到 21 世纪初，仅安徽省境内主要骨干工程控制灌溉面积已达 1100 万亩，有效灌溉面积为 1026 万亩，年均实际灌溉面积（灌溉保证率 70% 以上）已达 860 万亩。

图 3-20　淠史杭灌区

（一）灌区构成

淠史杭灌区是安徽省境内淠河、史河、杭埠河三个毗邻灌区及河南省梅山灌区的总称。

1. 淠河灌区

淠河灌区，位于江淮分水岭两侧，南抵丰乐河及其主要支流张店河一线，北至淮河南岸 22.5m 等高线接正（阳）南、寿西等洼地，西界淠河，与史河灌区隔河相望，东跨淮南铁路，与以长江为水源的撮镇灌区和驷马山提水灌区毗连。灌区控制面积 7750km²，其中约 1/3 在长江流域，其余为淮河流域。灌区设计灌溉面积 660 万亩，近期为 616 万亩。其中自流灌溉 431 万亩；提水灌溉 229 万亩。佛子岭水库、磨子潭水库、响洪甸水库三大水库为灌区提供水源。淮河、瓦埠湖和巢湖是灌区尾部的补给水源。1958年动工兴建，1972年骨干工程建成。

2. 史河灌区

史河灌区，东界淠河，与淠河灌区隔河相望，西与同水源的河南省梅山灌区为邻，南起金寨县江店至六安分路口一线，北抵沿淮25～22.5m等高线。灌区控制面积3526km²。设计灌溉面积285万亩，相当于史河灌区内耕地总面积的92%。近期规划灌溉面积为273万亩。其中自流灌溉面积256.4万亩，提水灌溉面积16.63万亩，总干渠直灌面积19万亩。提水补给该区30万亩。

3. 杭埠河灌区

杭埠河灌区位于江淮分水岭以南，属长江流域巢湖水系。地跨巢湖地区庐江和六安地区舒城县、六安市区。东濒巢湖之滨，西至打山渡槽南端，南毗菜子湖，北至丰乐河南岸。灌区控制面积1854km²，设计灌溉面积155万亩，近期为136.60万亩。其中庐江县61.7万亩，舒城县64.3万亩，六安县10.6万亩。

灌区由舒庐干渠和杭北干渠2大渠系构成，龙河口水库既是其水源工程，也是渠首工程。分别从水库的牛角冲和梅岭进水闸引水。原计划，杭北干渠的杭淠分干渠通过将军山、打山渡槽与淠杭干渠贯通，南水北调，将杭埠河灌区与淠河灌区连成一体。1981年对淠河灌区和杭埠河灌区的水资源及灌区面积重新分析平衡后，认为水量不足，难以满足本灌区农业用水需要，实际发挥效益不大。

4. 梅山灌区

梅山灌区位跨安徽、河南两省的史河两岸，河南受益范围为固始、商城两县。这是一个古老灌区。春秋时代中期，孙叔敖兴建期思陂水利工程，开始发展灌溉事业。2000多年来，几经兴衰，到明清时代，在旧灌区基础上兴建清河和堪河灌区，由于渠长百里，俗称"百里不求天灌区"。中华人民共和国成立后，改称解放灌区。1954年修建解放闸，使灌区在原有的6万亩基础上扩大到24万亩。1956年梅山水库建成后，灌区成为淠史杭灌区的组成部分，因引用梅山水库水而改名为梅山灌区，1958年进行扩建。设计灌溉面积98万亩。1964年建成黎集渠首枢纽工程和中干渠，1966—1970年兴建了从安徽省红石嘴枢纽引水的南干渠工程。1972年全灌区基本建成。灌区内塘、堰很多，是引蓄结合的灌区。灌区渠首枢纽工程位于黎集镇附近的史河上，包括土坝、滚水坝、冲沙闸和进水闸。滚水坝长131m，最大泄水量为2020m³/s。进水闸设在滚水坝右岸，为4孔平板闸门，进水流量为60m³/s。冲沙闸装弧形钢闸门，泄水流量为240m³/s。灌区共建有总干1条，干渠4条，分干1条。灌区建支渠30条，总长249km；排水渠152条，长565km；各类建筑物6300座。灌区建成共投资6986万元，其中国家投资2561万元，群众投资4425万元。

（二）工程建设

淠史杭灌区以艰苦卓绝的创业历史闻名。位于江淮分水岭两侧的特殊地形和地处南北气候过渡带的气象条件，使历史上皖西皖中地区水灾频发。在这片饱受水患的土地上，古代先哲们虽然创造了中国最古老的蓄水灌溉工程芍陂（今安丰塘）等工程，但并没有改变江淮分水岭地区十年九灾的历史。新中国成立后，陆续兴建了拦蓄大别山区洪水的佛子岭、梅山、磨子潭、响洪甸、龙河口五大水库。以此为主水源，建成了灌溉1000万亩的特大型淠史杭灌区。从1958开工兴建至1972年基本建成通水的14年里，在经济极端困难、物资十分匮乏、技术设备落后的条件下，安徽人民用十字镐、独轮车等简单工具，肩挑手抬，以最高日上工人数达80万人、累计4亿工日的"人民战争"和建设时期每亩不足40元的国家投资，开挖了6亿 m^3 的土方量，建起了纵横皖西、横贯皖中的庞大灌溉系统，创造了新中国水利建设史上的奇迹。党和国家领导人先后来到灌区考察，美国、法国等30多个国家的友人先后来到灌区观摩。

淠史杭灌区以宏伟的灌排体系著称。灌区以五大水库、三大渠首、2.5万 km 七级固定渠道、6万多座各类渠系建筑物，以及1200多座中小型水库、21多万座塘堰组成的蓄、引、提相结合的"长藤结瓜式"的灌溉系统，纵横交错在岗峦起伏的江淮大地上，沟通淠河、史河、杭埠河三大水系，横跨江淮两大流域，实现了雨洪资源的科学利用和水资源的优化配置，使昔日赤地千里的贫瘠之地变成了今天的鱼米之乡，被誉为新中国治水历史上的一颗璀璨明珠。

（三）工程效益

淠史杭灌区是以防洪、灌溉为主，兼有水力发电、城市供水、航运和水产养殖等综合功能的特大型水利工程，受益范围涉及安徽、河南2省4市17个县（区），设计灌溉面积1198万亩，实灌面积1000万亩，区域人口1330万人，是新中国成立后兴建的全国最大灌区，是全国三个特大型灌区之一。

淠史杭灌区控制面积1.4万 km^2，其中安徽省面积1.3万 km^2，占全省国土面积1/10；耕地面积1160万亩，占全省1/6；有效灌溉面积1000万亩，占全省1/4；粮食产量占全省1/4；水稻产量占全省1/3，奠定了安徽粮食主产省的重要地位，促进了全省的粮食安全。工程自1959年开始发挥效益，累计引水1429亿 m^3，累计灌溉3.6亿亩，增产粮食440亿 kg；城市供水60亿 m^3。

灌区优质的水源是1330万人的生命之源，是全省1/3国民经济发展的用水保障，是维持灌区良好生态的源头活水，在全省经济社会发展中，发挥着不可替代的巨大作用。

十四、南水北调工程

南水北调工程，即从长江下游、中游和上游分三条线路（东、中、西）分别向北方调水的工程的总称。南水北调工程建成后，将与长江、黄河、淮江和海河构成相互连接的"四横三纵"大水网，形成南北调配、东西互济的水资源优化配置格局。

（一）工程构想

工程方案构想始于1952年毛泽东同志视察黄河时提出"南方水多，北方水少，如有可能，借点水来也是可以的。""南水北调"一词最早见之于中央正式文献是1958年8月，中共中央在北戴河召开的政治局扩大会议上，通过并发出了《关于水利工作的指示》，其中明确指出："除了各地区进行的规划工作外，全国范围的较长远的水利规划，首先是以南水（主要指长江水系）北调为主要目的，即将江、淮、黄、海各流域联系为统一的水利系统规划。"在党和政府的正确领导和关怀下，广大科技工作者持续做了50多年的南水北调科研工作，进行了大量的野外勘查和测量，在分析比较50多种方案的基础上，形成了南水北调东线、中线和西线调水的基本方案。工程在前后50年间分3个阶段实施，预计总投资将达4860亿元。

(二) 工程建设

"南水北调工程"规划最终调水规模将达 448 亿 m^3，东、中、西线多年平均调水规模分别为 148 亿 m^3、130 亿 m^3 和 170 亿 m^3，东线于 2002 年 12 月 27 日正式开工，中线穿黄工程于 2005 年 9 月 27 日正式开工，其中河南段 2006 年 9 月 29 日正式开工。已建成的东、中线一期工程调水规模分别为 88 亿 m^3 和 95 亿 m^3，西线工程目前还处于规划论证阶段。

(三) 东线工程

东线工程全长 1785km，利用江苏省已有的江水北调工程，逐步扩大调水规模并延长输水线路，目前已建成的东线工程一期，干线长 1467km。

东线工程从长江下游扬州抽引长江水，利用京杭大运河及与其平行的河道逐级提水北送，并且连接起调蓄作用的洪泽湖、骆马湖、南四湖和东平湖。出东平湖后分两路输水：一路向北，在位山附近经隧洞穿过黄河；另一路向东，通过胶东地区输水干线，经济南输水到烟台、威海。东线工程可为苏、皖、鲁、冀、津 5 省（直辖市）净增供水量 148 亿 m^3。

工程调水起点到黄河南岸地面高程升高近 40m，这意味着想要南水北上，必须实现"水往高处流"，直至水流越过最大高程点。仅东线一期工程沿线，便建有 34 处泵站 60 台水泵，共计 13 级，这是世界上最大的泵站群。从扬州江都水利枢纽开始，将长江水逐级提升近 40m，一路送至黄河南岸。而为了降低泵站群的能耗，其中 1/3 的水泵均使用我国技术人员耗时 3 年自行研发的灯泡贯流泵，与传统的立式轴流泵相比，贯流泵的电能转化率可从 65% 提高至 81%，大大提高了运行能效。

(四) 中线工程

南水北调中线工程干线全长 1432km，其中至北京的总干渠 1276km，天津输水干线 156km。工程从加坝扩容后的丹江口水库陶岔渠首闸引水，沿唐白河流域西侧过长江流域与淮河流域的分水岭方城垭口后，经黄淮海平原西部边缘，在郑州以西孤柏嘴处穿过黄河，继续沿京广铁路西侧北上，之后自流到北京、天津。中线工程可缓解京、津、华北地区水资源危机，为京、津及河南、河北沿线城市生活、工业、农业增加供水 130 亿 m^3，大大改善供水区生态和投资环境，推动我国中部地区经济发展。

丹江口水库作为南水北调中线工程水源地，为满足向北方调水要求，大坝需加高 14.6m，增加水压 40%，全程总水头差约 100m，相应增加库容 116 亿 m^3。其规模大，难度高，在国内尚属首次，国外亦属少见，无专门的技术规程规定遵循，亦无成熟可供借鉴的经验。通过大量的分析、反复论证和科学试验，最终选择后帮贴坡整体重力式加高方案。提出了无论新老混凝土接合面脱开与否均能确保大坝正常工作的"新老坝体联合协同工作"新理念，形成了一整套在正常运行条件下进行大坝加高的关键技术和方法，成功实现了大坝安全加高。

南水北调中线工程明渠段渠坡或渠底涉及膨胀土（岩）累计长度约 387km，约占输水干线总长的 27%，膨胀土渠段最大挖深约 50m，最大开挖宽度达 420m，技术难度世界罕见。通过系统研究膨胀土渠道工程地质特性、渠坡破坏机理与稳定控制关键技术，成功解决了线路长、挖深大、膨胀性强、水文地质条件复杂的膨胀土边坡稳定问题，构建了膨胀土渠道设计、施工成套技术、理论、方法和标准体系，为类似工程提供了新的思路和途径。

南水北调中线一期工程全线共有大型渡槽27座，且工程规模巨大，如U形渡槽最大跨度40m，单跨荷载4800t，分别是国内外同期最高水平的1.7倍和3.7倍，设计及施工技术难度超出已有工程。因此，工程中开创性提出了U形、箱形等多种大跨度渡槽新型结构形式，建立了超大型渡槽设计理论和方法，研发出40m跨1600t超大U形渡槽造槽机、机械化施工成套技术和高效施工工法。

穿黄隧洞工程是南水北调中线总干渠与黄河的交叉建筑物，是总干渠上建设规模最大、技术最复杂的工程，也是控制工期的关键性工程。穿越黄河隧道工程地处黄河游荡性河段，荷载条件复杂，设计及运行条件复杂性史无前例。通过一系列自主创新研发，成功提出了"盾构隧洞预应力复合衬砌"新型输水隧洞，研发了"结构联合、功能独立"的输水隧洞复合结构设计理论与分析方法，攻克了薄壁内衬预应力设计、超深竖井深层地基加固与防水等关键技术难题。

（五）西线工程

西线工程目前尚处于规划论证阶段，规划在长江上游通天河、支流雅砻江和大渡河上游筑坝建库，开凿穿过长江与黄河的分水岭巴颜喀拉山的输水隧洞，调长江水入黄河上游。西线工程的供水目标主要是解决青、甘、宁、内蒙古、陕、晋6省（自治区）黄河上中游地区和渭河关中平原的缺水问题。结合兴建黄河干流上的骨干水利枢纽工程，还可以向邻近黄河流域的甘肃河西走廊地区供水，必要时也可向黄河下游补水。

西线工程3条河调水近200亿m^3，可为青、甘、宁、内蒙古、陕、晋6省（自治区）发展灌溉面积200万km^2，提供城镇生活和工业用水90亿m^3。

（六）工程意义

南水北调工程是优化水资源配置、促进区域协调发展的基础性工程，是新中国成立以来投资额最大、涉及面最广的战略性工程。

南水北调工程分东、中、西三条线路，规划区涉及人口4.38亿人，调水规模48亿m^3。工程规划的东、中、西线干线总长度达4350km。东、中线一期工程干线总长为2899km，沿线六省市一级配套支渠约2700km。南水北调中线工程、东线工程（一期）经完工并向北方地区调水。西线工程目前尚处于规划阶段，工程上马后能促进西北内陆地区经济发展和改善西北黄土高原的生态环境。三条工程最终建成后，初步计划年调水总量约为380亿~480亿m^3，接近于在黄淮海平原和西北部地区增加一条黄河的水量，基本改变我国北方地区水资源严重短缺的状况。

南水北调工程是缓解我国北方水资源严重短缺的重大基础设施，是重要的民生工程、生态工程、战略工程，关系到经济社会可持续发展和子孙后代的长远利益。

【思政导引】

南水北调工程事关战略全局、事关长远发展、事关人民福祉。南水北调工程不仅是物质层面的水资源调节与配置工程，更是凝聚着极具宝贵精神财富的文化工程。南水北调精神是中国共产党团结带领广大人民群众在加快推进社会主义现代化、实现中华民族伟大复兴的中国梦的实践中孕育形成的新时代精神。"顾全大局、无私奉献、情系群众、务实为民、开拓创新、奋发有为、众志成城、克难攻坚"的南水北调精神是新时代中国特色社会主义的巨大优越性，是践行社会主义核心价值观的生动体现，是筑牢理想信念的迫切需要，也是弘扬当代中国精神的时代要求，更是实现中国梦的强大动力源。

1. 坚强有力的组织领导

南水北调工程跨越时间之长、工程技术难度之大、移民安置规模之大等都是世所罕见的，它的建设集中体现了中国共产党领导的政治优势和中国特色社会主义制度集中力量办大事的优势。

2. 人民本位的价值导向

调水设想源于水资源的区域不平衡，出发点是为了缺水人民；工程规划设计充分考虑人民群众生产生活实际需要，尽量减少移民搬迁；工程移民充分考虑人民的实际需求，搬得出、能致富、能融入。当发现第一代移民在青海、湖北等地难以融入当地生产生活，坚决纠正，允许迁回再安置；工程施工主体靠人民群众；工程运行管理靠人民群众支持；受水区支援库区人民发展经济等。

3. 自强不息的奋斗精神

改天换地、自强不息是伟大中华民族精神的核心内涵。西方的创世纪是上帝救人，中国的创世纪是自强不息。上古有盘古开天辟地、神农氏尝百草、女娲补天、大禹治水、精卫填海、后羿射日等传说，文明时代有郑国渠、灵渠、都江堰、它山堰、京杭大运河等水利工程，现当代有治黄治淮工程、红旗渠、三峡、小浪底等重大水利工程，南水北调是自强不息精神的又一体现。

4. 顾全大局的移民精神

南水北调工程移民数量超过了三峡、小浪底，也超过世界所有水利工程，是世界移民量最大的水利工程。库区和沿线移民舍小家、为大家，背井离乡，克服困难，服从安排，集中体现了以顾全大局为核心的伟大移民精神。

5. 求实创新的科学精神

工程设计利用自然落差自流引水，是人水和谐、天人合一的工程典范；工程技术取得了大量的新产品、新材料、新工艺、新装置、计算机软件等科技成果。完成了专用技术标准13项，申请并获得国内专利数十项，多项科技研究成果获得了国家与省部级科技奖；移民、运营管理等制度创新为工程建设和效益发挥提供了强大保障。

6. 密切配合的协作精神

南水北调是一个十分繁杂而庞大的系统工程，涉及移民、征地、拆迁、工程建设、环境维护以及水源水质保护等方面，在工程建设中又涉及铁路、交通建设、通信、水利、电力、文物等相关部门和单位。密切配合的团结协作精神得到了充分体现。

7. 忠于使命的担当精神

全体设计规划施工人员、库区和沿线广大干部、运营管理队伍等忠于使命、能打硬仗、坚守岗位、履行职责、廉洁高效，发挥了中坚作用，生动而深刻地诠释了新时代好干部的初心使命。

十五、引滦入津工程

引滦入津工程，是将河北省境内的滦河水跨流域引入天津市的城市供水工程。水源地位于河北省唐山市迁西县滦河中下游的潘家口水库。由潘家口水库放水，沿滦河入大黑汀水库调节。

引滦工程总干渠的引水枢纽工程为引滦入津工程的起点，穿越分水岭之后，沿河北省唐山市遵化市境内的黎河进入天津市境内的于桥水库调蓄，再沿州河、蓟运河南下，进入专用输水明渠，经提升、加压由明渠输入海河，再由暗涵、钢管输入芥园、凌庄、新开河3个水厂，引水线路全长234km。

1982年5月11日，引滦入津工程开工。1983年9月11日通水。

（一）输水线路

批准的北线方案，即从潘家口水库放水，经大黑汀水库抬高水位，发电后送入引滦总干渠，由分水枢纽闸分水，一路流向唐山（南线），称引滦入唐；一路奔向天津（北线），称引滦入津。引滦入津穿越滦河、黎河分水岭的引水隧洞，出洞后流入河北省遵化县的黎河干流，顺流而下注入蓟县于桥水库，出于桥水库后循州河迂回南下入蓟运河。在蓟运河马营闸上右岸（南岸）九王庄处的渠首闸引入专用输水明渠，经宝坻、武清、北郊直达永定新河左岸（北岸）。明渠沿途与12条河渠相交，均采用倒虹吸穿越。在明渠上设置潮白河、尔王庄、大张庄三级提升泵站，在明渠的、中部地区宝坻县尔王庄附近修建尔王庄调蓄水库一座。滦河水经潮白河泵站进行第一次提升，经明渠入尔王庄泵站再进行二次提升之后，分三路输水。第一路由尔王庄明渠泵房提升后，通过明渠经大张庄泵站三次提升注入永定新河南边毗邻的新引河，经北郊区屈家店涵洞，顺北运河到市区入海河；第二路由尔王庄暗渠泵站加压提升，通过钢筋混凝土暗渠送至宜兴埠加压泵站，以输水钢管分别送至芥园、凌庄子水厂及西河预沉池和新开河水厂；第三路向塘沽区送水，由尔王庄附近的高庄户泵站提取引滦专用明渠水，途经宝坻、宁河两县，中途经北淮淀泵站送到塘沽区的北塘水库和塘沽水厂。尔王庄水库由尔王庄暗渠泵站补水，起调蓄水作用。

引滦入津工程自大黑汀水库坝下引滦总干渠0+500处起，至天津市区西河水厂预沉池，输水线路全长234km。其中隧洞及上下游连接全长12.4km，黎河输水57.6km，于桥水库库区长26km，州河输水52km，蓟运河2km，九王庄至尔王庄明渠47.2km，尔王庄至宜兴埠泵站暗渠26km，宜兴埠至西河预沉池10.8km。

（二）工程建设

引滦入津全部工程共计215项，其中1983年的保通水有113项。全部工程共完成土方3460万m^3，石方166.67万m^3，浇筑混凝土63.73万m^3。合计使用水泥36万t，钢材11.2万t，木材5.4万m^3，设备2776台套，物料总重约430万t。工程征地共计71850亩，其中永久性占地37581.4亩，临时征地34268.7亩。总概算投资11.34亿元。有168个县团级勘测、设计、施工、科研、大专院校等单位参加建设。施工队伍平时5万多人，高峰时达17万人。

（三）工程效益

引滦入津工程多年来运用正常。隧洞于1983年8月15日试通水，1983年9月11日正式通水，到1990年年底累计通水36次，累计通水958天，累计通水量86亿m^3，几年来平均过水流量为50m^3/s。黎河从1983年9月至1990年底共输水36次，共过水983天，总输水量为39.5135亿m^3。于桥水库自1983年纳入引滦管理后，从1983—1990年，潘家口水库调于桥水库总水量39.6683亿m^3。于桥水库本流域产生的径流量为

24.085 亿 m^3，入于桥水库总量为 63.7533 亿 m^3，出库总量为 61.3515 亿 m^3，其中天津市引水 55.408 亿 m^3，农业灌溉用水 4.98 亿 m^3，弃水 1.0992 亿 m^3。潮白河泵站自 1983 年 9 月利用泵站提水以来，到 1990 年年底共输水 47.653 亿 m^3。尔王庄明暗渠泵站总水量为 44.912 亿 m^3。大张庄泵站自 1983 年 9 月运行以来至 1990 年年底输水量为 19.962 亿 m^3（不包括暗渠输水）。尔王庄水库自 1983 年 9 月到 1990 年年底，共计调剂水量 6.3113 亿 m^3，出库供市量 4.986 亿 m^3。

至 2009 年 9 月 11 日已经安全运行 26 个年头，累计向天津供水 192.2 亿 m^3。

该工程通水，结束了天津人民喝苦咸水的历史，从根本上扭转了天津缺水的紧张局面，极大地改善了投资环境和生态环境，有力地促进了全市经济社会的健康协调发展。

引滦入津前，因地表水资源紧缺，只好超量开采地下水，造成地表大面积沉降。全市 11919.7 km^2 内，有 7300 km^2 地面下沉。引滦入津后，地面沉降得到有效控制，市区年平均沉降量已经由 1985 年的 86mm，减缓到 2005 年的 25mm。通水 22 年来，累计提供城市环境用水近 10 亿 m^3，改善了园林绿地灌溉条件，全市园林绿地由引滦入津前的 1053 万 m^2，增加到 2005 年的 15930 万 m^2；城市绿化覆盖率由 8% 提高到 2005 年的 35%；人均公共绿地面积由 1.56m^2 提高到 2005 年的 8.1m^2。提高了天津人民生活质量，过去天津居民饮水取自海河，虽经净化处理，但自来水氯化物含量仍远远超过标准，遇上枯水季节，水质更坏，氯化物含量高达每升 1500mg，相当于在每立方米水中加了 1500g 盐。引滦入津后，居民饮用水水质明显改善，在全国水质监测抽查中，天津饮用水水质达到国家 Ⅱ 级标准，成为全国饮用水质良好城市之一。

工业生产缺水的被动局面得到扭转，不仅使用水较多的缺水企业全部恢复生产，而且使天津港获得了新生，新港船闸得以重新开启使用，停产三年之久的内河港区码头恢复了生产；同时为新建企业提供了可靠水源，加速了工业发展，改善了投资环境，成为天津经济和社会发展赖以生存的"生命线"。

【课后拓展】

查阅相关资料，列举国内著名的水利工程，并简要阐述其主要特征参数。

第三节 水利工程施工技术发展

3-3 水利工程施工技术发展

一、我国水利工程施工的成就与发展

我国水利建设有着卓越的成就，积累了许多宝贵的施工经验。几千年来，修建了都江堰工程、黄河大堤、南北大运河以及其他许多施工技术难度大的水利工程。在抗洪斗争中，创造了平堵与立堵相结合的堵口方法，取得了草土围堰等施工经验。这些伟大的水利工程和独特的施工技术，至今仍发挥作用，有力地促进了我国水利工程建设的发展。

中华人民共和国成立后，我国水利建设事业取得了辉煌成就。在堤防整固上，形成大江大河干、支流连续堤防，提高了主要河流的防洪水平。在水库建设上，修建了官厅、佛子岭、大伙房、密云、岳城、潘家口、南山、观音阁、桃林口、江垭等大型水库，为防洪、蓄水服务。在防洪、蓄水、发电等综合利用上，修建了三门峡、青铜峡、丹江口、满拉、乌鲁瓦提等水利枢纽。在灌溉上，黄河下游第一个引黄灌溉渠就是人民胜利渠，还修建了溉史杭灌区、内蒙古引黄灌区、林县红旗渠、陕甘宁盐环定扬黄灌区、宁夏扬黄灌区等。在跨流域引水上，修建了东港供水、引滦入津、南水北调、引黄济青、万家寨引黄入晋等调水工程。

截至 2023 年年底，全国已建成 5 级以上江河堤防 32.5 万 km，1 级、2 级 3.8 万 km，保护人口 6.6 亿人，保护耕地 45 万 km^2。流量 5m^3/s 以上的水闸 10.8 万座，其中大型水闸 950 座。水库 9.9 万座，水库总库容 9200 亿 m^3，其中大型水库 780 座，总库容 7400 亿 m^3。水电总装机容量 4.2 亿 kW。当年总投资 1.05 万亿元。

中华人民共和国成立后，战胜了历次大洪水和严重的干旱灾害，黄河年年安澜，1998 年大洪水，长江堤防保持安澜，松花江、嫩江主要城市和河段保证了安全。目前我国大中型江河已全面建立了有效的防御工程和防御体制机制，并不断完善小型河流的治洪措施。

至 21 世纪初，在农田水利方面，我国的灌溉面积就已发展到 8 亿亩，灌区生产的粮食占全国总产量的 75%，生产的棉花和蔬菜占全国总产量的 90%，我国以占世界近 10% 的耕地面积，解决了占世界 22% 人口的粮食问题。近年来我国大面积的进行农村土地整理和高标准农田建设，有相当比例的农业人口已转型，农村产业已经得到了大幅度调整，农产品的生产正在向着规模化转变，极大地缓解了人与水争地矛盾，水利事业也开始向生态水利、引水调水、水能开发等方向发展。

在供水水源方面，兴建了大量蓄水、引水、扬水工程，抽用地下水，农业灌溉和城市工业供水水源已经初具规模，乡镇供水发展迅速，水利工程年供水能力达 7000 亿 m^3。修建各种农村饮水工程 350 余万处，解决了 4 亿多人和 2 亿头牲畜的饮水问题。

在水资源调配方面，兴建了一批流域控制性工程，以及跨流域调水工程，初步解决了区域水资源分布和城乡工农业用水的矛盾，缓解国民经济和社会发展用水的需要。南水北调工程已发挥作用，并还在增设论证新的线路，各缺水省份也都有大量调水工程。

在水电建设中，修建了狮子滩、新安江、刘家峡、新丰江、六郎洞、葛洲坝、白山、东江、龙羊峡、李家峡、鲁布革、天生桥、二滩等各种类型的大型水电站，还修建了数以万计的中小型水电站。大中型水电站装机 6400 多万 kW，年发电量约为 2080 亿 kWh。大型水电站供应了工业和城市用电，支持灌溉用电。中小型水电站供应全国 1/3 的县、45% 国土面积和 70% 贫困山区的用电。三峡工程建成后水电装机大幅度地增加，并可联系全国电网，互相调剂。我国装机容量位居世界前列，在水电技术上达到国际水平，能修建各种类型、条件复杂的大型水电站。近年来，我国在金沙江上游建造溪洛渡、向家坝、乌东德、白鹤滩 4 座大型水电站，总发电量是三峡电站的两倍。其中溪洛渡和向家坝于 2014 年投产，乌东德水电站于 2021 年投产，白鹤滩水电站于 2023 年投产，大坝已于 2021 年 5 月下闸蓄水。自 2013 年后，我国火电装机容量首次下降到总发电装机容量的 70% 以下，达到 69.1%，而水电作为清洁能源，尤其是云贵地区，已经起到转移中部地区高耗电产能的积极影响，为降低碳排放，改善产业结构作出重大贡献，水电能源的开发步入了新时期。

然而，我国仍然需要面对水资源时空分布不均的现状和水污染等复杂问题，并正在积极考虑与邻国合理开发水资源，论证合理并调配水资源、生态治理水问题等。

施工技术也不断提高。定向爆破、光面爆破、预裂爆破、岩塞爆破、喷锚支护、预应力锚索、滑模和碾压混凝土及混凝土防渗面板等技术、工艺已由新技术转向不断成熟的技术和通用手段。

国产施工机械装备能力迅速增长，挖掘机、大吨位的自卸汽车、全自动化混凝土搅拌楼、塔带机、隧洞掘进机和盾构机也成了常用设施，爆破技术、防护技术、填筑技术日趋成熟，GPS、无损检测设备、无人机等电子设施正在被应用于施工。水利工程施工学科的发展，为水利水电建设事业展示了一片广阔的前景。随着三一重工、中联重科、徐工、柳工等一系列大型机械制造企业的发展，工程机械已由原来的"比较落后、配套不齐、利用率不充分"转变为"普遍应用、规模庞大"。随着建筑材料不断提升改进，新时期的水利建筑在耐久性上得到了空前提高。随着一些优质检测设备尤其是无损检测设备的发展，水利工程的质量监督与论证得到了有效保证。

在取得巨大成就的同时，应认识到我国水利事业的发展正遇到瓶颈，发展中存在一些矛盾，包括能源矛盾、引水安全矛盾、洪水与农田的矛盾、河道与污水的矛盾等，一些工程依然存在历史遗留问题，一些施工队伍存在着施工水平低和人员技术素质差的问题，一些地方尚存在着体制弊端、管理漏洞等问题，这些和我国水电建设事业的高速发展是不相适应的，这就要求我们必须认真总结过去的经验和教训，努力学习和引进国外先进的技术和科学的管理方法，积极改革创新，走出一条适合我国国情的水利工程建设新路。

二、水利工程施工的特点

（1）水利工程施工多在河流上进行，因而需要采取导截流、基坑排水、施工度汛、施工期通航及下游供水等措施，以保证工程施工的顺利进行。

（2）水利工程施工经常遇到复杂的地质条件，如渗漏、软弱地基、断层、破碎带及滑坡、不稳定围岩等，因而要进行相应的处理和加固，以保证施工质量。

（3）水利工程多为露天施工，需要采取适合的冬季、夏季、雨季等不同季节的施工措施，保证施工质量和进度。

（4）水利工程一般都是挡水或过水建筑物，这些建筑物的安全往往关系到国计民生和下游千百万人民生命财产的安危，因此必须确保施工质量。

三、水利工程施工的内容

（1）施工准备工程，包括技术准备、物资准备、劳动组织准备、施工现场准备、施工场外准备等内容。

（2）施工导流工程，包括导流、截流、围堰及度汛、临时孔洞封堵与初期蓄水等。

（3）地基处理，包括桩基、防渗墙、灌浆、沉井、沉箱以及锚喷等。

（4）土石方施工，包括土石方开挖、土石方运输、土石方填筑等。

（5）混凝土施工，包括混凝土原材料制备、储存，混凝土制备、运输、浇筑、养护，模板制作、安装，钢筋加工、安装，埋设件加工、安装等。

（6）金属结构安装，包括闸门安装、启闭机安装、钢管安装等。

（7）水电站机电设备安装，包括水轮机安装、水轮发电机安装、变压器安装、断路器安装以及水电站辅助设备安装等。

（8）施工机械，包括挖掘机械、铲土运输机械、凿岩机械、疏浚机械、土石方压实机械、混凝土施工机械（如水泥储运系统、砂石集料加工系统、混凝土搅拌设备、混凝土运输设备、混凝土平仓振捣设备）、超重运输机械、工程运输车辆等。

（9）施工管理，包括施工组织、监督、协调、指挥和控制。按专业划分为计划、技术、质量、安全、供应、劳资、机械、财物等管理工作。

四、施工导流

在河床上修建水工建筑物时，为保证在干地上施工，需将天然径流部分或全部改道，按预定的方案泄向下游，并保证施工期间基坑无水，这就是施工导流与水流控制要解决的问题。施工导流与水流控制一般包括以下内容：①坝址区的导流和截流；②坝址区上下游横向围堰和分期纵向围堰；③导流隧洞、导流明渠、底孔及其进出口围堰；④引水式水电站岸边厂房围堰；⑤坝址区或厂址区安全度汛、排冰凌和防护工程；⑥建筑物的基坑排水；⑦施工期通航；⑧施工期下游供水；⑨导流建筑物拆除；⑩导流建筑物下闸和封堵。

施工导流的基本方法大体可分为两类：一类是全段围堰法导流，即用围堰拦断河床，全部水流通过事先修好的导流泄水建筑物流走；另一类是分段围堰法导流，即水流通过河床外的束窄河床下泄，后期通过坝体预留缺口、底孔或其他泄水建筑物下泄。但不管是全段围堰法还是分段围堰法导流，当挡水围堰可过水时，均可采用淹没基坑的特殊导流方法。

（一）全段围堰法

全段围堰法导流就是在修建于河床上的主体工程上下游各建一道拦河围堰，使水流经河床以外的临时或永久建筑物下泄，主体工程建成或即将建成时，再将临时泄水建筑物封堵。该法多用于河床狭窄、基坑工作量不大、水深、流急难以实现分期导流的地方。全段围堰法按其泄水道类型有以下几种导流方式。

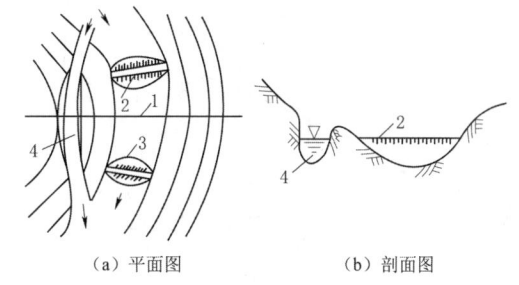

图3-21 明渠导流示意图
1—坝轴线；2—上游围堰；3—下游围堰；4—导流明渠

1. 明渠导流

明渠导流是在河岸或滩地上开挖渠道，在基坑上下游修筑围堰，河水经渠道下泄。它用于岸坡平缓或有宽广滩地的平原河道上。若当地有老河道可利用或工程修建在弯道上时，采用明渠导流比较经济合理。明渠导流示意图如图3-21所示。

2. 隧洞导流

山区河流，一般河谷狭窄、两岸地形陡峻、山岩坚实，采用隧洞导流较为普遍。但由于隧洞泄水能力有限，造价较高，一般在汛期泄水时均另找出路或采用淹没基坑方案。导流隧洞设计时，应尽量与永久隧洞相结合。隧洞导流示意图如图3-22所示。

3. 涵管导流

涵管导流一般在修筑土坝、堆石坝中采用，但由于涵管的泄水能力较小，因此一般用于流量较小的河流上或只用来担负枯水期的导流任务，涵管导流示意图如图3-23所示。

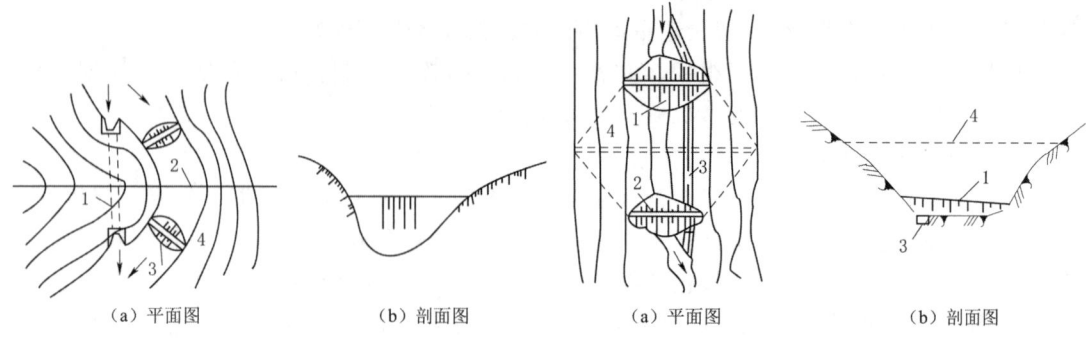

图 3-22 隧洞导流示意图　　　　　　　　图 3-23 涵管导流示意图
1—隧洞；2—坝轴线；3—下游围堰；4—基坑　　1—上游围堰；2—下游围堰；3—涵管；4—坝体

(二) 分段围堰法

分段围堰法亦称分期围堰法，即用围堰将水工建筑物分段、分期维护起来进行施工的方法。分段围堰法导流示意图如图 3-24 所示。

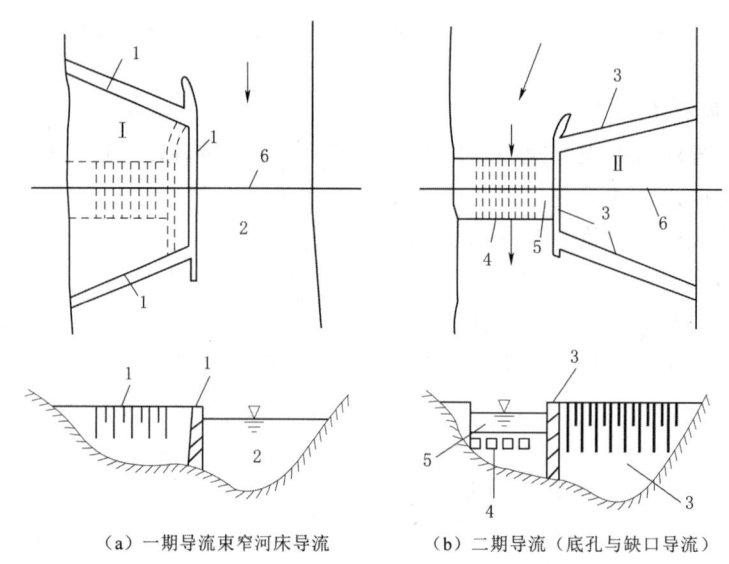

(a) 一期导流束窄河床导流　　　　(b) 二期导流（底孔与缺口导流）

图 3-24 分段围堰法导流示意图
1——期围堰；2—束窄河床；3—二期围堰；4—底孔；5—坝体缺口；6—坝轴线

分段就是在空间上用围堰将建筑物分为若干段进行施工。分期就是从时间上将导流分为若干时期。导流分期数和围堰分段数可以不同。段数分得越多，围堰工程量越大，施工也越复杂；期数分得越多，工期有可能拖得越长。工程实践中，两段两期导流采用得最多。只有在比较宽阔的通航河道上施工、不允许断航或其他特殊情况下，才采用多段多期的导流方法。导流分期与围堰分段示意图如图 3-25 所示。

分段围堰法导流一般适用于河床宽、流量大、工期较长的工程，尤其适用于通航河流和冰凌严重的河流。这种导流方法的导流费用较低，国内外一些大、中型水利工程采用较广。例如，我国湖北葛洲坝和三峡、江西万安、辽宁桓仁、浙江富春江、广西大化等水利枢纽工程都采用这种导流方法。

分段围堰法前期由束窄的河道导流，后期可利用事先修好的泄水建筑物导流。常用泄水建筑物的类型有底孔、缺口等。

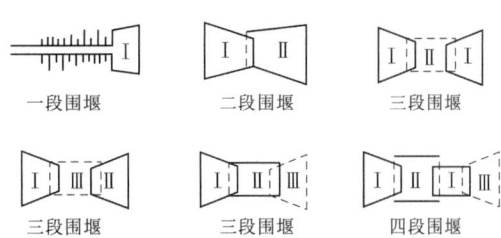

图 3-25 导流分期与围堰分段示意图
Ⅰ、Ⅱ、Ⅲ—施工分期

1. 束窄河床导流

束窄河床导流通常用于分期导流的前期阶段，特别是一期导流。其泄水道是被围堰束窄后的河床。当河床覆盖层是深厚的细土粒层时，则束窄河床不可避免会产生一定的冲刷。对于非通航河道，只要这种冲刷不危及围堰和河床的安全，一般都是许可的。

2. 永久建筑物导流

(1) 底孔导流。采用底孔导流时，应事先在混凝土坝体内修好临时或永久底孔；然后让全部或部分水流通过底孔宣泄至下游。如系临时底孔，应在工程接近完工或需要蓄水时封堵。底孔导流示意图如图 3-26 所示。

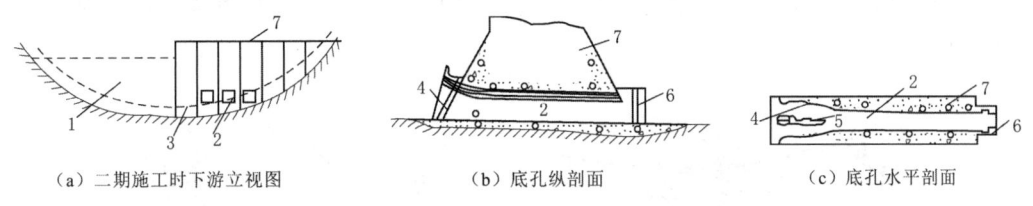

(a) 二期施工时下游立视图　　(b) 底孔纵剖面　　(c) 底孔水平剖面

图 3-26 底孔导流示意图
1—二期修建坝体；2—底孔；3—二期纵向围堰；4—封闭闸门门槽；5—中间墩；
6—出口封闭门槽；7—已浇筑的混凝土坝体

底孔导流挡水建筑物上部的施工可不受干扰，有利于均衡、连续施工，这对修建高坝有利，但在导流期有被漂浮物堵塞的危险，封堵水头较高，安放闸门较困难。

(2) 缺口导流。在混凝土坝施工过程中，当汛期河水暴涨暴落，其他导流泄水建筑物又不足以宣泄全部流量时，为了不影响施工进度，使大坝在涨水时仍能继续施工，可以在未建成的坝体上预留缺口，以配合其他导流建筑物宣泄洪峰流量；待洪峰过后，上游水位回落，再继续修筑缺口，如图 3-27 所示。

在修建混凝土坝（特别是大体积混凝土坝）时，由于这种导流方法比较简单，常被采用。

(3) 梳齿孔导流。这种方法因其泄水道断面形状类似于梳齿而得名，如图 3-28 所示。与底孔或缺口导流相比，其主要区别在于完建阶段的施工方法不同，因为梳齿孔是主要泄水道，在完建阶段，只能使梳齿孔按一定顺序轮流过水，并轮流在闸门

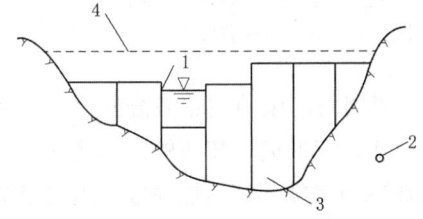

图 3-27 坝体缺口过水示意图
1—过水缺口；2—导流隧洞；
3—坝体；4—坝顶

掩护下浇筑孔口间的混凝土。梳齿导流法可用于低水头闸坝枢纽。三门峡大坝修建即采用梳齿孔导流。

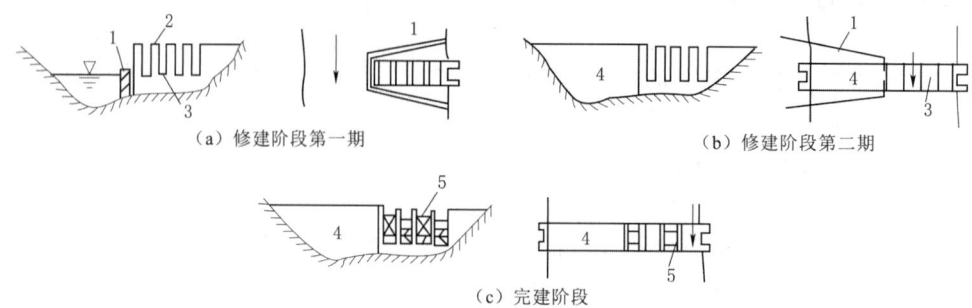

图 3-28 梳齿孔导流示意图
1—围堰；2—闸墩；3—梳齿孔；4—坝体；5—闸门

五、截流工程

在施工导流中，只有截断原河床水流，才能把河水引向导流泄水建筑物下泄，在河床中全面开展主体建筑物的施工，这就是截流。截流戗堤一般与围堰相结合，因此截流实际上是在河床中修筑横向围堰工作的一部分（图 3-29）。在大江大河中截流是一项难度较大的工作。

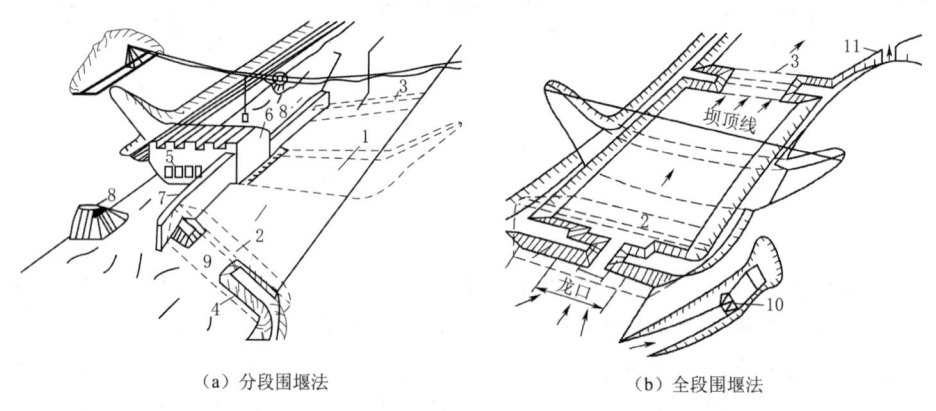

图 3-29 截流布置示意图
1—大坝基坑；2—上游围堰；3—下游围堰；4—戗堤；5—底孔；6—已浇混凝土坝体；7—二期纵向围堰；
8——期围堰的残留部分；9—龙口；10—导流隧洞进口；11—导流隧洞出口

一般说来，截流施工的过程为：先在河床的一侧或两侧向河床中填筑截流戗堤，这种向水中筑堤的工作称为进占。戗堤将河床束窄到一定程度，就形成了流速较大的龙口。封堵龙口的工作称为合龙。在合龙开始以前，如果龙口河床或戗堤端部容易被冲毁，则须采取防冲措施对龙口加固，如对龙口河床进行护底、对戗堤端部作裹头处理等。合龙以后，龙口部位的戗堤虽已高出水面，但其本身依然漏水，因此须在其迎水面设置防渗设施。在戗堤全线上设置防渗设施的工作叫闭气。所以，整个截流过程包括戗堤的进占、龙口范围的加固、合龙和闭气等工作。截流以后，再在这个基础上，对戗堤进行加高培厚，修成围堰。

截流在施工导流中占有重要的地位，如果截流不能按时完成，就会延误整个河床部分建筑物的开工日期；如果截流失败，失去了以水文年计算的良好截流时机，则可能拖延工期达一年，在通航河流上甚至严重影响航运。所以在施工导流中，常把截流看作一个关键性问题，它是影响施工进度的一个控制项目。

截流之所以被重视，还因为截流本身无论在技术上和施工组织上都具有相当的艰巨性和复杂性。为了成功截流，必须充分掌握河流的水文特性和河床的地形、地质条件，掌握在截流过程中水流的变化规律及其对截流的影响。同时，必须在非常狭小的工作面上以相当大的施工强度在较短的时间内进行截流的各项工作，为此必须严密组织施工。对于大型或重要的截流工程，事先必须进行周密的设计和水工模型试验，对截流工作作出充分的论证。此外，在截流开始之前，还必须切实做好器材、设备和组织上的充分准备。

（一）截流的基本方法

河道截流有立堵法、平堵法、立平堵法、平立堵法、下闸截流以及定向爆破截流等多种方法，但基本方法为立堵法和平堵法两种。

1. 立堵法截流

立堵法截流（图 3-30）是将截流材料从龙口一端向另一端，或从两端向中间抛投进占，逐渐束窄龙口，直至全部拦断。截流材料通常用自卸汽车在进占戗堤端部直接卸料入水，个别巨大的截流材料也有用起重机、推土机投放入水的。

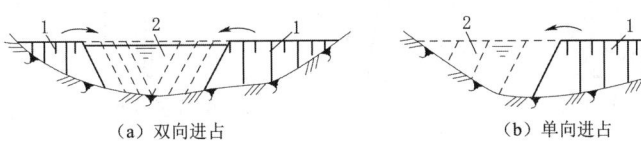

图 3-30 立堵法截流
1—截流戗堤；2—龙口

立堵法截流不需要在龙口架设浮桥或栈桥，准备工作比较简单，费用较低。但截流时龙口的单宽流量较大，出现的最大流速较高，而且流速分布很不均匀，需用单个重量较大的截流材料。截流时工作前线狭窄，抛投强度受到限制，施工进度受到影响。根据国内外截流工程的实践和理论研究，立堵法截流一般适用于大流量、岩基或覆盖层较薄的岩基河床。对于软基河床只要护底措施得当，采用立堵法截流也同样有效。

2. 平堵法截流

平堵法截流（图 3-31）事先要在龙口架设浮桥或栈桥，用自卸汽车沿龙口全线

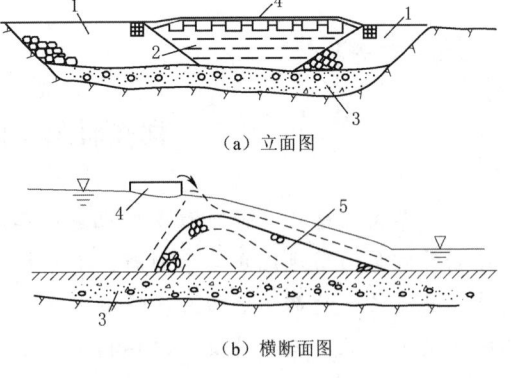

图 3-31 平堵法截流
1—截流戗堤；2—龙口；3—覆盖层；
4—浮桥；5—截流体

从浮桥或栈桥上均匀地逐层抛填截流材料,直至戗堤高出水面为止。因此,平堵法截流时,龙口的单宽流量较小,出现的最大流速较低,且流速分布比较均匀,截流材料单个重量也较小,截流时工作前线长,抛投强度较大,施工速度较快。平堵法截流通常适用在软基河床上。

3. 综合法截流

采用立堵结合平堵的方法。有先平堵后立堵和先立堵后平堵两种,用得比较多的是首先从龙口两端下料,保护戗堤头部,同时进行护底工程,并抬高龙口底槛到一定高程,最后用立堵截断河流。平堵可以采用船抛,然后用汽车立堵截流。

(二) 截流材料

1. 截流材料尺寸

在截流中,合理地选择截流材料的尺寸或重量,对于截流的成败和截流费用的节省具有重大意义。截流材料的尺寸或重量取决于龙口的流速。

2. 截流材料类型

截流材料类型的选择,主要取决于截流时可能发生的流速及工地开挖、起重、运输设备的能力,一般应尽可能就地取材。国内外大江大河截流的实践证明,块石是截流的最基本材料。此外,当截流水力条件较差时,还需使用人工块体,如混凝土六面体、四面体、四脚体及钢筋混凝土构架(图3-32)以及钢筋笼、合金网兜等。

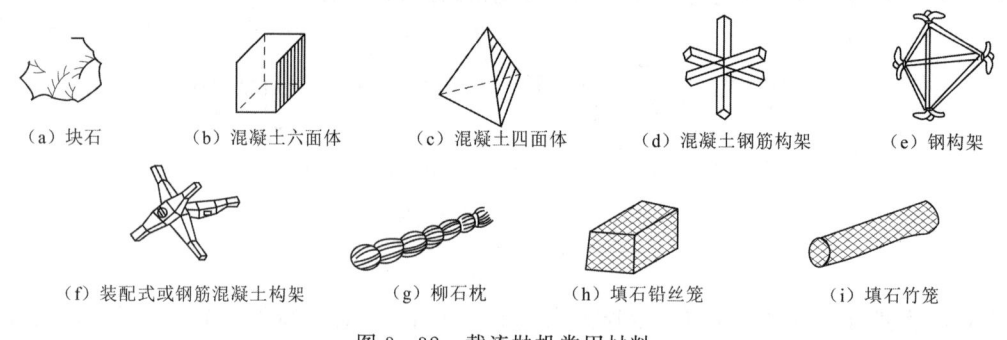

图 3-32 截流抛投常用材料

【思政案例】

都江堰四大传统堰工技术

在世界文化遗产、世界灌溉工程遗产都江堰2200多年的治堰历史中,以李冰为代表,带领勤劳智慧的蜀地民众勇于创新、不断探索,采用当地盛产的竹、木、卵石作为材料,创造出具有特色的都江堰四大传统堰工技术——竹笼、杩槎、羊圈、干砌卵石。因其就地取材、造价低廉、工艺简便、循环利用、生态环保等优点,广泛应用于灌区截流分水、筑堤护岸、抢险堵口等水利施工实践中,为都江堰的长盛不衰发挥了重大作用。

1. 竹笼

剖竹为蔑编成均匀的圆形笼子,再装上卵石所形成的构件,用于护坡、堵口等,它是都江堰历史上出现最早、应用最广泛的水工技术，相传为李冰所创。现代水利史学界基本认为当时的鱼嘴为竹笼堆筑而成。

2. 杩槎

用竹绳将三根木料捆扎成三角鼎足锥体形，再加上辅料所形成的挡水结构，是都江堰传统水工技术中材料种类最多、制作工艺最复杂、施工难度最大的一项水工技术。历史上，杩槎截流技术主要用于内、外江进水口和其他堰口的截流，便于渠首和灌区岁修工程，有时也用来调节流量，抢险堵口，挑流护岸或搭交通便道等。

3. 羊圈

用木桩将卵石紧束在一起，如群羊被关于圈内。治水三字经有云"砌鱼嘴，安羊圈"。它有较强的消能抗冲能力，多被用在河道的急流险工段，作基础防冲工程。

4. 干砌卵石

将卵石并排、按一定坡度砌成紧密、坚实的整体，其工程主体结构全部由卵石构成，广泛应用于灌区渠道边坡等工程，造价低廉、施工简便。

世人皆知都江堰是"天府之国"的水源工程，是闻名中外的古代杰出水利工程代表，是世界上最成功的无坝引水工程。但很少有人知道这些成就和荣誉的背后支撑就是四大传统堰工技术。

据有资料以来的统计，岷江在都江堰所处位置形成的洪峰多次达到 $5000 \mathrm{~m}^{3} / \mathrm{s}$ 以上。一旦暴雨洪水发作，成都平原很多地方几乎是一片汪洋、人畜无存。也就是唐代诗人岑参所描述的那样："江水初荡潏，蜀人几为鱼。"

2200多年前，从茹毛饮血、刀耕火种的年代走过来，从穴居山林走到平原旷野，面对崇山峻岭、惊涛骇浪，为了生存、为了子孙后代，以李冰为代表的蜀地先祖义无反顾、首当其冲，改造河山、因势制宜，与大自然赤手空拳、以命相搏。但仅靠人力和简单的铁器，要驯服奔腾咆哮的岷江，何其艰难！这种形势下，四大堰工技术应运而生、横空出世。可以说，四大堰工技术的诞生，既是形势所需，也是我们祖先英勇无畏、敢为人先、因地制宜、勇于创新的伟大创造。

果然，四大堰工技术一出生就石破天惊、大显身手。它把一个个风吹得动、水冲得走的松散的卵石沙土组合起来，由小到大、由简到繁，实现"量变到质变"，形成整体构件，建成鱼嘴、金刚堤、飞沙堰等工程，从而实现挡水、分水、分洪、排沙，进而实现了兴利除弊的目标。看似平淡无奇，实则是点石成金。从此，滔滔岷江任由调遣。从此，移居平原的蜀地先人才有了一个稳定的家园。从此，沼泽遍布的蛮荒之地变成了稻菽千里的锦绣河山。也从此，水旱频发、朝不保夕的成都平原成为"水旱从人，不知饥馑""时无荒年"的"天府之国"。

斗转星移、寒来暑往。四大堰工技术记载了都江堰2200多年的治水历史，经历了西蜀的风云变幻而始终传承，承受了无数次洪灾损毁而浴火重生。伴随着都江水系的百舸争流、川粮蜀绣的翻山越岭，四大堰工技术托起了成都平原五谷丰登、国泰民安的这一片天地！

世易时移，不可否认的是，自20世纪以来，现代材料、现代机械、现代技术所向披靡的扩展运用，四大传统堰工技术逐渐退出了水利工程的主阵地。但是，它并没有消亡，也没有甘居在档案室、博物馆和历史的典籍文献中，而是与时俱进地演变。这也充分体现了都江堰两千年来传承发展、总结创新的鲜明特征。"落红不是无情物，化作春泥更护花"。由于四大堰工技术自身固有的优点，在小型水利工程中、在生态景观工程中，仍然可见它的身影。

现代水利中，人们从竹笼受到启发，采用铅丝笼来代替竹笼。近年来，此类水工技术又发生重大革新，一种名为"扩张伸缩金属网笼箱"的水工构件崭露头角，并展现出广阔的应用前景。人们从杩槎受到启发，创造出了混凝土四面体，广泛用于截流、抢险以及护岸等工作。羊圈在现代水利施工中已较少应用，但现代的打桩技术和锚钉技术就是它的华丽转身。20世纪50年代以后，都江堰灌区科技人员对干砌卵石进行了技术升级，与现代水泥相结合形成了浆砌卵石，使沿用2200多年的干砌卵石在技术上前进了一大步。目前都江堰渠首的主要堤防、内江及六大干渠均采用浆砌卵石结构，经历了多年洪水及地震考验，运行正常。

进入20世纪以来，近代工业文明席卷全球、无处不在。先进的材料、先进的技术、先进的机械和巨大的组织，显示出了翻天覆地、排山倒海的能量。与之相比，四大传统堰工技术简直是小菜一碟。但是，随着时间的推移，人们对工业文明和现代科技不断反思：如何减少和避免环境污染、资源枯竭、生态恶化，如何构建人水和谐、人与自然和谐？

在日益重视生态文明的今天，四大传统堰工技术在取水、挡水的同时还能渗水，没有阻隔水的循环，不污染环境，促进了自然生态的良性循环，其生态、环保、低碳、零排放等方面的优势逐渐凸显。可以说，四大传统堰工技术给了我们一个启示：人类在满足自身需要的同时，应与自然和谐相处。

除了生态环保优势外，四大传统堰工技术已经成为都江堰的文化符号，成为四川省的非物质文化遗产。它的历史价值、文化价值、科技价值、生态价值，正在日益彰显，与它的工程作用交相辉映。

六、土石方工程施工

在水利工程建筑中，土石方工程施工应用非常广泛。有些水工建筑物，如土坝、土堤、土渠等，几乎全部是土石方工程。我国80%的大型水库是土石坝，95%以上的小型水库是土石坝。土石方工程的基本施工过程是开挖、运输和填筑，根据实际情况采用人工、机械、爆破或水力冲填等方法施工。

（一）土的工程性质及分级

在进行土石方开挖及确定挖运组织时，须根据各种土石的工程性质及其具体指标来选择施工方法及施工机具，确定工料消耗和劳动定额。对土石方工程施工影响较大的因素有土壤级别与特征。

从广义的角度而言，土，包括土质土和岩石两大类。由于开挖的难易程度不同，水利工程中沿用十六级分类法，通常把前Ⅰ～Ⅳ级叫作土（即土质土），Ⅴ级以上的都叫作岩石。

同一级土中各类土壤的特征有着很大的差异。例如坚硬黏土和含砾石黏土，前者含黏粒量（粒径<0.005mm）在50%左右，而后者含砾石量在50%左右。它们虽都属Ⅳ级土，但颗粒组成不同，开挖方法也不尽相同。

在实际工程中，对土壤的特性及外界条件应在分级的基础上，进行分析研究，认真确定土的级别,见表3-1。

表3-1 一般工程土壤分级表

土质级别	土壤名称	自然湿容重/(kg/m³)	外形特征	开挖方法
Ⅰ	1. 沙土 2. 种植土	1650~1750	疏松黏结力差或易透水,略有黏性	用锹,或略加脚踩开挖
Ⅱ	1. 壤土 2. 淤泥 3. 含壤土种植土	1750~1850	开挖时可成块并易打碎	用锹并用脚踩开挖
Ⅲ	1. 黏土 2. 干燥黄土 3. 干淤泥 4. 含少量砾石黏土	1800~1950	黏手,看不见砂粒或干硬	用镐、三齿耙开挖或用锹并加脚用力踩开挖
Ⅳ	1. 坚硬黏土 2. 砾质黏土 3. 含砾石黏土	1900~2100	土壤结构坚硬,将土分裂后成块状或含黏粒,砾石较多	用镐、三齿耙等工具开挖

(二) 土方开挖方式

1.人工及半机械化开挖

这种方法一般是用来开挖土方、全风化岩石或靠近建基面的开挖。开挖强度低,用工量大,但是开挖质量有保证。

2.机械开挖

土方多采用机械开挖,用于土方开挖的机械有单斗挖掘机、多斗挖掘机、铲运机械等,用于场地开阔、方量大的土方及软弱岩石开挖,施工强度高、进度快、生产能力高。

3.水力开挖

利用高压水将土冲走。这种方法需要施工现场有充足水源且地形比较有利,所以用水量大、环保要求高。

(三) 土方开挖机械

1.单斗挖掘机

单斗挖掘机由工作装置、行驶装置和动力装置等组成。工作装置有正铲、反铲、拉铲和抓铲等(图3-33)。工作装置可用钢索或液压操作。行驶装置一般为履带式或轮胎式。动力装置可分为内燃机拖动、电力拖动和复合式拖动等几种类型。

2.多斗挖掘机

多斗挖掘机是一种连续作业式挖掘机械,按构造不同,可分为链斗式和斗轮式两类。链斗式是由传动机械带固定在传动链条上的土斗进行挖掘的,多用于挖掘河滩及水

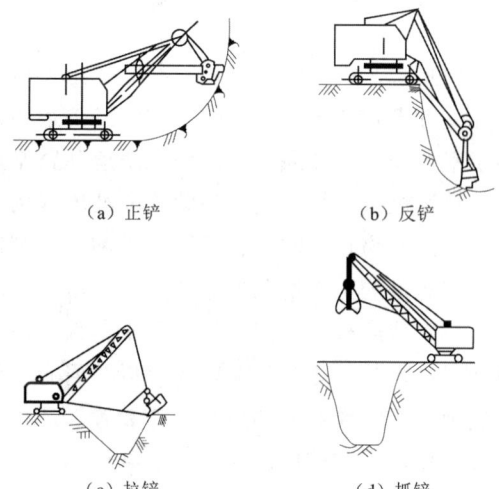

(a) 正铲　　　　　(b) 反铲

(c) 拉铲　　　　　(d) 抓铲

图3-33 单斗挖掘机工作装置

下砂砾料；斗轮式以固定在转动轮上的土斗进行挖掘的，多用于挖掘陆地上土料。

3. 铲运机械

(1) 推土机。推土机（图3-34）在水利工程施工中应用很广，可用于平整场地、开挖基坑、推平填方、堆积土料、回填沟槽等。推土机的运距不宜超过60～100m，最大挖深不宜大于1.5～2.0m，填筑能力约为2～3m。推土机的开行方式基本上是穿梭式的。为了提高推土机的生产率，应力求减少推土器两侧散失土料，一般可采用槽形开挖、下坡推土、分段铲土、集中推运及多机并列推土等方法。

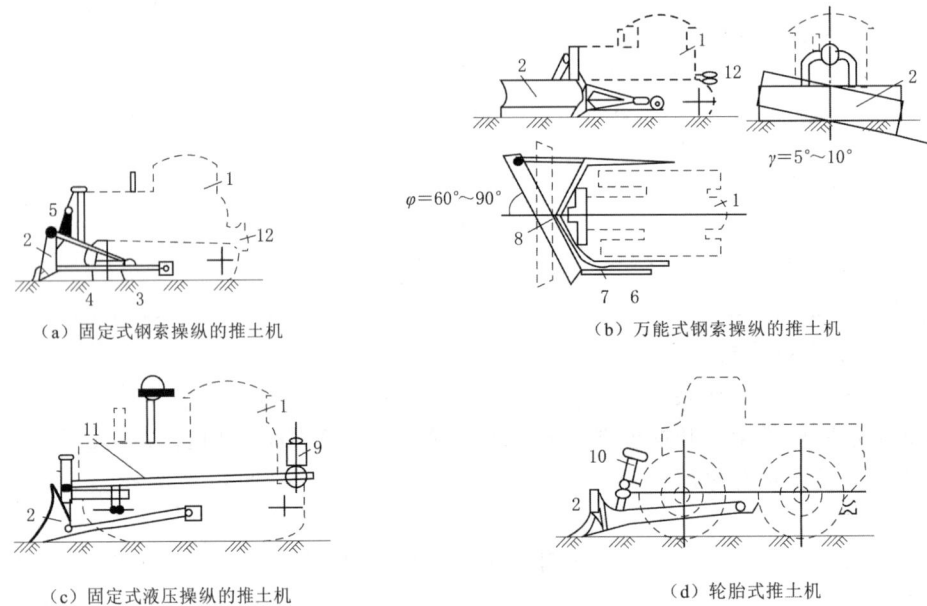

图3-34 推土机的类型

1—拖拉机；2—推土刀；3—顶推架；4—斜撑；5—钢索操纵系统；6—弓形架；7—撑杆；
8—球纹；9—油泵及分配阀；10—油压缸；11—油管；12—卷扬机

(2) 铲运机。铲运机是一种能铲土、运土和填土的综合性土方工程机械。它一次能铲运几立方米到几十立方米的土方，经济运距达几百米。铲运机能开挖黏性土和砂卵石，多用于平整场地、开采土料、修筑渠道和路基以及软基开挖等。

铲运机按操纵系统分为索式和液压式两种；按牵引方式分为拖行式和自行式两种；按卸土方式分为自由卸土、强制卸土和半强制卸土三种。

铲运机的工作情况如图3-35所示。

(3) 装载机。装载机是一种工作效率高、用途广泛的工程机械，它不仅可对堆积的松散物料进行装、运卸作业，还可以对岩石、硬土进行轻度的铲掘工作，并能用于清理、刮平场地及牵引作业。如更换工作装置，还可完成堆土、挖土、松土、起重以及装载棒状物料等工作，因此被广泛应用。装载机示意图如图3-36所示。

装载机按行走装置可分为轮胎式和履带式两种；按卸载方式可分为前卸式、后卸式和回转式三种；按铲斗的额定重量可分为小型（<1t）、轻型（1～3t）、中型（4～8t）、重

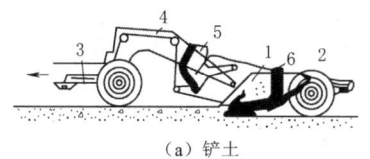
(a) 铲土

(b) 运土

(c) 卸土

图 3-35 铲运机工作示意图

1—铲斗；2—行走装置；3—连续装置；4—操纵机构；5—斗门；6—斗底和斗后壁

型（>10t）四种。

（四）土料压实方法

众所周知，土料不同，其物理力学性质也不同，因此使之密实的作用外力也不同。黏性土料黏结力是主要的，要求压实作用外力能克服黏结力；非黏性土料（砂性土料、石渣料、砾石料）内摩擦力是主要的，要求压实作用外力能克服颗粒间的内摩擦力。不同的压实机械设备产生的压实作用外力不同，大体可分为碾压、夯击和振动三种基本类型，如图 3-37 所示。

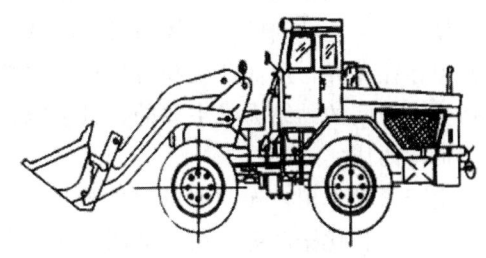

图 3-36 装载机示意图

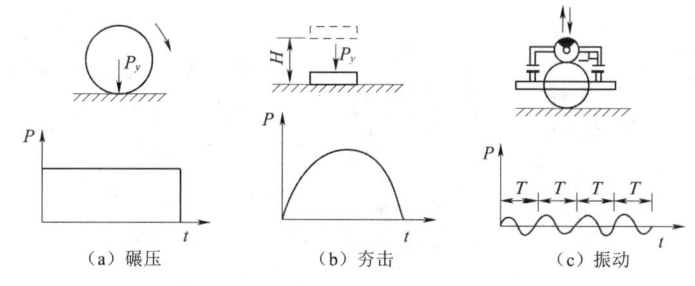

(a) 碾压　　(b) 夯击　　(c) 振动

图 3-37 土料压实作用外力示意图

图 3-38 羊脚碾外形图

1—羊脚；2—加载孔；3—碾压滚筒；4—杠辕框架

（五）压实机械

根据压实作用力来划分，通常有碾压、夯击、振动压实三种机具。随着工程机械的发展，又有振动和碾压同时作用的振动碾，产生振动和夯击作用的振动夯等。常用的压实机具有以下几种。

1. 羊脚碾

羊脚碾的外形如图 3-38 所示，它与平碾不同，在碾压滚筒表面设有交错排列的截头圆锥体，状如羊脚。钢铁空心滚筒侧面设有加载孔，加载大小根据设计需要确定。加载物料有铸铁块和砂砾石等。碾滚的轴由框架支撑，与牵引的拖拉机用杠辕相连。羊脚的长度随碾滚的重量增加而增加，一般为碾滚直径的1/6～1/7。羊脚过长，其表面面积过大，压实阻力增加，羊脚端部的接触应力减小，影响压实效果。重型羊脚碾碾重可达30t，羊脚相应长40cm。拖拉机的牵引力随碾重增加而增加。

羊脚碾的羊脚插入土中，不仅使羊脚端部的土料受到压实，而且使侧向土料受到挤压，从而达到均匀压实的效果。在压实过程中，羊脚对表层土有翻松作用，无须刨毛就能保证土料良好的层间结合。

2. 振动碾

这是一种振动和碾压相结合的压实机械，它是由柴油机带动与机身相连的附有偏心块的轴旋转，迫使碾滚产生高频振动。振动功能以压力波的形式传到土体内。非黏性土料在振动作用下，土粒间的内摩擦力迅速降低，同时由于颗粒大小不均匀，质量有差异，导致惯性力存在差异，从而产生相对位移，使细颗粒填入粗颗粒间的空隙而达到密实。然而，黏性土颗粒间的黏结力是主要的，且土粒相对比较均匀，在振动作用下，不能取得像非黏性土那样的压实效果。

由于振动作用，振动碾的压实影响深度比一般碾压机械大1～3倍，可达1m以上。它的碾压面积比振动夯、振动器压实面积大，生产率很高。

3. 气胎碾

气胎碾有单轴和双轴之分。单轴的主要构造是由装载荷重的金属车厢和装在轴上的4～6个气胎组成。碾压时在金属车厢内加载，并同时将气胎充气至设计压力。为防止气胎损坏，停工时用千斤顶将金属箱支托起来，并把胎内的气放掉，如图3-39所示。

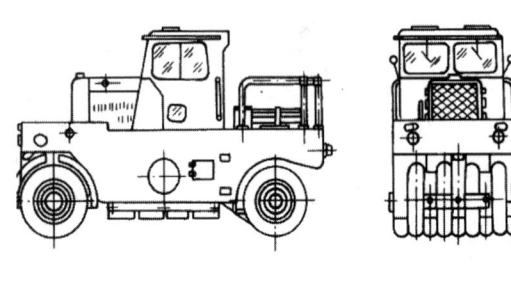

图3-39 气胎碾示意图

气胎碾在碾压土料时，气胎随土体的变形而变形。随着土体压实密度的增加，气胎的变形也相应增加，始终能保持较为均匀的压实效果。它与刚性碾比较，气胎不仅对土体的接触压力分布均匀而且作用时间长，压实效果好，压实土料厚度大，生产效率高。

气胎碾可根据压实土料的特性调整其内压力，使气胎对土体的压力始终保持在土料的极限强度内。通常气胎的内压力，对黏性土以$(5～6)\times10^5$Pa、非黏性土以$(2～4)\times10^5$Pa最好。平碾碾滚是刚性的，不能适应土体的变形，荷载过大就会使碾滚的接触应力超过土体的极限强度，这就限制了这类碾朝重型方向发展。气胎碾却不然，随着荷载的增加，气胎与土体的接触面增大，接触应力仍不致超过土体的极限强度。所以只要牵引力能满足要求，就不妨碍气胎碾朝重型高效方向发展。

七、地下工程开挖施工技术

在水利工程中，常遇到的地下工程有地下发电厂房、地下变电站、地下泵站、导流洞、泄水洞、引水洞、溢洪洞等。

地下工程开挖方式有全断面开挖法、台阶法、导洞开挖法三种。开挖方式的选择主要取决于围岩类别、断面尺寸、机械设备和施工技术水平。合理选择开挖方式，对加快施工进度，节约工程投资，保证施工质量和施工安全意义重大。

（一）全断面开挖法

全断面开挖是在隧洞的整个设计断面上一次性钻孔爆破，将工作面爆破成设计要求的断面，这种方法又可称为全断面一次爆破法。当地质条件较好时，全断面开挖法在小断面隧洞和大断面隧洞开挖中均可以采用。在小断面隧洞（一般断面面积小于$16m^2$）施工中，如果采用半断面正台阶法开挖或先导洞后扩大的方法施工，由于工作面狭小，将给开挖工作带来很大的困难，因此一般多采用全断面开挖法。对于中等断面及大断面的隧洞，只要地质情况允许，山岩压力不很大，无须支护或仅局部需要简单的临时支护时，则应根据施工的具体条件，尽量采用全断面开挖法。

全断面开挖施工的特点是：断面一次钻眼爆破而达到设计的全断面尺寸要求，待开挖断面向前推进一定距离或隧洞全线挖通后，便可进行混凝土衬砌或锚喷支护。全断面开挖工作面大，空间尺寸也大，有利于进行机械化施工作业。图3-40所示为全断面开挖机械化施工的过程，它采用钻孔台车钻孔，装渣机向电瓶机车牵引的斗车装渣，衬砌采用钢模台车立模，由混凝土泵及其导管运输混凝土进行浇筑。全断面开挖的工作面大，有利于布置通风除尘设备改善洞内工作环境，交通运输布置方便。

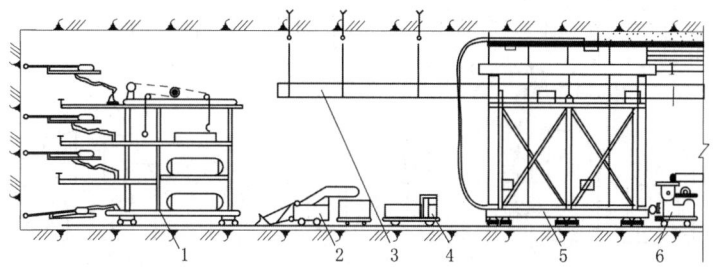

图3-40 全断面开挖机械化施工程序
1—钻眼台车；2—装渣机；3—通风管；4—电瓶车；5—模板台车；6—混凝土泵

（二）台阶开挖法

当隧洞断面较大，或采用全断面开挖在技术、安全、经济等方面不够理想时，采用台阶开挖法（图3-41）。台阶可沿水平面分下台阶掘进和上台阶掘进；也可沿宽度分区，即左、右竖直台阶掘进。

下台阶掘进法是先挖断面上部，再挖下部。上部超前2～3.5m，上下层同时爆破。通风散烟后，迅速清理好台阶上的石渣，就可以在台阶上钻孔，使下层出渣与上层钻孔同时作业。下层爆破由于增加了临空面，可以少用炸药。这种方式适用于断面较大，围

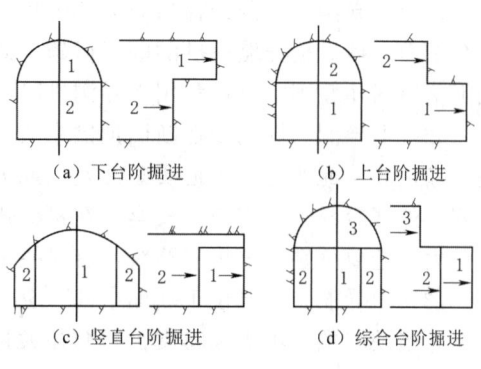

图3-41 台阶开挖法
1～3—开挖顺序

岩稳定性好，但又缺乏钻孔台车等大型机械设备的情况。在掘进过程中要求上、下两层同时爆破，掘进深度应大致相同。

上台阶法是先挖下部，再挖上部。上部的开挖因自由面增加及岩体自重作用，可节省炸药，但安全处理和支护工作需进行两次。

竖直台阶法用于跨度大或钻机数量较少的情况。此法先挖断面中部，再挖两侧（光面爆破），这种方法开挖顶部不易塌方，有利安全。如果岩层较完整、钻机够用时应采用全断面开挖法。

根据工程统计资料分析认为：当断面小于 85～110m²、跨度小于 10m 时，最好采用全断面开挖；当断面和高度大于这个数值时，宜采用下台阶法。同时，各种台阶开挖方法应结合工程实际情况综合采用。

（三）导洞开挖法

导洞开挖法（图 3-42）是先掘进断面的一部分（即导洞），而后扩大至全断面。此法适用于断面大、地质条件差，又无大型机械设备的情况。导洞断面大小和位置依岩石情况、出渣路线布置和装运渣能力确定。当隧洞较短时，可先将导洞全线挖通，然后再进行扩大开挖，这称为导洞钻进。导洞钻进有利于通风、测量和观察全洞线岩石情况，同时可减少导洞开挖与扩大开挖作业之间的干扰。

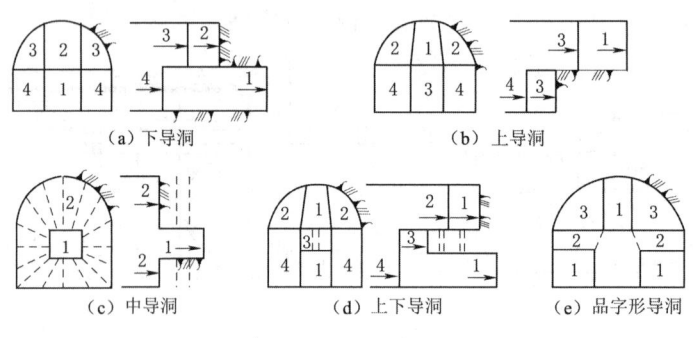

图 3-42　导洞开挖法
1~4—开挖顺序

根据导洞位置不同，导洞法有如下方案：

（1）下导洞。导洞选在断面下部中央，开挖后向上扩挖到顶部，再由两侧向底部扩大至全断面。挖后按先墙后拱的顺序衬砌。此法只需一次铺设出渣路线，扩大部分能利用岩渣下落经漏斗装车，且可利用下导洞排除洞内地下水。

（2）上导洞。导洞设在断面顶拱中央，开挖后向两侧扩大，可及时衬砌顶拱，再开挖底部和边墙。此法适用于地质条件差、地下水严重、顶部临时支护拆移困难的情况。其顶部安全处理容易，有利施工安全，在机械化程度不高时可获得较快掘进进度。但导洞开挖和扩大开挖要分别布置出渣路线，有时拱顶衬砌与下部扩挖互相干扰而影响施工进度。

（3）中导洞。导洞位于断面中部，全线打通后再辐射钻眼，向四周全面扩大。此法要求岩石坚硬完整，不需临时支护，洞径大且有柱架式钻机设备。

（4）上下导洞。即上下导洞同时掘进。由上导洞扩大拱部并对顶拱衬砌，然后扩挖中层和边墙。此法工作面多，为避免出渣和顶部衬砌间互相干扰，往往用斜洞或竖井将上下导洞连通,上导洞运送混凝土,下导洞出渣排水。

(5)品字形导洞。主要用于开挖大断面洞室。

八、混凝土工程施工

混凝土是利用胶凝材料黏接的人工石,具备较高的耐久性和稳定性,是一种耐压不耐拉的材料,工程上常与钢筋配合成为钢筋混凝土作为承重、受弯或抗剪构件。根据填筑规模是否短边大于1m,可划分大体积混凝土和结构混凝土;根据施工工艺不同,又有碾压混凝土、喷射混凝土、泵送混凝土、水下混凝土等;根据流动性不同,又有干硬性混凝土、塑性混凝土、流动性和大流动性混凝土;根据等级和功能不同,又有抗渗、抗冻、抗磨、高强混凝土等。混凝土的施工,跟其钢筋、模板、原材、生产运输以及成型、养护工艺密切相关,任何改变带来的都是混凝土施工技术的革新。

(一)钢筋工程

运至工厂的钢筋应有出厂合格证明和试验报告单,运至工地后应根据不同等级、钢号、规格及生产厂家分批分类堆放,不得混淆,且应立牌以资识别,并按施工规范要求,使用前应作拉力和冷弯试验,需要焊接的钢筋应做好焊接工艺试验。

钢筋的加工包括调直、除锈、切断、弯曲和连接等工序。

1. 调直

钢筋应平直,局部无弯折,钢筋中心线同在线的偏差不应超过其全长的1%。弯曲的钢筋经调直后方可使用。调直的钢筋不应出现死弯,否则应剔除不用。钢筋调直后如有劈裂现象,应作为不合格品,并应重新鉴定该批钢筋质量。

钢筋调直后表面不应有明显的伤痕。

钢筋的调直可用钢筋调直切断机、弯筋机、卷扬机等调直。钢筋调直切断机用于圆钢筋的调直和切断,并可清除其表面的氧化皮和污迹。

2. 除锈

为保证钢筋与砼之间的握裹力,严重锈蚀的钢筋应除锈。除锈方法有调直或冷拉过程中除锈、电动除锈机除锈、手工除锈或喷砂、酸洗除锈。

钢筋表面的一般浮锈可不必清除,磷锈可用除锈机或钢丝刷清除。

3. 剪切

按配料单规定,用粉笔在钢筋上划出需要的长度、划线后进行切断。

钢筋的切断方法有手工切断和机械切断。手工切断钢筋,劳动强度大、工效低,只是在切断量小或缺少动力设备的情况下才采用;一般也只用来切断20mm以下的钢筋。但在一些特殊场合,例如在长线台座上放松预应力钢丝时,采用手工切断方法。

机械切断采用电动或液压的钢筋切断机两种专用机械,目前广泛采用的是电动钢筋切断机。可以切断直径在40mm以下的钢筋。大于40mm的适合火焰、电弧切断或锯断。

4. 弯曲

钢筋弯曲成型有手工弯曲成型和机械弯曲成型两种方法。

手工弯曲成型:手工弯曲是在工作台上固定挡板、板柱,采用扳手或扳子实施人工弯曲的。

机械弯曲成型:机械弯曲由钢筋弯曲机完成,钢筋弯曲机由电动机、工作盘、插座、涡轮、蜗杆、皮带机、齿轮及滚轴等组成，也可在底部装设行走轮，便于移动。

5. 连接

钢筋连接的方法有焊接、机械连接和绑扎三类。

(1) 焊接。钢筋的焊接质量与钢材的可焊性、焊接工艺有关。常用的焊接方法有闪光对焊、电弧焊、电渣压力焊和点焊等。

1) 闪光对焊。闪光对焊是利用电流通过对接的钢筋时，产生的电阻热作为热源使金属熔化，产生强烈飞溅，并施加一定压力而使之焊合在一起的焊接方式。不仅能提高工效，节约钢材，还能充分保证焊接质量。

闪光对焊一般用于水平钢筋非施工现场连接，适用于直径 10～40mm 的Ⅰ、Ⅱ、Ⅲ级热轧钢筋，10～25mm 的Ⅳ级钢筋，以及直径 10～25mm 的余热处理Ⅲ级钢筋的焊接。

2) 电弧焊。电弧焊是利用电弧焊机使焊条与焊件之间产生高温电弧，使焊条和电弧燃烧范围内的焊件金属熔化，熔化的金属凝固后，便形成焊缝或焊接接头。

电弧焊应用范围广，如钢筋的接长、钢筋骨架的焊接、钢筋与钢板的焊接、装配式结构接头的焊接及其他各种钢结构的焊接等。

钢筋电弧焊可分为搭接焊、帮条焊和坡口焊三种接头形式，如图 3-43～图 3-45 所示。

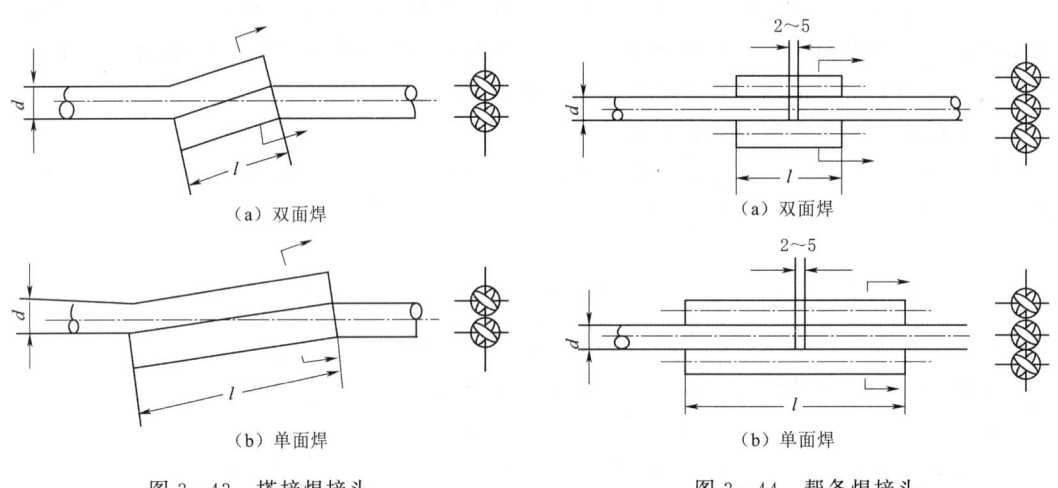

图 3-43 搭接焊接头　　　　　图 3-44 帮条焊接头

搭接焊接头：适于焊接直径 10～40mm 的Ⅰ～Ⅲ级钢筋。宜采用双面焊。不能进行双面焊时，可采用单面焊。焊接前，钢筋宜预弯，以保证两钢筋的轴线在一直线上，使接头受力性能良好。

帮条焊接头：适用于焊接直径 10～40mm 的Ⅰ～Ⅲ级钢筋。宜采用双面焊，不能进行双面焊时，也可采用单面焊。帮条宜采用与主筋同级别或同直径的钢筋制作。当帮条级别与主筋相同时，帮条直径可以比主筋直径小一个规格；当帮条直径与主筋相同时，帮条钢筋级别可比主筋低一个级别。

坡口焊接头：坡口焊接头比上述两种接头节约钢材，适用于现场焊接装配现浇式构件接头中直径 18～40mm 的Ⅰ～Ⅲ级钢筋。坡口焊按焊接位置不同可分为平焊与立焊。

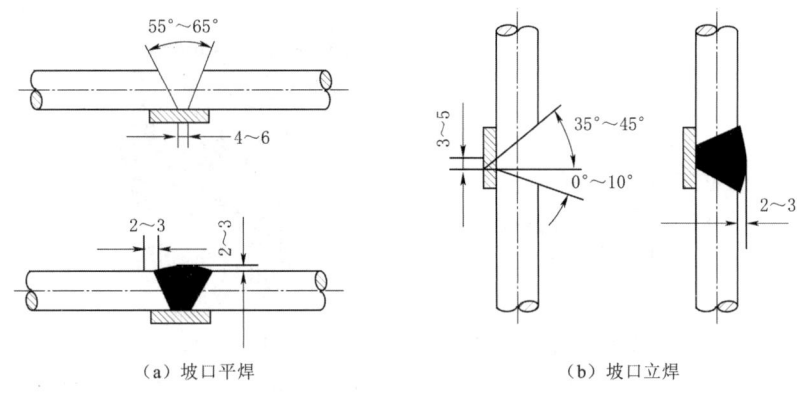

(a) 坡口平焊　　　　　　　　　　(b) 坡口立焊

图 3-45　坡口焊接头（单位：mm）

3）电渣压力焊。电渣压力焊是将两根钢筋安放成竖向对接形式，利用焊接电流通过两钢筋端面间隙，在焊剂层下形成电弧过程和电渣过程，产生电弧热和电阻热，熔化钢筋，加压完成的一种焊接方法（如图 3-46 所示）。钢筋电渣压力焊机操作方便，效率高，适用于竖向或斜向受力钢筋的现场连接。

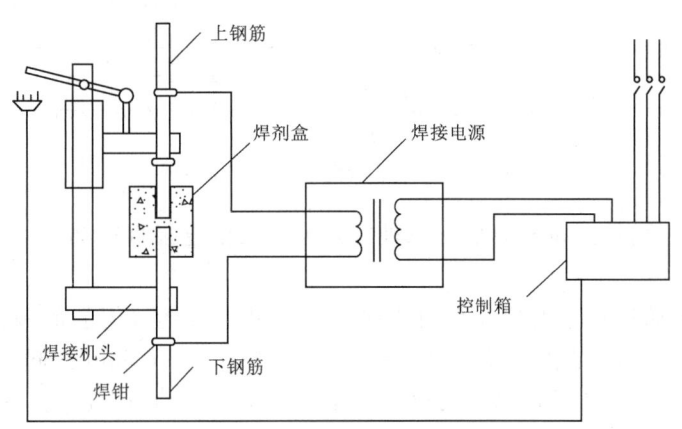

图 3-46　电渣压力焊示意图

4）电阻点焊。电阻点焊是利用电流通过焊件时产生的电阻热作为热源，并施加一定的压力，使交叉连接的钢筋接触处形成一个牢固的焊点，将钢筋焊合起来（如图 3-47 所示）。适用于钢筋骨架和钢筋网中交叉钢筋的焊接，所适用的钢筋直径和级别为：直径 6~14mm 的热轧Ⅰ、Ⅱ级钢筋，直径 3~5mm 的冷拔低碳钢丝和直径 4~12mm 的冷轧带肋钢筋。

(2) 机械连接。钢筋机械连接又称为"冷连接"，是继绑扎、焊接之后的第三代钢筋接头技术。具有接头强度高于钢筋母材、速度比电焊快 5 倍、无污染、节省钢材 20% 等优点。

钢筋机械连接的种类很多，如钢筋套筒挤压连接、锥螺纹套筒连接、精轧大螺旋钢筋套筒连接、热熔剂充填套筒连接、平面承压对接等。

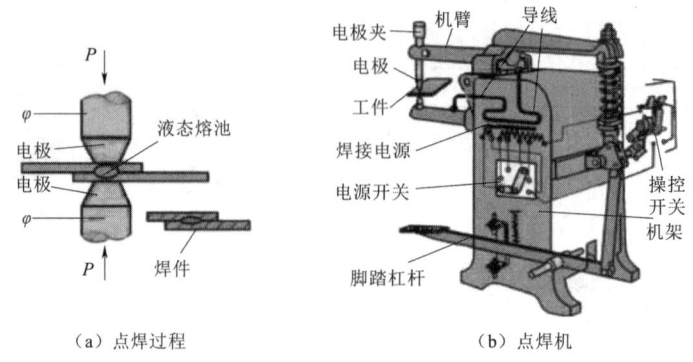

图 3-47 电阻点焊示意图

1) 钢筋套筒挤压连接。钢筋套筒挤压连接工艺的基本原理是将两根待接钢筋插入钢连接套筒，采用专用液压压接钳侧向（或侧向和轴向）挤压连接套筒，使套筒产生塑性变形，从而使套筒的内周壁变形而嵌入钢筋螺纹，由此产生抗剪力来传递钢筋连接处的轴向力（如图 3-48 所示）。

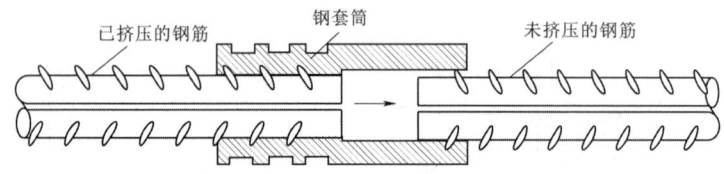

图 3-48 钢筋套筒挤压连接示意图

挤压连接有径向挤压和轴向挤压两种方式，宜用于连接直径 20～40mm 的Ⅱ、Ⅲ级变形钢筋。

2) 锥螺纹套筒连接。锥螺纹套筒连接是采用锥螺纹连接钢筋的一种机械式钢筋接头（如图 3-49 所示）。它能在施工现场连接Ⅱ、Ⅲ级 16～40mm 的同径或异径的竖向、水平或任何倾角钢筋，不受钢筋有无花纹及含碳量的限制。它连接速度快，对中性好，工艺简单，安全可靠，无明火作业，不污染环境，节约钢材和能源，可全天候施工。所连钢筋直径之差不宜超过 9mm。

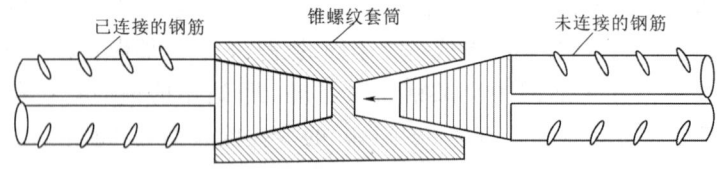

图 3-49 锥螺纹套筒连接示意图

(3) 绑扎。绑扎的方法有一面顺扣法、十字花扣法、反十字扣法、兜扣法、缠扣法、兜扣加缠法、套扣法等，较常用的是一面顺扣法。

(二) 模板工程

模板在混凝土工程中起成型和支撑作用，同时还具有保护和改善混凝土表面质量的功效。模板是钢筋混凝土工程的重要辅助作业，具有工程量大，材料和劳动力消耗多等特点。在一般混凝土工程中，模板安拆劳动量占总劳动量的30%～60%，模板费用占混凝土工程造价的15%～30%，在大体积混凝土中也占到5%～15%。

1. 模板的基本要求

（1）保证混凝土结构和构件各部分设计形状、尺寸和相互位置正确。

（2）具有足够的强度、刚度和稳定性，能可靠地承受各项施工荷载，并保证变形在允许范围内。

（3）面板板面平整、光洁，拼缝密合、不漏浆。

（4）结构简单，安装和拆卸方便、安全，尽量能够多次周转使用。

（5）模板宜标准化、系列化。

2. 模板的类型

（1）按制作材料划分，模板可分为木模板、钢模板、混凝土模板和塑料模板等。木模板具有加工方便、重量轻、保温性好等优点，但强度低，易变形翘曲，周转次数少；钢模板正好相反，工程中常用木模板做面板，钢材做肋和支撑。模板的材料宜选用钢材、胶合板、塑料等，尽量少用木材。

（2）按形状划分，模板可分为平面模板和曲面模板。平面模板又称为侧面模板，主要用于结构物垂直面，在工程中用量较大。曲面模板用于廊道、隧洞、溢流面和某些形状特殊的部位，如进水口扭曲面、蜗壳、尾水管等，在工程中用量相对较少。

（3）按受力条件划分，模板可分为承重模板和侧面模板。承重模板主要承受混凝土重量和施工中的垂直荷载，侧面模板主要承受新浇混凝土的侧压力。侧面模板按其支撑受力方式，又可分为简支模板、悬臂模板和半悬臂模板。

（4）按架立和工作特征划分，模板可分为固定式、拆移式和滑动式。固定式模板多用于起伏的基础部位或特殊的异形结构，如蜗壳或扭曲面。拆移式、移动式和滑动式模板可更复或连续在形状一致或变化不大的结构上使用，有利于实现标准化和系列化。

（三）混凝土生产

混凝土生产是按照混凝土配合比设计的要求，将混凝土的各种材料（水泥、骨料、水、外加剂、掺合料等）均匀地搅拌成为可供浇筑的混凝土。混凝土的生产过程和作业内容如下：

（1）储料：把混凝土的各种组成材料运到拌和地点附近，放在堆场或仓库中储存起来，以备随时取用。

（2）供料：由储料料堆和仓库向配料设备及时足量运送各种材料。

（3）配料：将混凝土的各种材料按配合比规定准确称量。

（4）拌和：将配好的一次拌和所需的料进行均匀搅拌，制成新鲜混凝土。

（四）混凝土运输

混凝土运输对混凝土质量和进度影响大。运输过程包括水平运输和垂直运输，从拌和机前到浇筑仓前，主要是水平运输，从浇筑仓前至仓内，主要是垂直运输。

1. 水平运输

（1）有轨运输。一般有机车拖平板车立罐和机车拖侧卸罐车两种。机车拖平板车立罐运输方式，在我国水电建设工程中被广泛应用，尤其适用工程量大、浇筑强度高的工程，这种运输方式运输能力大，运输过程中震动小，管理方便。其主要缺点是：要求混凝土工厂与混凝土浇筑供料点之间高差小、线路的纵坡小、转弯半径大、对复杂的地形变化适应性差。土建工程量大，修建工期长，造价较高。

（2）无轨运输。一般指汽车运输，主要有混凝土搅拌车，后卸式自卸汽车、汽车运立罐及无轨侧卸料罐车等。

汽车运输混凝土机动灵活，对地形变化适应性强，道路修建的工程量小且费用较低，进行施工规划时，应尽量考虑运输混凝土的道路与基坑开挖出渣道路相结合，在基坑开挖结束后，利用出渣道路运输混凝土，以缩短混凝土浇筑的准备工期。汽车运输混凝土几乎可以同所有入仓设备配套使用，但运距不宜太长。为减少运输过程中过大震动，路面质量要求高。缺点是能源消耗大，运输费用较高，不易管理，事故率较高。

（3）架空单轨运输。采用钢桁架和钢柱架设环行的架空运输单轨道，轨道上悬挂用电动小车牵引行驶的混凝土料斗，小车经过拌和楼装料后，驶至卸料后，将混凝土卸入中间转运车，空料斗沿环行单轨驶回拌和楼，如此往复进行。

（4）胶带机运输。胶带机运输混凝土可将混凝土运送直接入仓，也可作为转料设备。直接入仓浇筑混凝土主要有固定式和移动两种。固定式即用钢排架支撑多条胶带通过仓面，每条胶带控制浇筑宽度5～6m，每隔几米设置刮板，混凝土经过溜筒垂直下卸。移动式为仓面上的移动梭式胶带布料机与供应混凝土的固定胶带正交布置，混凝土经过梭式胶带布料机分料入仓。

2. 垂直运输

（1）门机。因行走支撑大架为"门"字形而称为门式起重机，简称门机。门机造价低，机械性能和生产效率稳定，小型门机拆装方便，准备工程量小，因而在水电工程施工中应用普遍。门机最大优势是起重能力强，可移动，在中小型工程中一般设置在上游垂直面附近，解决大坝直线段的大部分浇筑工作。门式起重机如图3-50所示。

（2）塔机。塔机以固定式居多，塔基起重能力有限，但由于自身可以提升，浇筑高度较大，造价较门机节省，一般配合门机完成门机无法覆盖的浇筑区域，例如下游浇筑区域。塔式起重机如图3-51所示。

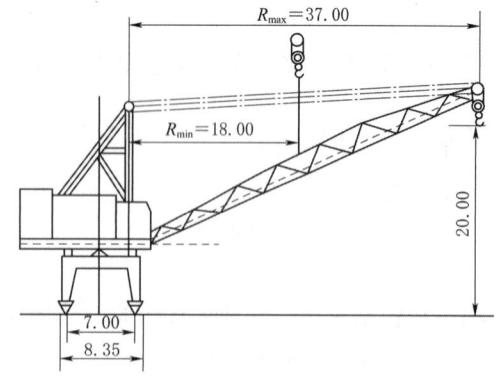

图3-50 门式起重机示意图（单位：m）

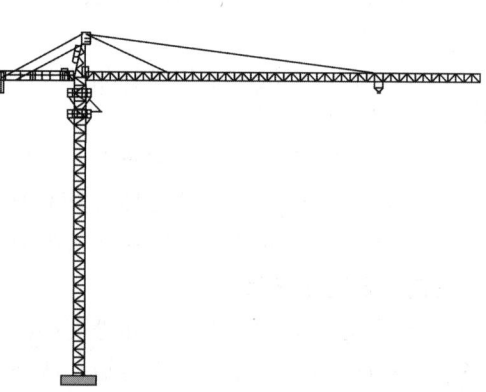

图3-51 塔式起重机示意图

(3) 缆机。缆机是浇筑混凝土的理想设备，与门塔机相比，具有以下特点：缆机的工作与施工导流方案无关，可以在基坑混凝土浇筑之前安装完毕，及早形成生产能力；缆机从工程初期投入使用后，一般可以一直工作到工程完工，且不需在汛期停工或撤出；缆机可采用较高的提升下降及小车横移速度，因而其工效较高；缆机覆盖范围大，运行灵活，不仅对混凝土施工，而且对防汛、基坑出渣（如地质缺陷引起的局部探挖）等都会起到意想不到的作用。因此，只要地形条件合适，缆机方案常是最佳的选择。

（五）混凝土浇筑

混凝土浇筑过程包括浇筑前的准备工作、混凝土入仓铺料、平仓与振捣及养护等。

1. 浇筑前的准备工作

浇筑前的准备工作包括基础面的处理、施工缝处理、立模、钢筋及预埋件安设和全面检查与验收等。

（1）基础面处理。对于土基，应将预留的保护层挖除，并清除杂物，然后铺碎石，再覆盖湿砂，进行压实；对于砂砾石地基，应先清除有机质杂物和泥土，平整后浇筑一层10~20cm厚的C15混凝土，以防漏浆；对于岩基，必须首先对基础面的松动、软弱、尖角和反坡部分作彻底清除，然后用高压水冲洗岩面上的油污、泥土和杂物。浇筑前一般先铺浇一层1~3cm厚的砂浆，以保证基础与混凝土的良好结合。

（2）施工缝处理。施工缝是指浇筑块之间临时的水平和垂直结合缝，即新老混凝土之间的结合面。对需要接缝处理的纵缝面，只需冲洗干净可不凿毛，但须进行接缝灌浆。水平缝的处理必须将老混凝土面的软弱乳皮清除干净，形成石子半露而不松动的清洁表面，以利新老混凝土接合。

（3）仓面检查。混凝土开仓浇筑前，必须按照设计和规范要求，对仓面进行全面的质量检查与验收，重点是模板、钢筋和预埋件，应特别注意模板体形，钢筋的规格、尺寸和接头，预埋件不得漏项，预留孔洞位置要正确，机械、风水电是否就位，混凝土工厂是否处于正常状态。由施工方自检合格后，报经监理工程师核查，经监理工程师签发准浇证后，才能浇筑。

2. 入仓铺料

为了避免不均匀沉降引起坝体开裂，常采用结构缝和临时的施工缝将坝段分成若干浇筑块，形成若干浇筑仓。

铺料有三种方法：平层铺料法、斜层铺料法、阶梯铺料法（如图3-52所示）。

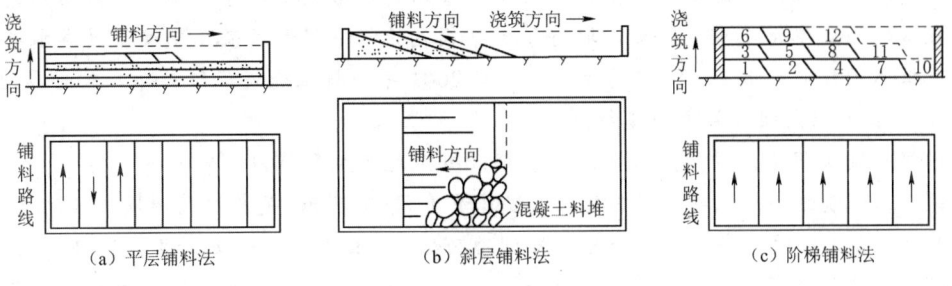

图3-52 混凝土铺料方法

平层铺料法：沿仓面某一边逐条逐层有序连续铺填，上一层铺填完毕并振捣密实好后，紧接着铺填振捣下一层，逐层进行，直至浇至限定的浇筑高程。

斜层铺料法：斜向分层铺筑，倾角不宜大于10°，斜坡上振捣混凝土，必须由下向上进行。否则，上部混凝土易崩裂。

阶梯铺料法：将铺层形成3~5个台阶后，由仓面一端向另一端水平前进。一般阶梯宽不小于3m，浇块高度一般不超过1.5~2.0m。

3. 平仓

平仓是将卸入仓内成堆的混凝土均匀铺平，达到要求的浇筑层厚。可采用振捣器平仓，斜向插入混凝土料堆，自下而上进行；大型工程大仓面混凝土平仓，一般用平仓机进行；小部位或边角部位利用人工铁锹平仓。须注意，振捣器平仓不能代替振捣密实工序。

4. 振捣

振捣是混凝土浇筑的关键工序，应在平仓后立即进行。

按振捣方式不同，振捣器分为插入式、外部式和表面式三种。其中插入式在大体积混凝土工程中运用较广；外部式适用于柱、墙等结构尺寸小且钢筋稠密的构件；表面式适用于路面、薄板等混凝土浇筑。

振实标准可按以下一些现象判别：混凝土面以不再出现气泡、不再显著下沉、表面泛浆为准。

5. 养护

养护是保证混凝土强度增长，表面不发生干缩裂缝，保证混凝土质量的必要措施。

湿度养护：混凝土浇筑完毕后，应在10~12h以内加以覆盖，并洒水养护。每日洒水次数应能保持混凝土处于足够的润湿状态。喷洒养护剂，在混凝土表面形成保护膜，防止水分蒸发，以达到养护的目的。

温度养护：高温采用洒水降温，低温采用覆盖保温，使混凝土表面温度达到0℃以上。

【思政案例】

三峡工程大坝混凝土快速施工新技术

三峡工程规模和综合效益巨大，工程技术复杂，是治理和开发长江的关键性骨干工程。三峡工程在设计和建设过程中，坚持走科技创新之路，坚持原始创新与协同创新，在一些技术问题上取得了重大突破，取得了世界领先的科技创新成果，创造了世界水电建设史上一批新的纪录。混凝土施工方面，1999—2001年混凝土浇筑连续三年三破世界纪录。

1. 三峡工程大坝混凝土施工特点

根据三峡工程建设方案，三峡工程大坝混凝土施工主要有以下特点：

(1) 工程量巨大。三峡工程混凝土工程总量为2800万 m^3 是长江葛洲坝工程的2.5倍，为巴西伊泰普工程的2倍。第二阶段工程1860万 m^3 混凝土中，厂坝工程1200万 m^3。

(2) 高峰强度高，高峰期持续时间长。首先，枢纽工程年浇筑高峰强度特高，最高达548万 m^3，最大月强度55.35万 m^3；其中第二阶段厂坝工程年最高强度达400万 m^3，最高月强度达45万m^3，强度在40万m^3左右的月份将持续9～10个月。金属结构安装以及其他项目的施工强度高，大坝和厂房各类闸门、埋件及钢管等共约14.8万t，年高峰强度约5万t，而且安装与混凝土施工同步进行，相互干扰很大。其他工序如开挖、清基交面、固结灌浆、接缝灌浆等，无论总量或是施工强度也都是国内外水电建设史上罕见的。其次，夏季浇筑基础约束区混凝土强度高。工程的特点，决定了必须要在夏季大量浇筑约束区混凝土，这既是一个施工组织难题，也是重大的技术和质量控制难题。第三，初期混凝土施工强度高大坝下部仓面面积大，从满足大坝均匀、连续上升，间歇期尽可能短的角度，必须要做到高强度。而初期则由于主要浇筑设备形成需要时间、操作熟练需要有个过程，使这一矛盾十分突出。

（3）施工干扰大、施工技术要求高、难度大。施工干扰大，一是工程施工过程中，各种工序交叉或平行作业，相互之间干扰很大；二是由于工程巨大，必须分几个标段施工，各承包商之间在界面交接、设备使用、进度协调等方面必然存在大量分歧，干扰很大。

（4）施工技术要求高、难度大。长江洪水峰高、量大、水深；施工期通航要求高，第二阶段工程施工期间，导流明渠要通航，使左、右岸分割不能支援，这些都给施工安排带来困难。

2. 大坝混凝土快速施工带来的技术难题

（1）在当时情况下，国内已有的浇筑手段如大型门塔机、缆式起重机等，均难以满足施工强度要求。如果增加数量，按国内类似水平推算，需120余台，施工场地又布置不下。同时，与传统浇筑手段相应的传统施工工艺也难以满足施工强度和质量要求。加之三峡大坝结构复杂、混凝土的标号、级配种类繁多，给混凝土快速施工更增加了复杂性和难度。

（2）为满足三峡混凝土强度需要，必须设计和建设当今国内外最大规模的人工砂石料和混凝土、制冷生产系统以及与之相配套设施及管理。

（3）三峡工程是千年大计、国运所系，必须从原材料及混凝土的各环节高度重视三峡工程混凝土的质量和耐久性，要求高性能的混凝土。

（4）第二阶段混凝土浇筑高峰持续三年，而该地区夏季持续时间长，不利于混凝土浇筑，温控防裂问题异常突出，为确保夏季混凝土的照常施工，特别是基础强约束区部位的混凝土。以往各工程所采取的单项或多项温控措施联用都已经不能满足施工要求，必须采取全过程、全方位、高标准大容量的综合温控措施，尽可能减少一般性表面裂缝，避免产生危害性的基本贯穿性裂缝。

（5）传统的混凝土浇筑仓位安排采取人工调度方法，大多靠经验主观判断，随意性较大，不能满足大规模高强度施工需求。因此，必须采取科学排仓方法和现代测控技术，保证混凝土连续、高效、均衡地施工。

3. 三峡工程大坝混凝土施工关键技术及创新

（1）创造了水电施工混凝土浇筑强度的世界纪录。经过充分反复论证，选定以塔带机为主、辅以大型门塔机和缆机的综合施工方案。从传统常规的吊罐浇筑系统升华为混凝土连续浇筑的系统，由各混凝土拌和楼通过皮带机系统输送到塔带机直接入仓浇筑，浇筑速度远远超过了常规方式。1999—2001年是三峡第二阶段工程混凝土浇筑持续高峰年，年混凝土浇筑强度均在400万 m^3 以上，2000年最高混凝土浇筑强度达54.8万 m^3，月最高混凝土浇筑强度55.35万 m^3，日最高混凝浇筑强度2.2万 m^3，连续三年混凝土浇筑总量高达100万 m^3 以上，2000年最高混凝土浇筑强度达548万 m^3，月最高混凝土浇筑强度55.35万 m^3，日最高混凝土浇筑强度2.2万 m^3，连续三年混凝土浇筑总量高达1409万 m^3。远超过了由古比雪夫水电站创造的年浇筑313万 m^3、月浇筑38.9万 m^3 和日浇筑19万 m^3 的世界最高水平，创造了新的世界纪录。

与混凝土快速施工相配套的还有砂石料特高强度生产及供应。为实现砂石料的特高强度生产和供应，采用了国际先进的生产加工成套设备，充分利用基坑开挖石渣料等有效措施，首创了巴马克9000与棒磨机联合制砂新工艺，有效地保证了混凝土施工需要。

(2) 创立了一整套混凝土快速施工工艺和质量保证体系。塔带机可实现混凝土生产工厂化和混凝土水平垂直运输的一体化，具有连续浇筑、生产率高的特点。三峡工程大坝共布置6台塔带机，每台理论设计生产率可达 $420m^3/h$，这是在世界水电建设史上前所未有的。为了与选定的特高强度浇筑方案相配套，确保混凝土浇筑进度和质量，建立了一整套新的施工工艺和现代施工管理体系，包括建立健全质量保证体系，全面推行仓面工艺设计，制定一整套严密的浇筑施工工艺，配备与入仓强度相匹配的仓面资源，形成了具有三峡工程特色的混凝土快速施工工法，创造了塔带机浇筑四级配和一个仓号多品种混凝土的首例。

混凝土生产输送浇筑计算机综合监控系统，是在大型水利水电工程施工中融入现代测控技术的一次创新，实现了混凝土施工全过程的实时监控、动态调整和优化调度，开创了大型水电工程项目立足于自主技术，实现了施工计算机综合监控。混凝土浇筑施工计算机模拟系统针对混凝土浇筑的复杂状况，对施工方案和施工计划进行更科学的选择和安排，突破了传统的经验决策模式，有助于大幅度提高混凝土施工效率。

(3) 首创二次风冷骨料新技术。三峡工程采用二次风冷骨料技术为国内外首创，它解决了混凝土制冷系统规模大，施工场地不足，系统难以布置的困难，节省了大量施工用地及工程投资。该技术高效可靠，为三峡工程快速优质施工提供了重要保证，为混凝土预冷工程提供了一项先进可靠的新技术。混凝土生产系统采用了二次风冷技术，5个系统9座拌和楼，夏季月生产低温混凝土可达45万 m^3，其配置的制冷容量大大低于原有的制冷方法。经过1999—2001年3个夏季高峰的运行，实测混凝土出机口平均温度为6.85℃，小于7℃合格率均在80%以上，确保了混凝土的生产质量。

(4) 混凝土原材料及配合比优化达到一流水平。混凝土原材料采用具有微膨胀性能的中热525号硅酸盐水泥；选用品质优良的高效减水剂；在混凝土中将Ⅰ级粉煤灰作为功能材料掺用；采用缩小水胶比加大粉煤灰掺量的技术路线；限制原材料的碱含量和混凝土总碱量，满足了三峡混凝土耐久性的特殊要求。混凝土配合比先进，用花岗岩人工骨料的大坝四级配混凝土在塔带机为主的运输浇筑方式情况下，其用水量仅为 $90kg/m^3$ 左右，并能满足高性能大坝混凝土的要求。

(5) 首次全面实施全过程综合温控技术。三峡工程大坝柱状块尺寸大，基础温差标准高，温控措施要求严格。为此，在广泛分析国内外工程已采取单项或多项温控措施现状的基础上，首次实施全过程、全方位、高标准、大容量的综合温控技术，以确保混凝土施工质量。尤其是高温季节塔带机快速高强度浇筑坝体约束区混凝土，在国内外为首次，没有可借鉴的施工经验及有关计算分析方法确定混凝土运输过程中温度回升率。对此，建立新的计算模型采用差分法求解，解决了混凝土温度回升计算的难题。三峡工程各建筑物孔洞多，结构复杂，混凝土温控防裂难度大，更增加了研究的难度。坝区气温骤降频繁，混凝土表面防裂难度大。所采用的大柱状块温差标准及综合温控防裂措施的规模和难度，均超过国内外其他已建和在建工程的水平。

通过实施全过程综合温控措施，减少了裂缝的产生。三峡第二阶段工程 3 年连续高强度施工共完成混凝土浇筑 1400 余万 m^3，未发现危害性贯穿裂缝，大坝工程表面裂缝的最大出现概率仅为 0.16 条/万 m^3，远远低于《三峡工程质量标准》（TGPS）的 0.5 条/万 m^3 的控制标准。

【课后拓展】
1. 查阅相关资料，简要阐述我国改革开放前后水利工程管理和施工技术的发展情况。
2. 以熟悉的一个具体水利工程为例，简要阐述工程采用的施工机械和施工方法。

【学习评价】

评价范围	评 价 标 准	自我评价 （10分制）	小组评价 （10分制）	教师评价 （10分制）
专业知识	了解国内外著名水利工程			
	了解水利工程建设成就与发展趋势			
	了解水利工程施工技术的特点和内容			
专业能力	能够阐述国内外著名水利工程			
	能够阐述水利工程发展历程			
	能够阐述水利工程施工技术的特点和内容			
专业素养	积极思考			
	敢于表达			
	分析、解决问题			
思政成效	民族自豪感和专业自信			
	质量意识和社会责任感			

第四章

水利工程与生态保护

【知识目标】
1. 了解水土保持与荒漠化治理的措施。
2. 了解水污染防治的措施。
3. 了解我国水生态系统存在的问题。
4. 掌握生态水利建设的措施。

【能力目标】
1. 能够根据工程情况初步确定水土保持与荒漠化治理的措施。
2. 能够根据实际情况初步确定水污染防治的措施。
3. 能够根据实际情况初步制定生态水利建设的措施。

【素质目标】
1. 树立正确的学习观念,具备独立分析问题、解决问题的能力。
2. 践行"富于创新、科学严谨、尊重自然、人水和谐"的治水理念。

【思政育人目标】
1. 培养学生"公而忘私、民族至上、民为邦本、科学创新"为内涵的大禹精神。
2. 培养学生投身水利事业的家国情怀和使命担当。

第一节 水土保持与荒漠化治理

4-1 水土保持与荒漠化治理

中国水土保持与荒漠化治理历史悠久。早在远古时代,黄河流域就有"平治水土"之说。距今约 3000 年前的西周时期一直到明清时代,先后有保护水土草木及其整治的记载。

一、古代水土保持与荒漠化治理

(一) 古代水土保持与荒漠化治理的形成

我国江河洪水的治理源于《尚书》中"水、木、金、火、土"五行之说和大禹"平治水土"的传说。《尚书》中箕子说:"我闻在昔鲧堙塞洪水,汩陈五行,帝乃震怒。"意指鲧只知"壅防百川",造成严重后果,而伯禹能正确处理水土关系,制服洪水。在《史记·五帝本纪》中对大禹治田与治河相结合的成就做了总结,"唯禹之功为大,披九山,通九泽,决九河,定九州,各以职来贡,不失其宜",对后世的江河治理与水土保持产生深远的影响。

《诗经》中"原隰既平，泉流既清"的诗句即平治水土的反映。诗句中广平的土地称原，下湿的土地称隰，经过治理的水流称清，经过治理的土地称平。即以平原和下湿地为主，平整土地，防止冲刷，减少河川水流泥沙量而变清。说明当时已注意到水土流失问题和水土保持工作。

自北宋以后，由于人口剧增，毁林毁草的垦殖活动加剧，加之战乱、屯垦，人为加速侵蚀发展，使黄土高原水土流失和荒漠化问题日益加剧。

明清时期黄河下游决溢灾害，几乎达每两年发生一次。同时人们对防御自然灾害、治水与治田、治河与水土保持的关系等问题有了新的认识，在观念和理论上有了新的提高。

(二) 古代水土保持与荒漠化治理的措施

1. 耕作措施

(1) 畎田法。这是我国劳动人民最早创造的水土保持耕作法。畎田法早在400多年前开始采用。现代的沟垄种植法、水平沟种植法多为畎田法的承袭和发展。

(2) 区田法。区田法相传是商代伊尹创造，这种方法的优点是：集中施肥和灌水，保持水土；不一定要好地，凡丘陵、土岗、山坡都可修造；省工，易管理；改广种薄收为集中优化耕作，产量高，利于促进退耕。现代应用的"坑田"法就源于区田法。

2. 工程措施

(1) 梯田。我国南方丘陵山区修造水平梯田种植水稻必须与兴建蓄水灌溉的陂塘相结合，故这类水稻梯田称之为陂田。陂田是指由陂塘供水的稻田，丘陵山区的稻田必须修成台阶式梯田，才能进行灌溉种稻。陂田建设首先从适宜于修建陂塘的低丘、山麓或山谷的缓坡开始，随着耕垦由缓坡向偏远荒山、高山发展，出现高山梯田。

(2) 引洪漫地。引用高含沙洪水淤灌劣地，是群众创造的变害为利，改造荒滩、盐碱地为良田，提高土地利用率的方法。陕西省富平县赵老峪的引洪漫地，距今已有2000余年。

(3) 淤地坝。筑坝淤地是黄河流域群众具有独创性的水土保持措施。据记载筑坝淤地有400年历史，民间传说"修项如修仓，澄泥如存粮"。

3. 封山育林和造林种草

(1) 封山育林。秦国正式颁布"一山泽""无伐草木"封山育林的法令。秦以后的历代封建王朝，大都颁行过"封山泽"的法令。

(2) 造林种草。在丘陵山区发展经济林木，荒山、荒坡、荒地造林种草。《逸周书》中讲述了不宜种植五谷的地方应栽植林木，"坡沟、道路、丘陵不可树谷者，树以材木……"，古代人民已重视土地合理利用，造林种草合理布局，并作为增加经济收入的来源。

二、现代水土保持与荒漠化治理

新中国成立以来，通过不懈的努力，水土保持与荒漠化治理取得了显著成效。据统计，通过水土保持措施已治理水土流失面积90多万 km^2，增产粮食3000多亿 kg，基本解决了水土流失治理区群众的温饱问题，改善了当地的生态环境，提高了群众生活水平。经过半个多世纪的发展，中国的水土保持走出了一条具有中国特色、综合防治水土流失的路子。主要做法如下：

（1）坚持与时俱进的思想，积极调整工作思路，不断探索加快防治水土流失的新途径。根据经济社会发展与人民生活水平提高对水土保持生态建设的新要求，在加强人工治理的同时，依靠大自然的力量，开展生态自我修复，促进人与自然的和谐。

（2）预防为主，防治结合。通过建立健全水土保持配套法规体系和监督执法体系；规定了"预防为主"的方针，加强执法监督，禁止陡坡开荒，加强对开发建设项目的水土保持管理。

（3）治理与开发利用相结合，实现效益最大化。在治理过程中，把治理水土流失和开发利用水资源紧密结合起来，突出生态效益，注重经济效益，兼顾社会效益，使群众在治理水土流失、保护生态环境的同时，取得明显的经济效益。

（4）优化配置水资源，合理安排生态用水，处理好生产、生活用水和生态用水的关系。同时，在水土保持和生态建设中，充分考虑水资源的承载能力，因地制宜，因水制宜。

（5）依靠科技，提高治理的水平和效益。重视理论与实践、科技与生产相结合，充分发挥科学技术的先导作用。积极引进国外先进技术、先进理念和先进管理模式，加大国际交流与合作。注重科技成果的转化，大力推广各种实用技术，采取示范、培训等多种形式对农民群众进行科普教育，增强农民的科学治理意识和能力。

（6）广泛宣传，增强全民水土保持意识。采取政府组织、舆论导向、教育介入等多种形式，广泛、深入、持久地开展宣传教育活动，增强全民水土保持意识。

三、水土保持与荒漠化治理的措施

（一）坚持退耕还林还牧

针对一些人口密度较小、降水量充足的地区，应该实行退耕还林的政策，促进生态环境的自然修复，增加植被的覆盖率，加快水土流失的治理进程。生态环境的修复有利于农业和畜牧业的增产增收，在较小的耕地面积上收获更多的粮食，养育更多的人，实现山青、水秀、人富。

（二）推广节水灌溉

在一些人口比较集中的地区，农作物种植面积较大，不适宜采用退耕还林的政策，这时应该推广节水灌溉。缺水是当前面临的一个严重的问题，节水灌溉不仅可以使农作物更好地生长，使水分得以充分利用，还将多余的水节约下来，避免了水资源的浪费。还要根据不同的农作物需水量的不同，给予它们适宜生长的土地，使土地资源发挥最大的作用，不同的气候也应该有不同的灌溉方法，要随时掌握农作物的习性。

（三）防风固沙

防风固沙的方法有许多，包括设置沙障，在沙层上覆盖致密物、利用废塑料治理沙漠等。设置沙障可以有设置植物沙障、土沙障、篱笆沙障等。植物沙障不仅可以抵挡部分沙尘的侵蚀，延缓土地沙漠化的进程，还有节流降雨的作用，可以将部分降雨留在植物沙障内，促进植物生长，增加土壤水分。土沙障则是像一堵土墙，与风向垂直，有很好的挡沙效果，但是需要大量的黏土来增强墙壁的韧性。在沙层上覆盖塑料薄膜有防止水分蒸发的作用，防止土地沙化加剧，但是覆盖的塑料薄膜极易被风吹走，同时造成二次污染，因此不太提倡这种方法。

（四）宣传防治宣传教育

政府采取奖励措施鼓励人们进行水土保持和荒漠化的治理，提高人们参与其中的积极性，刺激人们治沙的热情，通过教育和媒体等多方面的宣传，使人们主动投身到生态文明建设的浪潮中去，为水土保持和荒漠化治理尽一份力。

面对越来越严重的环境问题，为了我国的生态文明建设，水土保持和土地荒漠化的防治显示出重要的地位，我们应当齐心协力解决经济发展带来的问题，不把环境作为经济发展的代价。

【思政案例】

治沙止漠筑牢绿色生态屏障——塞罕坝机械林场

塞罕坝机械林场建立于1962年，位于河北省最北部，年均气温－1.3℃，最低气温－43.3℃，无霜期64天，气候寒冷、无霜期短，环境恶劣。林场地处内蒙古浑善达克沙漠的南端，土壤受风蚀或水蚀危害较重，属于土地沙化敏感地区，是风沙进入京津地区的重要通道。林场海拔1010～1940m，是滦河、辽河两大水系的重要发源地之一。

由于多方面原因导致塞罕坝变成为"飞鸟无栖树，黄沙遮天日"的高原荒丘，林草植被稀少。由于塞罕坝机械林场与北京直线距离仅180km，平均海拔相差1500多m，塞罕坝及周边的浑善达克沙漠成为京津地区主要的沙尘起源地和风沙通道。

三代塞罕坝人时刻牢记改善自然环境、修复生态的建场初心，在"黄沙遮天日，飞鸟无栖树"的荒漠沙地上艰苦奋斗、甘于奉献，通过培育优质壮苗、攻克技术难关、加强森林抚育、严格资源保护等措施，为京津冀筑起了93333hm^{2}阻沙源、保水源、拓财源的绿色生态屏障。经过几十年的艰苦奋斗，与建场初期相比，林地面积增加了4.1倍，林木蓄积量增加了35倍，森林覆盖率由11.4%提高到82%。年均大风日数由83天减少到47天，年均降水量由不足410mm增加到503mm。每年可涵养水源、净化水质3.2亿m^3，固碳105万t，释放氧气72万t。每年带动当地实现社会总收入超过25亿元，带动2500余户贫困户、1.3万余贫困人口脱贫致富。"好风景"带来"好光景"，"绿水青山"真正成了脱贫致富的"绿色银行"。

习近平总书记称赞林场的建设者们创造了荒原变林海的人间奇迹，用实际行动诠释了绿水青山就是金山银山的理念，铸就了牢记使命、艰苦创业、绿色发展的塞罕坝精神。他们的事迹感人至深，是推进生态文明建设的一个生动范例。

【课后拓展】

查阅相关资料，简要说明山西省玉石县水土保持与荒漠化治理的措施。

第二节 水污染与防治

4-2 水污染与防治

随着工业进步和社会发展，水污染日趋严重，成为世界的头号环境治理难题。

早在18世纪，英国由于只注重工业发展，而忽视了水资源保护，大量的工业废水废渣倾入江河，造成泰晤士河污染，从而制约了经济的发展，同时也影响到人们的健康。之后经过百余年治理，投资 5 亿多英镑，直到 20 世纪 70 年代，泰晤士河水质才得到改善。

19 世纪初，德国莱茵河也发生严重污染，德国政府为此运用严格的法律和投入大量资金致力于水资源保护，经过数十年不懈努力，在莱茵河流经的国家及欧盟共同合作下，才使莱茵河碧水畅流，达到饮用水标准。

一、水污染

水循环过程中，往往有化学物质进入水中，其中从非污染环境进入的物质叫作自然杂质或本底杂质，从污染环境进入的物质则叫作污染物。如果进入水体中的污染物的数量或浓度超过水体的自净能力，那么水体原有的使用价值就会丧失，这种现象就叫作水污染。

（一）水污染的类型

（1）需氧型污染排放的废水中含有大量的有机物，这些有机物在被水体中的微生物氧化分解的过程中要消耗水中的溶解氧，从而引起水中溶解氧浓度降低，水质恶化。

（2）毒物型污染排放的废水中含有有机毒物（如酚、农药等）、无机毒物（如汞、铬、砷、氯）以及放射性物质等，引起水生生物受害中毒，并通过食物链危害人类健康。

（3）富营养型污染排放的废水中含有大量的氮和磷，就可能引起水面滋生大量藻类及其他水生植物。夏季这些藻类覆盖水面，影响水面复氧；冬季这些藻类死亡就会引起水中的需氧物激增，使水质恶化。

（4）其他类型污染包括感官型污染、浮油、酸碱、病原体、热等。

（二）水体中主要污染物及其表征

1. 耗氧型污染物

耗氧型污染物包括碳水化合物、蛋白质、油脂、氨基酸、脂肪酸、脂类等有机物质。这些物质在被水体中微生物分解的过程中，要消耗水中的溶解氧。水中有机物的种类繁多，成分复杂，可被水中微生物降解的程度也不一样。水质检测中常以溶解氧（DO）、生化需氧量（BOD）、化学需氧量（COD）、总需氧量（TOD）与总有机碳量（TOC）等指标来反映。

（1）溶解氧（DO）。溶解氧（DO）是指溶解在水中的氧气的浓度。当水体中存在有机物质时，氧化分解需要消耗溶解在水中的氧气。若耗氧速度大于氧从大气溶入水体的速度，则表现为水体的溶解氧量下降。因此，溶解氧（DO）能衡量水体受有机物污染的程度，是重要的水质指标之一。溶解氧的值越小，水质越差。

（2）生化需氧量（BOD）。生化需氧量（BOD）是用微生物代谢作用所消耗的溶解氧量来间接表示水体被有机物污染程度的一个重要指标。其定义是：在有氧条件下，好氧微生物氧化分解单位体积水中有机物所消耗的游离氧的数量（mg/L）。一般有机物在微生物的新陈代谢作用下，其降解过程可分为两个阶段，第一阶段是有机物转化为 CO_2、NH_3 和 H_2O 的过程。第二阶段是 NH_3 进一步在亚硝化菌和硝化菌的作用下，转化为亚硝酸盐和硝酸盐，即所谓硝化过程。NH_3 已是无机物，污水的生化需氧量一般仅指有机物在第一阶段生化反应所需要的氧量。微生物对有机物的降解与温度有关，一般最适宜的温度是 15～30℃，所以在测定生化需氧量时一般以 20℃ 作为测定的标准温度，一般有机物 20 天才能够基本完成第一阶段的氧化分解过程。也就是说，测定第一阶段的生化需氧量，需要

20 天，这在实际工作中是难以做到的。为此，又规定一个标准时间，一般以 5 天作为测定生化需氧量的标准时间，因而称之为五日生化需氧量，约为总生化需氧量的 70%。

（3）化学需氧量（COD）。在一定条件下，用强氧化剂处理水样时所消耗的氧化剂的量（以氧计），称为化学需氧量，简写为 COD，单位为 mg/L。可以反映水体受还原性物质污染的程度。水中还原性物质包括有机物、亚硝酸盐、亚铁盐、硫化物等。

（4）总需氧量（TOD）与总有机碳量（TOC）。总需氧量（TOD）表示水样中有机污染物在高温下完全燃烧氧化所需氧量；总有机碳量（TOC）则代表水体中有机污染物的总碳量，以高温燃烧有机污染物所产生的 CO_2 值来反映。有机物分解使水体溶解氧缺乏，影响鱼类和其他水生生物生长，甚至威胁其生存。水中溶解氧耗尽后，有机物将转入厌氧分解，产生硫化氢、氨和硫醇等，气味难闻，水色变黑，水质恶化，除厌氧微生物外，其他生物难以生存。水中耗氧有机物来源广、数量大，例如生活污水和造纸、石油、化工、食品等行业排放的废水都含有大量的有机物。

2. 植物营养物

植物营养物主要是指氮、磷、钾、硫及其化合物。如果氮、磷等植物营养物质大量而连续地进入湖泊、水库及海湾等缓流水体，将促使各种水生生物生长，刺激它们快速繁殖（主要是藻类），最终将导致：①藻类在水体中占据的空间越来越大，使鱼类活动的空间越来越小，衰死的藻类将沉积塘底；②藻类种类逐渐减少，并由以硅藻和绿藻为主转为以蓝藻为主，而蓝藻有胶质膜，不适于作鱼饵料，且有些是有毒的；③藻类过度生长繁殖，将造成水中溶解氧的急剧变化，死亡藻类的分解将消耗大量的氧，可能在一定时间内使水体处于严重缺氧状态，影响鱼类生存。藻类死亡和某些植物的茎叶脱落后，沉入水底，在无氧条件下腐烂、分解，又将氮、磷等重新释放水中，再供给藻类。这样周而复始，形成了氮、磷等植物营养物质在水体内部循环，使植物营养物质长期保存在水体中。所以，缓流水体一旦出现富营养化，即使切断外界营养物质的来源，水体也很难恢复，这是水体富营养化的重要特征。所谓水体富营养化，是指天然水体中由于过量营养物质的排入而引起各种浮游生物和水生生物异常繁殖和生长的现象。一般来说，静水中总磷和无机氮分别为 $20mg/m^3$ 和 $300mg/m^3$，就认为水体已处于富营养化的状态。但是，富营养化问题的关键，不是水中营养物的浓度，而是连续不断地流入水体中的营养物的负荷量，因此不能完全根据水中营养物浓度来判定水体富营养化程度。水体中营养物的极限负荷有两种表示方法：单位体积负荷量或单位面积负荷量。如果进入水体中的磷大部分以生物代谢的方式流入，那么贫营养湖与富营养湖之间临界负荷量是：总磷 $0.2 \sim 0.5 g/(m^2 \cdot a)$，总氮 $5 \sim 10 g/(m^2 \cdot a)$。对发生富营养化作用来说，磷的作用远远大于氮的作用。一般常用高锰酸钾指数来表示富营养化程度。在自然地理的正常演变中，湖泊会由贫营养湖发展为富营养湖，进一步又发展为沼泽地和干地，这一历程在富营养化的作用下会大大加快。

3. 重金属

水环境质量中研究的重金属主要指汞、镉、铅、铬以及非金属砷等生物毒性显著的重金属元素，通常将这五种重金属称为"五毒物质"。重金属污染物质最主要的特征是在水中不能被微生物降解，而只能发生形态之间的相互转化、分散和富集。

4. 农药

农药通过大气、水体、土壤、作物经食物链富集造成危害。由于农药的化学性质不同，在环境中的降解度不同，对人体的影响也不同。农药可通过消化道、呼吸道和皮肤等途径进入人体，其中有机磷农药、有机氯农药是造成人体急性或慢性中毒的主要污染物。

5. 石油类

石油及其制品是水体重要污染物之一。近年来，因人类活动，全世界每年排入海洋的石油及其制品高达数百万吨至上千万吨，约占世界石油总产量的5%。石油及其制品进入水体之后，可发生复杂的物理和化学变化，如扩展、蒸发、溶解、卤化、光化学氧化，不易氧化分解的形成沥青块而沉入水底。由于石油的各种成分都有一定的毒性，而且油膜具有破坏生物的正常生活环境、造成生物机能障碍的物理作用，故石油污染给环境带来严重的后果。

6. 酚类

在酚类化合物中苯酚毒性最大，炼焦、生产煤气、炼油等行业所排废水中以苯酚为主。酚类化合物是一种细胞原浆毒，其与细胞原浆中蛋白质发生化学反应，形成变性蛋白质，使细胞失去活性。

7. 酸碱及一般无机盐类

酸性废水主要来自矿山排水、冶金与金属加工酸洗废水和酸雨等。碱性废水主要来自碱法造纸、人造纤维、制碱、制革等工业废水。酸、碱废水彼此中和，可产生各种盐，它们分别与地表物质反应生成无机盐类，所以酸和碱的污染也伴随着无机盐类污染。酸、碱废水破坏水体自然缓冲作用，消灭或抑制细菌及微生物的生长，妨碍水体的自净功能，腐蚀管道和船舶。酸碱污染不仅能改变水体的pH值，而且还大大增加了水的硬度。

8. 病原微生物和致癌物

水体中病原微生物主要来自生活污水、医院废水，制革、屠宰、洗毛等工业废水，以及牧畜污水。病原微生物是水体污染中主要的污染物。根据流行病学调查结果认为，诱发人类癌症的外部因素中80%～90%是化学物质、病毒和放射性物质等环境因素。大气中的致癌物质通过降水、降尘进入水体。一些工业废水，如石棉开采、金属冶炼等将致癌物排入水体，特别是人工合成高分子物质，进入水体后，危害水生生物。

9. 放射性污染物

放射性物质主要来源是核动力装置排出的冷却水，向海洋倾倒放射性废物及核爆炸降落到水体中的散落物等。在开采、提炼和使用放射性物质时，因处理不当，也会造成污染。水中的放射性污染物可以附着在生物体表面，也可以进入物体内蓄积起来。

10. 热污染

工矿企业向水体排放高温废水就构成热污染。由于水体受热污染影响，温度增高，水中化学反应、生化反应的速度加快，造成水中溶解氧减少，影响鱼类的生存和繁殖。例如，鳟鱼的繁殖温度在14℃以下，一般水生生物生存的上限温度为33～35℃。此外，水温增高还会增加一些有毒物质，如氰化物、重金属离子等毒性增强。

二、中国水污染状况

(一) 河流水环境状况

据调查,我国地表水中,长江、黄河、珠江、松花江、淮河、海河和辽河七大水系总体为轻度污染。其中,长江、珠江水质良好,黄河、松花江、淮河为轻度污染,辽河为中度污染,海河为重度污染。

1. 长江水系

长江水系水质总体良好。长江干流水质总体为优。长江支流水质总体良好。十大支流中,雅砻江、岷江、嘉陵江、乌江、沅江和汉江水质为优;大渡河、沱江、湘江和赣江水质良好。但岷江眉山段、湘江衡阳段和赣江南昌段为轻度污染,主要污染指标为氨氮。

2. 黄河水系

黄河水系水质总体为轻度污染。主要污染指标为五日生化需氧量、石油类和氨氮。黄河干流水质总体为优,伊河、洛河和沁河水质为优,伊洛河、北洛河为轻度污染,湟水河、大黑河为中度污染,其余支流为重度污染。

3. 珠江水系

珠江水系水质总体良好。珠江干流水质总体良好,珠江广州段为中度污染,主要污染指标为氨氮、石油类和溶解氧。珠江支流水质总体为优。深圳河为重度污染,主要污染指标为氨氮、高锰酸盐指数和五日生化需氧量。

4. 松花江水系

松花江水系总体为轻度污染。主要污染指标为高锰酸盐指数、氨氮和五日生化需氧量。松花江干流总体为轻度污染,支流总体为中度污染。

5. 淮河水系

淮河水系总体为轻度污染。主要污染指标为五日生化需氧量、高锰酸盐指数和石油类。淮河干流水质总体为优,支流总体为中度污染,主要污染指标为五日生化需氧量、高锰酸盐指数和氨氮。其中洪河、洪河分洪道、西淝河、沱河和浍河为轻度污染,颍河为中度污染,涡河为重度污染。

6. 海河水系

海河水系总体为重度污染,主要污染指标为高锰酸盐指数、五日生化需氧量和氨氮。海河干流总体为重度污染,海河大闸和三岔口断面的水质分别为劣Ⅴ类和Ⅳ类,主要污染指标为高锰酸盐指数、五日生化需氧量和氨氮。海河水系其他主要河流总体为重度污染。其中永定河水质为优;滦河和南运河水质良好;大沙河、漳卫新河、子牙河、徒骇河、北运河和马颊河等为重度污染。

7. 辽河水系

辽河水系总体为中度污染,主要污染指标为氨氮、高锰酸盐指数和石油类。辽河干流总体为轻度污染,主要污染指标为五日生化需氧量、石油类和氨氮。老哈河水质为优,东辽河水质良好,西辽河和辽河为中度污染。辽河支流总体为重度污染。西拉沐沦河为轻度污染,条子河和招苏台河为重度污染,主要污染指标为高锰酸盐指数、五日生化需氧量和氨氮。

大辽河及其支流总体为重度污染。浑河沈阳段、太子河鞍山段和大辽河营口段污染严重。主要污染指标为氨氮、石油类和高锰酸盐指数。

(二) 湖泊水环境状况

湖泊的污染情况比河流严重，劣Ⅴ类水质占到了50%，40%以上的湖泊富营养化。

1. 太湖

太湖水质总体为劣Ⅴ类，主要污染指标为总氮和总磷。湖体处于轻度富营养化。太湖环湖河流总体为轻度污染，主要污染指标为氨氮和石油类。

2. 滇池

滇池水质总体为劣Ⅴ类。主要污染指标为总磷、总氮和高锰酸盐指数，草海和外海均处于重度富营养状态。滇池环湖河流总体为重度污染。主要污染指标为氨氮、五日生化需氧量和高锰酸盐指数。

3. 巢湖

巢湖水质总体为Ⅴ类。主要污染指标为总氮、总磷和石油类。西半湖处于中度富营养状态，东半湖处于轻度富营养状态，全湖平均为轻度富营养状态。巢湖环湖河流总体为重度污染，主要污染指标为氨氮、五日生化需氧量和石油类。

4. 大型水库

密云水库（北京）为Ⅱ类水质，千岛湖（浙江）和董铺水库（安徽）为Ⅲ类水质，丹江口水库（湖北、河南）和于桥水库（天津）为Ⅳ类水质，松花湖（吉林）为Ⅴ类水质，门楼水库（山东）、大伙房水库（辽宁）和崂山水库（山东）为劣Ⅴ类水质。

(三) 水污染的总体形势

工业污染结构性问题明显，饮用水水源水质安全依然面临威胁，农业源污染日益突出，突发水污染事件时有发生，富营养化状况没有明显改善（尤其是湖泊、水库）。

对不同的污染物控制和采用的方法也不同。常规污染物，如工业和城镇生活、规模化养殖等点源污染，农村生活、分散式畜禽养殖、水产养殖、农业面源污染，采用常规防治方法，有毒有害污染物，常常以突发事件出现，多数控制措施是以采用应急方式来处理。

1. 工业污染结构性问题明显

主要污染物集中在化工、纺织等行业，化学需氧量、氨氮排放量占全部工业排放量的比例非常大。各流域内化工、食品酿造、石油加工、炼焦、造纸等主导产业污染比较严重，部分企业工艺落后，原材料及水资源利用效率低，污染治理设施投入严重不足，有些企业甚至排放汞、镉、铅、砷、六价铬、挥发酚、氰化物等有毒有害物质，严重威胁饮水安全，容易发生水污染事故。

2. 饮用水水源水质安全依然面临威胁

根据调查，有1/5左右的水源地存在污染物超标现象。对于不同的水源地，其超标情况不同，如河流型主要是氨氮、总氮、总磷、挥发酚、石油类超标；湖库型主要是总氮、总磷、藻类超标；地下水主要是氨氮、重金属超标。

3. 农业污染源日益突出

农业源污染物排放对水环境的影响较大。要从根本上解决我国的水污染问题，必须把农业污染源防治纳入环境保护的重要议程。

三、水污染的防治

城市污水和工业废水是造成水体污染的主要原因。因此防止水体污染的主要措施是控制废水排放,除了控制城市污水和工业废水这些点污染源的排放,对因雨水冲刷将大气中或土壤中的污染物带入水体这类面污染源也应积极设法治理。目前,对于前者已有了不少有效的措施,而后者尚无较好的解决方法。

(一) 控制废水排放

结合经济发展的产业结构调整,推广技术改造与革新,淘汰污染量大、技术落后的生产工艺;采用节水、循环用水和回收利用工艺,把污染物削减在生产过程中,主要措施有以下几种:

1. 改进生产工艺,减少污染物质

改进生产工艺,使生产中尽可能不用水或少用水;改变生产原料,从而不产生或少产生污染物质。例如,在电镀工艺中,采用无氰电镀法,以使电镀废水中不含氰类物质。又如采用无水印染工艺以代替有水印染工艺,从而使印染生产中清除印染废水的排放。

2. 重复利用废水,使废水排放量减到最低

重复利用废水包括两种情况:一是循环利用,即将废水回收,继续在该工段中加以利用;二是将废水逐级多次利用。例如,可以根据工艺中不同工段对水质的不同要求,将一个工段中的废水输往另一工段作为该工段用水,这样水被多次利用,从而减少废水的排放。

3. 回收废水中有用物质

回收废水中有用物质,使之变废为宝,化害为利,这样既可以减少生产成本增加经济收益,又可以降低水污染物质的浓度,同时也减轻废水处理的负担。例如,从含酚废水中回收酚,从碱法造纸的"黑液"中回收碱等。

4. 加强对水体及污染源的监测与管理

加强对水体及污染源的监测,制定和健全废水排放的法规,加强排污管理。从制度和管理上控制随意排污和超标排污的现象。

(二) 充分利用水体自净能力

以河流为例,河流的自净作用主要是指排入河流的污染物浓度,在水流向下游时,浓度自然降低的现象。如果在一段河流中排污,用系统分析的方法,在一定水质要求下充分利用河流的自净能力合理布点组织废水排放。

(三) 废水处理方法

在目前的生产水平条件下,工业生产中产生废水和生活污水是不可避免的。为保证水体不被污染就必须对这些废水在排入水体之前加以处理。清除各种污染物有多种方法,这些方法是针对不同性质和形式的污染物而建立的。按照这些方法的不同机理可以分为以下四种类型。

1. 物理处理法

通过物理作用来清除废水中的污染物称为物理处理法。常用的方法是利用过滤、沉淀、浮选等技术分离废水中的悬浮污染物。

2. 化学处理法

通过一些化学反应清除废水中污染物质或使其转化为其他物质,从而化有害为无害、有毒为无毒等,称为化学处理法。常用的化学方法有中和法、氧化法、凝聚法、石灰解析法等。

(1) 中和法主要用来除废水的酸、碱性。

(2) 氧化法主要是通过氧化作用加速污染物的降解和转化。一般有三种方式:一是空气氧化法,即将废水暴露在空气中,利用空气氧化;二是化学氧化法,即在废水中加高锰酸钾、液氯、臭氧等强氧化剂使其发生氧化反应;三是电解氧化法,即利用电解的基本原理,使废水中有害物质通过电解过程,在阴阳两极分别发生氧化和还原反应,以消除污染物质。

(3) 化学凝聚法。化学凝聚法是处理废水常用的一种方法。当废水中含有许多胶体物质,用物理方法不易除去时,常加凝聚剂,如硫酸铝、硫酸铁、硫酸亚铁、明矾、铝酸钠、氧化铁等,以清除胶体带的电荷,使之变成絮状,迅速下沉。

(4) 电解凝聚法。电解凝聚法与化学凝聚法基本相同,即清除胶体上的电荷,使其发生凝聚作用。不过,后者是促使胶体下沉,前者是促使肢体聚集于液体表面。电解凝聚法常用于去除废水中的乳化油。通过电解作用使阳极电板上产生矾花,即氢氧化铁,阴极产生氢气。矾花和气体气泡不断上升,将乳化油带至液面产生凝聚、吸附和浮托等作用,因此又称电浮选法。

3. 物理化学法

物理化学法有离子交换法、吸附法、萃取法、膜分离技术等。

(1) 离子交换法。离子交换法是使硬水软化的传统方法,现在是深度处理废水和回收其中有用物质的重要方法之一。常用于除去或回收废水中的重金属。即利用离子交换作用,把废水中希望除去的或回收的阳离子或阴离子与树脂上的 Na^+、H^+ 等阳离子或 OH^-、Cl^-、HCO_3^- 等阴离子相互交换,然后用水或其他液体淋洗树脂,将其中重金属洗出,树脂复原。

离子交换树脂有天然和人工合成两种。此外,天然的蒙脱石、浮石、多水高岭土和伊利石等均有离子交换吸附能力,也可用于处理废水,并具有来源容易、成本低等优点。

(2) 吸附法。吸附法采用固体多孔吸附剂,吸附废水中的味、臭、色、油、酚等污染物的处理方法。属于这类吸附剂的有活性炭、活性硅石、硅酸、白土、蒙脱石、氧化铝和骨粉等。

(3) 萃取法。萃取法采用某种有机溶剂,从废水中除去或回收可溶于该溶剂中的污染物的处理方法,例如,用重苯、异丙醚等萃取废水中的酚。

(4) 泡沫分离法。泡沫分离法是把空气吹入废水中,或者在废水中投放表面活性物质,使水中形成许多泡沫,水中表面活性或非活性污染物质吸附在泡沫上,升至水面,不断刮去泡沫,就能达到去除污染物的目的。

(5) 膜分离技术可分为电渗析法、扩散渗析法、反渗透法和超过滤法四种。

1) 电渗析法。电渗析法是在离子交换法基础上发展起来的一项分离技术。溶液中的离子在直流电场的作用下,有选择地通过离子交换膜进行定向迁移,此法多用于海水和苦咸水除盐、制取去离子水等。

2) 扩散渗析法。扩散渗析法是利用半透膜（只能透过溶剂或只透过溶质的膜）使溶液中的溶质由高浓度一侧，通过膜向低浓度一侧迁移。此法主要用于酸、碱废液的处理、回收和有机、无机电解质的分离、纯化。

3) 反渗透法。反渗透法是以压力为推动力，把水溶液中的水分离出来，同时分离、浓缩溶液中的分子态或离子态物质的方法。反渗透法在化工分离技术，硬水软化，制取高纯水和分离细菌、病毒等方面得到广泛应用。

4) 超过滤法。超过滤法是以压力为推动力，使水溶液中大分子物质和水分离。

4. 生物处理法

生物处理法也称生化处理法。生物处理法是处理废水中应用最久、最广和效果最明显的方法。它是利用自然界存在的各种微生物，将废水中有机物进行降解，达到废水净化的目的。根据废水处理过程中起作用的微生物对氧气要求的不同，废水的生物处理分为好氧和厌氧生物处理两类。

(1) 好氧生物处理法。好氧生物处理是在废水中通过大量空气，促使好氧微生物大量繁殖，并注意调节 pH 值（6～9）、温度（20～30℃）和增加必要的养料（BOD：N：P=100：5：1）等，使之有利于微生物的生长和发育。它们能将废水中的有机物大量分解，分解为 CO_2、H_2O、NH_3 和硫酸盐、磷酸盐等，达到去除有机污染物质的目的。

(2) 厌氧生物处理法。厌氧生物处理是在缺氧条件下，利用厌氧微生物来进行废水处理，这种方法常用于处理有机质含量高的废水，即生化需氧量在 5000～10000mg/L 以上的废水。

5. 土地处理系统法

此法是利用土地及其中的微生物和植物根系对污水进行处理，同时又利用其中的水分和养分促进农作物、牧草或树木的生长。土地处理系统常用于中、小城市污水二级处理之后代替三级处理。土地处理系统是由污水的沉淀预处理、储水塘、灌溉系统、地下排水系统等部分组成。处理方式一般为污水灌溉（通过喷洒或自流将污水排放到地表以促进植物的生长）、渗滤（将污水排放到粗砂、砂壤和土壤上经渗滤处理并补充地下水）和地表漫流（将污水有控制地排放到地面上，适用于透水性差的黏土和黏质土壤，地面上常播种青草）等。

由于不同的工业废水和生活污水具有不同的水质和水量，即使相同的工业，也由于各个工厂对生产原料的质量配比要求不一样以及采用的生产工艺流程不同，而废水成分也有不同。废水处理应根据废水的水质和数量，采取不同的处理方法。同时还要考虑处理方法的效果、操作费用、废水处理过程中所产生的淤泥和沉渣的处理、可能产生的二次污染问题以及废物的回收利用等。总之，废水处理就是要把废水中的污染物分离出来，或将其分解为无害物质，以达到废水治理的目的，满足各种不同用途的要求。

(四) 废水处理程序

工业废水处理流程如图 4-1 所示。

废水处理通常分为三级：

一级处理，又称预处理，即采用物理方法除去水体中的悬浮物，使废水初步净化，为

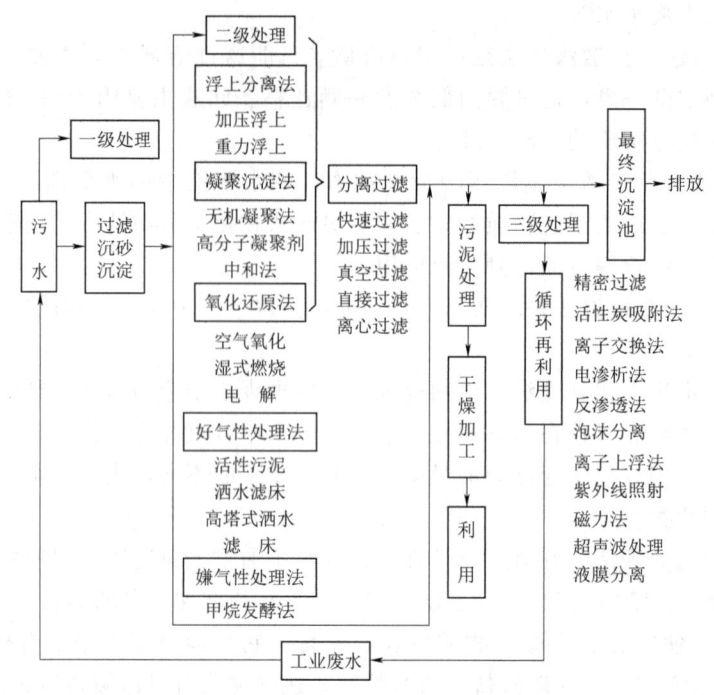

图 4-1 工业废水处理流程

二级处理创造良好的条件。

二级处理，即采用物理方法、化学方法和生物处理方法等除去水体中胶体杂质。一般能除去 90% 左右可降解的有机物和 90%~95% 固体悬浮物。

三级处理，又称高级处理和深度处理。即采用物理化学方法和生物方法等使水质达到排放标准及用水要求。

【思政案例】

长治久清、人水和谐——思茅河水环境综合治理

思茅区位于云南省普洱市南部，澜沧江中下游，是普洱市政治、经济、文化中心，也是驰名中外的普洱茶原产地和集散地，历史上茶马古道——南方丝绸之路的起点，曾有"东南亚陆路码头"的美称。思茅河流入小黑江后最终汇入澜沧江，属澜沧江三级支流，主河道全长 57.5km，年平均流量 5.6m³/s，流域面积 275.8km²。2018 年以来，思茅河流域长期污染严重，主要污染物氨氮、总磷年均值浓度最高分别达 8.08mg/L、0.805mg/L。

思茅河持续推进源头治理、系统治理和综合治理。一是加大思茅区主城区截污控源工作力度。加快建成区范围内城中村、老旧小区、城乡结合部等区域市政排水管网错接混接整改，逐步消除市政管网空白区和雨污混流错混接点，加快对机关企事业单位、商超、大型商圈雨污分流的整改工作，进一步补齐市政雨污管网短板。二是加大执法监管和问题整改力度。优化跨区域、跨部门的执法联动协助机制，严厉打击违法行为。三是加快推进思

茅河流域生态环境修复。科学设计城市健康水系统，做好三水统筹，综合治理水体流失，推进思茅河干流治理、生态修复和保护，不断提升水源涵养能力。四是建立健全常态长效机制。设立思茅河管理机构，配齐配强人员队伍，加强日常网格排查，对标高标准水质要求，认真梳理治理中反复出现的难点问题，逐一建立台账、集中研究解决，做到"问题销号、机制建立、制度跟上"。

思茅河以提升地区水生态环境质量为目标，精准施策、真抓实干，高标准完成水污染防治的攻坚战，通过水污染治理，最终将思茅河打造成一条"生态河、景观带、南北大通道"。还碧水于民，造福子孙后代。

【课后拓展】

查阅相关资料，简要说明水污染防治的主要措施。

第三节　水生态与生物多样性

4-3 水生态与生物多样性

一、水生态系统

水生态系统是生态系统的一个重要组成部分，如图4-2所示。水生生物群落与其生存的水环境之间，以及水生生物群落内不同种群生物之间不断进行着物质交换和能量流动，并处于相互作用和相互影响的动态平衡之中，构成了水生态系统。水生态系统有时也称为水域生态系统或水生生态系统，简称水生态。

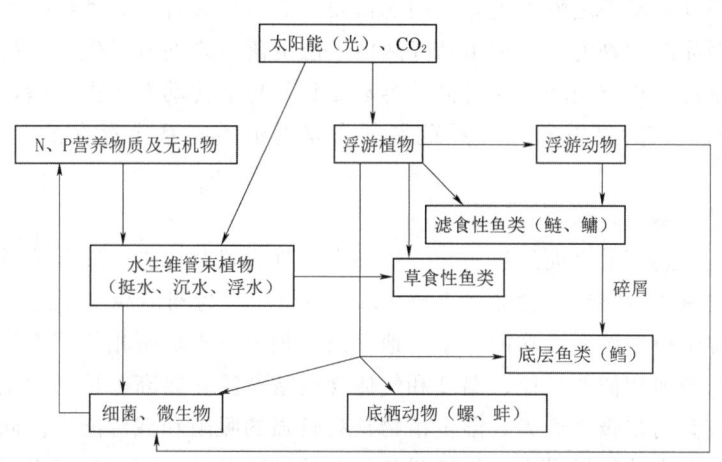

图4-2　水生态系统

（一）水生态系统的分类

水生态系统有不同类型的划分，常依据对水生生物分布、生长等起重要作用的主要生态因子（如水温、盐度等）进行科学划分，这是开展水生态系统研究的基础。一般可分为淡水生态系统和海洋生态系统两大类型，前者又可分为湖泊生态系统、河流生态系统和淡水湿地生态系统；后者又可分为河口生态系统、滨海湿地生态系统、浅海生态系统和深海生态系统。水生态类型不同，生物群落的结构和功能就不同，因而对外界的干扰和抵抗力也不相同。以下就一些典型的水生态系统的生境特征和生物群落作简单介绍。

1. 河流生态系统

河流是陆地与海洋联系的纽带，在生物圈的物质循环中起着重要的作用。河流的环境特征主要表现在形态呈带状，水流具有很强的流动性，导致河流的水温和某些水化学成分沿纵向分布，使得河流生态系统也沿纵向发生变化，这些变化与水温、流速以及酸碱度的变化有关。由于这些变化并不是均匀的，特殊条件和特殊种群均可在河流中存在。在河流的上游，生物多具有适应急流环境的特殊形态结构，而在河流的下游，生物多具有适应缓流环境的特殊形态结构。此外，由于河流中水流流动性大，水体的更新速度快，所以河流系统的自净能力强，但受其他系统的制约较大。流域内陆地生态系统的气候、植被以及人为干扰强度等都会对河流生态系统产生较大的影响。另一方面，河流将各种有机、无机物质源源不断输送到海洋，是沿海生态系统的重要营养来源，直接影响到河口及海湾生态系统的形成和演化。因此，河流生态系统的破坏，对环境的影响远比静态的水生态系统大。

2. 湖泊生态系统

湖泊（水库也是一种人工湖泊）属于静水生态系统。湖泊在空间地理形态上表现为空间相对封闭，出流河道少，水交换缓慢，水体流动以风生流为主，流速缓慢，流态呈现环流分布。这些特点决定了湖泊的许多生态功能与其形态特征有关，受许多因素制约，如湖泊的构成与倾斜度、深度、底质及水的物理、化学特性等。湖泊生态系统的表层与深水层存在复杂的营养关系。在湖泊的浅水层，光照强、水温高、营养物质丰富，常常聚集着许多动、植物，尤其是水生维管束植物和藻类等，初级生产者极为繁茂。在湖泊的深水层，光照弱，光照强度不能满足藻类光合作用的需要，故只聚集着异养动物和厌气性细菌。异养动物多以小型浮游动物为食，细菌则降解由上层沉落下来的有机残体。湖泊属于生态脆弱的水生生态系统，物质循环和能量循环容易受到外界的扰动而失去平衡，并且生态系统的恢复十分困难。人为富营养化导致蓝藻暴发是湖泊生态系统存在的一个突出的环境问题。

3. 湿地生态系统

湿地是指陆地到开敞水面的过渡带，以湿生植物为显著标志。按含盐量的高低可分湖泊淡水湿地和滨海盐生湿地。含盐量小于1‰的湿地称之为湖泊淡水湿地。淡水湿地地处水陆过渡带，湿生植物的促淤功能使得湿地得以蓄积来自水陆两相的营养物质而具有较高的肥力，又有与陆地相似的光照、温度和气体交换条件，并以高等植物为主要的初级生产者，因而具有较高的初级生产力。湿生植物具有较强的吸附和截污能力。同时，湿地为鱼类、鸟类和其他水生动物提供丰富的饵料和优越的栖息条件，因而具有卓越的生态环境功能。近年来，盲目的资源开发和管理不善是导致湿地生态系统破坏和生态功能丧失的主要原因。

4. 河口生态系统

河口是河流的终段，是河流与受水体的结合地段，在生态学上则指地球上陆海两类生态系统之间的交替区。河口区即是海水和淡水交汇和混合的部分封闭的沿岸海湾。河口的环境特征主要体现在三个方面，一是盐度呈周期性和季节性变化；二是河口的水温冬、夏变化大，与相邻水域相比，冬天水温更低，夏天水温更高；三是溶解氧含量低。因此，河口环境条件比较恶劣，生物种类多样性较低，广温性、广盐性和耐低氧是河口生物的重要生态特征，其生物组成主要有三种成分，即占主要成分的海洋入侵生物，由广盐性淡水生物迁移而来的淡水生物和适应低盐条件的半咸水生物。河口生态系统和其他富营养系统一样，有时候会由于甲藻突然大量繁殖而形成"赤潮"。

5. 浅海生态系统

海洋是生物圈中最庞大的生态系统，具有高盐度的特有环境，生物群落与淡水生态系统明显不同。浅海生态系统位于海岸线到水深200m以内的大陆架上，与深海生态系统的环境特征不同，主要表现在浅海接受河流带来的淡水和大量有机物，促使其盐度、温度和光照呈季节性变化；海底构成复杂，有不同的海底环境，波浪的作用常影响到海底基质的稳定，使基质颗粒浮于水中。浅海区的生物生产力很高，为次级生产提供了丰富的物质基础，从而栖息着大量的生物，包括浮游生物、底栖生物和游泳生物，是海洋生态系统最活跃的区域之一。与湖泊生态系统相似，人为富营养化导致赤潮爆发是浅海生态系统存在的一个突出的环境问题。

（二）水生态系统与陆地生态系统的区别

由于受地理位置、气候以及下垫面的影响，地球上的生态系统是由无数个大小不等的各类生态系统所组成，各类系统在循环规律上都有各自的特点。水生态系统因其以水作为系统的环境因素而具有一些共同的特征，这些共同的特征在很大程度上都与水的理化特性有关。而且，正是由于水的这些理化特性使水陆两类生态系统在能量流动和物质循环特征上存在以下许多明显的差异。

（1）水生态系统存在于水域环境中，而陆地生态系统存在于陆域环境中，因而两者的外貌和物种组成均不相同。与水域环境不同，陆域环境无水的浮力，温度变化大，而且多数营养物质由土壤进入植被，因此植被多以草本、灌木和乔木为主。水生态系统主要有水生植物和藻类。水生植物一般指水生高等维管束植物，按其生态类型可分为漂浮植物、沉水植物和挺水植物。藻类大多为单细胞生物，个体较小，代谢率高，繁殖速度快。水体藻类有九大类，典型的主要有蓝藻类和甲藻类。蓝藻多喜在水温较高的、含氧及有机质丰富的水体中生长，甲藻大部分为海产种类。当水中藻类数量过多时会形成有害藻类，是水体富营养化的标志。

（2）水生态系统的生产者在其生态特征上与陆地差别很大。陆地生态系统中生产者主要是有根的绿色植物；而水域的生产者除一部分水生高等植物外，主要是体型微小但数量惊人的浮游植物。它们比有根植物更重要，是有机物质的主要制造者。这类生产者的特征是代谢率高、繁殖速度快、种群更新周期短，能量的大部分用于新个体的繁殖。

（3）生态系统中的能量流动开始于绿色植物通过光合作用对太阳能的转化。陆地生态系统的太阳光充足，但空气中CO_2含量少，限制了植物的光合作用，能量与物质周转速率慢。水生态系统初级生产者对光能的利用率比较低，而初级生产量较陆地生态系统低。例如，占地球表面2/3面积的海洋，其初级生产量仅占全球初级生产总量的1/3。但初级生产转化为次级生产的效率并不低，能量与物质周转速率快。

（4）水生态系统分解者的作用远不如陆地生态系统重要，水域中只有10%~40%的初级生产量是由分解者分解的，而陆地生态系统初级生产的90%是由分解者分解的。水生态系统本身含有大量和丰富的有机物，其消费者和分解者可以直接从水体中获取必需的化学物质。水域中的动植物尸体及其排泄物的去向主要有 3 条途径：一是通过自溶归回环境而重新被利用；二是由分解者分解而重新被利用；三是下沉，一部分被深水生物所利用，一部分随水体运动重新返回上层被再利用。

（5）水生态系统一般封闭性较强，与周围环境的物质和能量交换量小，内环境比较稳定，生态因子变化幅度小，因而常被生态学家作为研究生态系统能流的对象。但水域类型不同，生物群落的结构和功能也就不同，对外界干扰的反应和抵抗力也不同。如河流系统由于水的流动性大，自身物质循环的功能比较差，内源性营养较少，而由径流汇入的外源性营养占有很重要的位置。

（三）水生态系统生存环境的影响因素

在水生态系统中，水生生物的生存和繁殖依赖于各环境生态因子的综合作用。生态因子是指环境中对生物生长、发育、生殖、行为和分布有直接和间接影响的环境因素，如水文、水力、水温、溶解氧、pH 值、营养物质、含沙量等。

1. 水文与水力因子

水文与水力因子对生物有重要作用，一方面生物生命过程对水文、水力因子有着特定的需求，同时水文、水力因子对生物循环过程及对生物群落和生态系统结构同样有着重要的影响。水文、水力因子的改变必将导致生态系统稳定状态的破坏，对生物造成极大的影响。

水位是最基本的水文、水力因子。水位影响河流湖泊的水面面积、水体体积，进而影响到生物的生存空间。同时水位的高低是河流湖泊与其他单元生态系统联系的重要指标。洪水高水位可使河流湖泊与周边滩地的联系更加密切，生物的交换也更加频繁。水位的时空变化异常会导致栖息地过早或推迟出露水面，影响水生动物和候鸟的觅食，甚至中断食物链。

流速也是重要的水文、水力因子。鱼类大多数生态行为与流速及流速的空间分布密切相关。不同的鱼类种群有不同的流速，甚至不同的流速会使鱼类的外表形态发生改变。流速的空间分布反映了水流的复杂程度，对于不同鱼类的各生命阶段和生活行为有着与之相适应的水流流场。例如对于体外受精的鱼类，在繁殖过程中通常会选择水流混乱程度较高的水域进行交配，甚至只有在水流达到一定紊乱程度才会刺激交配行为的产生，而在产卵前后可能会停留在相对平静的水域。

流量是河流的重要特征因子。反映河流流量过程的 5 个主要因素：即流量值、历时、频率、发生时间和变化率对水生生物都有重要的影响。流量的大小及其变化率影响水生生物的保育场地和营养物质。某个流量的历时长短会对水生生物形成生存压力，影响生物物种的构成。流量出现频率的改变同样会影响河岸植被物种和群落，当自然的极限流量出现几率减少，河流生存环境恒定，外来物种容易适应从而造成入侵几率增加，破坏本地物种生存环境，自然生态系统的多样性和本地鱼类及无脊椎动物的丰富度下降。发生时间指特定流量出现时间，特定流量出现时间能给出水生生物进入新的生命周期信号，如一些鱼类利用季节流量峰值作为产卵信号，某些植被生命周期与自然流量变化的季节时间相适应。

水文、水力因子的变化通常会影响到生物栖息地结构。栖息地通常指某种生物或某个生态群体生存繁衍的地区或环境类型，包括其完成全部生活史过程所必需的水域范围，如产卵场、越冬场以及连接不同生活史阶段水域的洄游通道等。栖息地不仅提供生物的生存空间，同时还提供满足生物生存、生长、繁殖的全部环境因子。水流的流动影响河道的形状、大小和复杂性，支流和三角洲的形成，浅滩、急流、深潭和静水区域的分布，河床基质的多样性和稳定性。生物在长期自然选择与进化过程中，其生命活动的完成，往往依赖于这些环境因子的细微变化。例如，栖息地水深是一定水位与河道地形相叠加的结果，其主要在两方面影响鱼类，一方面是为底栖型鱼类提供适当的活动空间，另一方面是为沉性卵提供适当的孵化环境。栖息地河床形态与基质在很大程度上也会影响物种的分布与丰度。不同的鱼类对河床形态如浅滩、深潭和河床基质有着不同的偏好，如产沉性卵的鱼类喜好在基质为卵石或砾石的深槽产卵等。

2. 水质因子

水质因子主要包括水温、溶解氧、pH 值、含沙量等。水温是生物的重要生存因子。在适宜的温度范围内，温度每升高 10℃，生物的酶促反应速率将提高 1~2 倍，其代谢速率和生长速率均可相应提高。据调查，许多鱼类性腺最终发育成熟并完成排卵的过程受水温的影响显著。各种生物都有各自的适宜温度，多数藻类的最适宜温度在 28~30℃，水生微生物的最适宜温度在 5~10℃，中华鲟天然产卵场的水温范围一般在 17~20℃。

pH 值反映了水体酸碱度的变化。不同生物的生命活动、物质代谢与 pH 值密切相关。在极端酸性和碱性条件下，生物活性降低。大多数细菌、藻类和原生动物的最适宜 pH 值为 6.5~7.5。

水中溶解氧的含量是水生生物生活和分布的限制因子。除了大气溶氧，大型水生植物和藻类作为生产者，能利用太阳光产生氧气，是水体中氧气的主要来源，与此同时它们的呼吸也消耗一部分氧气。水体中的消费者和大部分的分解者都是耗氧生物。例如，水体中的好氧微生物利用溶解氧，能把有机物分解为简单有机物和无机物，并用以组成自身有机体。若水中溶解氧含量过低，水生动物就会死亡，导致厌氧细菌大量繁殖，使水体中的有机物完全无机化。

水体中含沙量也是影响水生生物栖息的主要因素。其一，含沙量影响下游河道的冲刷和淤积，影响栖息地结构形态；其二，含沙量会改变产卵场中黏性卵的着床率；其三，悬移质含沙量会影响栖息地饵料的组成。

3. 营养因子

营养物质是促进生物新陈代谢的重要因子。生物从外界环境不断地摄取营养，经过一系列的生化反应转变成细胞，同时产生废物并排泄到体外，这个过程称为新陈代谢。新陈代谢包括同化和异化作用。同化作用是将营养物质转变为机体组分的过程，需要能量；异化作用是将营养物质和细胞物质分解的过程，产生能量。水体中主要营养因子是氮、磷等微量元素。如果氮、磷等营养物质含量过多，则会导致水体富营养化。

二、我国面临的水生态问题

我国海域辽阔，江河湖泊众多，湿地资源丰富，为水生生物提供了良好的繁衍空间和生存条件。受独特的气候、地理及历史等因素影响，我国水生生物具有特有程度高、物种数量大、生态系统类型齐全等特点。我国现有水生生物 2 万多种，其中鱼类约 3862 种，白鳍豚、扬子鳄为中国特有的珍稀濒危野生动物，在世界生物多样性中占有重要地位。通过对濒危物种栖息地的保护和恢复,大部分国家重点保护的野生动植物野外资源急剧下降的趋势已得到有效遏制,种群动态逐步稳定,中华鲟、扬子鳄等国家重点保护的水生野生动物回归自然工作已稳步推进。但总体来看,中国水生生物资源总量不足、过度消耗的状况仍十分严重。由于人类活动使水生生物栖息地及生存环境遭到破坏,以及过度开发利用等原因,中国水生态系统仍然面临以下问题。

(一) 生态用水的水量水质难以满足要求

生态用水是在现状条件下生态系统可以利用的水量。生态需水是指达到某种生态水平或者维持某种生态系统平衡所需要的水量,或是发挥期望的生态功能所需要的水量。我国是一个水资源短缺的国家,水资源主要用于工、农业生产和生活用水,很少考虑生态用水。

(二) 不合理地开发利用自然资源所造成的生态破坏

由于盲目围湖造田、掠夺性捕捞、乱采滥挖、不适当地兴修水利工程和不合理灌溉等引起野生动植物和水生生物资源日益枯竭,旱涝灾害频繁,以致生态失衡。

(三) 部分生物物种面临绝迹和消亡的威胁

中国是生物多样性较高的国家,居世界第八位,北半球第一位。我国现有水生生物2万多种,其中鱼类约3862种,白鳍豚、扬子鳄为中国特有的珍稀濒危野生动物,在世界生物多样性中占有重要地位。按照国际惯例,50年未见的物种可定义为"灭绝",由于各类因素的影响,我国已有15%~20%的动植物种类受到灭绝的威胁。

中华白海豚和白鳍豚、儒艮三种水生哺乳动物,1988年被我国政府确定为国家一级重点保护的濒危野生动物,也是被国际贸易公约列入濒危野生动植物种的珍稀哺乳动物。如今,长江水域中的白鳍豚已近灭绝,广西海域中的儒艮数量急剧下降,只有中华白海豚尚存一定数量。中华白海豚主要分布在我国东南部沿海,其中雷州半岛海域约200头,厦门的九龙江入海口不足100头,广西钦州三娘湾100~200头,珠江口约1000~1200头。珠江口一带的中华白海豚所拥有的世代最完整,从幼儿期到老年期,灰色(幼儿)、白色(壮年)、粉红色(老年)3种颜色、各个世代的都有。但是,珠江口中华白海豚的生存环境正受到威胁,死亡事件不断出现。珠江口中华白海豚种群正面临前所未有的生存威胁,其濒危程度远远超过大熊猫。

生物多样性消失将恶化人类的生存环境,甚至严重威胁人类的生存与发展。

三、水生态系统修复

水生态修复是利用生态系统原理以及水生生物的基础生物学特性,采取各种人工和生物调控相结合的方式,修复受损伤的水体生态系统的生物群体及结构,通过引种移植、保护和生物操纵等技术措施,修复和强化水体生态系统的主要功能,使生态系统实现良性循环。实现这一目标所采用的技术称为生态修复技术。

(一) 水生态系统修复的对策

1. 保护系统结构的整体连续性

生态功能是以生态系统完整的结构和良好的运行为基础的。高效的功能取决于水生态环境稳定的结构和持续的运行过程。因此系统结构的整体连续性表现在系统结构的完整性和运行的连续性。

水生态系统结构的完整性包括地域的连续性、物种的多样性、生物组成的协调性和环境条件的匹配性。地域的连续性是生态系统存在和长久维持的重要条件，物种的多样性是促使生态系统趋于稳定的重要基础，生物组成的协调性是生态系统结构整体性和维持系统稳定性的重要因素，环境条件的匹配性则是构成生态环境的重要支柱。

水生态系统运行的连续性是影响其功能甚至影响系统自身稳定性的另一个关键所在。生态系统的运行主要是物质循环和能量流动的过程。这个运行过程必须持续进行，削弱这一过程或切断运行中的某一环节，都会使水生态环境恶化甚至完全崩溃。构成物质循环和能量流动的核心是绿色植物，它们处于食物链的最底层。生态系统从大气、水体和土壤等环境中获得营养物质，通过绿色植物吸收，进入生态系统，被其他生物重复利用，然后再归还于环境之中。因此，当某地绿色植物因人类活动而遭到破坏或清除时，就需要人工补建绿色植被予以补偿，从而维持生态系统运行的连续性。

2. 保持系统的再生产能力

水生态系统有一定的再生能力和恢复功能，其再生和恢复功能主要受两种因素制约：一是水生生物的生殖潜力；二是环境的制约能力。生物的生殖潜力与其所处食物链的位置有关，处在食物链底层的生物生殖潜力大，而处在食物链高层的生物生殖潜力小，因此要注意保护位于食物链高层的生物。环境的制约能力包括无机环境的制约力和生物天敌的制约力，因此要保持生态系统稳定、恢复或重建所必需的环境条件，以可持续的方式开发利用生物资源。要将人类开发和获取生物资源的规模和强度限制在资源再生产的速率之下，不使过度消耗资源而导致其枯竭。我国实施的休渔、休牧和生态调度政策一定程度上保持了系统的再生产能力。例如为保护长江鱼类资源，2002年长江流域开始试行春季禁渔，实施休渔政策。禁渔共涉及10省市8100多km江段，以及鄱阳湖、洞庭湖等主要湖泊，取得较好效果。

3. 以生物多样性保护为核心

生物多样性保护主要是物种多样性的保护，保护的重点是防止物种灭绝。导致物种灭绝的原因有内因和外因。内因是遗传变异，只是导致假灭绝，即原有的老物种虽然消失，但经各类亚种形式转变为新物种，是生物进化论的表现。外因的作用最终会导致真灭绝，形成进化的盲支。因此当代的保护生物多样性都是针对减轻外因作用进行的，其原则应该是保护所有物种之间的相互平衡，加强各非生物因子对生态系统的支持能力，促使生态过程按照其固有的内在规律运行，即保持生态系统的自然性，减少任何人为的干预。

2007年2月14日，国务院批准并印发的《中国水生生物资源养护行动纲要》进一步提出了我国水生生物资源养护的奋斗目标，即到2010年，水域生态环境恶化、渔业资源衰退、濒危物种数目增加的趋势得到初步缓解，过大的捕捞能力得到压减，捕捞生产效率和经济效益有所提高；到2020年，水域生态环境逐步得到修复，渔业资源衰退和濒危物种数目增加的趋势得到基本遏制，捕捞能力和捕捞产量与渔业资源可承受能力大体相适应；到2050年，水域生态环境明显改善，水生生物资源实现良性、高效循环利用，濒危水生野生动植物和水生生物多样性得到有效保护，水生生态系统处于整体良好状态，基本实现水生生物资源丰富、水域生态环境优美。

（二）水生态修复技术

受损生态系统的修复可以遵循两个模式途径：当生态系统受损不超过负荷并是可逆的情况下，压力和干扰被移去后，修复可在自然过程发生。如对退化渔场进行禁捕保护，几年之后渔场即可得到恢复。另一种是生态系统的受损是超负荷的，并发生不可逆变化，只依靠自然过程并不能使生态系统得到修复，必须依靠人的帮助，必要时，还需要非常特殊的方法，至少要使受损状态得到控制。当前条件下水生态修复，主要体现为采用多种手段，特别提倡采用生态工程的手段，对水生态恶化进行治理。

生态修复效果的判定可以通过以下几方面衡量：①自维持能力，即水生态系统组成、结构和功能及其相互耦合机制的稳定性；②生态整合能力，包括理化因子的多样性、生物物种的丰富度及合理比例等；③自调节能力，即系统保持对外界缓冲、消解和转换能力；④自组织能力，即系统的自我完善、发展能力。

1. 水生物栖息地修复技术

水生物栖息地修复技术就是根据生物体的生态水力特性，营造出特定的水流环境和水生生物所需要的环境。

根据水生生物活动的空间尺度，水生物栖息地可分为河道内栖息地和流域内栖息地。河道内栖息地的修复首先要明确修复目标的生活习性，技术手段有鱼道、浅滩、深潭结构、基质恢复、河岸覆盖物和设置乱石堆或丁坝等模拟水生生物所偏好的活动场所。流域内栖息地主要指生活在河滨的半水生动物和涉水鸟类栖息地的恢复。修复技术包括林间水库、巢形建筑物、食物斑块、湿地等。林间水库是指在森林覆盖的漫滩上修建低堤防和出流建筑物形成的浅水域。利用林间水库放水产生的洪水效应防止上层阔叶树木遭受破坏。巢形建筑物是为了恢复水边鸟类而增设的人工巢箱。食物斑块是有目的地种植目标物种所摄取的植物，改善目标物种的食物来源。湿地修复包括人造湿地和对原有湿地的复原。

2. 生物调控技术

自20世纪60年代，人们开始关注氮、磷等植物营养物质与浮游植物和初级生产力之间的定量关系。水生态学家发现摄食、竞争和捕食等生物间的相互作用对水生生物种群和群落结构具有重要的调节作用，因而提出生物调控技术。常用的生物调控技术有：

（1）利用生态系统营养级链状效应修复水生生态系统。如我国武汉东湖专门养育了30种水草，让水草吸收水中过多的营养。水草增加，藻类下降，形成了此长彼消的良性循环。通过放养鲢鱼、鳙鱼，并改变鱼类的群落结构，吞食导致水质污染的蓝藻，同时组织养殖野鸭等水生动物，初步形成一个有效的立体生态修复链。

（2）选取具有某种功能的物种修复受损的生态系统。如在长江口的生态修复中，选取了双壳贝类牡蛎作为重建生态系统结构的关键物种，其出发点主要有3个方面：水体净化功能。作为滤食性底栖动物，牡蛎能有效降低河口水体中的悬浮物、营养盐及藻类，并能在其软组织中累积大量的重金属离子；栖息地功能。牡蛎礁是具有较高生物多样性的海洋生物，它为许多底栖动物和鱼类提供了良好的栖息与摄食场所；能量耦合功能。牡蛎能将水体中大量颗粒物输入到沉积物表面，支持着底栖碎屑生产。又如通过投放沙蚕等物种，可以修复水生物栖息地的底质。沙蚕以动植物碎片和腐屑为饵，能利用泥沙中的蛋白质，可以有效地消耗底质中腐殖质。沙蚕自身的蠕动可以不断搅拌底质的氧化层和还原层，使低价重金属离子被氧化，溶解于海水，逐渐恢复底质的机械组成。

（3）人工增殖放流技术。人工增殖放流技术就是通过人工投放鱼苗，恢复和增加水体中水生动物种群和数量的技术。以濒危野生动物成功放归自然为标志，我国濒危水生生物拯救工作，在经历抢救性保护、人工繁育扩大种群并取得成功后已进入回归自然的新阶段。通过人工增殖放流技术，我国濒危水生生物扬子鳄人工种群已增长至1万多条。2007年，四川省与农业部举行长江珍稀特有鱼类增殖放流活动，共放流各类鱼苗鱼种80余万尾，其中国家一级保护水生野生动物达氏鲟2000尾，国家二级保护水生野生动物胭脂鱼1万尾。

3. 生态调度与人造洪水技术

生态调度与人造洪水技术均属于生态修复的两项重要非工程措施。生态调度是通过改善水利工程调度来避免和挽回工程对自然环境和河滨社区的潜在危害，修复已丧失的生态功能或保持自然径流模式。水利工程调度可以分为功能调度、环境调度和生态调度，功能调度是按照发电、灌溉和防洪需求进行调度，环境调度以水质的改善为主要目标，生态调度以水利工程建设运行的生态补偿为主要目标。

目前，通过水利工程生态调度，向断流的河道和生态退化区域实施输水，补偿地下水和改善水环境已成为河流生态系统修复的基本手段。例如，随着引黄入淀工程的开展，白洋淀水位明显上涨，天鹅白鹳翩翩起舞，生态环境得到显著改善，白洋淀湿地的生态功能也逐步恢复。绝迹多年的白天鹅、东方白鹳等在芦苇地里栖息觅食，上下翻飞。近年来，随着淀区生态环境的改善，名贵鱼类马口鱼和棒花鱼在淀区出现，淀区鸟类种类达192种，鱼类资源恢复到17科34种。

人造洪水技术是指通过模拟河道水文周期自然涨落规律，利用长时间、大规模的人造洪水来恢复河流的生态系统。洪水能冲起河床中多年沉积的泥沙，使之沉积到受侵蚀的河滩，恢复河流两侧的沙洲与沙滩，促进河流和河滩之间物质和能量的定期交换，为恢复生物的多样性提供条件。2002年7月我国在黄河小浪底水库进行调水调沙试验，泄放洪水8天，平均流量$1275m^3/s$，通过人造洪水输沙入海，以减少下游河道的淤积，同样可以起到恢复黄河下游河道的自然地貌和生态环境的作用。

4. 生态水利工程技术

生态水利工程技术主要针对河流生态系统的修复，而且主要是小型河流。按照技术布置的位置可分为河道修复、河岸修复、土地利用修复等。

（1）河道修复。河道修复常采用河流治理生态工法。所谓生态工法是当人们采用工程行为改造大自然时，应遵循自然法则，做到"人水和谐"，是一种"多种生物可以生存、繁殖的治理法"。该方法以"保护、创造生物良好的生存环境与自然景观"为前提，但不是单纯的环境生态保护，而是在恢复生物群落的同时，建设具有设定蓄泄洪水能力的河流。

（2）河岸修复。河岸修复主要采用土壤生物工程技术。其采用有生命力植物的根、茎（枝）或整体作为结构的主体元素，通过排列插扦、种植或掩埋等手段，在河道坡岸上依据由湿生到水生植物群落的有序结构实施修复。在植物群落生长和建群过程中，逐步实现坡岸生态系统的动态稳定和自我调节。例如，深圳市西丽水库以入库受损河流生态系统为对象,在确保河岸力学稳定性的前提下,对河流护岸工程结构进行生态设计,修复创建与生态功能相适应的河岸植物群落结构,并对其恢复动态进行连续跟踪观测和评价。

土壤生物工程是融现代工程学、生态学、生物学、地学、环境科学、美学等学科为一体的工程技术。但应用中应注意研究:影响边坡稳定性的地质、地形、气候和水文条件等自然因素及适宜的坡面加固技术;不同地区和地点边坡乔灌草种的最佳组合及可能限制或促进植物工程物种存活的生物和物理因素,以建立稳定的坡面植物群落。

(3)土地利用修复。土地利用修复主要采用植被恢复技术。植被恢复技术主要是指在因水利工程建设活动再塑的地段,及其他废弃场地上,通过人为措施恢复原来的植物群落,或重建新的植物群落,以防止水土流失的水土保持工程。

【思政案例】

绿水青山就是金山银山——青海湖水生态保护修复

青海湖是我国面积最大的内陆咸水湖。自2018年青海湖主要河流入湖口附近及沿岸区域出现刚毛藻大面积发生现象以来,青海省有关部门争取多方支持,科学应对,实施青海湖水生态环境保护与修复工程,探索治理途径举措,水生态环境问题恶化趋势得到有效遏制,流域生物多样性和物种丰富度显著提升,吸引来自全国各地的游客前来生态旅游。

青海省积极践行"绿水青山就是金山银山"理念,以生态环境治理为目标,通过实施水生态环境保护与修复工程,青海湖水生态环境问题综合治理能力得到了强化,水生态环境问题恶化趋势得到有效遏制(图4-3、图4-4)。为促进湖泊生态环境修复治理,协调推进生态保护和旅游开发,探索了青海湖生态保护新模式。2021年6月,习近平总书记实地察看青海湖环境综合治理、生物多样性保护工作成效时强调,"青海湖生态保护和环境治理取得的成效来之不易,要倍加珍惜,不断巩固拓展"。

图4-3 青海湖水生态环境保护修复工程-治理前

图 4-4 青海湖水生态环境保护修复工程-治理后

【课后拓展】

查阅相关资料,简述山东省泰安市山水林田湖草生态保护修复工程是如何进行的。

第四节 生态水利建设

4-4 生态水利建设

传统的水利工程是以对水流的控制为目标建设水工建筑物,以满足人们对供水、防洪、水力发电、航运等需求。人们为了控制水流,改变了自然的水生态系统,或者把水从生态系统中分割出来。这样水体的自净能力就会降低,从而造成水资源短缺、污染严重,生态严重失衡。

近年来,生态水利工程建设备受关注,在水利工程建设中占有一定的地位,由于生态建设直接或间接地影响到周边的环境及水利建筑物引水及排水的问题,所以在水利工程建设时,生态水利建设显得尤为重要。

一、生态水利建设概述

(一) 生态水利的涵义

生态水利是人类在大自然河湖治理过程中,不满足于传统的防淹除涝加灌溉的治河方式,而开发出一种新的水资源利用的途径和方法。生态水利建设过程中,高度重视并尽力维护河湖的原生生态环境,在此基础上进行水资源的管理与开发,从而带动地方工农业经济的发展,并服务人类社会。在具体建设过程中,生态水利建设旨在对河湖、渠道进行生态修复治理,杜绝污染,改善河道水质,达到"河畅水清、岸绿景美、功能健全、人水和谐"的目标,改善农村水环境和用水条件,还沿岸居民一个优美、舒适、生态、宜居的居住环境。

生态水利涵盖6个方面的内容:第一,生态水利发展模式及途径与传统水利发展途径对水的传统利用方式有本质性的区别,生态水利更注重水利工程生态环境与景观的修复,改善与保护水的应用,水利工程调度运行方式变化后在水污染防治中的作用。第二,生态水利的开发利用是在人口、资源、环境和经济协调发展下进行的,水资源的开发利用是在保护生态环境的同时,促进经济增长、社会繁荣,避免单纯供水效益弊端,保证可持续发展。在水资源开发利用的同时,更注重洪水资源的利用,比如汛期水位、分期控制、动态控制,以充分利用水资源。第三,生态水利目标明确,要满足世世代代人类用水需求,体现人类共享环境、资源和经济、社会效益的公平原则。防洪工程建设不仅考虑防洪一种功能,还要考虑与将景观建设,水环境的改善融为一体。第四,生态水利的实施遵循生态经济学的原理,应用系统方法和高新技术,实现水利的公平和高效发展。水利工程的优化目标由传统的"技术经济最优"改变为生态效益、经济效益和社会效益最优。第五,生态水利要求用生态学的基本观点来指导水利规划、设计、建设和管理,其功能不仅仅是为人类单一的需求,还考虑水自身的需求以及水的周围动物、植物对水的需求,保护生态系统。第六,节约用水是生态水利的长久之策,也是缓解我国缺水的当务之急,合理用水、节约用水、污水资源净化是开辟新水源、缓解矛盾的有效途径。

(二) 生态水利建设的必要性

生态水利建设是在维护水资源和水环境基本功能的前提下,推进水利设施建设与生态保护、生态修复、生态补偿、生态教育和科学研究相结合,实现水资源合理配置、水环境质量改善和生态系统健康发展的过程。生态水利发展的重要性体现在以下几个方面:

1. 生态水利建设是实现资源节约、保护环境的重要手段

生态水利建设通过水资源合理配置,提高水资产效益和利用效率,实现节约和优化资源的目的。同时,它也使得水资源得到合理保护,促进流域生态稳定和水文气候平衡,达到环境保护的目的。在生态水利建设和运营中,充分发挥科技创新、多样化管理和智能监测手段的作用,实现资源节约、环境保护与经济发展的协调统一。

2. 生态水利建设是城乡发展的重要支撑

随着城市水资源的日益紧张,生态水利发展的重要性在于将城市用水、农村用水和生态用水三者有机统一,实现满足城乡用水的目标。此外,生态水利建设还可以促进建设工程发展,增强城市发展后劲,提高乡村经济发展水平,促进就业和民生改善,是联通城乡、促进区域协调发展的必要手段。

3. 生态水利建设是保障生态安全的重要途径

水是自然界的重要资源,生态环境既取决于自然因素,也取决于人类活动。保护生态水利、实现可持续发展,是为人类未来的利益着想。生态水利建设是保障国家生态安全的重要途径,为生态建设、生态保护和生态修复提供可靠的技术支撑。

4. 生态水利建设是推动水利发展、促进科技进步的核心内容

生态水利建设是人们对水利工作科学化、智能化、信息化的全面拓展和深入应用。生态水利建设强调创新管理和多样化发展,推动水利设施和技术的创新和升级,促进科技进步和技术革新,为国家经济和社会发展提供重要支撑和动力。

5. 生态水利建设是环保意识提升、文明素质发展的重要途径

生态水利建设是推动绿色发展的具体体现,是提升全民环保意识、增强文明素质的有效途径。生态水利建设还可以通过科学普及、教育宣传、公众参与等手段,推动社会各界参与生态保护,增强生态文明建设的能力和水平。

(三) 生态水利工程建设的原则

我国是一个水资源贫乏的国家，水资源总量多，人均占有量少，水资源利用率低且污染严重。因此，生态水利建设应参照下列原则进行：

(1) 在保证工程安全的基础上选择最经济环保的工程建设方案。

(2) 遵循自然规律，设置和推广能保证水体自净能力的水生动物或植物。

(3) 不切断整个水域的局部生态系统，保持附近动植物的多样性和生存需要。

(4) 在满足业主的设计要求的同时，尽量保持周围原来河流水流域的自然形态，自然景观丰富必然也能满足广大业主的需求。

(5) 水利基础设施必须将坚持以经济、社会和资源环境的全面、协调、可持续发展为目标。

二、生态水利建设的措施

(一) 生态防洪工程

1. 河道堤防建设

传统的河道堤防建设往往只为排涝、防洪、灌溉、航运的需要，而忽略了水与周边环境的关系、水与水生物的关系。生态防洪工程要求：①在兴建河道时，避免使用硬质材料对河道护砌，使河道两岸的土壤为水生动物、植物、微生物留有栖息地。这样水为生物群提供了生命之源，反过来生物群落又净化了水；②治河工程不能忽略沿河河流多样性，要因势利导，使得浅滩和急流的格局改变；③重视河流与岸上的联系，与河流周围生物群落存在的联系，沿河大力植树造林，种植芦苇等有益于水体修复的植物。

2. 城市防洪工程与景观融为一体

由于城市防洪工程特殊的自然和区位条件，决定了其与城市市政、交通、土地利用、工商业以及休闲娱乐设施关联度很大，因此城市防洪必须摆脱传统水利只考虑防洪的单一目标，在河道设计时要考虑和城市环境融为一体，美化、绿化、亮化工程，同时考虑在合适的地方还应在城市建设雨洪调节池，改善水环境，为城市增加水的覆盖面积，同时又要和水环境改善调度工程相结合，蓄、调、引自如，充分发挥水的综合效益。

(二) 生态开源工程

1. 水库汛限水位的提高——洪水资源化

近几年我国加大了病险水库的除险加固步伐，除险加固后的水库在对供水和防洪标准上都相应提高。提高汛限水位，可以充分利用洪水资源，缓解水资源供需矛盾，还可以扩大水面，恢复库区水的生态平衡，使水在生态系统中与生物群落之间进行能量交换。

2. 涵养水源工程

依靠自然的力量对已退化的生态实现自我修复，是我国生态建设的重要途径，符合我国生态建设任务大、投资不足的基本国情。加大涵养水源工程建设，对生态建设区的水、土、林、草进行综合整治和优化配置。积极进行小流域的综合治理，恢复涵养水和植被，退耕还林，退田还湖，改变不合理的种植和耕作方式。

3. 地下水源工程建设

对于地下水已经枯竭的地区，采取地下水回流的方法，逐步改善水文地质条件，有效地遏制地面沉降。例如江苏省苏锡常地区从 2000 年实施地下水封井计划以来，取得了明显成效，地下水位下降得到了有效控制，有些地方有所回升。山东省济南市通过优化配置地表与地下水资源，用卧虎山水库回灌地下水，使泉城的趵突泉复活。

(三) 生态环境工程建设

1. 跨流域调水工程

近些年，通过全流域合理配置和统一调度水资源，黄河连续24年大旱不断流，塔里木河连续多年向博斯腾湖下游调水，大西海子水库下游20多年干枯后重新过流，黑河连续22年省际分水成功，南水北调工程的启动说明了跨流域调水是改善地区生态环境的有效途径，也是一改以往仅为调水而设置的工程的单一目标，向生态环境改善多目标迈进。

2. 生态补水工程

近年来，北方地区干旱，河库干枯，加之工业发展，水污染问题越来越重，大量的工业、生活及农业污水未经处理直接排入河库造成大部分河流污染，实施水源调度工程，向湖库补水，可以满足鱼类、水生植物、浮游生物、鸟类等生物链的最低用水需求，以满足生态系统的有效循环，通过水资源可持续利用支撑经济社会可持续发展。

【思政案例】

蒲河生态廊道——城市发展的亮丽名片

蒲河发源于辽宁省铁岭市横道河子乡想儿山，是浑河下游右岸最大的支流，在棋盘山风景区上游望滨乡石垃子村入境，流经东陵、沈北新区、于洪、新民市和辽中五个县（区），于辽中县老观坨乡黑鱼沟村入浑河。蒲河河道全长205km，流域面积$2496km^2$。

蒲河生态廊道建设分为四段，沈北新区段、于洪段、新民段、辽中段。每段区域结合各自的特点，在满足河道基本功能防洪、度汛的基础上，对蒲河流域进行规划、设计、水生态修复建设。

1. 蒲河廊道的基本功能

河道的基本功能是防洪、度汛，蒲河也不例外。在进行蒲河生态廊道建设之前，必须研究河流、工程区域段的自然特征和保护对象，弄清楚为什么要采用工程措施、主要解决的问题是什么、起到怎样的作用，然后再考虑采取哪些技术手段。蒲河上游棋盘山段河道陡坡急流，洪水暴涨暴落，历时短，水位变幅较大、冲击力强，以保护村镇道路和农田为主，防冲是最主要的，同时也要重视棋盘山的生态环境保护，位于蒲河中下游的于洪、新民、辽中几段河流，保护范围和汇流面积逐步增大，堤防高度和河床宽度都相应加大，高水位、长历时漫泡所引发的防渗抗滑问题尤为突出，对蒲河流域的综合利用要求增强，平原地区水流平缓，主要考虑护岸的稳定性、河流的调蓄能力和水域的保洁措施，对城镇段河道既需满足行洪排涝的要求，又必须考虑水域的观赏性。其次明确蒲河的主要功能。蒲河工程的主要功能可以分为行洪、排涝、蓄水、输水、航运、养殖和生态景观建设等。

为了改善防洪、度汛条件，有便于船只运行，保证工农业用水及桥梁、沿岸建筑物的安全，整治蒲河已提到一定高度。此项工程必然从全局考虑，从主体出发，统一安排。沈北新区段、于洪段、新民段、辽中段各部门相互配合、综合治理、抓住重点、分期分段逐步解决。目前蒲河防汛治理的主要原则是：

(1) 加强规划设计及建设中的质量管理。规划、设计的质量关系到工程的投资规模和标准。规划、设计本着正确处理除害与兴利、上下游左右岸、整体与局部、近期与远景等多方面的原则，护岸工程要以防洪保护为目的，充分利用已有的护岸工程为节点，从控制主流摆动，确定制导线，作为控制蒲河河道平面位置的长期目标，人工修建的护岸节点外形，以曲度适当的弯道形式把河道改造成比较平顺的弯曲性河道，把河势稳定在规划整治线控制范围内。

(2) 建立健全建设管理体制。要按照市场化运作方式，多渠道筹措建设资金，确保工程建设需要。要坚持"谁受益、谁出资、谁组织实施"的原则，进一步明确市区两级责任分工，协力推进工程建设。建设单位要负责组织工程施工，办理工程征地等手续，负责工程投资的落实，组织编制防洪、度汛方案，落实有关安全。

2. 蒲河廊道的生态、景观建设

蒲河流域水生态修复是蒲河生态廊道建设的目标之一，构建人与自然和谐相处。随着经济实力的不断增强，人民群众生活水平的逐步提高，人们对水环境的要求也越来越高，人们渴望见到水清天蓝、绿树夹岸、鱼虾润游的生态河道。近几年，沈阳市对蒲河水环境治理加大了力度，在自然生态型河道方面取得了很好的效果。目前，建设生态型护岸已成为蒲河上的一大趋势。

以景观建设带动蒲河两岸开发是近几年沈阳市对蒲河建设的重点之一。在蒲河综合治理的基础上，加快集水资源、综合调度、景观和观景、河道内游艇休闲等功能于一体的景观水系建设，从而带动河道整治和加快沿岸绿化景观建设，实现"水清、岸绿、景美、游畅"的目标。可以选择在水面开阔、水质良好、人文历史景观丰富的河段启动景观建设和旅游开发，并在市区形成中心水环。

在蒲河生态廊道综合治理中，河道景观设计是一个重要方面。经过精心设计的河道景观，不仅大大改善了蒲河面貌，而且可以带来良好的社会、环境、经济效益。

蒲河廊道生态、景观建设牵涉到诸多方面的问题，目前已取得较为理想的成效。

辽中段蒲河左岸景观路延长线郁郁葱葱的行道树，原生态的植被、田园化的景观，每个区域都有各自的重点，培育出各自的特色，真正形成遥相呼应、异彩纷呈的发展格局，辽中段全力打造一湖（珍珠湖）、一洲（近海绿洲）、一湿地，完全符合自身实际。

新民段加强道路两旁、河流两岸的植树绿化工程，建设乌牛闸湿地、新蒲岛公园、石油博览园、两处采宿园，将打造优美亲水的环境作为重要环节，完善廊桥、栈道等基础设施，为更好地聚集人气提供有力的环境支撑。

于洪段蒲河生态廊道建设以"九龙归蒲、大御绿洲"为设计理念，倾力建设御林叠翠、平湖望月、水泊观莲、永安秋水、凭栏赏景和湿地物语等六大景观节点。使区域面貌、整体形象发生了根本性的变化，实现了生态效益、社会效益、经济效益的有机统一。在此基础上，继续坚持先建环境、后搞开发的原则，全力抓好相关项目和工程建设，确保蒲河生态廊道建设综合效益的不断提升。

湖润而上进入蒲河生态廊道沈北新区段，纪念林广场和冬雪湖，冬雪湖是沈北新区在蒲河沿线规划建设的七座湖泊之一，以开阔的水面和护岸的白桦林塑造了北方湖泊的雄浑之美。站在滨水栈道上，远眺湖心岛上蓊郁的丛林。

从蒲河生态发展的趋势出发，一些传统的观念开始受到冲击，积极绿化河堤及其保护区，努力改善蒲河河道的水质等也是促进城市河道生态发展的有效途径。

【课后拓展】

查阅相关资料，列举我国生态水利工程建设采用的方法。

【学习评价】

评价范围	评 价 标 准	自我评价（10分制）	小组评价（10分制）	教师评价（10分制）
专业知识	了解水土保持与荒漠化治理的措施			
	了解水污染防治的措施			
	了解我国水生态系统存在的问题			
	掌握生态水利建设的措施			
专业能力	能够根据工程情况，初步确定水土保持与荒漠化治理的措施			
	能够根据实际情况，初步确定水污染防治的措施			
	能够根据实际情况，初步制定生态水利建设的措施			
专业素养	积极思考			
	创新			
	分析、解决问题			
思政成效	大禹精神			
	家国情怀和使命担当			

第五章

治河与防洪

【知识目标】
1. 了解治河与防洪工程的类型与作用。
2. 了解防洪基本知识。
3. 了解抗洪抢险工程措施。

【能力目标】
1. 能够阐述治河与防洪工程的类型与作用。
2. 能够阐述防洪基本知识。
3. 能够阐述抗洪抢险的基本措施。

【素质目标】
1. 熟知我国有关治河与防洪的法律、法规及条例,建立依法治水、依法防洪的理念。

【思政育人目标】
1. 培养学生民族自豪感和专业自信。
2. 增强学生质量意识和社会责任感。

第一节 堤防与治河建筑物

5-1 堤防与治河建筑物

一、河流与洪灾

河流与人类活动有着密切的利害关系。人们可以在河流上开发水利资源,发展国民经济;也可以利用水深较大、水流平顺的河段发展航运事业;还可以解决工农业用水等。但是自然状态下的河流,由于水量在时间和空间上的分布不均、泥沙冲淤不定、河道迁徙多变,不仅远远不能满足人类活动日益增长的需要,甚至还会带来严重的灾害。地球上河流总数目前尚无精确的统计,已知陆地总面积 1.445 亿 km^2,河流流域面积占 86.4%,即 1.25 亿 km^2,其中积水面积超过 100 万 km^2 的大河有 19 条:欧亚 7 条、非洲 5 条、北美洲 4 条、南美洲 3 条。我国幅员辽阔河流众多,据统计,全国(未含港澳台地区)共有流域面积 $50km^2$ 及以上河流 45203 条,总长度为 150.85 万 km;流域面积 $100km^2$ 及以上河流 22909 条,总长度为 111.46 万 km;流域面积 $1000km^2$ 及以上河流 2221 条,总长度为 38.65 万 km;流域面积 $10000km^2$ 及以上河流 228 条,总长度为 13.25 万 km。

第五章 治河与防洪

河流哺育了人类，为人类的文明做出了巨大的贡献，人们在河流上开发水电资源，发展航运，引水灌溉等造福人类，但也给人类带来过灾难。众所周知，黄河曾经孕育了我国古代灿烂的文化，但历史上的黄河也曾是一部劳动人民的苦难史。据史料记载，新中国成立以前黄河决口泛滥约1500次，洪水泛滥给黄河流域的人民带来了无数次毁灭性的灾难。仅明代277年间，陆续有多达709万人因为洪涝灾害死亡。黄河水灾在夺走了百万生命的同时，还造成了大量的流民逃难和人口迁徙，形成"大灾大潮，小灾小潮"的人口流动局面。在明代全国6000余万的在籍人口中，有大约1/10成为了流民，不仅居无定所流浪异乡，更是饥荒遍野，饿死无数。

凡超过江河、湖泊、水库、海洋等容水场所的承纳能力，造成水量剧增或水位急涨的水文现象称为洪水。洪水给人类正常生活、生产活动带来的损失和祸患，简称洪灾。洪水本是发生在河道及其泛滥区域的一种自然现象，但如果人类活动处于洪水范围内时便会形成洪水灾害。洪水灾害是一种自然灾害，人类社会越发展、经济越发达，造成的灾害也越严重，洪灾往往给人类带来巨大的损失和痛苦。洪水会直接影响生态环境，引发瘟疫蔓延，形成脆弱的社会环境，对特殊的文化古迹、珍稀物种、风景名胜区等造成不利影响，破坏经济发展，给居民、企业、厂矿、学校、医院、交通运输、通信、商业等各部门造成损失，甚至会影响社会稳定。

洪水灾害是我国最严重的自然灾害。黄河、长江等七大江河的中下游及沿海平原地区，其面积占我国国土总面积的8%，但这里有占全国40%的人口、35%的耕地和70%的国民生产总值，是我国人口最密集、经济最发达的地区。这些地区的洪涝灾害是我国国民经济和社会持续发展的心腹之患。

二、我国治河防洪的发展及成就
【思政导引】

我国是最早开发利用水资源的文明古国之一，千百年来中华民族同洪水进行了长期的艰苦斗争，取得了举世瞩目的成就。

远古时代，人民依水而居，遇到洪水只有采取消极的逃避措施，"择丘而居"，后来氏族部落开始定居，为了保护人们生命和农田安全，传说当时负责治水的官吏叫崇伯鲧（大禹的父亲），采用简单的堤埂把居住区和农田围护起来，以阻挡洪水，这显然不能抵御较大洪水。鲧治水九年失败后，禹改变鲧的策略，采用比较积极的疏导方法，"凿龙门，疏九河"，以"疏"和"分"的方法达到消除洪水灾害的目的，取得巨大成功。《尚书·禹贡》记载"九川涤源，九泽即陂"，意思是河流顺畅，两岸不再泛滥。

春秋时期，铁器普遍使用，生产力极大提高，黄河下游开始出现筑堤御水，到战国时期黄河下游堤防已有相当规模。秦统一六国后，对堤防进行了改造，改变了黄河洪水肆虐的状况，但却带来了河床逐年淤高的新情况，到西汉时期黄河已经成了"地上悬河"。后来在我国漫长的封建社会里对治理黄河曾有许多不同的主张，如分疏说、滞洪说、改道说、水力刷沙说等，具有代表性的有：汉代贾让提出的"治河三策"，上策是在黄河留出一个行洪区，即主张"徙冀州（古九州之一，包括现在河北省、山西省、河南省黄河以北和辽宁省辽河以西的地区）之民当水冲者"，使洪水"左右游渡，宽缓而不迫"。若认为上策迁徙居民牺牲太大，则可缩小行洪地区，辅设分洪、引水灌溉口门，以此为中策。贾让认为单纯依靠堤防来达到防洪目的的做法为下策,其观点是"若乃缮完故堤,增卑培薄,劳费无已,数逢其害,此最下策也"。

东汉王景治水采取"筑堤理渠"的办法,使"河汴分流,复其旧迹",利用汴渠为黄河分洪分沙,并且还要"筑堤自荥阳至千乘海口千余里",以形成稳定下游河道的良好局面。自东汉至唐末的 800 年间,黄河出现了一个决溢较少的"相对安流"的时期,后曾有人认为这是与王景治水的成就分不开的。

明代潘季驯总结前人治河经验,提出"束水攻沙"的治河方略,他的"筑堤束水,以水攻沙"的理论,对黄河治水治沙的实践及后代治黄都有着深远的影响。

从传说的大禹治水至 1949 年约 4000 年间,中国历经社会兴衰、朝代更迭,黄河下游河道也历经重大变迁,或东北入渤海,或东南入黄海。随着人们对江河洪水及泥沙规律的认识逐步深入,治河技术措施的不断改进,黄河、长江等江河的治河方略也屡经沿革,并借此指导着防汛情势不断变化的防洪实践。

虽然我国古代劳动人民在治河防洪方面做出了光辉业绩,但由于社会条件和科学技术的限制,对治河的认识还只是零星的、片面的,黄河治理的过程充分说明了对治河的一些认识大多停留在感性认识阶段,洪涝灾害成为我国危害最大、造成损失最严重的自然灾害。新中国成立前的 2000 多年中,黄河决口 1500 多次,大的改道 26 次,形成"三年两决口、百年一改道"的局面,一次较大的洪水可能造成百万人死亡。

新中国成立以来,我国进行了一系列大规模的防洪工程建设,建立健全了河道治理和防洪的管理机构,形成了完善的防洪体系,使抵御洪水灾害的能力得到极大提高。由于措施得力,工作成效显著,防洪事业成绩巨大,防洪减灾效益极其显著,投资效益比高达 1∶10。各主要江河基本上形成了以水库、堤防、蓄滞洪区或分洪河道为主体的拦、排、滞、分相结合的防洪工程体系,防洪非工程措施也得到重视和加强。这些成就主要体现如下:

(1) 加修加固堤防。全国江河堤防总长由新中国成立前的 4.2 万 km 增加至 2023 年的 43.2 万多 km。截至 2023 年,我国已建成 5 级以上江河堤防长度为 34.6 万 km,保护耕地近 4500 万 hm^2,保护人口 6.8 亿人。

(2) 大量修建水库工程。新中国成立前,全国只有十几座水库,截至 2023 年年底,全国已建成各类水库 98512 座,水库总库容 10210 亿 m^3。其中,大型水库 832 座,总库容 8210 亿 m^3;中型水库 4286 座,总库容 1230 亿 m^3。

(3) 开辟蓄滞洪区。蓄滞洪区(图 5-1)指包括分洪口在内的河堤背水面以外临时贮存洪水的低洼地区及湖泊等。蓄滞洪区是江河防洪体系的重要组成部分,通过适时分蓄超额洪水、削减洪峰,最大程度减轻洪水灾害总体损失。开辟蓄滞洪区可以有效地降低江河

图 5-1 蓄滞洪区

洪水水位。至 2023 年，我国蓄滞洪区共有 98 处，其中长江流域 44 处、黄河流域 2 处、海河流域 28 处、淮河流域 21 处、松花江流域 2 处、珠江流域 1 处。国家蓄滞洪区总面积约 3.5 万 km^2，总蓄洪容积约为 1100 亿 m^3。

（4）疏浚整治河道及开辟排洪入海出路。有计划地疏浚河道，开辟入海通道，增大了排水入海的能力。其中新开辟的淮河入海通道提高了淮河的抗洪能力。

（5）大力开展水土保持工作。目前，全国水土流失综合治理面积达 149.6 万 km^2，累计封禁治理保有面积达 28.9 万 km^2。

（6）逐步建立和完善防洪非工程措施。建立健全流域机构及重点省、市防汛指挥调度中心，重点河段和重要水库建立水文自动测报系统，加强全国防汛通信干线建设，在大流域蓄滞洪区建立报警系统，开展洪水预报，研究制定和完善洪水调度方案等。这些防洪非工程措施在我国的防洪斗争中取得了显著的减灾效果。

（7）建立并完善了水资源综合利用的法律基础。国家先后颁布了《中华人民共和国水污染防治法》《中华人民共和国水法》《中华人民共和国水土保持法》《中华人民共和国防洪法》等水法律和《河道管理条例》《防汛条例》两项国务院法令，并且已出台的其他水行政法规 20 余项，部门规章 90 余项，各省、直辖市、自治区制定的地方性水法规、政府规章和省级规范性文件 700 多份，这些法规文件从不同层面、不同区域对水资源利用相关事项进行规范，相互补充，形成了以《中华人民共和国水法》为核心、多层次相配套的水法规体系。该体系的建立，为依法治水、依法防洪提供了坚实保障，使水资源综合利用各环节有法可依，有力推动了水资源合理开发利用与保护工作的规范化、常态化开展。

新中国成立以来，我国人口增长快，经济发展也很快。为了保障人民生命财产的安全，为了社会的稳定和国民经济的持续发展，当前我国面临的防洪任务越来越繁重。

要充分利用和开发河流的有利方面，并克服其有害的一面，必须对河流积极地进行整治，在一定的程度上改变河流的自然状态，变水害为水利。

三、河道整治规划

在进行河道整治之前要编制河道整治规划，河道整治规划应是流域规划的一个组成部分。河道整治规划是在确定整治目的前提下，充分考虑国民经济各部门的基本要求而制定的一个在较长时段内完成的总体计划。

(一) 河道整治规划的原则

国民经济各部门对河道整治的要求，存在着既相适应又相矛盾的方面，例如：防洪方面，要求河道比较顺直，无过分弯曲和缩窄段，有足够的泄洪断面，以保证通过设计的洪水流量和承受相应的洪水位，同时要求河床比较稳定，无严重崩塌，以免危及堤防、农田、村庄、城镇及交通安全。灌溉引水方面，要求河道稳定，不能有严重的淤积和冲刷，且要有足够的引水水深，根据需要保证引进较清的水。航运部门，要求水流平顺，深槽稳定，能保证通航水深和流速，没有险恶的流态，以满足水运事业的要求。对桥渡建筑物来说，则要求河道比较稳定，不允许河槽摆动，要求水流平顺，以免形成严重的折冲水流冲刷河底，危及桥墩安全等。以上几点，体现了国民经济各部门对河道治理的不同要求，而且这些要求与自然情况下的河道演变规律也不完全相适应。因此，编制一个能综合考虑国民经济各部门不同要求的治理规划，具有十分重要的意义。

一般较长河段的河道整治规划,主要是以防洪和航运为主要目标。例如黄河下游的河道整治规划,就是以防洪为主,兼顾引水、滩地利用、航运等需要。

由于河道的治理涉及面广、时间长、范围大,在编制河道整治规划时,必须确定一定的整治原则作为指导思想,才能制定出既经济合理又切实可行的河道整治规划。

河道整治规划的基本原则主要是:全面规划、综合利用;因势利导、因地制宜;远近结合、分期实施。全面规划、综合利用是统筹考虑各方面要求,妥善处理上下游、左右岸、各地区、各部门之间的关系,明确重点,兼顾一般,以达到综合利用水资源的目的。因势利导、因地制宜是具体分析本河段的特性及其演变规律,预测其发展趋势,并总结本河段以往整治的经验教训,提出适合本河段的整治工程措施。远近结合、分期实施是指规划中需包括整治的远景目标和近期要求,分清轻重缓急,有计划地实施。

(二)治导线

治导线是为稳定河势流路,在河道两岸布设整治工程所规划的水边线,也称整治线。是河道经过整治后,在设计流量下河道的平面轮廓,如图5-2所示,也是整治工程体系临河面的边界连线。治导线一般用两条平行线表示,它给出了流路的大体平面位置,而不是某河段固定的水边线。治导线是布置河道整治建筑物的依据。

治导线的平面形式,多由曲线段与直线段组成(两曲线间的直线段称过渡段)。

相应于不同的设计流量,有不同的治导线。对应于设计枯水、中水、洪水流量,有枯水治导线、中水治导线、洪水治导线,图5-3所示。其中,中水治导线在河道整治中具有重要的意义,它是与造床流量相对应的经过整治后的河槽的治导线,它反映了中水流路。如果控制了中水河槽及这一时期的水流,则一般就能控制整个河势的发展,稳定河道。

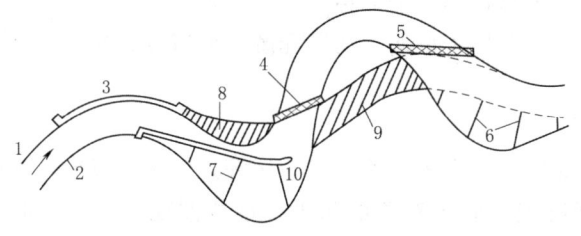

图5-2 河道整治线
1、2—现存河岸;3—护岸;4、5—锁坝;6、7—丁坝群;
8—挖槽;9—引河;10—顺坝

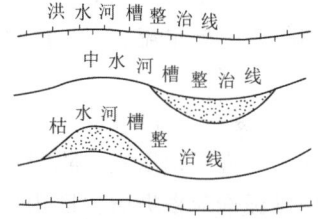

图5-3 平原河道洪、中、枯河槽整治线示意图

四、堤防工程

堤防是沿江、河、湖、海、排灌渠道,或分洪区、行洪区边界修筑的挡水建筑物。其断面形状为梯形或复式梯形。堤防的主要作用是约束水流、控制河势、防止洪水泛滥成灾,或抗御风浪、海潮入侵等。修筑堤防是河道整治的基本措施之一。根据堤防所处的位置和作用,分别称之河(江)堤、湖堤、海堤、围堤、渠堤、水库堤防等。本章主要介绍河堤。

(一) 堤防工程的分类

河堤按其所处地位和作用不同，又可分为遥堤、缕堤、格堤、月堤或越堤等，如图 5-4 所示。遥堤又叫主堤或干堤，距河道主槽较远，堤身较厚，用于防御特大洪水，是防洪的最后一道防线，一般有专用名称，如黄河的北大堤、长江的荆江大堤等。缕堤又名民埝、民堰或生产堤，距河较近，堤身相对单薄，用于抗御较小的洪水，保护缕堤至遥堤间的滩地生产，洪水较大时，可能漫溢溃决。格堤为连接遥堤与缕堤的横向堤防，形成格状，一旦缕堤决口，使淹没范围仅限一格，同时可防止洪水沿遥堤形成串沟夺河，威胁干堤安全。

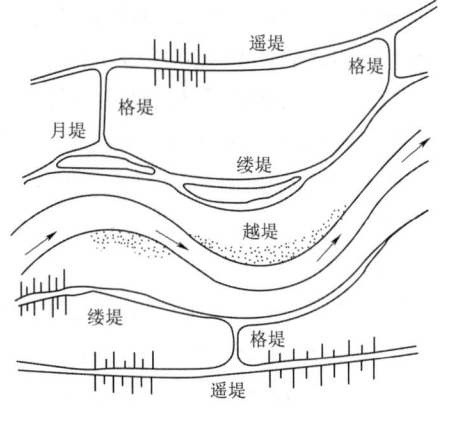

图 5-4　黄河堤防示意图

月堤和越堤皆为依缕堤或遥堤进占或后退的月牙形堤防，当河身变动逼近堤防而保护河岸又有困难时，修建月堤退守新线；当河身变动远离堤防时，为争取耕地可修越堤，同时也为防洪增加一道新的前沿防线。除此之外，在抗洪抢险时，为防止洪水漫越堤顶，临时在堤顶加修的小堤，又称子埝或子堤。

堤防工程是河道防洪的主要屏障，其分为平工段和险工段。平工段指大堤临河有较宽滩地，只有洪水漫滩偎堤时才临水的堤段。险工段则是指经常临水、靠溜的堤段。修筑在险工段用于挑送水流，控制溜势，约束主流，避免淘刷堤岸，防止大堤冲决的丁坝、垛等护岸工程称为险工。险工是堤防防洪的前沿阵地，防洪的保障，又是控导水流的重要措施。然而，滩存则堤固，滩失则堤险。滩地是堤防的前沿阵地，为保护滩地，约束主流，控制河势，引导主流沿设计的治导线下泄，常在堤防前有滩地的河段，沿工程位置线凹岸的滩坎上修建丁坝、垛等建筑物，这些工程被称为护滩控导工程。护滩控导工程主要用于控制河势、引导水流、保护滩地等，一般多用于弯曲型河段和游荡型河段。险工和控导工程如图 5-5 所示。

(二) 堤防工程的级别

堤防工程级别取决于防护对象（如城镇、农田面积、工业区等）的防洪标准，堤防工程的防洪标准应根据防护区内防洪标准较高防护对象的防洪标准按照现行国家《防洪标准》(GB 50201—2014) 确定，并进行必要的论证。一般遭受洪灾或失事后损失巨大，影响十分严重的堤防工程，其级别可适当提高；遭受洪灾或失事后损失及影响小或使用期限较短的临时堤防工程，其级别可适当降低。采用高于或低于规定级别的堤防工程应报行业主管部门批准；当影响公共防洪安全时，尚应同时报水行政主管部门批准。

堤防工程的级别可根据《水利水电工程等级划分及洪水标准》(SL 252—2017) 确定。当经批准的流域、区域防洪规划另有规定时，应按其规定执行。

五、护岸控导工程

护岸控导是平原河道常用的整治措施，一般多用于弯曲型河段和游荡型河段，其作用主要是维持有利的现状，保护河岸及控导水流。

当主流顶冲大堤的险工堤段时，为了保证大堤和河岸的安全，常常修建坝、垛等建筑

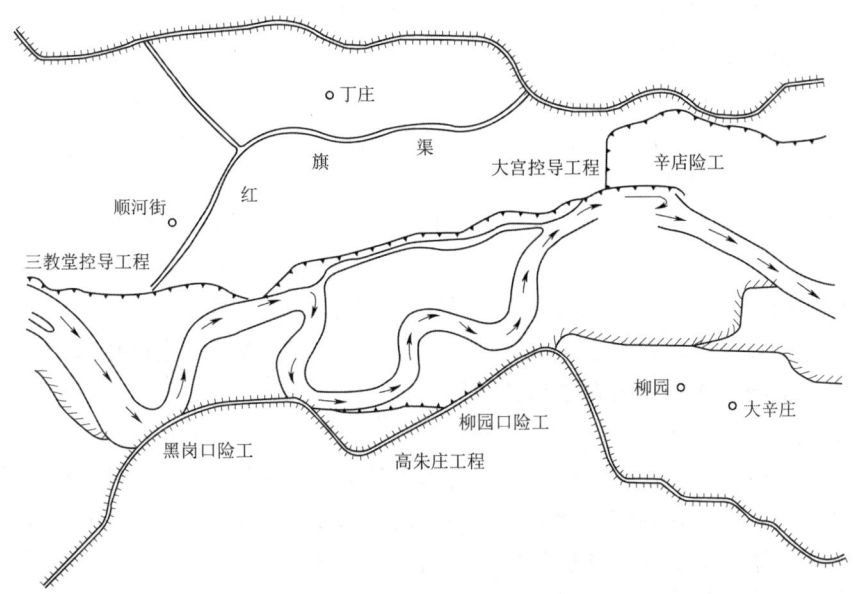

图 5-5 险工和控导工程

物以保护河岸和大堤免遭水流冲刷破坏,这称为护岸工程。在临河的滩坎上修建坝、垛等建筑物,保护滩地免遭水流冲刷坍塌,这称为护滩工程。护岸护滩工程一方面能直接保护堤防、滩岸的安全,同时还可以通过护岸、护滩工程控制河势,引导主流。所以护岸护滩工程也称为护岸控导工程。

护岸控导工程的作用是通过坝、垛来实现的。

护岸控导工程常有以下三种型式:平行覆盖护岸,也称为平顺护岸;丁坝护岸;平顺护岸与丁坝结合使用的所谓守点顾线型式。

(1) 平顺护岸。用抗冲性材料直接覆盖在堤防的坡面或河岸上,以抗拒洪水的冲刷,这种护岸型式为平顺护岸。其特点是不挑流,水流平顺,不影响航运,但防守重点不突出,主要缺点是防守被动。因此这仅属防御性的被动护岸工程。

(2) 丁坝护岸。用突出于河岸或堤防的坝、垛等建筑物,将主流外挑,起保护河岸或堤防免受水流冲刷的护岸工程为丁坝护岸。其特点是有挑流和导流的作用,属进攻性主动护岸工程。具有工程防守重点突出、工程战线短的优点,不足之处是工程复杂,坝前冲刷严重,增加河岸糙率。

(3) 平顺护岸与丁坝相结合的护岸。平顺护岸与丁坝相结合的护岸工程,常用在坍塌比较长的河段上。其做法是先用若干丁坝群作成据点,在据点之间适当地布置平顺护岸进行防护。

以上三种护岸控导型式各有优缺点,采用时应根据河岸的具体情况,流势特点来确定。平顺型护岸在长江上采用较多,而丁坝护岸在黄河上应用较

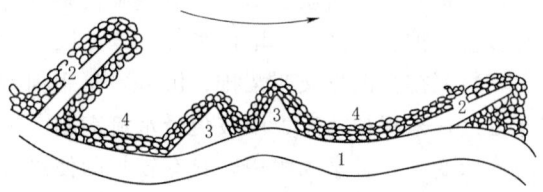

图 5-6 平顺护岸与丁坝护岸工程的联合运用
1—大堤;2—丁坝;3—短丁坝;4—平顺护岸

广。图 5-6 为平顺护岸和丁坝护岸工程的联合运用情况。

六、河道整治建筑物

要实现河道整治的目的，需要采取工程措施，即在河道上修建工程建筑物。凡是以河道整治为目的所修建的建筑物，称为河道整治建筑物，简称整治建筑物或河工建筑物。

(一) 整治建筑物材料

常用的整治建筑物材料有竹、木、苇、梢、秫秸等轻型材料，土、石、金属、混凝土等重型材料。

金属包括铅丝笼、钢丝网罩等。除金属、混凝土中的水泥外，其他材料可在当地获取，并且应优先选择当地材料。上述的各种建筑材料，有的可以直接用来修筑整治建筑物，有些是用来制成修建整治建筑物的构件。

1. 传统材料

(1) 梢龙。由梢、秸、苇和毛竹等材料用铅丝捆扎而成。细长者称为梢龙，短粗者称为梢捆。梢龙主要用于扎制沉排和沉枕，梢捆用于做坝和护底图 5-7 所示。

(2) 沉枕。用梢料层或苇料层作外壳，内填块石和淤泥，束扎成圆形枕状物，用于护脚、堵口和截流等，如图 5-8、图 5-9 所示。

图 5-7 梢捆

图 5-8 柳石沉枕

(3) 杩杈也称"杩槎"，如图 5-10 所示，是用来挡水的三脚木架。是用三根或四根直径 12～20cm、长 2.0～6.0m 的木头扎成三足架或四足架（每两足之间用撑木固定），应用时以多个排列成行，每个中设平台，台上置石块，在迎水面上加系横木及竖木，外置竹席，并加培黏土，即可起挡水作用。用于河床组成较粗的河流上修建多种建筑物的构件。著名的都江堰工程用其修建了不透水的临时拦水坝和导水坝，二千余年来，储石防险，岁岁不变，现沿江上下，处处可见垒石如阵。

(4) 石笼。用铅丝、木条、竹篾和荆条等材料制成各种网格的笼状物，内填块石、砾石。多用于护脚、修坝、堵口和截流，如图 5-11 所示。

(5) 沉排。沉排又叫柴排、沉褥，是用梢料制成的大面积排状物，用块石压沉于近岸河床之上，来保护河床、岸坡免受水流淘刷。沉排护脚的优点是整体性好和柔韧性强，能适应河床变形，且坚固耐用，具有较长的使用寿命。

(6) 编篱。在河底上打木桩，用柳枝、柳把或苇把在木桩上编篱。如果为双排或多排编篱，篱间可填散柳、泥土或石料，缓流落淤效果好，如图 5-12 所示。

图 5-9 抛柳石枕

图 5-10 都江堰拆杩槎放水

图 5-11 都江堰随处可见的竹石笼、杩槎

2. 土工合成材料

近些年来，新材料广泛用于河道整治建筑物中。特别是土工合成材料的应用发展极为迅速。土工合成材料主要有土工织物、土工膜、土工格栅、土工格室和土工模袋等。

（1）土工织物。它也叫土工布，是一种透水材料，分为织造（机织）型土工织物和非织造型土工织物。织造型土工织物又称有纺土工织物，采用机器编制工艺制造而成。非织造型土工织物又称无纺土工织物，通过黏合工艺加工而成，具有强度高、耐腐蚀、无方向性、渗透性强等特点。

图 5-12 1937 年黄河济南济阳沟杨家险工编柳护岸

（2）土工膜。它是一种人工合成材料。它是聚乙烯或聚氯乙烯、聚丙烯等高分子材料，加入增塑剂防老化剂及其他填充材料，经喷塑或压延形成，是坝、闸理想的防渗材料。

（3）土工格栅。它是经冲孔拉伸而成的带长方形孔或方形孔的板材。其强度高而延伸率低，因此是加筋的好材料，如图 5-13 所示。

（4）土工格室。它是由强化的高密度聚乙烯宽带，每隔一定间距以强力焊接而形成的网状格室结构。格室张开后，可填以土料。用于软弱地基、沙漠固沙和护坡等，如图5-14所示。

图5-13 土工格栅作加筋材料的护岸

图5-14 土工格室作加固材料的护坡

（5）土工模袋。它是由上下两层土工织物制成的大面积连续带状材料，袋内充填混凝土或水泥砂浆，凝固后形成整体板，可用于护坡，如图5-15所示。

在河道整治中使用土工合成材料时，要了解它们的抗拉强度、顶刺破强度、孔隙率、渗透特性及耐久性等性能指标，使其在河道整治中发挥更大的作用。

（二）整治建筑物的分类

按照建筑材料和使用年限，其可分为轻型（临时型）和重型（永久型）整治建筑物。轻型（临时型）整治建筑物是由轻型材料（竹、木、苇、梢等）修建的，抗冲和抗朽能力差，使用年限短。重型整治建筑物是由重型材料（土、石、金属、混凝土等）修建的抗冲和抗朽能力强，使用

图5-15 土工模袋混凝土护坡

年限长。新型材料修建的河道整治建筑物多采用土工织物（又称无纺布）修建，其抗冲、抗朽能力和使用年限介于轻型和重型建筑物之间。选择整治建筑物的类型应根据整治建筑物的使用寿命，所处位置的水流泥沙、气候和环境条件，材料来源，施工条件、施工技术和施工期等情况来决定。

按照整治建筑物的作用，可分为护坡建筑物、护底建筑物、环流建筑物、透水建筑物和不透水建筑物。直接在河岸、堤岸、库岸的坡面、坡脚和整治建筑物的基础上用抗冲材料做成连续的覆盖保护层，用以防御水流冲刷的一种单纯防御性工程建筑物称为护坡、护底建筑物。用人工的方式激起环流来调整水、沙的运动方向以达到整治目的而修建的建筑物叫作环流建筑物。透水建筑物是指本身透水的整治建筑物；不透水建筑物是指本身不允许水流通过的整治建筑物。这两种建筑物对水流都起导流和挑流的作用，但透水建筑物还

有缓流落淤的作用，只是挑流、导流作用比不透水建筑物弱一些。选择时应根据当地的建筑材料和整治目的确定整治建筑物的类型。

按照整治建筑物与水位的关系，其可分为淹没整治建筑物和非淹没整治建筑物。淹没整治建筑物是指在一定水位下可能遭受淹没的建筑物；在各种水位下都不会被淹没的整治建筑物，则称为非淹没整治建筑物。

按照建筑物的外形（作用），将整治建筑物分为坝、垛（矶头）类和平顺护岸类。由于它们的形状不同，因此所起的作用也不同。一般枯水整治常用丁坝、顺坝、锁坝、潜坝；中水整治常用丁坝垛（矶头）、顺坝等坝类整治建筑物，护岸类工程在中水河槽、洪水河槽整治中都适用。

七、丁坝、垛

（一）丁坝的分类

丁坝是河道整治建筑物中最常用的一种，是一端与河岸相连、另一端伸向河槽的坝型建筑物，在平面上与河岸连接成丁字形。丁坝可以束窄河床，调整水流，保护河岸，即具有挑流、导流的作用，故又名挑水坝，如图 5-16 所示。

丁坝按修建的材料不同分为透水丁坝和不透水丁坝。用不透水材料修建的实体丁坝，其主要作用是挑流和导流，而用透水材料修建的透水丁坝还具有缓流落淤的作用。

按丁坝坝顶高程与水位的关系分为淹没式丁坝和非淹没式丁坝。淹没式丁坝经常处于水下，坝身与河漫滩相连，坝顶高程一般与滩唇齐平，常用于枯水整治。非淹没式丁坝用于中水的整治，其坝顶高程有的高出设计洪水位而略低于堤顶，有的

图 5-16 黄河丁坝

略高于滩面，一般不被洪水淹没，即使被淹没，历时也很短。

根据丁坝对水流的影响程度分为长丁坝和短丁坝，如图 5-17 所示。一般坝长 $L>0.33B_w\cos\alpha$ 称为长丁坝；凡坝长 $L<0.33B_w\cos\alpha$ 称为短丁坝。长丁坝坝身较长，不仅能护坡、护岸，还能束窄河床，将主流挑向对岸。短丁坝由于坝身较短，只能局部将水流挑离岸边，迎托水流外移，起护岸、护坡作用，如图 5-18 所示。

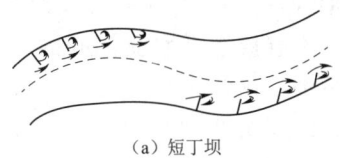
（a）短丁坝

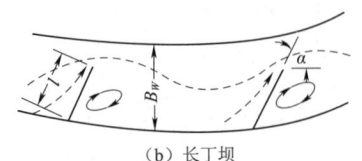
（b）长丁坝

图 5-17 长丁坝与短丁坝

按照丁坝结构型式分为抛石丁坝、沉排丁坝和土心抛石丁坝。

丁坝在平面上呈丁字形，按照丁坝坝轴线与水流方向交角 θ 的大小分为：上挑丁坝

图 5-18　黄河吴忠险工段短丁坝群

$\theta>90°$，正挑丁坝 $\theta=90°$，下挑丁坝 $\theta<90°$，如图 5-19 所示。丁坝轴线与水流的夹角不同，对水流的结构影响不同。对于非淹没式丁坝，当水流绕过丁坝时，上挑丁坝坝头水流流态紊乱，对河床的局部冲刷较强；下挑丁坝则坝头水流平顺，对河床的冲刷较弱。对于淹没式丁坝，当水流漫过上挑丁坝时，在坝后形成沿坝身方向指向河岸的平轴螺旋流，将泥沙带向河岸，在靠近岸边附近发生淤积；而水流漫过下挑丁坝时，在坝后形成的水平轴螺旋流方向沿坝身指向河心，将泥沙带向河心，从而使坝后产生冲刷。因此，非淹没式丁坝选择下挑丁坝，淹没式丁坝选择上挑丁坝较适宜。

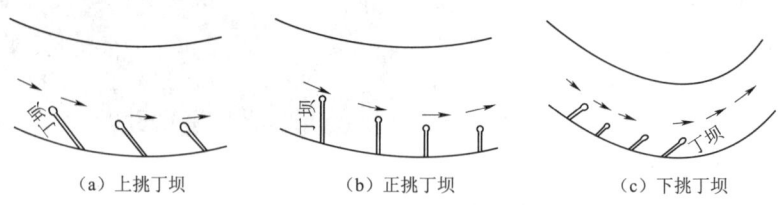

(a) 上挑丁坝　　　　(b) 正挑丁坝　　　　(c) 下挑丁坝

图 5-19　按照丁坝坝轴线与水流方向夹角不同分类

（二）丁坝、垛的平面型式

丁坝平面由坝头、坝身和坝根三部分组成，如图 5-20 所示。坝与堤或滩岸相连的部位称为坝根，伸入河中的前头部分为坝头，坝头与坝根之间称为坝身，其平面形状常采用两条平行线组成的直线形。在不直接遭受水流淘刷的坝根及坝身的后部，仅修土坝即可，在可能被水流淘刷的坝头及坝身的上游面需要围护，以保证坝体的安全。坝头的上游拐角部分为上跨角，从上跨角向坝根进行围护的迎水部分称为迎水面，坝头的前端称前头，坝头向下游拐角的部分称为下跨角。

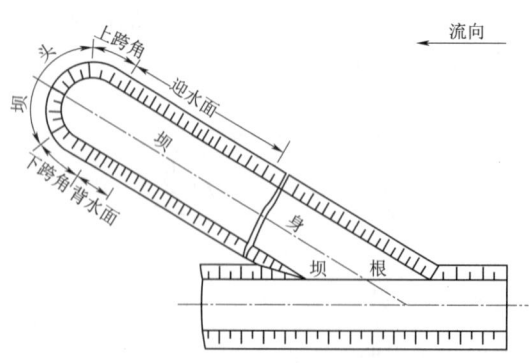

图 5-20　丁坝平面组成

坝头的平面形状对水流和坝身的安全都有一定的影响，研究坝头的平面形状在生产上有重要意义。由于历史原因和条件限制，坝头形状较为复杂。目前采用的坝头形式主要有：圆头形坝、拐头形坝和斜头形坝三种，如图 5-21 所示。不同的坝头形式各有优缺点。圆头形坝的主要优点：能适应各种来流方向，施工简单，缺点是控制流势差，坝下回流大。拐头形坝的主要优点，送流条件好，坝下回流小，但对来流方向有严格的要求，坝上游回流大是其主要缺点。斜头形坝的优缺点，介于以上两者之间。一般情况下，圆头形坝修筑在一处工程的首部，以发挥其适应各种来流方向的优点；而拐头形坝布置在工程的下部，用作关门坝；斜头形坝多用在工程的中部以调整水流。这种扬长避短的布设各种坝头形式，将可收到良好的效果。

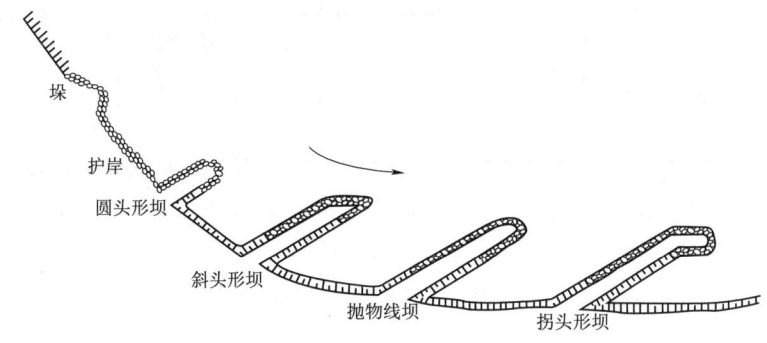

图 5-21 丁坝平面形式

（三）丁坝的剖面结构

丁坝的剖面是由坝体，护坡和护根三部分组成。坝体一般用土筑成，在外围用抗冲材料加以裹护，称为护坡。为防止河床冲刷、维护坝体稳定而在护坡下修筑的基础工程称为护根。丁坝的剖面结构型式不同，其坝体、护坡和护根型式也不同。

1. 丁坝剖面结构形式

（1）传统的结构型式。

1）抛石丁坝。采用乱石抛堆，表面用砌石或较大的块石抛护。在细砂河床上需用沉排护底，其范围应伸出坝脚一定长度，上游伸出坝脚约 4m，下游 8m，坝头部分 12m。顶宽一般为 1.5～2m，迎水坡和背水坡边坡系数一般为 1.5～2.0，坝头部分可放缓为 3～5。抛石丁坝较坚固，适用于水深流急强溜顶冲及石料来源丰富的河段。

2）沉排丁坝。这种丁坝是用沉排叠成的，最低水位以上用抛石覆盖，坝根部位要进行衔接处理。坝顶宽一般为 2～4m，上游边坡系数一般为 1.0，下游为 1.0～1.5。这种结构以往在欧美和我国采用较多，但近年来已被其他材料所代替。

3）土心抛石丁坝。采用砂土或黏土料填筑坝体，用块石护脚护坡，沉排护底。不同河段、不同河型、不同作用的丁坝，坝顶宽度不一，有顶宽 3～5m，也有顶宽 10～15m，用于堆放材料。如为淹没式，还需要护顶。上下游不裹护的土坝坝基边坡系数一般为 2～3，坝头的边坡系数大于 3。丁坝根部与河岸的衔接长度为顶宽的 6～8 倍，其上下游均须护岸防冲，坝脚一般抛投铅丝石笼和柳石枕防护，如图 5-22 所示。土心抛石丁坝是目前常用的一种结构型式。

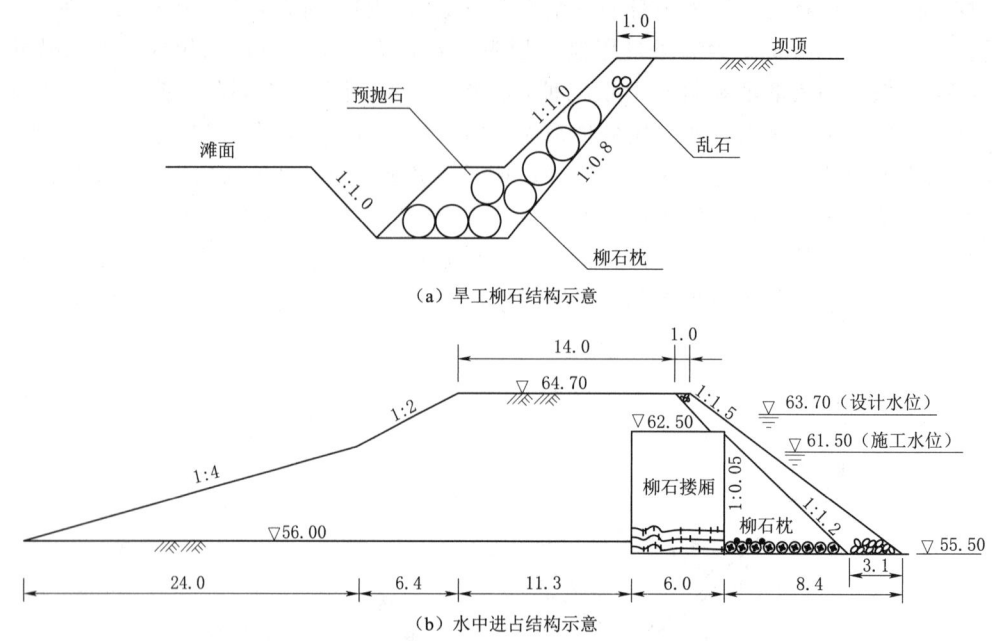

图 5-22 土心抛石丁坝剖面结构型式（单位：m）

(2) 新型结构型式。

1) 钢筋混凝土框架坝垛。实用预制的钢筋混凝土结构组件，其上部为三角形透水框架结构。将其放置在护岸处，具有迎托水流和缓流落淤的作用。

2) 混凝土透水管桩坝。沿坝轴线按间距 0.7～1.1m 单排布桩孔，用潜水钻造深 16～20m 的孔，然后将长 4～10m、外径 0.5～0.55m 的空心钢筋混凝土管用法兰盘、硫磺胶泥或焊接方法依次连接沉入孔内成桩，形成以桩间空隙 0.2～0.5m 的透水坝。透水管桩坝起缓流落淤的作用，其在黄河下游的花园口险工应用中取得了可喜的成果。

八、其他整治建筑物

(一) 顺坝

顺坝坝身方向与水流平行，上游坝根与河岸相连，下游坝头与河岸相连或留有缺口。为防止顺坝与河岸间产生纵向水流，引起顺坝内坡脚的冲刷和促进顺坝与河岸之间的淤积，常在顺坝与河岸间修建格坝。顺坝的主要作用是导流，束窄河床和护岸，有时也可作控导工程的联坝。顺坝也分为淹没式和非淹没式，如整治枯水河床，则坝顶高程略高于枯水位；整治中水河床，坝顶与河漫滩齐平；整治洪水河床，则坝顶高于洪水位。

(二) 锁坝

锁坝是一种横亘于河中，在中水位和洪水位时允许水流溢过的坝。锁坝的主要作用是调整河床，堵塞支汊，是堵塞串沟和支汊、加强主流、增加航深的常用整治工程。在枯水期，锁坝具有塞支强干的作用。锁坝是淹没式整治建筑物，因此坝顶应用石料或草皮等材料修筑，以防止冲刷。

(三) 潜坝

坝顶高程在枯水位以下的丁坝、锁坝均称为潜坝。一般潜坝建在局部冲刷严重的深潭处,用以增加河床的糙率,缓流落淤、平顺水流。潜丁坝具有保护河底、保护顺坝的外坡脚及丁坝的坝头免受冲刷破坏的作用。在河床较低的河道凹岸,丁坝和顺坝的下面做出一段潜丁坝,可以调整水深和深泓线,如图 5-23 所示。

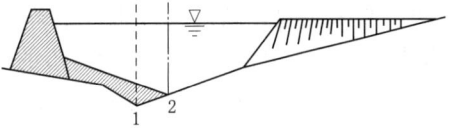

图 5-23 与顺坝相连调整深泓线的潜丁坝
1—原深泓线;2—调整后深泓线

【课后拓展】

查阅相关资料,简要阐述治河与防洪工程的类型与作用。

第二节 防洪基本知识

5-2 防洪基本知识

一、河长制

"河长制",是指由地方各级党政主要负责人担任"河长",负责组织领导相应河湖的管理和保护工作。

全面推行河长制,是以保护水资源、防治水污染、改善水环境、修复水生态为主要任务,全面建立省、市、县、乡四级河长体系,构建责任明确、协调有序、监管严格、保护有力的河湖管理保护机制,为维护河湖健康生命、实现河湖功能永续利用提供制度保障。

(一) 河长制的由来与发展

2018 年 2 月 2 日《光明日报》发表了题为《浙江探索实行河长制调查》的调查报告,详细阐述了河长制的产生和发展过程。

河长制,是"逼"出来的创新。太湖流域的浙江北部湖州长兴县,境内河网密布,水系发达。有河流 547 条,水库 35 座,山塘 386 座。得天独厚的水资源禀赋,造就了长兴因水而生、因水而美、因水而兴的文化特质。但在 20 世纪末,这个山水城市在经济快速发展的同时,也给生态环境带来了"不可承受之重",污水横流、黑河遍布成为长兴人的"心病"。

"虽然经济发展了,但河湖变黑了,水源地污染了,没有干净水吃了。那时候,干部群众很焦虑,大家都在思考着:"怎么办"。

2003 年,长兴为创建国家卫生城市,在卫生责任片区、道路、街道推出了片长、路长、里弄长,责任包干制的管理让城区面貌焕然一新。当年 10 月,县委办下发文件,在全国率先对城区河流试行河长制,由时任水利局、环卫处负责人担任河长,对水系开展清淤、保洁等整治行动,水污染治理效果非常明显。河长制初见成效。

包漾河是长兴的饮用水水源地,当时周边散落着喷水织机厂家,污水直排河里,威胁着饮用水的安全。为改善饮用水源水质,2004 年,时任水口乡乡长被任命为包漾河的河长,负责喷水织机整治、河岸绿化、水面保洁和清淤疏浚等任务。

河长制经验向农村延伸后,逐步扩展到包漾河周边的各地,渚山港、夹山港、七百亩斗港等支流,由行政村干部担任河长。2008 年,长兴县委下发文件,由四位副县长分别担任 4 条入太湖河道的河长,所有乡镇班子成员担任辖区内的河道河长,由此县、镇、村三级河长制管理体系初步形成。

自 2008 年起，湖州、衢州、嘉兴、温州等地陆续试点推行河长制。同期由于太湖大面积蓝藻暴发，引发了江苏省无锡市的水危机。无锡市政府认识到，水质恶化导致的蓝藻暴发，问题在"水里"，根子是在"岸上"。江苏在太湖流域全面推行"河长制"，包括时任省长在内的省级、厅级官员担任太湖入湖河流河长，与河流所在地的政府官员形成"双河长制"，实施后效果明显。

2013 年，浙江出台了《关于全面实施"河长制"进一步加强水环境治理工作的意见》，明确了各级河长是包干河道的第一责任人，承担河道的"管、治、保"职责。从此，肇始于长兴的河长制，走出湖州，走向浙江全境，逐渐形成了省、市、县、乡、村五级河长架构。

（二）河长制工作的主要任务

2016 年 12 月 11 日，中央下发《关于全面推行河长制的意见》，在全国推广浙江等地的河长制经验。该意见指出了全面推行河长制的总体要求、主要任务、保障措施。

1. 总体要求

（1）指导思想。全面贯彻党的十八大和十八届三中、四中、五中、六中全会精神，深入学习贯彻习近平总书记系列重要讲话精神，紧紧围绕统筹推进"五位一体"总体布局和协调推进"四个全面"战略布局，牢固树立新发展理念，认真落实党中央、国务院决策部署，坚持节水优先、空间均衡、系统治理、两手发力，以保护水资源、防治水污染、改善水环境、修复水生态为主要任务，在全国江河湖泊全面推行河长制，构建责任明确、协调有序、监管严格、保护有力的河湖管理保护机制，为维护河湖健康生命、实现河湖功能永续利用提供制度保障。

（2）基本原则。坚持生态优先、绿色发展。牢固树立尊重自然、顺应自然、保护自然的理念，处理好河湖管理保护与开发利用的关系，强化规划约束，促进河湖休养生息、维护河湖生态功能。

坚持党政领导、部门联动。建立健全以党政领导负责制为核心的责任体系，明确各级河长职责，强化工作措施，协调各方力量，形成一级抓一级、层层抓落实的工作格局。

坚持问题导向、因地制宜。立足不同地区不同河湖实际，统筹上下游、左右岸，实行一河一策、一湖一策，解决好河湖管理保护的突出问题。

坚持强化监督、严格考核。依法治水管水，建立健全河湖管理保护监督考核和责任追究制度，拓展公众参与渠道，营造全社会共同关心和保护河湖的良好氛围。

（3）组织形式。全面建立省、市、县、乡四级河长体系。各省（自治区、直辖市）设立总河长，由党委或政府主要负责同志担任；各省（自治区、直辖市）行政区域内主要河湖设立河长，由省级负责同志担任；各河湖所在市、县、乡均分级分段设立河长，由同级负责同志担任。县级及以上河长设置相应的河长制办公室，具体组成由各地根据实际确定。

（4）工作职责。各级河长负责组织领导相应河湖的管理和保护工作，包括水资源保护、水域岸线管理、水污染防治、水环境治理等，牵头组织对侵占河道、围垦湖泊、超标排污、非法采砂、破坏航道、电毒炸鱼等突出问题依法进行清理整治，协调解决重大问题；对跨行政区域的河湖明晰管理责任，协调上下游、左右岸实行联防联控；对相关部门和下一级河长履职情况进行督导,对目标任务完成情况进行考核,强化激励问责。河长制办公室承担河长制组织实施具体工作,落实河长确定的事项。各有关部门和单位按照职责分工,协同推进各项工作。

2. 主要任务

(1) 加强水资源保护。落实最严格水资源管理制度,严守水资源开发利用控制、用水效率控制、水功能区限制纳污三条红线,强化地方各级政府责任,严格考核评估和监督。实行水资源消耗总量和强度双控行动,防止不合理新增取水,切实做到以水定需、量水而行、因水制宜。坚持节水优先,全面提高用水效率,水资源短缺地区、生态脆弱地区要严格限制发展高耗水项目,加快实施农业、工业和城乡节水技术改造,坚决遏制用水浪费。严格水功能区管理监督,根据水功能区划确定的河流水域纳污容量和限制排污总量,落实污染物达标排放要求,切实监管入河湖排污口,严格控制入河湖排污总量。

(2) 加强河湖水域岸线管理保护。严格水域岸线等水生态空间管控,依法划定河湖管理范围。落实规划岸线分区管理要求,强化岸线保护和节约集约利用。严禁以各种名义侵占河道、围垦湖泊、非法采砂,对岸线乱占滥用、多占少用、占而不用等突出问题开展清理整治,恢复河湖水域岸线生态功能。

(3) 加强水污染防治。落实《水污染防治行动计划》,明确河湖水污染防治目标和任务,统筹水上、岸上污染治理,完善入河湖排污管控机制和考核体系。排查入河湖污染源,加强综合防治,严格治理工矿企业污染、城镇生活污染、畜禽养殖污染、水产养殖污染、农业面源污染、船舶港口污染,改善水环境质量。优化入河湖排污口布局,实施入河湖排污口整治。

(4) 加强水环境治理。强化水环境质量目标管理,按照水功能区确定各类水体的水质保护目标。切实保障饮用水水源安全,开展饮用水水源规范化建设,依法清理饮用水水源保护区内违法建筑和排污口。加强河湖水环境综合整治,推进水环境治理网格化和信息化建设,建立健全水环境风险评估排查、预警预报与响应机制。结合城市总体规划,因地制宜建设亲水生态岸线,加大黑臭水体治理力度,实现河湖环境整洁优美、水清岸绿。以生活污水处理、生活垃圾处理为重点,综合整治农村水环境,推进美丽乡村建设。

(5) 加强水生态修复。推进河湖生态修复和保护,禁止侵占自然河湖、湿地等水源涵养空间。在规划的基础上稳步实施退田还湖还湿、退渔还湖,恢复河湖水系的自然连通,加强水生生物资源养护,提高水生生物多样性。开展河湖健康评估。强化山水林田湖系统治理,加大江河源头区、水源涵养区、生态敏感区保护力度,对三江源区、南水北调水源区等重要生态保护区实行更严格的保护。积极推进建立生态保护补偿机制,加强水土流失预防监督和综合整治,建设生态清洁型小流域,维护河湖生态环境。

(6) 加强执法监管。建立健全法规制度,加大河湖管理保护监管力度,建立健全部门联合执法机制,完善行政执法与刑事司法衔接机制。建立河湖日常监管巡查制度,实行河湖动态监管。落实河湖管理保护执法监管责任主体、人员、设备和经费。严厉打击涉河湖违法行为,坚决清理整治非法排污、设障、捕捞、养殖、采砂、采矿、围垦、侵占水域岸线等活动。

3. 保障措施

(1) 加强组织领导。地方各级党委和政府要把推行河长制作为推进生态文明建设的重要举措，切实加强组织领导，狠抓责任落实，抓紧制定出台工作方案，明确工作进度安排，到2018年年底前全面建立河长制。

(2) 健全工作机制。建立河长会议制度、信息共享制度、工作督察制度，协调解决河湖管理保护的重点难点问题，定期通报河湖管理保护情况，对河长制实施情况和河长履职情况进行督察。各级河长制办公室要加强组织协调，督促相关部门单位按照职责分工，落实责任，密切配合，协调联动，共同推进河湖管理保护工作。

(3) 强化考核问责。根据不同河湖存在的主要问题，实行差异化绩效评价考核，将领导干部自然资源资产离任审计结果及整改情况作为考核的重要参考。县级及以上河长负责组织对相应河湖下一级河长进行考核，考核结果作为地方党政领导干部综合考核评价的重要依据。实行生态环境损害责任终身追究制，对造成生态环境损害的，严格按照有关规定追究责任。

(4) 加强社会监督。建立河湖管理保护信息发布平台，通过主要媒体向社会公告河长名单，在河湖岸边显著位置竖立河长公示牌，标明河长职责、河湖概况、管护目标、监督电话等内容，接受社会监督。聘请社会监督员对河湖管理保护效果进行监督和评价。进一步做好宣传舆论引导，提高全社会对河湖保护工作的责任意识和参与意识。

【思政导引】

民之所望，施政所向。截至2018年年底，全国全面建立河长制、湖长制，共明确省、市、县、乡四级河长、湖长30多万名，各地设立村级河长、湖长（含巡河员、护河员）90多万名。各省（自治区、直辖市）均设置省、市、县级河长制办公室，建立了配套制度，党政负责、水利牵头、部门联动、社会参与的工作格局基本形成。

治水的出发点和落脚点是造就美丽环境，积蓄永续发展的动能，满足人民群众对美好生活的需要。真正践行了"绿水青山就是金山银山"重要发展思想。

水利部会同国家发展改革委等对联合执行最严格水资源管理制度考核；科学开展跨行政区域、跨流域水量分配；加强黄河、黑河等重要河流水资源统一调度，努力实现河流不断流、不干涸保证生态基本水量，大力开展节水型社会建设、水生态文明试点和水权交易工作。

此外，全国范围正逐渐加强水利运行管理、水土保持管理、农村水电管理、水利监督和行政许可检查，促进农村水利改革、水价改革，解决水利移民矛盾，大力发展水利科技创新和国际合作。

二、防汛指挥制度

防汛是指在汛期掌握水情变化和工程状况，做好水量调度和加强建筑物及其下游安全度汛工作。

根据国务院发布的《中华人民共和国防汛条例》规定，我国防汛工作实行各级人民政府行政首长负责制，实行统一指挥，分级分部门负责。各有关部门实行防汛岗位责任制。防汛工作实行"安全第一，常备不懈，以防为主，全力抢险"的方针，遵循团结协作和局部利益服从全局利益的原则。

防汛指挥是防汛工作的核心，正确发挥其职能是防汛成功的关键，如果防汛工作不当或指挥调度失误将造成不可挽回的损失，同时其他职能部门需要通力合作，才能取得防汛抗洪的胜利。

（一）防汛指挥系统组成

防汛指挥工作担负着发动群众，组织社会力量，从事指挥决策等重大任务，而且需要进行多方面的协调和联系。因此，需要建立强有力的组织机构，担负有机配合与科学决策，做到统一指挥，统一行动。建立和健全各级防汛指挥系统，明确其职责是取得防汛抗洪斗争胜利的关键。

1. 国务院设立国家防汛抗旱总指挥部

国家防汛抗旱总指挥部总指挥由国务院副总理担任。国家防汛总指挥部成员由中央军委总参谋部和国务院有关部门负责人组成。国家防汛抗旱总指挥办公室为其办事机构，负责管理全国防汛的日常工作，设在水利部。

防汛抗旱总指挥部统一指挥全国的防汛工作，制定有关防汛工作的方针、政策，法令和法规，根据汛情进行防汛动员，对大江大河的洪水进行统一调度，监督各大江大河防御特大洪水方案的执行，对各地动用重大分滞洪区要求进行审批，组织对重大灾区的救灾，领导支持灾区恢复生产，重建家园。

2. 地方防汛抗旱指挥部

省（自治区、直辖市）地、县设立防汛指挥部。有防汛任务的县级以上地方人民政府设立防汛指挥部（有抗旱任务的，成立防汛抗旱指挥部，或防汛防旱防风指挥部），由有关部门、当地驻军、人民武装部负责人组成，由各级人民政府首长担任指挥。各级人民政府防汛指挥部在上级人民政府防汛指挥部和同级人民政府的领导下，执行上级防汛指令，制定各项防汛抗洪措施，统一指挥本地区的防汛抗洪工作。

各级人民政府防汛指挥部办事机构设在同级水行政主管部门；城市市区的防汛指挥部办事机构也可以设在城建主管部门，负责管理所辖范围的防汛日常工作。

各级防汛指挥机构，汛前负责制订防汛计划，组织队伍，划分防汛堤段，进行防汛宣传教育和传授抢险技术，做好分蓄洪准备与河道清障；传达贯彻上级指示和命令，清理和补充防汛器材，整顿防汛队伍；汛后认真总结经验教训，检查防洪工程水毁情况并制订修复计划，做好器材及投工的清理、结算、保管等工作。

3. 各大江大河流域机构防汛指挥部

水利部所属的流域管理机构内部组成防汛办事机构。如黄河、长江等跨省、自治区、直辖市的重要河流设防汛总指挥部，由有关省、自治区、直辖市人民政府首长和流域机构负责人组成，负责协调指挥本流域的防汛抗洪事宜。河道管理机构、水利水电工程管理单位建立防汛抢险和调度运行专管组织，在上级防汛指挥部领导下负责本工程的防汛调度工作。

另外，水利、水电、气象、海洋等有水文、雨量、潮位测报任务的部门，汛期组织测报报汛网，建立预报专业组织，向上级和同级防汛指挥部门提交水文、气象信息和预报。城建、石油、电力、铁道、交通、航运、邮电、煤矿以及所有有防汛任务的部门和单位，汛期建立相应的防汛机构，在当地政府防汛指挥部和上级主管部门的领导下，负责做好本行业的防汛工作。

防汛工作按照统一领导、分级分部门负责的原则，建立健全各级、各部门的防汛机构，发挥有机的协调配合，形成完整的防汛组织体系。防汛机构要做到正规化、专业化，并在实际工作中不断加强机构自身的建设，提高防汛人员的素质，引用先进设备和技术，提高信息系统、专家系统和决策系统的水平，充分发挥防汛机构的指挥战斗力。

（二）地方各级防汛指挥机构的具体职责

各级防汛指挥部在同级人民政府和上级防汛指挥部的领导下，是所辖地区防汛的权力机构，具有行使政府防汛指挥权和监督防汛工作的实施权。根据统一指挥、分级分部门负责的原则，各级防汛机构要明确职责，保持工作的连续性，做到及时反映本地区的防汛情况，果断执行防汛抢险调度指令，防汛机构的职责一般有以下方面。

（1）贯彻执行国家有关防汛作的方针；政策、法规和法令。

（2）制定和组织实施防御洪水预案。

（3）掌握汛期雨情、水情和气象形势，及时了解降雨区的暴雨强度、洪水流量、江河、闸坝、水库水位、长短期水情和气象分析预报。必要时发布洪水、台风、凌汛预报、警报和汛情公报。

（4）组织检查防汛准备工作，即每年汛前对以下内容进行检查：①是否树立常备不懈的防汛意识，克服麻痹思想；②各类防汛工程是否完好，加固工程完成情况，有无防御洪水方案；③河道有无阻水障碍及清障完成情况；④水文报汛、预报准备工作；⑤防汛物料的准备情况；⑥蓄滞洪区安全建设和应急撤离准备工作；⑦防汛通信准备工作；⑧防汛队伍组织的落实情况；⑨备用电源是否正常等。

（5）负责有关防汛物资的储备、管理和防汛资金的计划管理。资金包括列入各级财政年度预算的防汛岁修费、特大洪水补助费以及受益单位缴纳的河道工程修建维护管理费、防洪基金等。防汛物资要制定国家储备和群众筹集计划，建立保管和调拨使用制度。

（6）负责统计掌握洪涝灾害情况。

（7）负责组织防汛抢险队伍，调配抢险劳力和技术力量。

（8）督促蓄滞洪区安全建设和应急撤离转移准备工作。

（9）组织防汛通信和报警系统的建设管理。

（10）组织汛后检查，主要检查：①汛期防汛经验教训；②本年度暴雨洪水特征；③防洪工程水毁情况；④防汛物资的使用情况；⑤防洪工程水毁修复计划；⑥抗洪先进事迹表彰情况等。

（11）开展防汛宣传教育和组织培训，推广先进的防洪抢险科学技术。

（三）其他部门在防汛中的职责

防汛是全民大事，任何单位和个人都有保护防洪工程设施和依法参加防汛抗洪的义务。防汛是一项社会性防灾抗灾工作，要积极动员，组织和依靠广大群众与自然灾害做斗争，动员和调动各部门各行业的力量，在政府和防汛指挥部的统一领导下齐心协力完成抗御洪水灾害的任务。各有关部门的防汛职责是：

（1）各级水行政主管部门负责所辖已建、在建江河堤防、民垸、闸坝、水库、水电站、蓄滞洪区等各类防洪工程的维护管理，防洪调度方案的实施以及组织防汛抢险工作。

（2）水文部门负责汛期各水文站网的测报报汛，当流域内降雨，冰凌和河道、水库水位、流量达到一定标准，应及时向防汛部门提供雨情、水情和有关预报。

（3）气象、海洋部门负责暴雨、台风、潮位和异常天气的监测和预报，按时向防汛部门提供长期、中期、短期气象预报和有关公报。

（4）电力部门负责所辖水电工程的汛期防守和防洪调度计划的实施。

（5）邮政、通信部门汛期为防汛提供优先通话和邮发水情电报的条件，保持通信畅通，并负责本系统邮政、通信工程的防洪安全。

（6）建设部门根据江河防洪规划方案做好城区的防洪、排水规划，负责所辖防洪工程的防汛抢险，并负责检查城乡房屋建筑的抗洪、抗风安全等。

（7）物质、商业、供销部门负责提供防汛抢险物资供应和必要的储备。

（8）铁路、交通、民航部门汛期优先支援运送抢险物料，为紧急抢险及时提供所需车辆、船舶、飞机等运输工具，并负责本系统所辖工程设施的防汛安全。

（9）民政部门负责灾民的安置和救济，发生洪灾后地方政府要立即进行抢救转移，使群众尽快脱离险区，并安排好脱险后的生活。各工农业生产部门组织灾区群众恢复生产和重建家园。

（10）公安部门负责防汛治安管理和保卫工作，制止破坏防洪工程和水文、通信设施以及盗窃防汛物料的行为，维护水利工程和通信设施安全。在紧急防汛期间协调防汛部门组织撤离洪水淹没区的群众。

（11）中国人民解放军及武装警察部队负责协助地方防汛抢险和营救群众的任务，汛情紧急时负有执行重大防洪措施的使命。

（12）其他部门均应根据防汛抢险的需要积极提供有利条件，完成各自承担的抢险任务。

【课后拓展】

查阅相关资料，简要阐述河长制、湖长制。

第三节 抗洪抢险措施

5-3 抗洪抢险措施

掌握各种险情的抢护方法，是防汛人员和抢险队成员应该掌握的基本技能。

堤防是战胜洪水灾害的重要屏障，但受各种因素的影响，往往存在一些薄弱环节，在洪水到来之际出现险情。常见的堤防险情有：漫溢、散浸、漏洞、滑坡、管涌、风浪、坍塌、裂缝等。各种险情的判断及抢护方法如下。

一、漫溢的抢护

（一）险情及出险原因

洪水上涨，超越堤顶，为漫溢。出现漫溢的主要原因是：

（1）上游发生特大洪水，或分洪未达预期效果，来水超过堤防设计标准。

（2）河道内有阻水障碍物，洪水宣泄不畅，水位壅高，或因淤积严重过水断面减小，相应抬高水位。

（3）施工时堤防未达设计标准，或施工质量差，堤基沉陷，或人为取土堤顶高程未达设计标准。

（4）风浪及河势变化。

（5）地震涌波及潮汐等壅高水位。

（二）抢护原则及抢险方法

漫溢的抢护原则是"水涨堤高"。具体抢护方法是根据洪水预报有可能超过保证水位，并有漫越堤顶的可能时，力争在洪水到来之前，在堤顶抢修子堤（也称子埝），增加挡水高度以防漫决。子堤的修筑方法随气候条件、水情及料物储备等情况而异，常见的有以下几种。

1. 土料子堤

即在堤顶临水堤肩一侧，用纯土加修子堤。子堤一般顶宽不小于 0.6m，上下游边坡不小于 1:1，如图 5-24（a）所示。子堤土料宜用黏性土壤，填筑时应分层填土夯实保证质量。此种子堤主要用于大堤土质较好，且取土容易的堤段。

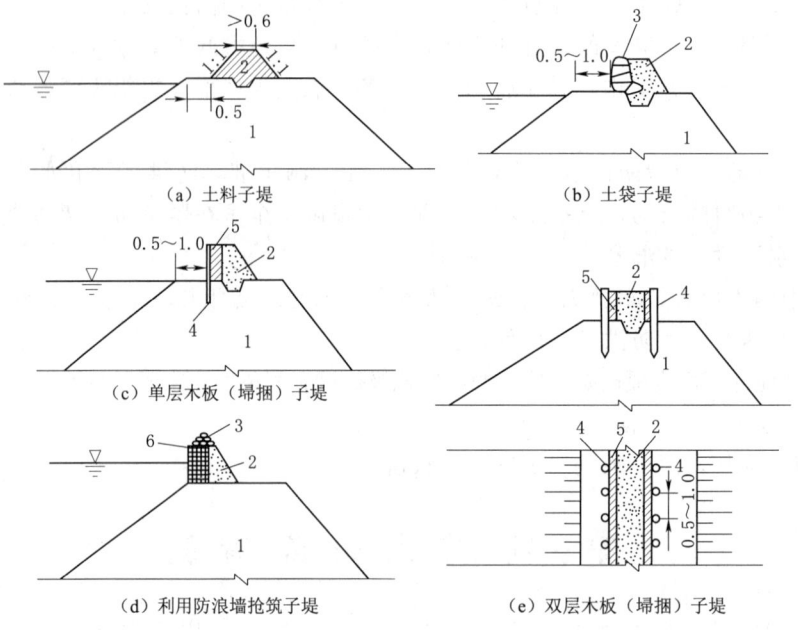

图 5-24 抢筑子堤示意图（单位：m）

1—坝身；2—土料；3—土袋；4—木桩；5—木板或埽捆；6—防浪墙

2. 土袋子堤

用草袋、蒲包、麻袋或编织袋装土修筑子堤，并在其后加修土戗即在土袋背面填土分层夯实。其尺寸同土料子堤，临水侧边坡可适当加陡。此种子堤多用于堤身土质多沙或风浪较大的堤段。图 5-24（b）所示。填筑时，袋口应向背水侧，最好用草绳、塑料绳或麻绳将袋口缝合，并互相紧靠错缝，袋口装土不宜过满，袋层间稍填土料，尤其是塑料编织袋，以便填筑紧密。土袋子堤体积较小而坚固，能抵御风浪冲刷，但成本高，汛后必须拆除。土袋子堤适用于堤坝顶较窄和风浪较大的情况。

3. 单层木板（埽捆）子堤

在缺乏土料、风浪较大、堤（坝）顶较窄、洪水即将漫顶的紧急情况下，可先打一排木桩，桩长 1.5～2.0m，入土 0.5～1.0m，桩距 1.0m，再在木桩后用钉子或铅丝将单层木板或预制埽捆（长 2～3m，直径 0.3m）固定在木桩上，如图 5-24（c）所示。在木板或埽捆后面填土分层夯实筑成子堤。

4. 利用防浪墙抢筑子堤

当坝顶设有防浪墙时，可在防浪墙的背水面堆土夯实，或用土袋铺砌而成子堤。当洪水位有可能高于防浪墙顶时，可在防浪墙顶以上堆砌土袋，并使土袋相互挤紧密实，如图 5-24（d）所示。

5. 双层木板（埽捆）子堤

在当地土料缺乏、堤（坝）顶窄和风浪大的情况下，可在堤（坝）顶两侧打木桩，然后在木桩内壁各有木板或埽捆，中间填土夯实而成，如图 5-24（e）所示。这种子堤在坝顶占的面积小，比较坚固，但费木料、成本高、抢筑速度较慢。

6. 充水式橡胶子堤

充水式橡胶子堤，为堤坝漫溢快速抢险设备。该设备采用新型薄片橡胶作坝袋，土工膜作护坦，以水作坝体填充材料构筑防洪子堤，高效快捷，适应性强，特别是在土料缺乏或取土困难时，更显其优越性，同时便于储运和回收重复利用。

二、散浸的抢护

（一）险情及出险原因

在汛期，高水位情况下，堤防下游坡及附近地面，土壤潮湿或有水流渗出的现象，称为散浸。散浸如处理不及时，可能发展为管涌、流土、滑坡，甚至发生漏洞、溃堤等险情。出现散浸的主要原因如下：

(1) 堤（坝）身填筑质量差。

(2) 堤（坝）身单薄，断面不足，浸润线可能在下游坡出逸。

(3) 堤身土质多砂，透水性大，迎水坡面无透水性小的黏土截渗层。

(4) 堤（坝）浸水时间长，堤（坝）身土壤饱和。

（二）抢护原则及抢修方法

散浸的抢护原则是"临河截渗，背河导渗"。切忌背水坡用黏土压渗，否则渗水在堤身内不能逸出，会导致浸润线抬高和浸润范围扩大，使险情恶化。通常抢护方法有以下几种。

1. 临河帮戗

临河帮戗的作用在于增加防渗层，降低浸润线，防止背河出险。凡临河水深不大，附近有黏性土壤，且取土较易的散浸堤段可采用这种措施。前戗顶宽 3～5m，长度超出散浸段两端 5m，戗顶高出水面约 1m。断面如图 5-25 所示。

2. 修筑压渗台

堤（坝）身断面不足，背坡较陡，当渗水严重有滑坡可能时，可修筑柴土后戗，既能排出渗水，又能稳定坝坡，加大堤（坝）身断面，增强抗洪能力。具体做法：先挖除散浸部位的烂泥草皮，清好底盘，将芦柴铺在底盘上，柴稍向外，

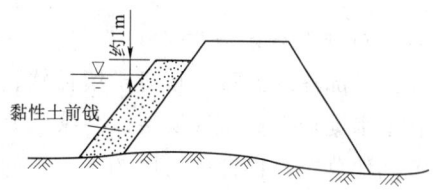

图 5-25 临河帮戗示意图

柴头向内，厚约 0.2m，上铺稻草或其他草类；厚 0.1m，再填土 1.5m，做到层土层夯，然后再照上述做法铺放芦柴、稻草并填土，直至阴湿面以上。断面如图 5-26 所示。柴土后戗在汛后必须拆除。

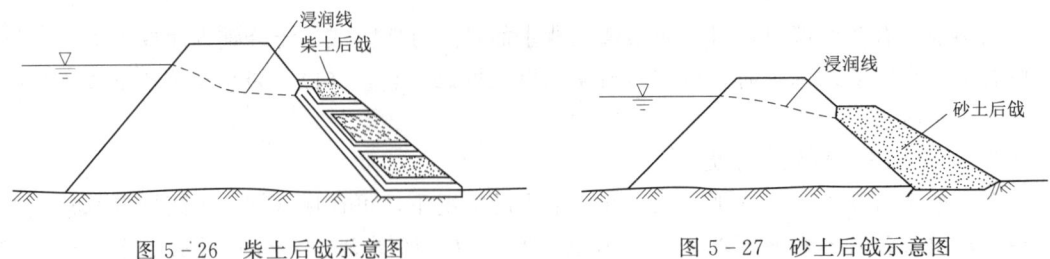

图 5-26 柴土后戗示意图　　　　图 5-27 砂土后戗示意图

3. 开沟导渗法

临河水位上涨，背河大面积严重渗透，且继续发展有可能滑坡时，可在背河堤坡开沟导渗。开沟的目的是可以降低浸润线，使土壤干燥，稳定堤坡。做法是从背水坡略高于散浸顶点的部位起到堤（坝）脚外止，沿堤（坝）坡每隔 6～10m 开挖横沟导渗，在沟内填砂石，将渗水集中在沟内并顺利排走。也可采用芦柴沟导渗抢护散浸险情，即在直径 0.2m 的芦柴外面包一层厚约 0.1m 的稻草或麦秸等细梢料，捆成与沟等长，放入背水坡开挖成的宽 0.4m、深 0.5m 的沟内，使稻草紧贴坝土，其上用土袋压紧，下端柴梢露出坝脚外。沟的分布方式有纵横沟和 Y 形沟，如图 5-28 所示。此法简便易行且效果显著，但若导渗时间过长，效果有所降低，且汛后必须拆除。

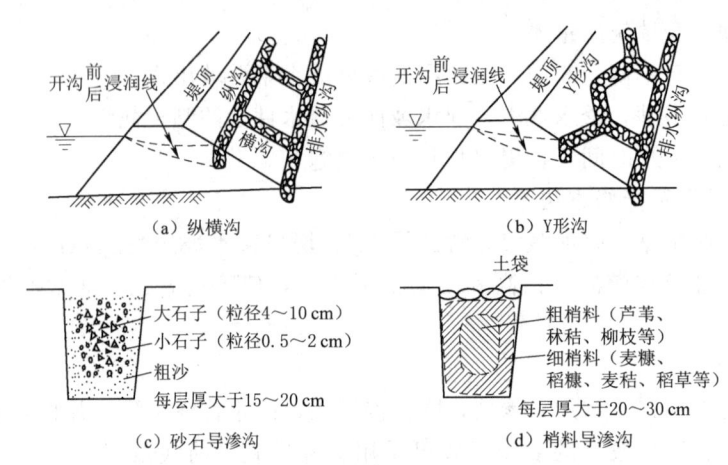

图 5-28 开沟导渗示意图

4. 修筑反滤层导渗

当局部渗水严重，坝身土壤稀软、开沟导渗困难的地段，可直接用反滤材料砂石或梢料在渗水堤坡上修筑反滤层。芦柴反滤层，即在散浸部位的坡面上先铺一层厚 0.1m 的稻草或其他草类，再铺一层厚约 0.3m 的芦柴，其上压一层土袋（或块石）使稻草紧贴土料。其断面及构造如图 5-29 所示。

三、漏洞的抢护

(一) 险情及出险原因

汛期河水上涨偎堤,特别是持续高水位时,背河堤坡或堤脚附近如果发生流水洞,流出浑水,有时是先流清水,逐渐由清变浑,这就是严重的险情——漏洞。如果不及时抢护,很快会导致堤坝的溃决。出现漏洞险情的主要原因如下:

(1) 堤(坝)身质量差,渗流集中,贯穿了堤(坝)身。

(2) 堤(坝)内存在隐患(如裂缝、洞穴,树根等),一旦水位涨高,渗水就会在隐患处流出。

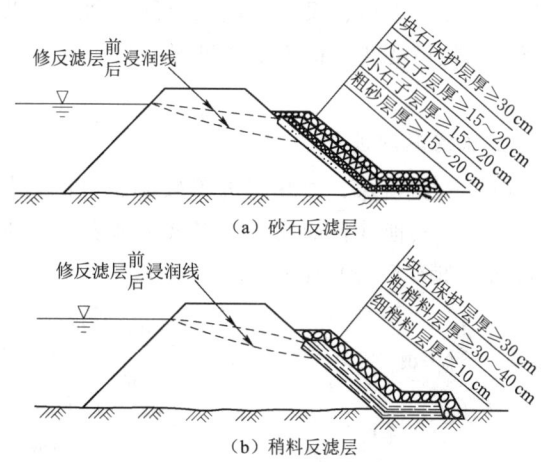

图 5-29 砂石、梢料反滤层示意图

(3) 散浸、管涌处理不及时,逐渐演变成为漏洞。

(二) 抢护原则及抢修方法

漏洞的抢堵原则是"临河堵截断流,背河反滤导渗,临背并举"。

1. 漏洞的探测

临河堵截首先必须找到漏洞的进水口,常用探寻进水口的方法如下。

(1) 观察水流。漏洞较大时,其进口附近的水面常出现旋涡,若旋涡不明显时,可在水面上撒些碎麦秸、锯末、谷糠等,若发生旋转或集中一处,进水口可能就在其下面。有时也可在漏洞迎水侧的适当位置,将有色液体倒入水中,并观察漏洞出口的渗水,如有相同颜色的水逸出,即可断定漏洞进口的大致位置。当风浪较大水流较急时不宜采用此法。

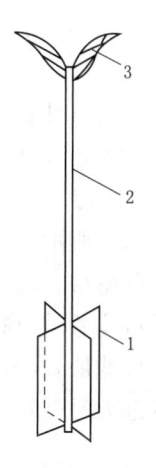

图 5-30 探漏杆示意图
1—薄铁皮;2—麻秆;3—羽毛

(2) 探漏杆探测。探漏杆是一种简单的探测漏洞的工具,杆身是长 1~2m 的麻秆,用白铁皮两块(各剪开一半)相互垂直交接,嵌于麻秆末端并扎牢,麻秆上端插两根羽毛,如图 5-30 所示。制成后先在水中试验,以能直立水中,上端只露出水面 10~15cm 为宜。探漏时在探漏杆顶部系上绳子,绳的另一端持于手中,将探漏杆抛于水中,任其漂浮。若遇漏洞就会在旋流影响下吸至洞口并不断旋转此法受风浪影响较小,深水处也能适用。

(3) 潜水探漏。当漏洞进水口处水深较大,水面看不见旋涡,或为了进一步摸清险情,确定漏洞离水面的深度和进口的大小,可由水性好的人或专业潜水人员潜入水中探摸。此法应注意安全,事先必须系好绳索,避免潜水人员被水吸入洞内。

(4) 仪器探测。也可采用堤坝漏洞检测仪探测。这种仪器能在汛期恶劣条件下快速、准确测探堤坝漏洞进水口的位置。它是通过测定水中人为发射的特殊波形电流场的电流密度模拟异常水流场,实时判断漏洞进水口位置,其精度优于 1.0m (GPS 定位)。该仪器在长江、黄河、珠江、淮河、汉江等流域及洞庭湖水域以及10余个省市的水库及20多个抗洪抢险现场漏洞险情的快速探测中,准确率达100%,为多个重大险情的成功排除发挥了重要的作用。

2. 堵塞漏洞进口

(1) 软楔堵塞。当漏洞进口较小,且洞口周围土质较硬的情况下,可用网兜制成软楔,也可用其他软料如棉衣、棉被、麻袋、草捆等将洞口填塞严实,然后用土袋压实并浇土闭气,如图5-31所示。

当漏洞进口较大时,可以用数个软楔(如草捆等)塞入洞,然后应用土袋压实,再将透水性较小的散土顺坡推下,铺于封堵处,以提高防渗效果。

(2) 铁锅、门板堵洞。在洞口不大周围土质较硬时,可用大于洞口的铁锅或门板覆盖洞口(锅底朝下,锅壁贴住洞缘),然后用软草、棉絮塞紧缝隙,上压土袋。

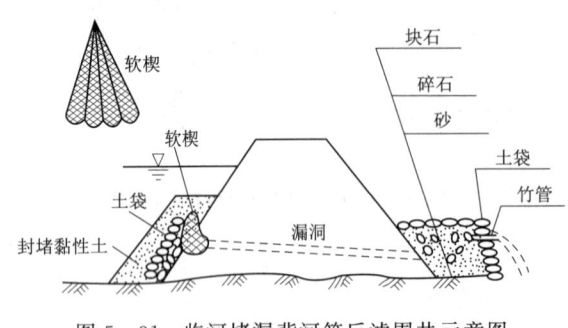

图5-31 临河堵漏背河筑反滤围井示意图

(3) 软帘覆盖。如果洞口土质已软化,或进水口较多,可用篷布或用芦席叠合,一端卷入圆形重物,一端固定在水面以上的堤坡顺堤坡滚下,随滚随压土袋,用土袋压实并浇土闭气。

(4) 临河月堤。当漏洞较多,范围较大且集中在一片时,如河水不太深,可在一定范围内用土袋修筑月堤进行堵塞,然后在其中浇土闭气。

堵塞进水口是漏洞抢护的有效方法,有条件的应首先采用。但抢堵时切忌在洞口乱抛块石土袋,以免架空,增加堵漏难度。不允许在进口附近打桩,也不允许在漏洞出口处用此法封堵,否则将使险情扩大,甚至造成堤坝溃决的后果。

3. 背河滤水围井减压

(1) 滤水围井。为了防止漏洞扩大,在探测漏洞进口位置的同时,应根据条件在漏洞出口处做滤水围井,以稳定险情。滤水围井是用土袋把出口围住,内径应比漏洞出口大些。围井自下而上分层铺设粗砂、碎石、块石,每层0.2~0.3m,组成反滤层。渗漏严重的漏洞,铺设反滤料的厚度还可以加厚,以使渗水不带走土粒,如图5-31所示。漏洞较小的可用无底水桶作围井,内填反滤材料。也可用草、炉渣、碎砖等作反滤层。最后在围井上部安设竹管将清水引出。此法适用于进口因水急低无法封堵、进口位置难以找到的浑水漏洞,或作为进口封堵不住仍漏浑水时的抢护措施。有的围井不铺反滤层,利用井内水柱来减少漏洞出口处的流速,这样的围井需做得较高,但因井内水深过大易破坏围井周围土层,造成新的险情,故仅适用于进出口水位差不大的情况。

(2) 水戗减压。当漏洞过大,有发生溃决危险,或漏洞较多,不可能一一修筑反滤围井时,可以在背河抢修月堤,并在其间充水为水戗,借助水压力减小或平衡临河水压力,减缓漏洞威胁,如图5-32所示。

图 5-32 背河月堤示意图

四、管涌的抢护
(一) 险情及出险原因

在堤坝背水坡脚附近，或堤脚以外的洼坑、水沟、稻田中出现孔眼冒砂翻水的现象称为管涌，又称泡泉、地泉。由于冒砂处往往形成"砂环"，故又称"土沸"或"砂沸"。管涌孔径小的如蚁穴，大的数十厘米，少则出现一两个，多时可出现管涌群。管涌的发展是导致堤坝溃决的常见原因。管涌险情在冲积河流堤防工程中非常普遍。1998年长江大洪水，多处发生溃堤决口，均为管涌所导致。管涌一般发生在坡脚附近的地面或较远处的潭坑、水井、池塘、稻田内，发生在池塘内的管涌因其不易被发现，发展又快，危险性最大，难以处理。出现管涌险情的主要原因如下：

(1) 堤坝地基为透水层，渗水经地基在背河逸出。

(2) 堤坝基础表层为黏性土，深层是透水地基，由于天然或人为因素，破坏了上游天然铺盖，而下游取土过近、过深，发生渗透破坏，形成管涌。

(二) 抢护原则及抢修方法

由于管涌发生在深水的砂层。汛期很难在迎水面进行处理，一般只能在背水面采取制止漏水带砂而留有渗水出路的措施稳住险情。抢护原则是"反滤导渗，制止涌水带出泥沙"，抢护方法如下。

1. 反滤围井

当堤坝背面发生数目不多、面积不太的严重管涌时，可用抢筑围井的方法。在管涌出口处做一个不很高的反滤围井，以减小渗水的压力及流速，然后在围井上部安设管子将水引出。水势较猛时，防止粗砂被冲走，可先填碎石或小块石消杀水势，然后再按级配填筑反滤层。若井壁渗水，可距井壁 0.5~1.0m 位置再围一圈土袋，中间填土夯实。

2. 减压围井

减压围井是靠逐步雍高围井内水位，减小临背水头差的原理，逐步降低渗压、制止渗透破坏来稳定管涌险情。此法适用于当地缺乏反滤材料、临背水位差较小且地表坚实渗透系数小的情况下。围井的修筑方法可视管涌的范围、当地的材料而定。用土袋筑成的围井称土袋围井，用铁筒直接做成围井称为铁筒围井，也可用土料、土袋筑成月堤的形式。减压围井的布置如图 5-33 所示。

3. 反滤铺盖

在出现管涌较多且连成一片的严重情况下可修筑反滤铺盖。采用此法可以降低渗压，制止泥沙流失。根据其修筑所使用的反滤材料不同又可分为砂石反滤、梢料反滤和土工织物反滤铺盖。砂石反滤可在管涌的范围内抛铺一层厚15～30cm的粗砂，然后再铺压碎石、小片石，形成反滤。也可用柳枝扎柴排，厚15～30cm，上铺草垫厚5～10cm，再压以土袋或块石。土工织物反滤铺盖，治理渗漏和管涌效果十分显著，已被广泛应用。

4. 压渗台

用透水性土料修筑的压渗台可以平衡渗压，延长渗径，并能导渗滤水阻止土粒流失使管涌险情趋于稳定。此法适用于管涌较多，范围较大，反滤料不足而沙土料源丰富的堤段。其修筑形式如图 5-34 所示。

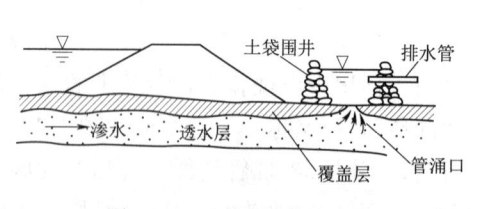

图 5-33 减压围井示意图

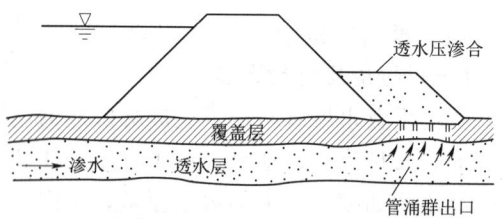

图 5-34 透水压渗台示意图

五、防止风浪险情

(一) 险情及出险原因

汛期涨水以后，堤前水深增大，堤坡受风浪进退的连续冲击和淘刷而出现浪坎、坍塌、滑坡等现象称为风浪险情。风浪险情如不及时控制，将引起堤防的严重坍塌而至溃决。出现风浪险情的原因主要是：

(1) 无块石护坡的堤身断面单薄，筑堤土质不好，施工碾压不密实以及基础不良等。

(2) 堤前水深大，堤距宽、吹程大、风速强以及风向指向堤防等。

(二) 抢护原则及抢险方法

风浪的抢险原则是"破浪固堤"。一般是利用漂浮物来消减风浪冲力，用防浪护坡工程在堤坡受冲刷的范围内进行保护，其具体抢护方法如下。

1. 柴排护坡防浪

在风浪较小时，可用柳、苇、梢料捆扎成直径为10cm的柴把，然后扎成2m宽、3m长的防浪排铺在堤坡上，并压上石块等重物，将其一端系在堤顶小桩上，随水的涨落调整柴排上下位置，如图 5-35 所示。

2. 浮排防浪

将梢径为5～15cm的圆木或毛竹用铅丝或绳子扎成排，圆木或毛竹的间距为0.5～1.0m，排的宽度应等于或大于波浪长度，木排方向与波浪传来的方向垂直。根据水面宽度和风浪的情况，将一块或数块木排连接起来，放于堤坝防浪位置水面，并用绳子系牢，固定于堤坝顶的木桩上。

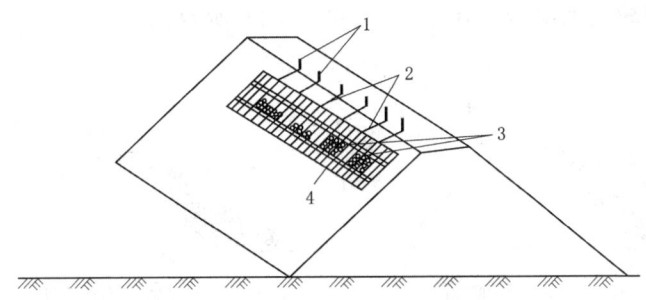

图 5-35 活动防浪排示意图
1—木桩；2—铅丝；3—大石块；4—柴把

3. 桩柳防浪

在堤身受风浪冲击的范围内打桩铺柳，直至超出水面 1m 左右，也可起到固堤防浪的作用。

上述措施都可以缓和流势，减缓流速，起到破浪固堤的作用。

4. 土袋护坡防浪

在堤防临水坡抗冲性差，当地又缺乏秸、柳、圆木等软料，且风浪袭击较严重的堤段，可用草袋或麻袋、塑料编织袋装土或砂石，放置在波浪上下波动的范围内，袋口用绳缝合，互相叠压成鱼鳞状。以加固堤防防止风浪冲击。

5. 土工织物防浪

用土工织物展铺于堤坡迎浪面上，并用预制混凝土块或石袋压牢，抗御风浪袭击。土工织物的尺寸应视堤坡受风浪冲击的范围而定，其宽度一般不小于 4.0m，较高的堤防可达 8～9m。宽度不足时，需预先黏结或焊接牢固；长度不足时，可允许搭接，搭接长度不小于 10cm。铺放前应将堤坡杂草树木清除干净。织物上沿应高出洪水位 1.5～2.0m。

六、岸坡崩塌

(一) 险情及出险原因

堤防临河一侧，受水流冲刷或水位陡降时所发生坍塌的现象称为岸坡崩塌。引起岸坡崩塌的主要原因是：

(1) 堤防遭受主溜或边溜的冲刷。如溜势上提下挫、水流坐弯、河流凹岸引起的弯道环流以及宽河段的横河等均可能造成岸坡崩塌。

(2) 堤身长期经洪水浸泡饱和，土壤抗剪强度降低，在水位骤降时，堤外侧失去水压力顶托，堤身发生滑动、坍塌。

(3) 堤基为粉细沙土，抗冲能力差，受水流的冲刷而被淘空，或因地震使沙土地基液化，造成堤防岸坡崩塌。

(二) 抢护原则及抢险方法

岸坡崩塌的抢护原则是"护岸固基，缓流落淤"。其具体抢护方法如下。

1. 护脚防冲

当堤防受水流冲刷，堤脚或堤坡已被冲成陡坎时，在该部位地投块石、铅丝笼或柳石枕等防冲物体，对堤脚或堤坡进行保护即是护脚防冲的抢护方法。此法适用于堤防临水坡水急溜猛淘刷范围较大的险情。具体做法如图5-36所示。

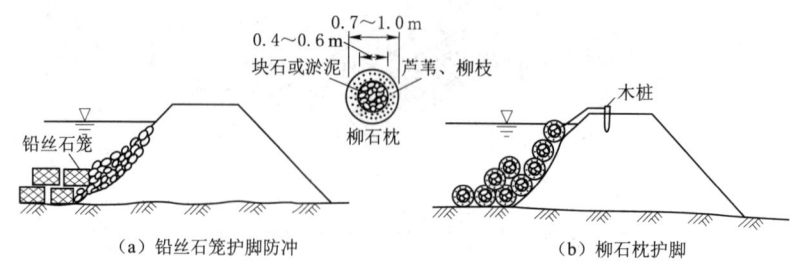

图 5-36 护脚防冲示意图

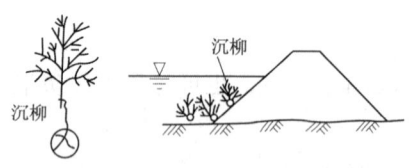

图 5-37 沉柳护脚示意图

2. 沉柳护脚

当堤防临水坡被淘刷范围较大，但溜势不急的情况下可使用船载枝叶茂密的柳树头并缚以大块石，从下游向上游依次抛沉，并使树头之间密切相连，以达到减缓流速，加速堤前淤积的目的。其方法如图5-37所示。此外，在险情紧迫，塌岸严重时还可以根据具体情况采用桩柴护岸、柳石软搂或柳石搂厢等法。

七、抢堵堤防决口

堵口复堤是防汛工作的重要组成部分。堤防一旦决口后，首要的工作是在口门两端抢筑裹头，防止溃口继续扩大，同时迅速撤离泛区居民。其次，设法在下游使溃水入原河或采取其他措施，减少淹没范围，将灾害损失降低到最低程度。若发生多处溃口，堵口的顺序原则上是"先堵下游口门，后堵上游口门，先堵小口，后堵大口"。但也应根据上下溃口的距离及分流量相差的程度而定。若上溃口流量很小，可先堵上溃口；若上、下溃口分流量相差不多，且两溃口间距较远，则宜先堵下溃口。总之，要事先堵溃口，尽可能小地影响后堵溃口的分流量，以避免造成后堵溃口险情扩大。

【思政案例】

1998年特大洪水灾害

1998年，我国遭遇了一场震惊世界的洪灾！

一夜之间几百万群众受灾，为了让群众能够活下来，32万解放军战士跳进河流中，用身体抵挡洪水，老百姓看见这一幕直接跪在岸边道：求求你们，别跳了，房子我们不要了！

但战士们仍然前赴后继地扎进了水中，他们要用人力，去对抗这场震惊世界的洪灾。

8月4日，山脚下的村民还沉睡在香甜的梦中，突然被村子的大喇叭吵醒，所有人瞬间清醒，抓起衣物和水就往山上跑！他们刚刚撤离，山下浑浊的洪水就如野兽一般，哗地扑过来，将整片村庄吞下！

很快，解放军战士赶到，全力守护长江大堤，守住九江市和附近地区的生命线！于是，这群20出头的小伙子咬了咬牙，一个接一个地跳了下去，建立起一道厚厚的人墙！

年近 60 的指挥员董万瑞也跳了下去，与一线战士并肩作战！

这是 1998 年特大洪水的救灾现场，解放军身体铸成堤坝，挡住洪水，他们齐声高喊：堤在人在，堤亡人亡！

一层层勇敢无畏的人墙铁壁，就这样矗立在冰冷的洪水中。

白天，头顶着酷暑，脚踩着泥泞，不少战士中暑昏厥，清醒后又投身战斗。

这就是人民的军队，哪怕面临最危险的时刻，也要冲到人民的前面，拼命挡下这一切！

九江市的马路从来没有这么拥挤过，睡满了筋疲力尽的战士们。他们的脸上从没有干净过，脚上布满了一道又一道被泡肿胀的伤口，触目惊心。

老百姓看见这一幕，心疼得流下眼泪，趁他们都睡着，把家里的药品、衣物和食物全部拿来，放在街檐下。

最后，历经两天两夜的鏖战，战士们终于用血肉之躯，换来了九江一方太平！

【课后拓展】

查阅相关资料，简要阐述抗洪抢险的基本措施。

【学习评价】

评价范围	评价标准	自我评价（10分制）	小组评价（10分制）	教师评价（10分制）
专业知识	了解治河与防洪工程的类型与作用			
	了解防洪基本知识			
	了解抗洪抢险工程措施			
专业能力	能够阐述治河与防洪工程的类型与作用			
	能够阐述防洪基本知识			
	能够阐述抗洪抢险的基本措施			
专业素养	积极思考			
	敢于表达			
	分析、解决问题			
思政成效	民族自豪感和专业自信			
	质量意识和社会责任感			

第六章

水利工程建设与管理

【知识目标】
1. 了解水利工程建设程序。
2. 了解水利工程建设管理制度。
3. 了解水利信息化技术。

【能力目标】
1. 能够阐述水利工程的建设程序。
2. 能够阐述水利工程建设管理制度及大坝观测方法。
3. 能够阐述水利信息化技术的不足之处和发展前景。

【素质目标】
1. 能够积极思考，敢于表达，善于分析和解决问题。

【思政育人目标】
1. 培养学生民族自豪感和专业自信。
2. 增强学生质量意识和社会责任感。

第一节 水利工程建设程序

6-1 水利工程建设程序

基本建设程序是指基本建设项目从决策、设计、施工到竣工验收全过程中，各项工作必须遵循的先后次序，可用四大步骤和八项内容来包括，即：

（1）四大步骤：规划—设计—施工—验收投产。

（2）八项内容：可行性研究设计任务书的编制—建设地点的选择—设计文件的编制—年度基本建设计划的制订—设备订货及施工准备—组织施工—生产准备—竣工验收、交付生产。

一、水利工程建设基本程序

（一）项目建议书

（1）项目建议书应根据国民经济和社会发展长远规划、流域综合规划、区域综合规划、专业规划，按照国家产业政策和国家有关投资建设方针进行编制，是对拟进行建设项目的初步说明。

（2）项目建议书应按照《水利水电工程项目建议书编制暂行规定》编制。

（3）项目建议书编制一般由政府委托有相应资格的设计单位承担；并按国家现行规定权限向主管部门申报审批。项目建议书被批准后，由政府向社会公布，若有投资建设意向，应及时组建项目法人筹备机构，开展下一建设程序工作。

（二）可行性研究报告

（1）可行性研究应对项目进行方案比较，在技术上是否可行和经济上是否合理进行科学的分析和论证。经过批准的可行性研究报告，是项目决策和进行初步设计的依据。可行性研究报告，由项目法人（或筹备机构）组织编制。

（2）可行性研究报告应按照《水利水电工程可行性研究报告编制规程》编制。

（3）可行性研究报告，按国家现行规定的审批权限报批。申报项目可行性研究报告，必须同时提出项目法人组建方案及运行机制、资金筹措方案、资金结构及回收资金的办法，并依照有关规定附具有管辖权的水行政主管部门或流域机构签署的规划同意书、对取水许可预申请的书面审查意见。审批部门要委托有项目相应资格的工程咨询机构对可行性报告进行评估，并综合行业归口主管部门、投资机构（公司）、项目法人（或项目法人筹备机构）等方面的意见进行审批。

（4）可行性研究报告经批准后，不得随意修改和变更，在主要内容上有重要变动，应经原批准机关复审同意。项目可行性报告批准后，应正式成立项目法人，并按项目法人责任制实行项目管理。

可行性研究的目的是研究兴建本工程技术上是否可行经济上是否合理。其主要任务是：

（1）论证工程建设的必要性确定本工程建设任务和综合利用的主次顺序。

（2）确定主要水文参数和成果查明影响工程的主地质条件和存在的主要地质问题。

（3）基本选定工程规模。

（4）选定基本坝型和主要建筑物的基本型式初选工程总体布置。

（5）初选水利工程管理方案。

（6）初步确定施工组织设计中的主要问题提出控制性工期和分期实施意见。

（7）评价工程建设对环境和水土保持设施的影响。

（8）提出主要工程量和建材需用量估算工程投资。

（9）明确工程效益分析主要经济指标评价工程的经济合理性和财务可行性。

（三）初步设计

（1）初步设计是根据批准的可行性研究报告和必要而准确的设计资料，对设计对象进行通盘研究，阐明拟建工程在技术上的可行性和经济上的合理性，规定项目的各项基本技术参数，编制项目的总概算。初步设计任务应择优选择有项目相应资格的设计单位承担，依照有关初步设计编制规定进行编制。

（2）初步设计报告应按照《水利水电工程初步设计报告编制规程》编制。

（3）初步设计文件报批前，一般须由项目法人委托有相应资格的工程咨询机构或组织行业各方面（包括管理、设计、施工、咨询等方面）的专家，对初步设计中的重大问题，进行咨询论证。设计单位根据咨询论证意见，对初步设计文件进行补充、修改、优化。初步设计由项目法人组织审查后，按国家现行规定权限向主管部门申报审批。

(4) 设计单位必须严格保证设计质量，承担初步设计的合同责任。初步设计文件经批准后，主要内容不得随意修改、变更，并作为项目建设实施的技术文件基础。如有重要修改、变更，须经原审批机关复审同意。

初步设计的主要任务是：

(1) 复核工程任务及具体要求确定工程规模选定水位、流量、扬程等特征值明确运行要求。

(2) 复核区域构造稳定查明水库地质和建筑物工程地质条件、灌区水文地质条件和设计标准提出相应的评价和结论。

(3) 复核工程的等级和设计标准确定工程总体布置以及主要建筑物的轴线、结构型式与布置、控制尺寸、高程和工程数量。

(4) 提出消防设计方案和主要设施。

(5) 选定对外交通方案、施工导流方式、施工总布置和总进度、主要建筑物施工方法及主要施工设备提出天然（人工）建筑材料、劳动力、供水和供电的需要量及其来源。

(6) 提出环境保护措施设计编制水土保持方案。

(7) 拟定水利工程的管理机构提出工程管理范围、保护范围以及主要管理措施。

(8) 编制初步设计概算利用外资的工程应编制外资概算。

(9) 复核经济评价。

（四）施工准备

(1) 项目在主体工程开工之前，必须完成各项施工准备工作，其主要内容包括：

1) 施工现场的征地、拆迁。

2) 完成施工用水、电、通信、路和场地平整等工程。

3) 必需的生产、生活临时建筑工程。

4) 组织招标设计、咨询、设备和物资采购等服务。

5) 组织建设监理和主体工程招标投标，并择优选定建设监理单位和施工承包队伍。

(2) 工程建设项目施工，除某些不适应招标的特殊工程项目外（须经水行政主管部门批准），均须实行招标投标。水利工程建设项目的招标投标，按水利部 14 号令等规定执行。

(3) 水利工程项目必须满足如下条件，施工准备方可进行。

1) 初步设计已经批准。

2) 项目法人已经建立。

3) 项目已列入国家或地方水利建设投资计划，筹资方案已经确定。

4) 有关土地使用权已经批准。

（五）建设实施

(1) 建设实施阶段是指主体工程的建设实施，项目法人按照批准的建设文件，组织工程建设，保证项目建设目标的实现。

(2) 项目法人或其代理机构必须按审批权限，向主管部门提出主体工程开工申请报告，经批准后，主体工程方能正式开工。

主体工程开工须具备的条件，即：

1) 前期工程各阶段文件已按规定批准施工详图设计可以满足初期主体工程施工需要。
2) 建设项目已列入国家或地方水利水电建设投资年度计划年度建设资金已落实。
3) 主体工程招标已经决标工程承包合同已经签订并已得到主管部门同意。
4) 现场施工准备和征地移民等建设外部条件能够满足主体工程开工需要。
5) 建设管理模式已经确定投资主体与项目主体的管理关系已经理顺。
6) 项目建设所需全部投资来源已经明确且投资结构合理。

(3) 随着社会主义市场经济机制的建立，实行项目法人责任制，主体工程开工前还须具备以下条件：
1) 建设管理模式已经确定，投资主体与项目主体的管理关系已经理顺。
2) 项目建设所需全部投资来源已经明确，且投资结构合理。

(4) 项目法人要充分发挥建设管理的主导作用，为施工创造良好的建设条件。项目法人要充分授权工程监理，使之能独立负责项目的建设工期、质量、投资的控制和现场施工的组织协调。

(5) 要按照"政府监督、项目法人负责、社会监理、企业保证"的要求，建立健全质量管理体系，重要建设项目，须设立质量监督项目站，行使政府对项目建设的监督职能。

(六) 生产准备

(1) 生产准备是项目投产前所要进行的一项重要工作，是建设阶段转入生产经营的必要条件。项目法人应按照建管结合和项目法人责任制的要求，适时做好有关生产准备工作。

(2) 生产准备应根据不同类型的工程要求确定，一般应包括如下主要内容：
1) 生产组织准备。建立生产经营的管理机构及相应管理制度。
2) 招收和培训人员。按照生产运营的要求，配备生产管理人员，并通过多种形式的培训，提高人员素质，使之能满足运营要求。生产管理人员要尽早介入工程的施工建设，参加设备的安装调试，熟悉情况，掌握好生产技术和工艺流程，为顺利衔接基本建设和生产经营阶段做好准备。
3) 生产技术准备。主要包括技术资料的汇总、运行技术方案的制定、岗位操作规程制定和新技术准备。
4) 生产的物资准备。主要是落实投产运营所需要的原材料、协作产品、工器具、备品备件和其他协作配合条件的准备。
5) 正常的生活福利设施准备。

(3) 及时具体落实产品销售合同协议的签订，提高生产经营效益，为偿还债务和资产的保值增值创造条件。

(七) 竣工验收

(1) 竣工验收是工程完成建设目标的标志，是全面考核基本建设成果、检验设计和工程质量的重要步骤。竣工验收合格的项目即从基本建设转入生产或使用。

(2) 当建设项目的建设内容全部完成，并经过单位工程验收（包括工程档案资料等专项验收）；完成竣工报告、竣工决算审计等工作后，项目法人按规定，向验收主管部门，提出申请，根据国家和部颁验收规程，组织验收。

(3) 竣工决算编制完成后,须由审计机关组织竣工审计,其审计报告作为竣工验收的基本资料。

(4) 工程规模较大、技术较复杂的建设项目可先进行技术预验收。不合格的工程不予验收;有遗留问题的项目,对遗留问题必须有具体处理意见,且有限期处理的明确要求并落实责任人。

(八) 后评价

(1) 建设项目竣工投产后,一般经过1~2年生产运营后,要进行一次系统的项目后评价,主要内容包括:影响评价——项目投产后对各方面的影响进行评价;经济效益评价——项目投资、国民经济效益、财务效益、技术进步和规模效益、可行性研究深度等进行评价;过程评价——对项目的立项、设计施工、建设管理、竣工投产、生产运营等全过程进行评价。

(2) 项目后评价一般按三个层次组织实施,即项目法人的自我评价、项目行业的评价、计划部门(或主要投资方)的评价。

(3) 建设项目后评价工作必须遵循客观、公正、科学的原则,做到分析合理、评价公正。通过建设项目的后评价以达到肯定成绩、总结经验、研究问题、吸取教训、提出建议、改进工作,不断提高项目决策水平和投资效果的目的。

二、基本建设程序与工程概预算

工程概预算泛指在工程建设实施以前对所需资金作出的预计。对不同工程建设阶段编制的工程概预算都还有其特定名称,我国现行基本建设程序规定:在可行性研究和设计任务书阶段应编制投资估算;在初步设计和技术设计阶段应编制工程总概算和修正工程概算;在施工图设计阶段应编制施工图预算;在工程实施阶段,施工单位尚需编制施工预算。实行招标承包制进行工程建设时,发包单位编制(或委托设计单位编制)的工程预算表现为标底,承包单位编制的工程预算则表现为投标报价。

基本建设程序与各阶段的工程概预算之间有着密切的关系(图6-1)。

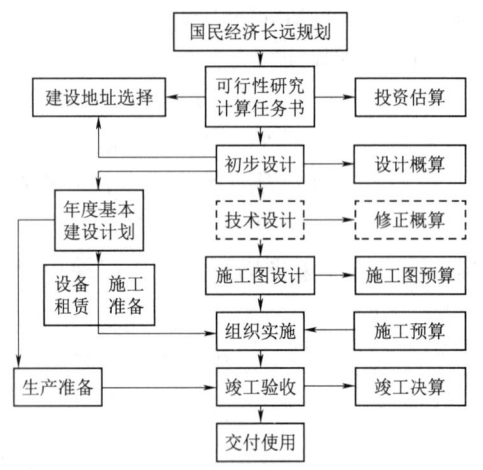

图6-1 基本建设程序与工程概预算的关系

从图6-1中可以看出,基本建设工程概预算与决算从确定建设项目、确定和控制基本建设投资、进行基本建设经济管理及施工过程中的经济核算,直到后来的核定项目的固定资产,均是以价值形态贯穿于整个基本建设过程中。而且基本建设不同阶段的工程预算是随着设计深度的加深而逐步深化的,其中设计概算、施工图预算和竣工决算(通常称为基本建设的"三算")是基本建设中的重要内容。三者构成了缺一不可的有机联系的关系,即设计要编制概算,施工要编制预算,竣工要编制决算。根据国家有关规定,经审批的建设项目投资估算是工程造价的最高限额,一般不得突破。设计概算必须控制在投资估算范围之内。而施工图预算或合同标价要控制在批准的初步设计总概算或执行概算范围之内。一般情况下，决算不能超过预算，预算不能超过概算。

工程概预算是一定时期工程建设技术水平和管理水平的反映，是基本建设不同设计阶段确定工程建设费用的文件，是工程设计文件的重要组成部分。而且工程概预算还是进行工程建设经济分析的基本依据，即经过审查批准的工程概预算是确定基本建设工程计划价格的技术经济文件，是具有法律效力的。所以，要使工程概预算尽可能地反映工程建设实际需要的投资情况。在编制工程概预算时，必须了解和掌握它的特点，即科学性与客观性、政策性与严肃性。前者要求从事概预算编制的人员，除要熟悉水利水电基本建设工程的技术经济特点外，还必须了解设计过程和施工技术，掌握编制方法，特别是要有实事求是的工作作风，及时注意客观条件和自然环境的变化，在具有一定的设计施工和工程经济专业知识的基础上，再注意把握住建设项目和建设地点的技术经济、市场信息，才能编制出高质量的工程概预算。

三、水利工程概预算的编制程序、方法及内容

水利工程建设项目的特点决定了其概预算的编制方法与一般建筑工程的概预算编制方法是有所不同的。

水利工程概预算编制的基本方法是单位估价法。其计算方法是：根据概预算编制阶段的设计深度，将整个建设项目按项目划分规定系统逐级划分为若干个简单的、便于计算的基本构成项目。这些项目应当与采用定额的项目一致，能以适当的计量单位计算工程量和按定额计算人工费、材料费和机械使用费的单位价格。在此基础上再计算按规定费率应计入产品成本的其他有关费用，其总和即基本构成项目的工程单价。用工程量乘以单价计算得各基本构成项目的合价，再逐级汇总综合，加上设备购置费，便可以计算出建筑安装工程的概预算价格。

对整个建设项目来说，在编制概算阶段，除建筑安装工程概算价格外，还需要按照国家规定计算出与工程建设有关而又不宜列入建筑安装工程价格的各项费用（称为其他费用）和必要的预备费用。建筑安装工程价格、其他费用和预备费之和即建设项目的总投资。

水利工程概预算的编制具体步骤如下：

（一）了解工程概况

从事各阶段概预算编制工作，要熟悉上一阶段设计文件和本阶段设计工作成果，从而了解工程规模、地形地质、枢纽布置、机组机型、主要水工建筑物的结构形式和技术数据、施工场地布置、对外交通方式、施工导流、施工进度及主体工程施工方法等。

（二）调查研究、收集资料

（1）深入现场，实地踏勘，了解枢纽工程和施工场地布置情况、现场地形、砂砾料与天然建筑材料料场开采运输条件、场内外交通运输条件和运输方式等情况。

（2）到上级主管部门和工程所在地省、自治区、直辖市的劳资、计划、物资供应、交通运输和供电等有关部门及施工单位、制造厂家，收集编制概预算的各项基础资料及有关规定，如人工工资及工资性津贴标准、材料设备价格、主要材料来源地、运输方法与运杂费计费标准和供电价格等。

(3) 新技术、新工艺、新材料、新方法、新定额资料的收集与分析。为编制补充施工机械台班费和补充定额收集必要的资料。

(三) 基础单价的编制

基础单价是编制工程单价时计算人工费、材料费和机械使用费所必需的最基本的价格资料，是编制工程概预算的最重要的基础数据，必须按实际资料和有关规定认真、慎重地计算确定。水利工程概预算基础单价有：人工、材料预算单价，施工用风、水、电预算价格，施工机械台班费用及砂石料单价。

(四) 主要工程单价的编制

水利工程概预算中的主要工程单价有投资估算、设计概算及施工图预算等工程单价，现分述如下。

1. 投资估算

投资估算是水利工程建设项目可行性研究报告的重要组成部分，是国家选定水利工程建设项目和批准进行初步设计的重要依据，其估算的准确程度直接影响着对项目的决策和决策的正确性。为了适应投资估算阶段的深度，要求做到估算总投资与初步设计概算总投资的出入不超过10％。

具体编制时，要求编制主体建筑工程、导流工程和主要设备安装工程单价，对其他建筑工程、交通工程、其他设备安装工程及临时工程则应根据有关规定确定指标或费率。

2. 设计概算

设计概算是初步设计文件中的重要组成部分，它的内容包括了一个建设项目从筹建到竣工验收过程中发生的全部费用。工程中要求根据初步设计图纸、概算定额及有关规定编制如下工程单价。

(1) 主要建筑工程中除细部结构以外的所有项目。

(2) 交通工程中的主要工程。

(3) 设备安装工程。

(4) 临时工程中的施工导流工程和施工交通工程中影响投资较大的项目。

经批准的初步设计总概算在项目建设中起着重要的组织和控制作用，它是建设项目全部费用的最高限额文件。在概算阶段，设计概算一般按《水利水电基本建设工程项目划分》的规定划分至三级项目计算工程单价。

3. 施工图预算

施工图预算的内容包括建筑工程费用和设备安装费用两部分，它是确定建筑产品预算价格的文件。具体编制时要求根据施工图、施工组织设计和预算定额及费用标准，以单位工程或扩大单位工程为对象，按分部分项的四级至五级项目编制建筑安装工程单价。

(五) 计算工程量

工程量的计算在工程概预算编制中占有相当重要的地位，其精度直接影响到概预算质量的高低。计算时，必须按施工图纸和《水利水电工程设计工程量计算规定》进行操作和计算并列出相应项目的清单。为了防止漏项少算或高估冒算，必须建立和健全检查复核制度以确保工程量计算的准确性。

（六）编制各种概预算表

投资估算要编制工程投资估算表和分年度投资估算表，最后汇总为工程投资总估算表。

设计概算要分别编制建筑工程、机电设备及安装工程、金属结构设备及安装工程、临时工程及其他费用概算表，在此基础上编制永久工程综合概算表、分年度投资表和总概算表。

由于施工图设计阶段常根据工期分期提出施工图纸，所以施工图预算也可根据先后施工项目（一级或二级项目）分期编制。如某水库工程可分为输水隧洞、拦河大坝、溢洪道、水电站、交通工程等分期编制施工图预算。施工图预算只编制本工程项目建筑工程与设备安装工程预算表。

（七）编制说明书及附件

投资估算的编制说明，应根据可行性研究规程的要求简述下列内容：

1. 工程规模、主要技术经济指标、基础单价、主体建筑工程单价的编制依据、机组价格、水库淹没补偿指标及其他有关费用估算原则等。

2. 根据环境保护报告，说明环保投资内容和采取措施所需增加的投资。

3. 当施工外部协作条件、建设工期、资金渠道、贷款条件等可能变更而影响投资较大时，必要时作出投资相应变化的分析说明。

4. 其他需要说明的问题。

（1）设计概算编制说明主要内容包括工程规模、工程特点、对外交通方式、资金来源、主要编制依据、工资预算单价、主要材料及设备预算价格的计算原则、工程总投资和总造价、单位投资和单位造价，以及其他必要的说明。最后填列主要技术经济指标简表。

（2）设计概算的附件基本都是前述各项工作的计算书及成果汇总表。

（3）施工图预算的编制说明一般可包括编制依据、工程简要情况、编制中需要说明的有关事项、存在问题与今后处理意见、图纸变更情况、执行定额中的有关问题等内容。

（4）施工图预算的重要附件是人工、材料、机械台班分析表。此表应该根据工程量及工程单价表中的工日、材料、机械台班数量逐级计算汇总编制。

编制说明的目的主要是让有关各方人员了解概预算在编制过程中对某些问题的处理情况，至于编制说明的条款多少，则应视单位工程的大小、重要性和繁简程度自行增减。

四、水利工程的勘测、设计

水利工程勘测是为规划设计所进行的前期工作，主要内容有如下几方面。

（一）社会经济情况调查

社会经济情况调查包括：

（1）当地国民经济建设和工农业生产的现状、近期及远景规划。

（2）当地水旱灾害情况、范围、程度、原因、发生的频率和每次延续的时间。

（3）灌区的分布及用水要求。

（4）供电对象的分布及各主要用户的用电要求，相邻电网的有关情况。

（5）航运、过木、水产养殖等部门综合利用水资源的要求。

（6）水库淹没范围内村庄、人口、房屋、耕地、道路桥梁、工矿企业、文物古迹和森林资源等,并应分别按高程作出统计。

(7) 现有交通路线与工地联系情况。

(8) 灾害重点防治区监测预报预警体系,重点低洼地区排涝能力基本达到国家标准。

(二) 加强水资源保障和农田水利基础设施建设

全面解决农村居民饮水安全问题,农村集中式供水受益人口比例提高到85%左右,城市供水水源保证率不低于95%;基本建立抗旱减灾体系,重要城市应急备用水源建设得到全面加强,干旱易发区、粮食主产区抗旱能力显著提高。

(三) 加大节水设施和水污染防治工程建设力度

通过节水工程设施建设,将农田灌溉水有效利用系数提高到0.55以上,万元工业增加值用水量明显降低,全国用水总量控制在6700亿 m^3 以内。重要江河湖泊水功能区水质达标率提高到60%以上,提高集中式饮用水水源地水质达标率;城市污水处理率达到85%,资源型和水质型缺水城市的污水再生利用率达到20%以上。

(四) 提高水土保持与河湖生态修复工程建设水平

力争每年新增水土流失综合治理面积5万 km^2,重点区域水土流失得到有效治理,生态环境脆弱地区及重点河湖的生态环境用水状况得到明显改善,生态环境得到初步修复,地下水超采基本遏制。

(五) 健全水法规体系,增强水利科技创新能力

基本建成有利于水利科学发展的制度体系,基本建立最严格的水资源管理制度,完成江河水量分配方案,流域综合管理成为流域管理和区域管理的基本模式,有利于水资源节约和合理配置的水价形成机制基本建立;以信息技术为依托的"智慧水利"工程得到全面发展。

【思政案例】

坝道工程医院——创新创造永远在路上

坝道工程医院(Bestdr Infrastructure Hospital,BH)是由中国工程院王复明院士倡导成立的、对工程基础设施进行"健康检测、病害诊断、修复加固、应急抢险"的公益性综合服务技术平台。坝道工程医院总院(郑州)于2017年11月5日成立,先后成立了南方总部(惠州)、华中分院(武汉)、建筑地基基础行业分院(郑州)、市政分院(菏泽)、齐鲁交通分院(济南)、轨道交通分院(济南)等24家分院,在河南省驻马店市平舆县建立了占地266亩的工程医院原型实验场,已形成以地域及行业特色划分的分院服务平台体系。人生了病,可以去医院。道路桥梁、堤坝工程有了问题,该怎么办呢?王复明院士倡导的"工程医院"聚焦解决在建与在服役基础工程的"疑难急险",由于这些基础工程多为堤坝和道路,因此取名为"坝道工程医院",同时这也是一个多学科交叉的基础工程综合服务平台,主要是通过汇集国内外一流专家和先进技术,用最经济、最有效、最环保的方式为基础工程"诊病开方"。近几十年来,我国基础工程设施建设发展迅速,规模巨大,但基础工程设施像人一样,随着时间的推移,也会得"慢性病"或"急性病"。基础工程设施的病因非常复杂,有的是因为本身的结构质量缺陷与性能劣化,有的是因为自然灾

害、地质环境等外部环境变化而受侵害,还有的是因为人为破坏。水库大坝年久失修、重建轻管,造成大坝渗漏、混凝土碳化和老化、结构失稳、堤防出险等问题,城市道路坍塌、桥梁垮塌事故频发,严重影响人们的出行安全,而针对此类"疑难急险",工程医院可以进行病害检测、诊断与修复治理,实现"体检在现场,诊断在云端,专家在全球,服务在身边"的效果。坝道工程医院也像人类医院一样,设有综合科室、专业科室和特色科室,可为各类堤坝、路基道面、隧道、地铁、综合管廊、地下管道、地上建筑结构等进行诊治。

我国是世界上水利工程数量最多的国家之一,也是水利工程管理历史最悠久的国家之一。在如今浙江绍兴禹王庙内,保存着数千年之前我国用水管理的碑文。运行了2000多年、闻名中外的四川都江堰工程、广西桂林兴安的灵渠,堪称世界水利史上的明珠。

水利作为国民经济的基础产业历来受到重视。国家建设了一大批水利水电工程,为抵御水旱灾害和保护人民生命财产发挥了重要作用。然而,由于长期存在"重建设,轻管理"的现象,许多水利工程和设备老化失修,带病运行,效益衰减,影响了工程效益的发挥,甚至造成严重事故,国内外均有不少这样的案例。

1975年8月,因特大暴雨,河南省板桥和石漫滩两座大型水库洪水漫坝失事,造成1000余万人受灾。

为贯彻落实党中央、国务院关于进一步扩大内需,促进经济平稳较快增长的决策部署,进一步加强水利工程管理,促进水利建设事业健康发展,需要做好检查观测、养护修理、调度运用、改建扩建等方面工作,从而保持建筑物和设备的良好技术状态,确保工程安全,充分发挥工程效益。

【课后拓展】

1. 查阅《水利改革发展"十四五"规划》等资料,进一步了解中国水利建设的发展方向。

2. 以你熟悉的一个基本建设工程为例,简要阐述水利工程建设程序。

第二节 水 利 工 程 管 理

一、水利工程管理的任务

6-2 水利工程管理

水利工程管理是指通过合理调水用水,除害兴利,最大限度发挥水资源的综合效益;通过检查观测,了解建筑物的工作状态并及时发现隐患;通过养护和修理,保持工程处于良好工作状态;通过科学研究,提高管理水平并逐步实现工程管理现代化。广义的水利工程管理,除以上技术管理工作外,还包括水利工程行政管理、经济管理和法制管理几个方面。

二、水利工程管理的内容

(一)法制管理

法制管理包括制定管理法规和实施管理法规。管理法规包括社会规范和技术规范,是人们对水利工程设施及在其保护范围内从事活动的准则。自1979年以来,国务院颁布了多个水利工程管理法规,如《保护水库安全和水产资源的通令》《水库工程管理通则》《中华人民共和国航道管理条例》《中华人民共和国河道管理条例》等，各级地方政府也先后发布了相应的条例或办法，逐步形成管理法规体系。

（二）调度运用及自动化管理

根据已批准的调度运用计划和指标，结合工程实际情况与用水部门的要求，参照近期水文气象预报资料进行洪水调度和兴利调度。通过大坝安全自动监控系统、防洪调度自动化系统、调度通信和警报系统及供水调度自动化系统等现代化手段，为工程管理科学化与规范化、防汛抢险、保障工程安全、发挥工程效益及降低运行管理费用提供技术保障。

（三）检查观测及资料积累

管理人员通过现场观察和仪器测量，掌握建筑物变形、渗流、应力、温度、水流、冰情、泥沙、崩塌、库区浸没等方面的变化规律，达到以下目的：为工程正确运用提供科学依据；及时发现异常迹象，确保工程安全；根据观测数据和变化规律，验证原设计正确性；对水质变化动态做好预报；积累、分析及应用技术资料，建立技术档案。

（四）养护修理

为保证水利工程的完整状态和正常运用，对建筑物、机电设备、管理设施及其他附属工程进行日常维护和定期修理。养护和修理是相辅相成的，若不注意对建筑物及机电设备的养护，就会逐渐出现各种损害并导致严重破坏，这时就需要修理。

（五）防汛抢险

防汛抢险是为了防止洪水灾害，确保工程及防护区安全地度过汛期，而进行的一项重要工作。汛期时，要及时了解气象水文状况，预报水情，必要时下达警报；巡查和守护防洪工程，运用防洪系统各项措施，依据水情和工程状况以及防汛调度计划，控制调度洪水，遇有险情立即抢护；当发生超标准洪水时，请示上级同意后采取紧急措施（如分洪、撤离分洪区居民等）以减少损失。

（六）科学研究及应用

为了提高水利工程管理水平，就需要研究如何保证水利工程的安全运行、如何提高工程的经济和社会效益、如何延长工程设施的使用寿命、如何降低运行成本，通过开展科学试验，研究新技术、新材料和新工艺，并把这些成果应用到水利工程管理当中。

三、水工建筑物安全监测

现在的坝工设计标准或规范，都是在一些经典原理和总结过去经验的基础上制定的。人们对结构性态的认识，基本上也是从观测资料中分析得来的。

（一）大坝安全监测的主要作用

大坝安全监测的主要作用反映在以下几方面：

1. 施工管理

主要是：①为大体积混凝土建筑物的温控和接缝灌浆提供依据，例如施工缝灌浆时间的选择需要了解坝块温度和施工中缝的封闭状况；②掌握土石坝坝体固结和孔隙水压力的消散情况，以便合理安排施工进度等。

2. 大坝运行

大坝一般是建成后蓄水，但也有的是边建边蓄水。蓄水过程对工程是最不利的时期。

这期间必须对大坝的微观、宏观的各种性态进行监测，特别是变位和渗流量的测定更为重要。对于扬压力、应力、应变及山岩变位、两岸渗流等的监测都是重要的。土石坝的浸润线、总渗水量，重力坝的扬压力变化、坝基附近情况，拱坝的拱端和拱冠应力沿高程变化、温度分布等都需要特别注意。

3. 科学研究

以分析研究为目标的监测，可根据坝型确定观测内容。例如，重力坝纵缝的作用，横缝灌浆情况下的应力状态；拱坝实际应力分析与计算值、试验值的比较；土石坝的应力应变观测等。这些工作实际上就是很难得的1:1的原型试验，实测的结果可对原先所做的计算工作或小比例尺的模型试验进行最有说服力的验证。正因为原型试验观测比模型试验和理论计算更接近于实际情况，所反映的因素更多，所观测的结果更重要，所以对大坝安全观测的可靠性要求更高，观测仪器的布点就更要斟酌，甚至要重复配置。

（二）水工建筑物安全监测的工作内容

水工建筑物安全监测包括现场检查和仪器监测两个部分。

1. 现场检查

现场检查或观察就是用直觉方法或简单的工具，从建筑物外观显示出来的不正常现象中分析判断建筑物内部可能产生问题的方法，是一种直接维护建筑物安全运行的措施。即使有较完善监测仪器设施的工程，现场检查也是保证建筑物安全运行不可替代的手段。因为建筑物的局部破坏现象（也许是事故的先兆），既不一定反映在所设观测点上，也不一定发生在所进行的观测时刻。检查分为经常检查、定期检查和特别检查。经常检查是一种经常性、巡回性的制度式检查，一般每月1～2次；定期检查需要一定的组织形式，进行较全面的检查，如每年大汛前后的检查；特别检查是指发现建筑物有破坏、故障、对安全有疑虑时组织的专门性检查。

检查的内容包括土工建筑物边坡或堤（坝）脚的裂缝、渗水、塌陷等现象，混凝土建筑物的坝顶、坝面、廊道、消能设施等处的裂缝、渗漏、表面脱落、侵蚀等现象。

应当指出，监测或检查都是非常重要的，特别是中小型工程，主要靠经常性的观察与检查，发现问题，及时处理。

2. 仪器监测

（1）变形观测。变形观测包括土工、混凝土建筑物的水平及铅垂位移观测，它是判断水工建筑物正常工作的基本条件，是一项很重要的观测项目。

1）水平位移观测。坝体表面的水平位移可用视准线法或三角网法施测，前者适用于以坝轴线为直线、顶长不超过600m的坝，后者可用于任何坝型。

视准线法是在两岸稳固岸坡上便于观测处设置工作基点间的视准线来测量各测点的水平位移的方法。

三角网法是利用两个或三个已知坐标的点作为工作基点，通过对测点交会算出其坐标变化，从而确定其位移值。

较高混凝土坝坝体内部的水平位移可用正垂线法、倒垂线法或引张线法量测。

正垂线法是在坝内观测竖井或空腔的顶部一个固定点上悬挂一条带有重锤的不锈钢丝，当坝体变形时，钢丝仍保持铅直，可用以测量坝内不同高程测点间的相对位移。正垂线通常布置在最大坝高、地质条件较差及设计计算的坝段内,一般大型工程不少于三条,中型工程不少于两条。

倒垂线法是将不锈钢丝锚固在坝体基岩深处,顶端自由,借液体对浮子的浮力将钢丝拉紧。因底部固定,故可测定各测点的绝对水平位移。

引张线法是在坝内不同高程的廊道内,通过设在坝体外两岸稳固岩体上的工作基点,将钢丝拉紧,以其作为基准线来测量各点的水平位移。

2) 铅直位移(沉降)观测。各种坝型外部的铅直位移,均可采用精密水准仪测定。

对混凝土坝坝内的铅直位移,除精密视准法外,还可用精密连通管法量测。

土石坝的固结观测,实质上也是一种铅直位移观测。它是在坝体有代表性的断面(观测断面)内埋设横梁式固结管、深式标点组、电磁式沉降计或水管式沉降计,通过逐层测量各测点的高程变化计算固结量。土石坝的孔隙水压力观测应与固结观测配合布置,用于了解坝体的固结程度和孔隙水压力的分布及消散情况,以便合理安排施工进度,核算坝坡的稳定性。

(2) 裂缝观测。混凝土建筑物的裂缝是随荷载环境的变化而开合。观测方法是在测点处埋设金属标点或用测缝计进行。需要观测空间变化时,也可埋设"三向标点"。裂缝长度、宽度、深度的测量可根据不同情况采用测缝计、设标点、千分表、探伤仪,以及坑探、槽探或钻孔等方法。

当土石坝的裂缝宽度大于 5mm,或虽不足 5mm,但较长、较深或穿过坝轴线时,以及弧形裂缝、垂直错缝等都须进行观测。观测次数视裂缝发展情况而定。

(3) 应力及温度观测。在混凝土建筑物内设置应力、应变和温度观测点能及时了解局部范围内的应力、温度及其变化情况。

应力(或应变)的离差比位移要小得多,作为安全监控指标比较容易把握,故常以此作为分组报警指标。应力属建筑物的微观性态,是建筑物的微观反映或局部现象的反映。变位或变形则属于综合现象的反映。埋设在坝体某一部位的仪器出现异常,总体不一定异常;总体异常,也不一定所有监测仪表都异常,但有的仪表一定会异常。我国大坝安全监测经验表明:应力、应变观测比位移观测更易于发现大坝异常的先兆。

应力、应变测量埋件有:应力或应变计,钢筋、钢板应力计,锚索测力器等,都需要在施工期埋设在大坝内部,对施工干扰较大,且易损坏,更难进行维修与拆换,故应认真做好。应力、应变计等需用电缆接到集线箱,再使用二次仪表进行定期或巡回检测。在取得测量数据推算实际应力时,还应考虑温度、湿度及化学作用、物理现象(如混凝土徐变)的影响。把这部分影响去掉才是实际的应力或应变,为此还需要同时进行温度等一系列同步测量,并安装相应的埋件。

在土石坝坝体内,或水闸的边墩、翼墙、底板等土与混凝土建筑物接触处,常需量测土压力,所用仪器为土压计。

(4) 渗流观测。据国内外统计,因渗流引起大坝出现事故或失事的约占 40%。水工建筑物渗流观测的目的是,以水在建筑物中的渗流规律来判断建筑物的性态及其安全情况。

1) 土石坝的渗流观测。土石坝的渗流观测包括浸润线、渗流量、坝体孔隙水压力、绕坝渗流观测等。

a. 浸润线观测。实际上就是用测压管观测坝体内各测点的渗流水位。坝体观测断面上一些测点的瞬时水位连线就是浸润线。由于上、下游水位的变化，浸润线也随时空变化。所以，浸润线要经常观测，以监测大坝防渗、地基渗透稳定性等情况。测压管水位常用测深锤、电测水位计等测量。测压管用金属管或塑料管。测压管由进水管段、导管和管口保护三部分组成。进水管段需渗水运畅、不堵塞，为此在管壁上应钻有足够的进水孔，并在管的外壁包扎过滤层；导管用以将进水管段延伸到坝面，要求管壁不透水；管口保护用于防止雨水、地表水流入，避免石块等杂物掉入管内。测压管应在坝竣工后蓄水之前钻孔埋设。

b. 渗流量观测。一般将渗水集中到排水沟（渠）中采用容积法、量水堰法或测流（速）方法进行测量，最常用的是量水堰法。

坝基、土石坝两岸或连接混凝土建筑物的土石坝坝体的绕流观测方法与上述基本相同。

土石坝的孔隙水压力观测应与固结观测的布点相配合，其观测方法很多，使用传感器和电学测量方法。有时能获得更好的效果，也易于遥测和数据的采集与处理。

c. 渗水透明度观测。为了判断排水设施的工作情况，检验有无发生管涌的征兆，需对渗水进行透明度观测。

2) 混凝土建筑物的渗流观测。

坝基扬压力观测多用测压管，也可采用差动电阻式渗压计。测点沿建筑物与地基接触面布置。坝体内部渗透压力可在分层施工缝上布置差动电阻式渗压计。与土石坝不同的是，渗压计等均需预先埋设在测点处。

混凝土建筑物的渗流量和绕坝渗流的观测方法与土坝相同。

(5) 水流观测。对于水位、流速、流向、流量、流态、水跃和水面线等项目，一般是用水文测验的方法进行测量，辅以摄影、目测、描绘和描述，参见《建筑物测流规范》(SL 20—92)。

对于由高速水流所引起的水工建筑物振动、空蚀、进气量、过水面压力分布等项目的观测部位、观测方法、观测设备等，参见《高速水流原型观测手册》。

四、大坝安全评价与监控

对大坝进行安全评价与监控是水工建筑物管理中的重要内容。评估大坝安全的方法较多，目前常用的是综合评价安全系数和风险分析等方法。

对大坝进行安全监控和提出监控指标是一个相当复杂的问题，有的指标可以定量，有的指标就难以定量，这些问题都需要进行研究。

大坝从开始施工至竣工及其在运行期间都在不断发生变化。这些变化主要与大坝本身和外部、环境等各种因素有关。因此，在评价其安全度时应当考虑这些因素和潜在危险因素及事故发生后的严重性等。国际大坝委员会曾建议过一个危险状况评价表，通过对大坝各种资料（包括规划、设计、施工和运行监测等）进行不同层次的分析，然后凭借（专家）经验、推理判断，进行决策的综合评价。

大坝危险状况与综合危险系数 α_R 成比例。$\alpha_R = EFR$，其中，系数 E、F、R 是根据外部环境条件、大坝状况、库容与经济情况的风险指数确定的。当 $\alpha_R > 6$ 时，应立即采取措施。危险状况评价表已得到大多数发达国家的认可和使用,是一个宏观、多元评价方法,可供参考。

通过现场观测,从数据处理得到大坝性态(如实测渗水量、位移、应力)的实测值与监控模型求得的预测值 E_0 进行比较,若 $E_0 - E_c = R$ 小于容许值 t,属正常;否则,属 ①大坝性态异常;②荷载或结构条件变化;③观测系统不正常,此刻都需要采取措施或找出原因。这个过程的实现需要建立一整套观测与分析系统。这个系统能够在微机辅助下,实现大坝观测数据自动采集、处理、分析与计算,能对大坝性态正常与否作出初步判断和分级报警的观测。

这种自动化的观测系统是保证大坝安全的重要手段,和人工观测系统相比,具有以下特点:①快速,及时,多样,反复比较;②可靠性高;③费用低。

在大坝安全监测中,用高效的自动化监测及实时分析评判系统代替现有的以人工监测为主的传统方法是一种必然趋势。从我国当前的实际情况来看,许多大坝管理单位正在积极地进行监测系统的自动化改造。这种自动化改造包括两个方面:首先是在硬件上,主要是采用一系列新型的、可靠耐用的自动化数据采集仪;其次是在软件上,主要是对大量的监测数据进行快速、准确的分析,能够对各种监测数据作出迅速反馈,评价大坝安全状况。所以,对于现代大坝安全监测,最重要的是能够高效地处理实际监测值,这取决于软件开发中所选择的数据库访问技术。一个好的数据库访问技术不仅能提高工作效率,而且能提高数据库的安全性。

对大坝安全进行定量评估,在于建立安全评价的数学模型和大坝观测的数据库。在我国,应用分析软件包对原始观测数据库进行处理和计算已有先例。

(一) 数学模型

大坝安全监测可采集大量的观测资料,但如何显示大坝工作状态和对大坝安全性作定量评价,关键是如何建立安全评价的数学模型,利用这些数学模型对大坝及坝基敏感部位的观测数据进行计算分析,了解和判断大坝运行的工作状态,描述大坝性态的变化规律。目前,我国多采用统计模型、确定性模型和综合二者建立起来的混合模型。

(1) 统计模型。是根据正常运行状态下某一效应量(如位移或应力)的实测数据通过统计分析建立起来的效应量与原因量之间相互关系的数学模型。只要原因量(如水位、温度)在运行变化范围内,则可预测今后相应关系的效应量。回归分析是建立数学统计模型的一种主要方法。统计模型建立后,将模型取得的解析值与实测值进行比较,即可获得大坝工作性态的有效信息。

统计模型是一种广泛使用的数学模型,适于进行多种大坝性态特征观测量的分析。某种荷载(如水库水位、坝体温度等称为原因量)作用于大坝上,必然引起大坝性态的一定变化(如位移、应力、渗流量等称为效应量)。根据长期观测资料,运用数理统计方法建立原因量和效应量之间的数学关系,通常采用逐步回归分析方法加以实现。

(2) 确定性模型。是以水工设计理论为基础,依据大坝的环境条件、受荷状况、结构特性、建筑物及坝基材料的物理力学参数演绎计算,并结合实测值的信息反馈,对计算假定和参数进行调整后建立起来的原因量与效应量之间的因果关系式。它代表大坝及坝基在正常运行状态下效应量的变化规律。使用这一模型可以预测以后某一时刻在某一环境和荷载条件（如水位、温度）下的某一效应量（如位移或应力）。当在同种条件下某一效应量的实测值与模型预报值之差，处于容许的范围之内时，则认为该部位处于正常状态，否则为不正常。一般可按三维有限元法分析计算。

计算时采用的材料力学常数是假定的或试验测定的，和实际情况有出入，因此根据观测成果用最小二乘法校正调整系数 x，使确定性模型能更好地反映大坝实际性态的规律。为了考虑因素更全面，需要采用更多的调整参数。用同样方法处理温度分量及其他的原因量，即可获得完整描述大坝性态的确定性模型。

利用确定性模型进行大坝性态的预报将更为准确可靠，但建立模型的工作量和计算费用将高得多。至 20 世纪 80 年代中期，还只建立了考虑线性应力-应变关系的混凝土坝的位移和转动的确定性模型。

考虑非线性应力-应变关系（例如土石坝），混凝土坝的应力、扬压力、渗流量的确定性模型还在研究中。

（3）混合模型。是指温度分量的变化函数用统计模型建立、水位分量的变化函数用确定性模型建立的一种数学模型。因为温度对混凝土坝位移的影响十分显著，统计模型中的温度分量较为准确可靠，而用有限元方法计算温度位移的工作量大得多，为此采用混合模型代替确定性模型，既经济又实用。

统计模型、确定性模型和混合模型各有其适用范围，选用何种模型应根据效应量和实测资料的具体情况确定。从实用的观点来看，在施工和第一次蓄水阶段以采用确定性模型为宜，而在正常运行阶段，统计模型可以用于各种因变量的分析。到目前为止，确定性模型仅对混凝土坝的位移分析取得了较好的结果，但就大坝安全而论，位移不一定是最重要的，比如渗流量就常常是衡量大坝安全状况的一个非常重要而敏感的效应量，但是至今还未能建立起比较理想的确定性模型，而只能利用统计模型。至于对复杂地基和土石坝变形，由于存在强非线性成分，更难以采用确定性模型。

反映大坝性态变化规律的数学模型建立后，还需要根据设计资料和运行条件确定大坝安全监控指标，编制程序，用电子计算机实现大坝安全监控。

（二）数据库

为了更快更好地对观测资料进行整理和保存，并为数据处理做好充分的前期工作，对一个工程来说要求数据库和软件包具有广泛的适用性和针对性。一座混凝土坝的安全监测数据库系统，需要有一个仪器观测数据库（坝体变形、温度、接缝、基岩变形、应力及应变、扬压力等分库）和工程情况库（上下游水位、气温及水温、闸门、发电站钢管等分库）。应用软件能够对大坝观测数据的各类数据库文件进行管理。

当前最为流行的连接数据库源的方法是 ODBC API（开放式数据库互联应用程序接口），ODBC 是基于 C/C++的 API，如果要在 VB 中直接使用 ODBC API，需要有大量的函数原型说明，并且所涉及的都是较烦琐、低层次的编程工作，一般的 VB 程序中很少使用。ODBC 是一种较快的访问数据源的方法，但其缺点也十分明显，它依赖于 SQL 获取和更新数据，而 SQL 只适合于带有 SQL 解释器或编译器的客户/服务器和 Jet 数据库。对于电子表格、E-mail 消息和文件/目录系统之类的数据源，基于集的命令方式就难以实现。

如图 6-2 所示为一个典型的大坝安全监测分析评判系统的功能流程图，从中可以看出，大坝监测数据分析的核心是几个功能模块：数据整编模块、建模分析模块、图形处理模块等。对一个具体的功能模块来说，给其一个确定的输入，必定有一个相应的输出，而这些输入/输出都可归纳为一组相关数据的集合。对于建模分析模块，其输入为某一个或是一系列测点（如水平位移）在某段时间内的数据集及环境量，经过建模分析（回归统计模型、确定性模型、混合模型等），输出为对应测点的各个回归系数及复相关系数等。

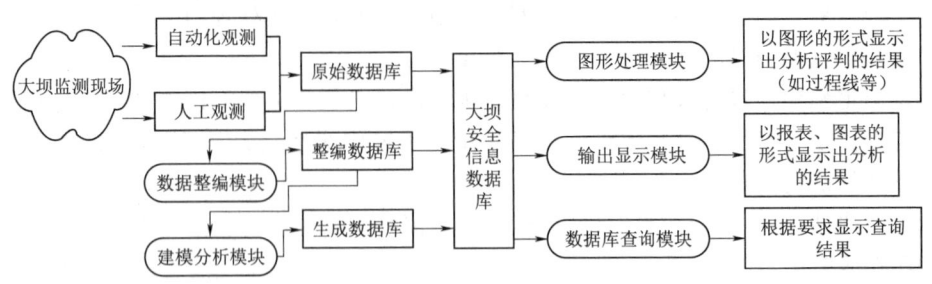

图 6-2 大坝安全监测分析系统流程

五、大坝安全自动监控系统

大坝安全自动监控系统由在线监控系统和离线监控系统两部分组成。

（一）在线监控系统

在线监控系统由安装或埋设在大坝上的观测传感器、遥测集线箱和自动监控微机系统组成。

观测传感器埋设在大坝内部或安装在大坝和廊道的表面，是采集大坝和坝基有关点位特定观测量的仪器，例如温度计、应变计、测缝计、孔隙压力计等，以及挠度、转动、扬压力、漏水量等观测项目的遥测仪器。

遥测集线箱通常安装在观测传感器附近，是切换观测传感器实现巡回检测的观测设备。有一种类型的遥测集线箱还具有模/数变换能力，如将观测传感器的电模拟量变换为数字量向微机系统传输。

自动安全监控微机系统安装在坝上或坝址附近观测室中，以微型电子计算机为核心，内专用接口联结不同类型传感器测量仪表和相应的外部设备，在检测管理软件和数据处理软件支持下，实现下述功能：

(1) 根据需要，可采取不同的测量方式，如单点测量、选点测量和系统巡回测量。

(2) 对观测数据进行检验和误差修正，发现异常值时进行报警。

(3) 将正常观测数据计算成各种观测项目的观测成果，按需要输出或存储。

(4) 运用观测成果和已建立的数学模型，进行控制大坝安全特征值的预报。

(5) 将上述预报值和实测值比较，当二者的差值超过设定的安全监控指标时进一步分析后采取相应措施。

(6) 当观测传感器失效或设备发生故障时，进行自动检查和诊断，显示故障位置恢复系统正常工作。

（二）离线监控系统

离线监控系统通常设置在观测资料分析中心或有关的管理机构内，主要由计算机、相应的外部设备和专用的数据管理软件组成。

在线监控系统的观测数据和观测成果用磁带、软盘或采用其他传输方式传送到主机进行离线处理，其工作内容有下述几方面：

（1）检验、修正和管理观测资料及各项观测成果，存入数据库。

（2）对长系列观测资料进行初步分析，研究观测量之间的相对性及长期变化趋势。

（3）对长系列观测资料进行系统分析，建立安全监控数学模型，并定期进行校正。

（4）用数学模型进行观测量预报，并进一步和实测资料比较分析。当大坝上设有在线监控系统时，这一步工作在在线监控系统上实现，此时离线处理即作为复核程序。

（5）根据管理机构的要求，输出规定的图形和报表，编制工程管理文件。

通过现场观测及数据处理得到的大坝性态实测值（例如实测位移值）和通过监控模型求得的预测值 R。比较，如二者之差值小于允许偏差 t，表示大坝性态正常。如差值超出预定范围，可能有下列情况发生：

（1）大坝性态异常。根据差值大小及大坝宏观状态变化（如裂缝、漏水）采取不同的应急措施，如降低水位、放空水库、维修加固等。

（2）荷载或结构条件变化。如大坝承受超高水位、超高温和超低温或工程老化等，正常条件下的大坝性态数学模型已失去代表性，应进一步对大坝检查测试，并利用新条件下的观测资料重新校正数学模型的参数。

（3）观测系统不正常。例如某些仪器失效，电缆或集线箱损坏，检测装置和微机系统产生故障等，应对观测系统进行检查维修。

在大坝性态正常的时候，也应定期对数学模型的参数进行校正，同时根据工程勘测设计资料结合实际运行经验修正安全控制指标，使允许偏差 t 满足安全监控要求。

大坝安全监控自动化的发展趋向，是使大坝安全监控自动化技术更为全面、正确、可靠，例如研究应力、渗流的确定性模型，考虑材料的非线性应力—应变关系的数学模型，研制考虑各种不安全因素的监控程序，研制更加优越的硬件系统等。在微型电子计算机辅助下，能够实现大坝观测数据自动采集、处理和分析计算，对大坝性态正常与否作出初步判断和分级报警的观测系统。这种自动化的观测系统是保证大坝安全的重要手段，和人工观测系统相比，具有以下特点：

（1）能够快速及时地察觉大坝的异常性态，提高大坝安全监控的工作效率。自动化观测系统能够对大坝上埋设安装的各种观测传感器进行巡回检测，必要时可以反复进行，及时计算和分析比较，判断大坝性态是否异常。全部工作可在很短时间内完成，人工观测系统无法与之比较。

（2）观测成果准确可靠。自动化观测系统，能够对观测数据自动进行检验复测或修正误差。自动化观测系统工作过程中，很少人工操作，因此可减少由人为因素引起的观测和计算误差。

（3）管理费用降低。近些年，国内已有较多水电厂实现了内部观测、变形、渗流、环境等全面的监测自动化，测点数达几百点段至上千点段。自动化观测系统节省了观测和分析计算的人力，降低了工程管理费用。

六、安全监测的新发展和展望

20 世纪 90 年代初，美国的全球定位系统（GPS）投入运行，20 世纪 90 年代中期，俄罗斯的 GLONASS 系统完成构建，二者共同为开创现代卫星定位技术奠定了基础。步入 21 世纪，全球卫星导航系统（GNSS）迎来进一步发展，其中包含中国的北斗卫星导航系统（BDS）、欧盟的伽利略系统（Galileo）、日本的 QZSS 和印度的 IRNSS。多系统融合（GPS+GLONASS+BDS+Galileo）显著提升了定位的可靠性、精度与可用性，尤其在峡谷、城市高楼区等复杂地形以及恶劣条件下优势尽显。在测绘领域，卫星定位技术的应用促使测绘学科发生了根本性变革，也有力推动了众多相关学科的发展。

多年来，广大科教工作者及测量人员为进一步提高定位精度、扩大 GPS 技术的应用领域，不懈努力、潜心研究，取得了丰硕成果。早期 GPS 单点定位精度为米级，如今采用载波相位差分技术（RTK/PPP），静态测量精度可达±(1~2)mm，在大坝、滑坡等动态监测场景中，精度可达±1mm。而北斗系统（BDS）的加入，进一步提升了亚洲地区的定位精度，特别是在中国境内，BDS 的 GEO/IGSO Ⅱ 星增强了信号稳定性，有效减少了多路径效应影响，为高精度定位提供了更可靠保障。

通常，大坝安全监测、边坡及滑坡监测往往涉及众多测点。针对这一情况，目前已研制和开发出一机多天线的 GPS 监测系统。该系统借助微波开关切换技术，通过光纤传输，利用 1 台接收机便能测控多达 10 台以上的天线，大幅降低了工程费用。并且，一机多天线系统在高边坡、滑坡体监测方面极具优势。许多大坝的近坝区存在滑坡现象，为寻找稳定点作为基准，常需采用跨越宽阔水面的对岸观测方式，部分观测距离长达几千米，不仅观测精度低，每次观测时设置棱镜及照准标志也困难重重。造价低廉的 GPS 一机多天线系统，为解决高边坡及库区滑坡体监测难题展现出良好的应用潜力。如今，融入北斗系统的一机多天线监测系统，凭借北斗卫星的精准定位和独特信号特性，在复杂地形环境下，信号接收稳定性进一步增强，能够更及时、精准地反馈监测点数据，对高边坡及滑坡体的微小位移变化捕捉更为灵敏。

坝区及周边地域的地质变形、构造和断层的变形、坝区附近地震的预测、水库蓄水对库区周围地层的影响等因素，对大坝的安全监控有意义重大。因此，建立较大范围的坝区安全监控网，开展定期或不定期观测很有必要，还可根据实际需要，加强对构造、断层、裂谷等不良地质条件活动情况的监测。大区域的 GPS 网，配合精密解算软件（如 Gamit）等，能有效地克服大气电离层、对流层的误差，使基线向量的精度达到 $10^{-8} \sim 10^{-7}$。若在这类大区域监测网中引入北斗系统，其与其他卫星导航系统相互补充，可增加可见卫星数量，优化卫星几何分布，进一步削弱复杂大气环境带来的误差影响，提升基线解算精度和可靠性，为坝区安全监控提供更全面、精准的数据支撑。

现代一些大坝，高度超 200 多 m，部分坝型为拱型或双曲拱型。为加强对变形较灵敏的坝顶部位的监测，常采用倒垂连接分段正垂线的方法进行。但此方法存在倒垂埋设深度难题，倒垂钻孔难度大、造价高，且垂线很长时，为减小垂线本身的复位误差，需配备很大的浮体，这反而降低了垂线的灵敏度。可以预见，当考虑锚块本身稳定性时，这种深度的倒垂观测精度很难优于±1mm。再加上正垂线测到坝顶的误差，整个监测系统的精度会大幅度降低。而在固定测站的 GPS 观测中，GPS 相对测量精度可达到或优于±1mm。因此，建立坝顶 GPS 观测系统对现代的高坝、曲线型大坝进行自动监控十分有利。如今，基于北斗系统构建的坝顶监测系统，能够与原有的 GPS 监测体系融合，发挥北斗系统在定位精度、信号稳定性以及短报文通信等方面的优势。在遇到极端天气或通信中断等紧急情况时，可通过北斗短报文功能及时回传关键监测数据，保障大坝监测工作的连续性和数据完整性，为大坝安全运行提供更有力的保障。

【思政案例】

严恺——一代名家"严"治水

严恺（1912—2006年），出生于天津，祖籍福建闽侯。水利和海岸工程专家，中国科学院院士、中国工程院院士。1929年考入交通大学唐山工学院，1938年获荷兰德尔夫特科技大学工程师学位后回国。

20世纪40年代，严恺参与了钱塘江海塘工程的设计工作，他首创了国内一种斜坡式海塘，以替代传统的岸壁式直墙海塘。这样的海塘抗浪挡潮效果好，至今依然屹立于杭州湾北岸。20世纪50年代初，严恺被任命为塘沽新港建港委员会委员，参加塘沽新港（后称天津新港）的修复和扩建的指导工作。1958年又主持了国家重点科研项目"天津新港回淤研究"。20世纪80年代初，严恺担任全国海岸带和海涂资源综合调查技术指导小组组长，对我国长达18000km的海岸带进行了多学科综合调查研究。无论是天高气爽、风和日丽时的各项数据，还是风狂雨骤、惊涛拍岸时的各类资料，严恺一行人都要完整准确地记载、收集。严恺身先士卒，指导了十多个专业组，历时8年，终于完成了此项任务，为开发和研究我国海岸带和海涂资源提供了重要的科学依据。这项研究成果被评为"1992年度国家科学技术进步一等奖"。

严恺的一生与长江结下了不解之缘。20世纪60年代初，他被任命为长江口整治研究领导小组组长，负责研究长江口航道改善问题，并参加上海港扩建工程的技术指导工作。20世纪70年代初，严恺作为技术顾问参加了葛洲坝水利工程的建设。1973年，为解决葛洲坝水利工程中的复杂难题，根据周恩来总理指示，他率中国水利考察组到美国进行了为期八周的技术考察，为工程续建收集了充分的科技资料。在葛洲坝工程建设完成之后，严恺又参加了举世瞩目的长江三峡大型水利枢纽工程的可行性论证工作，他主张三峡大坝应该尽早上马，这将对我国经济建设具有非常重要的意义。1994年12月14日，三峡工程正式开工，严恺应邀出席了隆重的开工典礼，并被聘为中国长江三峡工程开发总公司技术委员会顾问。

除了具体的治水实践外，严恺还十分注重水利教育和水利人才的培养。1952年，他受命创办华东水利学院（河海大学的前身），后来为学校提出了"十六字"校训，即"艰苦朴素，实事求是，严格要求，勇于探索"。

正如著名水利水电专家钱正英院士为《严恺传》作序时所说："他姓严，确实是严字当头，严于律己，严于治学，身体力行地实践'十六字校训'。一丝不苟地求学问，一丝不苟地工作，一丝不苟地做人，几十年如一日，他不仅为河海大学，也为水利界树立了一个光辉榜样。"1986年荷兰耗资几十亿美元建成的东斯赫耳特防风暴潮大闸，被称为"水上长城，人间奇迹"。这项工程的10个巨型闸墩分别以世界上著名的科学家命名，其中有一个就被命名为"严恺"，以表彰这位贡献卓越的水利和海岸工程专家。

【课后拓展】

查阅相关资料，简要阐述水利工程管理的任务和内容。

第三节 水利信息化技术

6-3 水利信息化技术

信息化是当今世界经济和社会发展的大趋势，也是我国产业优化升级和实现工业化、现代化的关键环节。水利信息化就是指充分利用现代信息技术，深入开发和广泛利用水利信息资源，包括水利信息的采集、传输、存储、处理和服务，全面提升水利事业活动效率和效能的历史过程。

水利信息化可以提高信息采集、传输的时效性和自动化水平，是水利现代化的基础和重要标志。为适应国家信息化建设、信息技术发展趋势、流域和区域管理的要求，大力推进水利信息化的进程，全面提高水利工作科技含量，是保障水利与国民经济发展相适应的必然选择。水利信息化的目的是提高水利为国民经济和社会发展提供服务的水平与能力。

水利信息化建设要在国家信息化建设方针指导下，适应水利为全面建设小康社会服务的新形势，以提高水利管理与服务水平为目标，以推进水利行政管理和服务电子化、开发利用水利信息资源为中心内容，立足应用，着眼发展，务实创新，服务社会，保障水利事业的可持续发展。

通常水利部门应当及时向社会提供有价值的水文水利信息，包括雨情信息、汛旱灾情信息、水质水量信息、水利工程信息等。这些信息资源可以直接为政府及水利行政决策部门进行防洪抗旱、水资源的开发利用以及水资源的管理决策提供支持。

各类水库、水利枢纽是水利行业的重要管理节点，水库、水利枢纽的信息化建设是水利信息化的重要基础之一。

水库、水利枢纽信息化建设要从全局的高度规划枢纽的组织机构、业务流程、人财物资源，要设计建设具有开放性的信息化集成平台，实现信息共享和业务流程优化，提高枢纽管理水平、运行调度水平、装备自动化水平、防洪抗旱调度决策水平，使水利枢纽技术水平和管理水平得到提升。

水利信息化的首要任务是在全国水利业务中广泛应用现代信息技术，建设水利信息基础设施，解决水利信息资源不足和有限资源共享困难等突出问题，提高防汛减灾、水资源优化配置、水利工程建设管理、水土保持、水质监测、农村水利水电和水利政务等水利业务中信息技术应用的整体水平，带动水利现代化。

2011年的中央一号文件吹响了全面加快水利建设的新号角。各地积极响应，纷纷制定水利发展规划，加大水利投入力度。"十四五"期间，福建、广东等地水利投资超千亿，而河南水利投资较"十一五"更是猛增6倍之多。从各地水利"十四五"规划释放的信号来看，在政策利好的强大刺激下，区域性水利工程发展必将驶入加速车道。当下，我国城镇化进程不断加速，截至2024年年末，城镇化水平已达67%，城镇常住人口达94350万人。预计到2030年左右，城镇化水平有望接近70%，城市人口规模还将进一步扩大。在此背景下，城市和工业节水成为未来节水工作的重中之重。为此，必须深入调整产业结构与工业布局，大力研发并推广节水器具以及节水型工业生产技术，全力创建节水型工业与节水型城市，力求将城市人均综合用水量控制在合理范围。同时，更持续加大污染防治力度，力争到 2030 年城市污水有效处理率显著提升，城市水环境实现根本性好转。

《"十四五"规划》清晰明确了"十四五"水利改革发展的总体思路，从防汛抗旱减灾、水资源合理配置和高效利用、水资源保护和河湖健康、体制机制和制度等四个关键维度，提出了"十四五"水利改革发展的目标。主要量化指标颇为瞩目：洪涝灾害和干旱灾害年均经济损失占同期 GDP 的比重分别降低到 0.7% 和 1.1% 以下；新增供水能力达到 400 亿 m^3 左右；全面彻底解决农村饮水安全问题；全国万元 GDP 用水量和万元工业增加值用水量分别降低 30%；农业灌溉用水有效利用系数提高到 0.53；重要江河湖库水功能区主要水质达标率提高到 60%；新增水土流失综合治理面积 25 万 km^2 等。其中，万元工业增加值用水量降低 30% 作为"十四五"国家经济社会发展约束性指标彰显了对工业节水的严格要求；农业灌溉用水有效利用系数提高到 0.53 作为"十四五"国家经济社会发展预期性指标，为农业节水设定了清晰方向。

依据电力"十四五"规划，到 2025 年，全国常规水电装机预计可达 3.0 亿 kW 左右（相较于 2015 年的 2.84 亿 kW 有所增长），2030 年全国水电装机进一步提升。抽水蓄能电站规划装机容量同样稳步增长，2025 年预计达 5000 万 kW 左右（较 2015 年的 4100kW 有明显增加），2030 年规模将更为可观。水利投资方面，未来十年投资总额预计将达 6 万亿，即年均达 6000 亿元，相比 2010 年全国水利建设总投资 2000 亿元，实现了大幅增长。两部委再度强调"土地出让收益 10% 用于农田水利"，这将为农田水利建设注入强劲资金动力。到 2025 年，计划完成 6000 条左右中小河流的重要河段治理任务，治理面积根据河流实际情况有所波动；基本完成其余小（2）型水库除险加固任务；全力解决山洪地质灾害防治等突出问题。力争通过 5 年到 10 年的不懈努力，从根本上扭转水利建设长期滞后的局面。到 2030 年，进一步巩固和完善防洪抗旱减灾体系、水资源合理配置和高效利用体系、水资源保护和河湖健康保障体系、有利于水利科学发展的体制机制和制度体系，让水利事业发展更加成熟、稳健，为经济社会可持续发展提供坚实有力的支撑。

一、水利信息化现状

水利行业作为一个有着悠久历史，同时也是信息十分密集的行业，其信息化工作开始于"七五"期间，至今已取得了可喜的成绩，但仍存在不少问题。

1. 信息的标准化和规范化工作相对滞后

水利工作的三大任务是防治洪涝灾害，解决干旱缺水和治理改善保护水环境。随着水资源管理和水环境保护问题的日益突出，需要开发的水利信息资源越来越多，对信息的准确性和实时性要求越来越高，但信息的规范化和标准化工作相对滞后，加上系统的维护管理经费渠道始终未得到很好的解决，致使目前我国在水利信息资源的开发利用和信息服务方面，与国际的差距有逐渐拉大的趋势。主要表现在两个方面：一是未能充分运用现代信息技术为政府决策和社会公众提供全方位的信息服务；二是信息化建设质量尚不能满足水利现代化发展的需求。

2. 对信息工作的认识不到位

水利系统的干部和职工对信息化工作的重要性有了一定的认识，但还有一部分员工对信息化工作认识不足，缺乏紧迫感；没有形成统一的建设机制，水利信息化普及程度还远远不够，甚至部分单位还没有统一的规划和明确的发展目标。

3. 水利信息化发展水平不高

主要表现在：

（1）从事水利信息化规划的相关人员对IT技术发展把握不够深，造成了随着IT技术的飞速发展，大量刚刚完成的信息化应用建设已经不能适应信息时代的要求，成了落后的产品。此外，整体性规划的不完善或实施不力而导致各个系统的兼容性差，信息流不畅，致使信息化的大量投入所建设的仅是一个又一个的"信息孤岛"。

（2）从事水利信息化产品设计与开发的相关机构对行业应用理解不够深，造成了水利信息化产品的易用性、实用性差，甚至无法推广或交付使用。

（3）信息化发展的保障条件不足。水利信息化工作面广、量大，信息化技术发展快，而现在国家某些投资政策和项目管理制度不太适应信息化建设要求，导致长期以来在水利信息化建设方面的投入严重不足。水利信息系统的建设和管理，本身是一个庞大和复杂的系统工程，但目前在水利系统还没有形成一套完整的管理制度、管理措施和管理办法。此外，水利信息化队伍的人才缺乏、技术储备不足也是急需解决的问题。

二、数字水利的定义

随着"数字地球"这一概念的提出，"数字水利"也应运而生。"数字水利"是一个以空间信息为基础，融合各种水文模型和水利业务的专业化系统平台，是对真实水文水利过程的数字化重现，它把水活动的自然演变搬进了实验室和计算机，成为真实水利的虚拟对照体。"数字水利"是由各种信息的数据采集、传输、存储、模拟和决策等子系统构成的庞大系统。可以根据不同需要，对不同时间的数据进行检索、分析，透视水文环境要素的变化规律，实现数字仿真预演。"数字水利"的应用不仅仅局限在防洪抗旱，它还能够为流域内水量调度、水土流失监测、水质评价等提供决策支持服务；能够为水利工程运行、水利电子政务和水利勘测规划设计等提供信息服务；能够为人口、资源、生态环境和社会经济的可持续发展提供决策支持；能够为人居环境、社区规划、社会生活等方面提供全面的信息服务，提高人们的生活质量。

三、数字水利解决方案

（一）概述

计算机技术、通信技术、网络技术、微电子技术、3S技术、水文模型技术的飞速发展给"数字水利"带来了前所未有的大好机会，终将对水利信息的采集、处理和共享的方式都产生了很大的影响。

1. 数字水利应用系统组成

数字水利应用系统主要由采集层、网络层、数据层、应用层、表示层、接口层、支撑层七个部分组成。

（1）采集层。水利信息化系统是建立在信息基础之上的，而这些信息的获得需要通过不同手段和措施；这些获得信息的手段和措施以及相应的采集点就组成了采集层。采集层采集的内容有气象、水雨情、工情、旱情、图像、水质、地下水、水土保持等信息，采集手段包括遥感、遥测和其他传感器自动采集、云台摄像、手工输入、通过数据接口自动获取等；具体的采集内容、手段、采集地点的布局等根据具体系统决定。

(2) 网络层。网络层为信息共享和数据传输提供基础，网络的建设一般根据实际情况采用公网和专网相结合的方式。

(3) 数据层。数据层通过建立所有与水利相关的数据的模型或结构，使应用层能够更方便、更快捷地获得各种水利信息，产生各种水利应用。因为面对的是海量的异构的数据，还要兼顾直接的面向信息的应用。此外，数据结构的建立必须遵循相关标准，以便为上级或下级系统提供数据接口。

(4) 应用层。应用层建立在数据层的基础之上，通过建立各种应用模型如洪水演进模型、排水模型等，提供水利行业的各种应用功能。如水利信息服务、统计分析、虚拟仿真、预报决策等。应用层通过充分利用数据层的数据以及最先进的信息技术如3S等，建立虚拟的数字水利，从而能够更好地利用水利为人类服务。

(5) 表示层。表示层以浏览器为载体，直接向从事水利的各级人员提供其所需要的相关功能或信息服务。

(6) 接口层。接口层通过向各级水利系统提供网络接口、数据接口和系统接口使各类信息得到充分共享，各级水利系统成为一个有机的整体，最终形成"数字水利"。

(7) 支撑层。支撑层通过相关的标准体系以及最新的技术，保证整个系统安全、稳定、有效的运行。

2. 决策支持系统

数字水利应用系统建设的最终目的就是为防汛抗旱、水资源合理配置、水环境管理及水土保持等决策提供科学、准确的数据支持。根据水利工作的实际情况，水利决策支持系统包括：防汛决策支持系统、抗旱决策支持系统、水资源决策支持系统、水环境决策支持系统、水土保持决策支持系统、水利综合会商系统等。

(1) 防汛决策支持系统。防汛决策支持系统的建设是保障防汛抗洪工作有效和科学的前提条件，在实时数据采集系统建立的前提下，可以利用遥测数据、遥感图片等进行相应的暴雨预报、洪水预报、洪水调度等工作，可以提前为防汛抗洪工作做出指导性的预报、预警措施。当前，水资源紧缺成为世界性问题，引起学术界和各国政府的关注。洪水不仅是灾害，同时，洪水调度已成为水资源研究的新课题，是"资源水利"的重要组成。

(2) 抗旱决策支持系统。抗旱决策支持系统有两类数据源，一是遥感数据源、另一类是旱情监测站采集的旱情信息数据。

抗旱决策支持系统在遥感图片基础上，结合相关的计算模型进行计算，可以快速、准确地获得同一时期内大范围的土壤含水量信息以提供第一手的辅助决策资料。同时也可以根据地面旱情固定、流动监测站采集的地下水埋深、土壤含水量、土壤温湿度等数据，作为区域遥感数据校正的参考。

(3) 水资源决策支持系统。水资源决策支持系统在水资源数据库及地理数据库的基础上，采用相关的数学模型进行计算，评价水资源量、预测水资源量、对水资源进行优化管理和科学调度。

(4) 水环境决策支持系统。水环境决策支持系统在水环境数据库及地理数据库的基础上，采用相关的数学模型进行计算，评价水质、预测模拟水质变化、计算水环境容量、控制规划污染物总量。水环境决策支持系统将成为环境管理和环境执法重要依据。

(5) 水土保持决策支持系统。水土保持决策支持系统是建立在水土流失数据库和地理数据库的基础上,利用水土流失评价及治理数学模型技术,采用智能决策支持系统的思想建立水土流失模型库,为水土流失的评价及预测提供强大的决策支持。水土保持决策支持系统的研究不仅对土壤侵蚀的评价提供科学方法,水土保持决策支持系统与实时水保监测系统的集成将为保障水土保持治理工程的科学性,并指导水保工程的规划和实施。

(6) 水利综合会商系统。水利综合会商系统集中展示上述各种决策支持系统提供的关于防汛、抗旱、水资源、水环境、水土保持等数据,为水利部门主管领导提供集成的会商环境,便于会商人员迅速地作出科学决策,下达会商命令,以预防或尽量减少未来可能造成的各种损失。

3. 结语

(1) "数字水利"是未来中国水利事业发展的方向。只有在各种先进技术的基础上,结合水利行业特点,打造具有中国特色的"数字水利"工程,才能更好更快地使水利事业服务于社会。

(2) "数字水利"的发展不是一蹴而就的,是一个长期的漫长的过程,在这个过程中,需要各行业进行紧密配合,才有可能达到目的。

(3) "数字水利"是一个开发动态的概念,也就是说随着相关新技术的出现,它必然要运用"数字水利"中,这样才能确保"数字水利"工程的技术先进性。

(4) "数字水利"工程必须与"数字中国"乃至"数字地球"的发展方向保持一致,才能保持长久不衰的生命力。

【思政案例】

张光斗——胸藏宏图治江河

张光斗(1912—2013),江苏常熟人,水利水电工程专家,中国科学院、中国工程院两院院士。1934年毕业于上海交通大学,1936年、1937年分别获得美国加州大学和哈佛大学土木工程硕士学位。抗战爆发后弃学回国。此后一心扑在国家的水利建设事业上。

20世纪30年代末、40年代初,张光斗在四川负责设计桃花溪、仙女硐、鲸鱼口等我国首批小型水电站。40年代中期,修建上清渊硐、古田溪等中型水电站。在修建这些水电站的同时,还对三峡、钱塘江、柘(音zhè)溪、翁江、岷江等八处水电站站址进行勘测工作,收集了大量资料。首次估计出我国蕴藏水能资源为2.5亿kW。50年代初,张光斗负责设计了黄河下游人民胜利渠、北京密云水库等工程。

1973年,张光斗参加了葛洲坝工程设计,他提出:修改枢纽布置,加大二江泄洪闸,以减小大江截流水头;加大左侧电站,利于前期多发电;两岸设船闸,利于静水通航,动水冲沙。这一布置为顺利截流、安全运行创造了条件。他还提出了在砂页岩软弱地基上修建深齿墙混凝土闸坝,为闸坝及护坦下采用抽排减压设施,二江泄水闸新型结构,电站厂房留上游槽适应岩层地应力释放变形,船闸结构等方面的诸多创新性建议。

对于三峡工程,张光斗更是倾注了满腔热情。1943年张光斗赴美考察时,将美国大坝工程权威萨凡奇请到中国。萨凡奇到三峡考察后，建议国民政府修建三峡大坝。张光斗认为当时国力不足，三次上书反对修建。1948年，国民政府资源委员会命令张光斗将有关资料送到台湾，张光斗巧使"调包计"，将假的资料装了十八箱送到台湾，真的资料装了十八箱留在大陆，这样包括三峡工程在内的大量资料今后就得以派上用场。新中国成立后，张光斗从建设国家的角度考虑，极力支持修建三峡工程，并且从大坝的效益考虑，力陈己见，将大坝设计高度定在185m。作为三峡工程质量检查专家组副组长，尽管张光斗年岁已高，但依然事必躬亲，每年都要奔赴三峡数次。

张光斗还参与了渔子溪水电站的设计、丹江口工程贯穿性裂缝的加固设计、隔河岩150m高混凝土拱坝修改设计、荆江分洪闸、官厅水库、大伙房水库、三门峡工程、五强溪水电站、东风水电站、二滩水电站、小浪底工程、龙滩水电站等水利工程的设计。张光斗对枢纽布置、结构设计等，提出了许多创新意见，解决了很多关键技术问题。

张光斗不仅致力于工程设计和研究工作，还倾心于教育教学。从建国起，他一直在清华大学任教。20世纪50年代初，他编写了国内较早的《水工结构》教材，出版了《水工建筑物》专著。晚年他还出版了《水工建筑物》上下册和《专门水工建筑物》三部专著。张光斗重视教学，经常走上讲台，以身示范，即使到了耄耋之年仍亲自给学生讲授《水工概论》和《水资源可持续发展》。老教授对教学工作的敬业精神和深入浅出的透彻讲解，使听课的学生无不获益匪浅。

在70年的水利生涯中，张光斗坚持原则，敢讲真话，为了国家建设不辞劳苦，爱国之心日月可鉴；在水利水电技术上他深入钻研，一丝不苟，近年来他多次获国内国外科技奖项，被人誉为"当代李冰"。

【课后拓展】

查阅相关资料，简要阐述水利信息化技术的发展情况。

【学习评价】

评价范围	评价标准	自我评价（10分制）	小组评价（10分制）	教师评价（10分制）
专业知识	了解水利工程建设程序			
	了解水利工程建设管理制度			
	了解水利信息化技术			
专业能力	能够阐述水利工程的建设程序			
	能够阐述水利工程建设管理制度及大坝观测方法			
	能够阐述水利信息化技术的不足之处和发展前景			
专业素养	积极思考			
	敢于表达			
	分析、解决问题			
思政成效	民族自豪感和专业自信			
	质量意识和社会责任感			